한울사회학강좌

# 페미니즘과 포스트모더니즘의 만남

•

이창순·정진성 편역

한울
아카데미

## ◀ 역자서문 ▶

대학에서 수년간 페미니즘의 다양한 이론들을 소개하는 강의를 하면서 비교적 최근들어 활발하게 논의되고 있는 포스트모던 페미니즘과 관련하여 학생들에게 읽힐 만한 글꺼리를 찾던 중 이 책을 구상하게 되었다. 아직 우리사회에서 이 방면에 대한 논의도 일천하고 역자 자신들의 연구도 빈약하여, 우선 아쉬운 대로 본 역서를 내기로 한 것이다.

이 책은 사회과학의 분야에 국한시켜 페미니즘과 포스트모더니즘의 관계를 밝히는 데 초점을 맞춘 논문들(제1부)이 중심을 이루고 있다. 페미니스트 이론에서 포스트모더니즘을 수용하는 데 한 점 의혹 없이 전폭적인 지지를 보내는 학자는 없다. 그들은 모두 포스트모더니즘의 해체와 상대주의의 입장으로 인해 여성의 억압상황이 은폐되고 상황의 변혁이 더디어질 것을 우려한다. 그럼에도 불구하고 대부분의 학자들은 근대주의 사회과학의 틀내에서 페미니즘이 발전할 수 있는 가능성은 매우 희박하다는 점과, 포스트모더니즘이 갖는 여러 장점들—이분법과 획일성을 거부하는 점, 자유와 탈중심을 주장하는 점, 일상적인 것을 진지하게 회의하는 점 등—때문에 페미니스트 이론에 포스트모더니즘의 인식과 방법을 도입하는 데 긍정적이다. 그러나 이들은 포스트모더니즘이 갖는 잠재적 가부장제의 성격이나 운동력의 취약함을 경계해야 한다는 것을 잊지 않고 있다. 아주 미약하게만 양자의 제휴 가능성을 시사한 경우와 양자의 제휴를 회의적으로 보거나 단호하게 부정적인 입장을 나타내는 논문도 이 책에 포함시켜 다양한 입장을 보이려 했다. 이 중심적 논의에 더하여 다소 특수한 논의로서 페미니즘과 푸코의 관계에 관한 논문(제2부)을 실었으며, 이러한 논의들에 대한 이해를 돕기 위해 예술분야에서 먼저 기수를 든 포스트모더니즘 경향의 발전과정과, 맑스주의와 포스트모더니즘과의 관계를 배경적 설명으로(제3부) 마지막에 수록했다. 한국사회의 여성억압 상황을 설명하고 또 그 억압을 타개하는 데 포스트모더니즘과 페미니즘의 접합이 어떠한 의미를 갖는지를 숙고하는 데 이 책이 도움이 되기를 기대하면서, 보다 본격적인 창조적 저작활동은 다음의 과제로 미루기로 한다.

이 책에 수록된 논문들의 선정에 있어서는 이 방면에서의 비교적 대표성 있는 저널과 기타 단행본에 게재된 논문들 중에서 포스트모던 페미니즘의 주제와 직접적으로 관련된 것을 골랐다. 또한 저자들의 이 분야에서의 지명도 내지는 참조도도 고려하여 선별하였다. 번역에 있어서는 될 수 있는 대로 널리 사용되고 있는 용어를 채택했다. 포스트모더니즘과 페미니즘은 원어 그대로를 사용했고, 예술분야의 논의에서는 모더니티, 모더니즘을, 사회과학분야에서는 근대성, 근대주의의 번역어를 사용했다. 그밖에 젠더(gender)는 사회적 성, 성 또는 성별로 번역했고, 섹스(sex)는 생물학적 성으로, 섹슈얼리티(sexuality)는 성성(性性)으로 번역했다.

이트만, 플랙스, 스테파노, 알코프, 로비본드의 논문은 정진성이 번역했으며, 프레이저와 니콜슨, 하딩, 발버스, 사위키, 제임슨의 논문은 이창순이 번역했다. 후이센의 논문은 전반부는 정진성, 후반부는 이창순이 나누어 작업하였다.

다음으로 이 책에 실린 순서에 따라 각 논문에 대한 간략한 소개를 하기로 한다.

「철학을 배제한 사회비판－페미니즘과 포스트모더니즘의 만남」에서 프레이저(Nancy Fraser)와 니콜슨(Linda J. Nicholson)은 철학을 배제한 비판의 패러다임 개발이라는 공통의 목표를 추구하는 데 있어서 페미니즘과 포스트모더니즘의 각 입장의 비판적 대응을 통해 포스트모던 페미니즘의 새로운 방향을 시도하고 있다. 이들은 포스트모더니즘이 근본주의와 본질론에 대해 강력한 비판을 제공하긴 하나 사회비판의 시기상조적 배제라는 문제와 함께 남성중심성의 문제를 여전히 지니고 있는 반면, 페미니즘은 사회비판의 강력한 개념틀은 제공하지만 근본주의와 본질론에 빠져드는 문제를 지니고 있다는 점을 지적한다. 이들은 이 두 관점이 상대의 취약점을 치유할 수 있는 중요한 요소를 지니고 있으며, 페미니즘과 포스트모더니즘의 입장으로부터 상보적인 강점을 조합시킨 포스트모던 페미니즘이 가능하다는 전망을 피력한다. 페미니스트들이 성차별주의 현실의 긴 역사와 이의 사회 전반에의 침투성에 대한 이론화를 위해서는 역사적 및 사회적으로 거시적인 분석틀을 보존해 가야 할 필요가 있는 한편, 좀더 일관되게 포스트모던 페미니즘으로 되기 위해서는 페미니스트 이론들에 내재한 본질론적 잔재들을 제거시켜 가야 할 것이라고 제안한다. 이렇게 함으로써 여러 다양한 부류의 여성들의 다양한 요구와 경험을 하나의 본질론적 정의에 의해 포괄시키는 것이 아닌, 이들 다양성이 교차되는 제휴들로서 이해될 수 있는 틀을 발전시켜 나갈 수 있다는 주장이다. 이들은 그러한 탐구는 좀더 넓고 복합적인 의미에서의 다층적인 페미니즘'들'의 결속에 대한 이론적 대응물이라고 주장하고, 비판적 탐구의 포스트모던 페미니즘의 형태에서 이의 가장 적합하고 유용한 이론적 표현을 발견할 수 있을 것이라고 결론짓고 있다.

「페미니스트 이론에서의 분석적 범주의 불안정성」에서 하딩(Sandra Harding)은 페미니스트 담론의 인식상의 오류를 들추어 내고 이에 대한 해결책을 모색하고 있다. 여기에서 그녀는 무엇에 근거하여 페미니스트 과학과 인식론이 다른 인식론보다 우월하다고 할 것인가 또한 페미니스트 기획이 다른 해방적 지식을 추구하는 기획들과 갖는 관계는 어떠하며 또한 어떠해야 할 것인가 등의 페미니스트 인식과 운동에 있어서 근본적인 문제를 제기하고 있다. 기본적으로 그녀가 생각하는 페미니스트 탐구는 하나의 성에의 충성에서 다른 성에의 충성으로 단순히 대치시키는 것이 아니라 성을 초월한 객관성을 높이는 것이다. 그녀는 페미니스트 인식론의 두 가지 대안적 전략으로서 페미니스트 관점적 이론(feminist standpoint theory)과 페미니스트 경험주의(feminist empiricism)를 대비시키고 이러한 전략에 내재한 강점과 문제점을 고찰하고 있다. 그녀는 이러한 페미니스트 인식론이 객관적 보편성을 가장한 기존의 과학적 인식론의 문제를 극복하기 위한 인식론적 대안으로서 유효하다는 입장을 취하나, 이 둘에 내재한 문제성도 같이 제기하고 있다. 즉 페미니스트 경험주의의 경우 사회에 대한 좀더 정당한 인식을 제공한다는 이의 주장이 기존의 경험주의 인식론이 표방해 온 '가치중립성'의 연구규범과 관련하여 비일관성을 지니게 된다는 것이다. 반면에 페미니스트 관점적 기획의 경우, 이것이 여성활동의 공유하는 특성들에 근거하여 독보적으로 정당한 과학과 인식론을 추구하려 한다는 점에서 기존의 과학적 인식에서 서구 및 백인남성 중심성이 야기했던 똑같은 왜곡의 위험을 반복할 뿐만 아니라 다른 해방적 인식론(인종적, 민족적 등의 해방)과도 불편한 관계에 서게 된다는 것이다. 이러한 딜레마에 대한 해결로서 하딩은 페미니스트 과학과 인식론이 다른 가능한 과학과 인식론들에 대하여 일방적으로 우월한 것이라고 주장하는 대신 (다른 것들과 마찬가지로) 가치 있는 한 부분으로서 받아들여질 것을 제안하고 있다. 나아가 페미니스트 인식에서 제기되는 일부 핵심적인 개념의 불안정성에 대하여, 그녀는 일관성 있는 이론과 개념에 집착하는 대신, 불안정성 그 자체를 소중한 자원으로 받아들여야 할 것이라고 제안한다. 그녀가 보기에 불안정하고 일관성 없는 세계에서 일관성 있고 응집적인 이론은 우리의 이해와 실천에 장애가 될 뿐이다. 결론적으로 하딩은 페미니스트 이론의 범주를 불안정하나마 생산적으로 수용해

가면서 억압된 집단의 이론화의 범주와 함께 병치시킴으로써 기존의 과학적 연구에서 축적된 인식과 틀을 전면적으로 부정하지 않으면서 동시에 그녀가 제기한 페미니스트 인식론상의 딜레마가 해결될 수 있을 것이라고 전망하고 있다.

「사회분화에 관한 페미니스트 이론」에서 이트만(Anna Yeatman)은 페미니즘이 포스트모던 사회과학을 활용하여 논의를 발전시킬 가능성을 주장하고 있다. 그는 근대 사회과학의 이분법적 사유방식과 가부장제적 측면을 비판하고, 포스트모더니즘이 이를 대치해야 한다고 지적한다. 그러나 여기서 유의해야 할 것은 포스트모더니즘의 상대주의가 가부장주의를 은폐할 수 있다는 점이다. 그는 페미니즘이 그것을 폭로하고 포스트모더니즘의 민주주의적 가능성을 발전시키는 것이 중요하다고 주장한다. 민주주의적으로 지향된 포스트모던, 포스트가부장제적 사회과학을 발전시키는 것이 페미니스트와 사회과학자라는 두 가지 정체성을 가진 페미니스트 사회과학자의 임무이고, 또 그것의 전망을 낙관하는 것이 이 글의 핵심이다. "사회학은 페미니즘을 버렸지만, 나는 사회학을 버리지 않는다"라는 그의 말은 의미심장하다.

「페미니스트 이론에서의 포스트모더니즘과 성별관계」에서 플랙스(Jane Flax)는 현시대를 가장 잘 파악하고 있는 사상으로 정신분석학, 페미니스트 이론 및 포스트모던 철학을 들고, 그 중 페미니스트 이론과 포스트모던 철학의 관계에 대해 논의한다. 그는 계몽주의가 제시한 해방의 전망에 페미니즘이 매력을 느끼겠지만, 그것의 본질적인 남성주의적, 억압적 성격 때문에 절대로 페미니즘은 계몽주의와 합일할 수 없다고 단언한다. 그는 특히 페미니즘이 맑스주의적 관점을 무비판적으로 사용함으로 인해 따르는 위험을 지적한다. 페미니즘은 지금까지 형성되어 온 성별관계를 근본적으로 재해석하는 데 포스트모더니즘의 해체의 인식론이 명확히 기여할 것이라고 주장한다. 그는 포스트모더니즘의 해체로 인하여 현실이 보다 불안정하고 무질서하게 될지라도, 페미니즘은 남성중심으로 형성되어 온 획일적인 성의 관념을 해체하고 다양한, 탈중심화된 해석을 하는 것이 필요하다고 역설한다.

「차이의 딜레마: 페미니즘, 근대성 그리고 포스트모더니즘」에서 스테파노(Christine Di Stefano)는 페미니즘 이론에서 성차를 설명하는 관점으로 페미니스트 합리주의, 여성적 반합리주의, 페미니스트 포스트합리주의의 세 가지를 구분하고 그 각각을 자세히 논의한다. 페미니스트 합리주의에서 성차는 이론적, 실제적으로 거부되어야 하는 것으로 인식되는 데 비해, 여성적 반합리주의는 여성성을 긍정적으로 재평가한다. 전자는 여성관념의 편견을 함께 수용하는 결과로 나아갔고, 후자는 반페미니즘으로 흘러버렸다고 그는 지적한다. 이 양자의 잘못된 담론의 순환에서 벗어나는 길을 포스트모더니즘이 제시하고 있으나, 이것 역시 여성억압을 여러 차이 중의 하나로 축소하여 투쟁력을 사상시켜 버리는 위험을 안고 있다. 그러나 여성억압에 성급하게 대처하는 것보다는, 포스트모더니즘의 해체작업으로 보다 진지하게 성의 관념을 숙고하는 것이 좋지 않을까 하는 미약한 제안으로 스테파노는 결론을 맺고 있다.

「문화주의 페미니즘 대 후기구조주의」에서 알코프(Linda Alcoff)는 최근의 가장 대표적인 페미니스트 이론을 문화주의 페미니즘과 후기구조주의라고 보고, 이 두 관점에 대해 자세히 논의하고 있다. 문화주의 페미니즘이란, 남성들에 의해 왜곡되고 평가절하되어 왔던 여성적 특성을 보다 적극적으로 재평가하려는 입장을 말하며, 후기구조주의 전략을 택하는 페미니즘은 여성에 관한 모든 개념을 해체하고 성간의 차이를 여러 다양한 차이의 하나로 보고자 하는 것이다. 알코프는 그러나 양자가 모두 여성의 해방이라는 과제를 수행하기에 적합하지 않다고 본다. 문화주의 페미니즘에서는 여성의 '본질적' 특성을 사랑, 창조성, 양육의 능력 등으로 보고, 그 특성들은 여성이 아이를 낳음으로 해서 생기는 것이라고 규정한다. 이에 반해 남성은 아이를 가질 수 없다는 조건 때문에 여성에게 의존하게 되고, 질투와 공포로 인해 여성을 공격하게 된다는 것이다. 이러한 문화주의의 작업은 그 요인이 생득적이든, 사회적이든 간에 관계없이 경멸되어 온 여성적 특성을 다시금 우월하고 가치 있는 것으로 높인다는 점에서 긍정적 충격을 주고 있으나, 억압적인 사회적 조건을 밝히는 것을 등한시함으로써 페미니스트 운동의 장기적 프로그램을 제공하지 못한다. 오히려 그것의 근본주의적 성격으로 인해 성차별주의적 억압을 새로이 자극하고 더욱 강화시킬 위험까지 있다는 점을 알코프는 지적하고 있다. 반대로 후기구조주의는 현재의 여성상황에 대해 근본적인 회의를 가능하게 하나, 여성이라는 범주 자체를 부정함으로 해서 여성억압의 혁명적 변화마저 부정하게 된다. 결론적으로 알코프는 이 근본주의와 명목주의의 두 함정에서 벗어나, 성별 주체를 탐구할 가능성을 찾아야 한다고 역설한다.

「페미니즘과 포스트모더니즘」에서 로비본드(Sabina Lovibond)는 포스트모더니즘의 대표적 주창자인 료타르, 매킨타이어 및 로티의 저술을 페미니즘의 시각에서 자세히 고찰하고 있다. 포스트모더니즘은 여러 면에서 페미니즘과 친화력이 있음에도 불구하고, 보편성에 대한 강한 혐오라는 특성 때문에 이를 페미니즘이 무비판적으로 수용할 경우, '전세계적' 프로그램이 되어야 할 페미니즘 운동은 중심을 잃게 될 것이라고 로비본드는 경고한다. 그는 유럽과 북미의 페미니즘이 인종주의의 경향을 갖고 있다는 점을 비판하고, 페미니즘 운동이 중앙의 권위에 의해 움직여지는 획일적인 것이 되어서는 안된다고 지적한다. 그러나 지금 보다 주의를 기울여야 할 점은 페미니즘이 보편적인 관점의 공유자로서의 자신의 이미지를 갖지 못하고 있다는 점이라고 강조하고, 이러한 점에서 볼 때, 페미니즘은 자신을 포스트모더니즘의 한 부분이라기보다는 계몽주의적 근대주의의 한 지류로서 간주하는 것이 좋을 것이라고 주장하고 있다.

다음의 발버스의 논문과 사위키의 논문은 전자에 대해서 후자의 비판이라는 형식을 지니고 푸코적 포스트모더니즘과 정신분석학적 페미니즘의 입장을 날카롭게 대비하고 있다는 점에서 이러한 접합의 시도에서 제기될 수 있는 문제점과 유용성을 비판적으로 드러내 주고 있다.

「여성의 통제: 미셸 푸코와 페미니스트 담론의 힘」에서 발버스(Isaac Balbus)는 정신분석 페미니즘 이론으로서의 모성이론과 푸코의 계보학의 관계가 모순적인가 하는 문제를 고찰하고 있다. 그는 이 두 이론을 역사의 연속성, 총체성 및 주체성의 세 가지 측면에서 비교하고 있다. 발버스는 푸코가 위의 각 범주에 대하여 부정적인 입장을 명시하며 그의 해체작업은 이러한 특징을 지니는 모든 권위적 이론에 향하고 있는 데 반하여, 정신분석 페미니즘은 푸코가 배격하는 이러한 요소를 고루 지니고 있다는 점에 주목한다. 정신분석 페미니즘에서 보면, 푸코적 담론/실천의 해체는 남성적 근원의 모든 징후들을 드러내고 있을 뿐만 아니라 모든 정신분석을 자아에 대한 통제적 기술로 들추어 냄으로써 여성으로부터 그들의 보편적인 종속을 이해하고 극복할 수 있는 정신분석의 개념적 무기들을 탈취하게 되어 결과적으로 여성을 통제하는 이론이다. 발버스는 비권위적 해방적 담론과 권위적 담론을 구분하고 전자에 대한 푸코의 암묵적인 인정이라는 가정하에, 정신분석 페미니즘이 푸코가 암묵적으로 받아들이는 비권위적이자, 잠재적으로 해방적인 모든 참된 담론의 기준들을 충족시키고 있다고 주장하고 있다.

「페미니즘과 푸코담론의 힘」에서 사위키(Jana Sawicki)는 발버스의 논문을 비판적으로 검증하고 있다. 푸코적 입장에 깔린 남성중심성에 대한 발버스의 비판에도 불구하고 사위키는 푸코의 이론과 방법이 페미니스트 비판을 위해 여전히 유효하다고 본다. 그녀는 특히 푸코의 계보학이 이론이라기보다는 이론들을 비판하기 위한 도구라는 점에서 이론 그 자체의 해방적 특성에 연연하는 발버스의 입장을 배격하고 있다. 또한 푸코의 입장이 정치적으로 충분히 급진적이지 못하다는 발버스의 비판에 대하여 푸코적 담론은 그것의 효과에 있어서 급진적인 것이지 현상의 근저에 대한 그들의 약속이나 주장에 있어서 그런 것이 아니라는 반론을 펴고 있다. 즉 푸코의 기획이 또 하나의 대안적인 해방이론을 제시하는 것이 아니라 기존의 사고방식에의 무비판적 집착으로부터 우리를 자유롭게 할 수 있는 도구를 제공한다는 점에서 궁극적으로 이것의 급진적 본질을 봐야 한다는 것이다. 정신분석 페미니즘에서 중요시하는 모성이론 역시 그것이 지닌 총체적 차원을 적절히 제거시켜 버릴 수 있다면, 남성중심의 담론에 대한 적절한 저항의 도구가 될 수 있을 것이라고 보지만, 모성이론의 이론적 특권성에 대하여는 반대의 입장을 분명히 하고 있다. 사위키는 궁극적으로 푸코적 담론이 남성지배의 과학의 권위에 근거하여 이루어지는 지적 주장의 억압적 차원에 관심을 둔다는 점에서 수많은 사회통제를 겪어 온 페미니스트들에게 효과적인 비판적 도구가 될 수 있다고 옹호하고, 푸코와 페미니스트 담론간의 모순 없는 융합의 가능성을 시사하고 있다.

「포스트모더니즘의 궤적」에서 후이센(Andreas Huyssen)은 포스트모더니즘이 예술, 문학, 사회비평의 여러 분야에서 형성되어 나오는 궤적을 정치적, 사회적 및 문화적 배열 속에서 추적하고 있다. 그는 모더니즘과 관련하여 포스트모더니즘을 이의 단순한 연속이라기보다는 모더니즘 자체에 대한 끊임없는 반격의 가장 최근의 단계로서 이해하고자 한다. 그가 보는 모더니즘의 가장 근본적인 성격은 이것이 드러내는 대중문화에 대한 강렬한 경멸과 한편으로는 정치적이고 일상적인 세계와 분리된 독립된 세계로서의 미학에 대한 이의 사고이다. 그는 포스트모더니즘의 가장 핵심적인 요소로서 대중문화를 적대시하는 바로 그러한 모더니즘 사고에 대한 반격으로서 진단하고, 1970년대 이래 현재에 이르기까지의 미학적, 이론적 차원에서 이루어지는 반격 내지는 저항의 다양한 경향들의 흐름을 추적하고 있다. 바로 이러한 토대에서 후이센은 흔히 그 둘간의 명쾌한 분리가 어렵던 포스트모더니즘과 후기구조주의를 구분하고 있다. 즉 그는 후기구조주의가 미학에 대해 부여하는 특권적 위상과 이것이 전제하는 현실과 분리된 예술에 대한 사고에서 모더니즘의 핵심적인 억압적 성격을 답습하고 있다고 진단한다. 그런 점에서 이것은 모더니즘에 대한 반발로서 나타난 포스트모더니즘과 혼동될 수 없다. 후이센은 데리다와 초기 바르트와 같이 미국의 문학계에서 소위 전폭적으로 수용되었던 학자들과 상대적으로 무시되었던 푸코나 초기 보딜리야르, 료타르와 같이 좀더 정치적인 이론가들을 구분하는데, 그의 기준에서 보면 이들 후자의 이론가들이 좀더 참된 의미에서 포스트모더니스트들이다. 그가 포스트모더니즘에서 궁극적으로 끌어내고자 하는 성격은 문화적 장에 구체적으로 상응하여 이루어지는 저항적 내지는 해방적 요소들이다.

「맑스주의와 포스트모더니즘」에서 제임슨(Fredric Jameson)은 포스트모더니즘을 둘러싼 여러 논란에도 불구하고 포스트모더니즘을 무엇보다도 자본주의의 제3단계를 이해하는 틀로서 비중을 두고 있다. 그가 강조하는 포스트모더니즘은 단순히 미학이나 스타일상의 용어가 아니라 자본주의 제3단계의 문화생산의 구체적인 논리를 이론화하는 시도이다. 즉 그는 포스트모더니즘을 오늘날 자본주의의 경제적인 초기의 형태들과 노동, 조직들이 세계적 규모로 재구축되는 것을 이해하는 모델로서 받아들일 것을 제안하고 있다.

◀ 차례 ▶

## 제1부 페미니스트 이론에서의 포스트모더니즘의 가능성



## 제2부 페미니즘과 푸코



## 제3부 포스트모더니즘의 발전

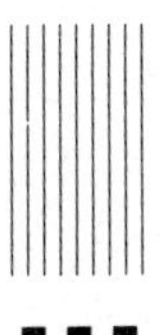

제1부

# 페미니스트 이론에서의 포스트모더니즘의 가능성

# 철학을 배제한 사회비판 - 페미니즘과 포스트모더니즘의 만남*

낸시 프레이저·린다 니콜슨

페미니즘과 포스트모더니즘은 지난 10년간 가장 중요한 정치문화적 조류로 등장하였다. 그러나 지금까지 이 둘은 서로 불편한 거리를 두어 왔으며, 실로 그 거리가 너무 멀어 서로간에 광범위한 논의가 거의 없어 왔다.[1)]

이렇게 논의가 없었음에도 불구하고 페미니즘과 포스트모더니즘의 관계를 탐색해 볼 만한 중요한 이유들이 있다. 그것은 양자가 모두 철학의 제도에 대한 깊고도 광범위한 비판들을 제공하여 왔으며, 철학과 보다 광

---

* Nancy Fraser and Linda J. Nicholson, "Social Criticism without Philosophy: An Encounter between Feminism and Postmodernism," in Linda J. Nicholson(ed.), *Feminism/Postmodernism*, Routledge, Chapman & Hall, Inc., 1990, pp.19-38.

1) 예외적으로 다음의 논문들을 들 수 있다. Jane Flax, "Gender as a Social Problem: In and For Feminist Theory," *American Studies/Amerika Studien*, June 1986; Sandra Harding, *The Science Question in Feminism*, Ithaca, N.Y.: Cornell University Press, 1986; "The Instability of the Analytical Categories of Feminist Theory," *Signs: Journal of Women in Culture and Society*, vol.11, no.4, 1986, pp.645-664; Donna Haraway, "A Manifesto for Cyborgs: Science, Technology, and Socialist Feminism in the 1980s," *Socialist Review*, no.80, 1983, pp.65-107; Alice A. Jardine, *Gynesis: Configurations of Women and Modernity*, Ithaca, N.Y.: Cornell University Press, 1985; Jean-François Lyotard, "Some of the Things at Stake in Women's Struggles," in Deborah J. Clarke, Winifred Woodhull, and John Mowitt(trans.), *Sub-Stance*, no.20, 1978; Craig Owens, "The Discourse of Others: Feminists and Postmodernism," in Hal Foster(ed.), *The Anti-Aesthetic: Essays on Postmodern Culture*, Port Townsend, W.A.: Bay Press, 1983.

범위한 문화와의 관계에 관한 비판적 관점을 개발하여 왔다는 것이다. 그리고 이 논문에서 가장 중심되는 것으로 양자가 모두 전통적인 철학적 토대에 의존하지 않는 사회비판의 새로운 패러다임을 모색하여 왔다는 것이다. 이러한 차이에도 불구하고 지난 10여 년 동안 페미니스트들과 포스트모더니스트들은 동일한 문제의 인과관계를 각기 다른 방법으로 모색하여 왔다. 이들은 모두 철학을 배제한 비판의 패러다임을 개발하기 위해 철학과 사회비판간의 관계를 재고하는 노력을 기울여 온 것이다.

이 둘의 경향은 정반대 방향에서 출발하여 진행되어 왔다. 포스트모더니스트들은 주로 문제의 철학적 측면에 주목하여 왔다. 그들은 반근본적이고 초철학적 전망의 개발에서 출발하여 사회비판의 형태와 특징에 대한 결론을 끌어내어 왔다. 반면에, 페미니스트에게는 사회비판에 대한 관심이 주요 목적이지 철학의 문제는 단지 부차적일 뿐이다. 결과적으로 그들은 비판적인 정치적 관점을 개발하고 그것들로부터 철학의 위상에 대한 결론을 끌어내었다. 이들의 강조점과 지향의 차이로 인해 이 두 경향은 상호보완적인 강점과 약점을 갖게 되었다. 포스트모더니스트들은 근본주의와 본질론에 대한 정교하고도 설득력 있는 비판을 제공하지만, 그들의 사회비판 관점은 때로 빈약하다. 한편 페미니스트들은 사회비판을 위한 강력한 개념을 제시하지만 때로는 근본주의와 본질론에 빠져드는 경향을 나타낸다.

결과적으로 이 두 관점은 서로에 대해 중요한 비판을 제공한다. 페미니즘에 대한 포스트모더니즘적 성찰은 쓸모없는 본질론의 잔재를 드러내 주며, 페미니즘적 성찰은 포스트모더니즘에 내재한 남성중심성과 정치적 순진성을 드러낸다.

페미니즘과 포스트모더니즘의 조우는 처음에는 비판들을 교환하는 것으로 시작되었다. 그러나 거기에서 끝날 것이라고 미리 전제할 이유는 없다. 실제 각각은 상대로부터 취할 점이 많고 서로의 약점을 메워줄 귀중한 요소들을 지니고 있는 것이다. 그리하여 페미니즘과 포스트모더니즘의 조우에 있어서 궁극적인 관심은 이들 각각이 지닌 약점들을 제거하면서 강점들을 통합한 새로운 전망을 만드는 가능성이다. 이것이 바로 포스트모던 페미니즘의 전망이다.

다음에서 우리는 이러한 통합의 초기적이고 핵심적인 장을 제공하면서 그같은 전망의 모색에 기여하고자 한다. 첫째 절에서 우리는 대표적인 포스트모더니스트인 장 프랑소아 료타르(Jean F. Lyotard)가 철학제도의 비판으로부터 사회비판의 새로운 패러다임을 도출해 내는 데 시도했던 방법들을 검토할 것이다. 그리고 그렇게 도출된 사회비판의 개념이 성적 지배와 억압의 핵심을 적절하게 파악하기에는 너무나 제약이 많다는 점에 대해서 논의하고자 한다. 또한 료타르의 주장에 내재하는 긴장을 규명하고, 반근본주의 문제와 관련하여 중요한 부분을 희생시키지 않으면서 보다 강력한 비판이 가능하도록 하는 대안적 구성을 제안하고자 한다. 둘째 절에서는 페미니스트 사회비판의 대표적인 장르들을 고찰하도록 하겠다. 우리는 많은 경우에 있어서 페미니스트 비판가들이 포스트모더니스트들과 마찬가지로, 묵시적이지만 실제로는 그들이 배제시키고자 하는 철학적 토대에 여전히 의존하고 있음을 보여주고자 한다. 그러한 토대 가운데 어떤 것은 그것이 지닌 사회비판력을 조금도 훼손시킴 없이 폐기될 수 있음을 보여줄 것이다. 마지막으로, 간략한 결론부문에서 포스트모던 페미니즘의 전망을 고려할 것이다. 이와 같은 전망의 개발에 수반되는 필요조건들을 논의하고, 적절한 개념적 자원들과 핵심적 전략들을 규명할 것이다.

## 포스트모더니즘

포스트모더니스트들은 특히 전통적 철학적 토대에 의존하지 않는 사회비판 개념들을 발전시키고자 노력해 왔다. 이러한 노력에 있어 전형적인 출발점은 오늘날의 철학의 지위에 대한 성찰이다. 리차드 로티(Richard Rorty)와 료타르는 대문자 'P'로 시작하는 철학(Philosophy)은 더이상 생명력 있거나 신뢰할 만한 작업이 못된다는 주장으로부터 시작하였다. 그들은 철학과 나아가 일반적 의미에 있어서의 이론이 더이상 정치나 사회비판의 근거로서의 기능을 수행할 수 없다고 주장하였다. 이러한 근본주의의 붕괴와 함께 철학을 사회비판적 담론의 토대로 보는 관점이 붕괴되었다. '근대'의 개념은 비판이 어떤 보편적, 이론적 토대로부터도 자유로운 새로운 '포스트모던'의 개념으로 대치되어야 한다는 것이다. 이것은 더이상 철학적으로 준거하지 않고, 사회비판의 바로 그 형태와 특징들이 변화하고 있는 것을 의미한다. 이것은 좀더 실용적이고 특정화되고 맥락적이고 지역화되었다. 이러한 변화와 함께 지식인의 사회적 역할과 정치적 기능들이 변모하게 된 것이다.

그리하여 철학과 사회비판의 관계에 대한 포스트모던 고찰에서 '철학'이란 용어는 의도적으로 격하되었다. 완전히 사라지진 않았지만 매우 축소되었다. 그러나 명시적으로는 이러한 격하가 주장되고 있음에도 불구하고 '철학'이란 용어는 묵시적으로 여전히 구조적 특권을 누리고 있다. 사회비판과 지식인의 참여적 실천에 있어서 변모된 특징을 결정짓는 것은 철학의 변화된 위상이다. 그렇다면 새로운 포스트모던 등식에서는 사회비판과 정치적 실천은 종속변수인 반면, 철학은 독립변수가 된다. 새롭게 대두되는 이론에 대한 시각은 현대의 사회비판과 참여의 필요를 고려함으로써 결정되는 것이 아니다. 오히려 그것은 철학의 근대적 지위를 고려함으로써 결정되는 것이다. 이러한 방향으로 나아가는 것은 모두 다 긍정적이지만은 않으며 간혹 심각한 결과들을 초래한다. 그러한 것들 중의 하나는 사회비판과 지식인의 참여적 실천의 가능성에 대한 과소평가와 함께 이러한 것들의 시기상조적 배제이다. 포스트모던 사고가 지닌 이러한 한계는 현대의 페미니스트 이론과 실천이 필요하다는 견지에서 그 결과를 고려해 보면 더욱 분명할 것이다.

우선 포스트모더니즘이라는 거대한 흐름의 진정한 예시가 되는 료타르의 포스트모더니즘부터 고찰해 보기로 하자. 료타르는 실제 그 용어를 사용하는 널리 알려진 몇 안되는 사회사상가 중의 하나이다. 실제로 그가 바로 오늘날의 철학, 정치, 사회 및 사회이론에 대한 논의의 근거를 소개한 당사자이다. 그의 책 『포스트모던의 조건』은 현대의 논쟁에 있어서 표준구가 되었으며, 이것은 이 운동의 특징적 관심과 긴장을 선명한 형태로 드러내주고 있다.[2)]

---

2) Jean F. Lyotard, *The Postmodern Condition: A Report on Knowledge*, Minneapolis:

료타르에 있어서 포스트모더니즘은 현대 서양문명의 일반적 조건을 가리킨다. 포스트모던 조건은 '정당화의 거대화법'이 더이상 믿을 만하지 못해진 조건이다. 거대화법으로써 그가 의미하는 것은 이성과 자유의 지속적 진보라는 계몽주의 스토리, 헤겔이 말하는 스스로를 드러낼 정신의 변증법, 가장 중요하게는 계급갈등을 거쳐 프롤레타리아 혁명에서 정점을 이룰 인간생산력의 진보라는 맑스의 드라마 같은 역사에 관한 총체적 철학들이다. 료타르에게 있어서 이러한 거대화법은 구체적으로는 정당화의 문제에 대한 근대적 접근을 예시한다. 이들 각각은 탐구와 정치의 일차적인 담론의 실천을 그것을 정당화하는 광범위한 총체화의 거대담론 안에 위치시킨다. 이러한 거대담론은 인간역사의 전체에 대하여 근대과학과 근대 정치적 과정들—이러한 실천을 지배하고, 그 속에서 무엇이 정당한 움직임인지 결정하는 규범과 법칙들—의 사고방식이 그 자체로 정당하다고 인정하고자 하는 설화들을 전개시킨다. 그 설화는 어떤 과학과 어떤 정치는 올바른 사고방식을 지닌 것이며, 따라서 올바른 실천이라고 정당화해준다.

료타르가 역사의 설화적 철학에 주목했다는 것을 오해하면 안될 것이다. 그의 정당화라는 거대설화 개념에서 중요한 것은 '거대'라는 것이지 '설화'가 아닌 것이다. 계몽주의, 헤겔주의, 맑스주의의 설화에서 그가 가장 관심을 가졌던 것은 그것들이 비설화적 형태의 다른 철학들과 공유하는 점들이다. 몰역사적 인식론과 도덕적 이론들처럼, 그들은 특정한 일차적인 담론적 실천들이 잘 구성되고, 진실되고 정의로운 결과를 생산해 낼 수 있다는 것을 보여주고자 하였다. 여기에서 진실되고 정의롭다는 것은 어떤 주어진 과학적, 정치적 게임의 원론적 규칙을 철저하게 지킴으로써 얻어지는 결과 이상의 것을 의미한다. 오히려 상황적, 역사적, 사회적 실천에 관계없이 그 자체가 진실로 '진리'와 '정의'에 부응하는 결과라는 것을 의미한다. 그리하여 료타르에 의하면 거대설화의 '거대'는 매우 완곡한 의미를 지닌다. 이것은 다른 모든 담론들을 상황짓고 특징화하고 평가할 수 있는 반면, 그 자신은 역사와 상황에 따르는 정당화의 어떤 필요에

University of Minnesota Press, 1984.

대해서도 전혀 영향받지 않는 특권적 담론이고자 한다.

『포스트모던 조건』에서 료타르는 거대설화들이란, 그것이 역사의 철학이든 또는 비설화적 근본적 철학이든, 단지 근대의 이미 지나가 버린 것이라고 주장한다. 그는, 우리는 더이상 모든 일차적 담론들이 지닌 모든 진리들을 단번에 파악할 수 있는 특권적 거대설화가 있을 것이란 믿음을 가지면 안된다고 주장한다. '거대'의 주장은 더이상 성립되지 않는 것이다. 소위 거대설화라 하는 것도 실제로는 또 다른 담론에 지나지 않는다. 따라서 료타르에게 있어서는 인식론적으로든 정치적으로든 정당화는 더이상 철학적 거대설화에 속하지 않는다. 그렇다면 포스트모던 시대에 있어서 정당화는 어디에 속하는가?

『포스트모던 조건』의 많은 부분은 위의 문제에 대한 답변을 모색하는데 할애되고 있다. 그 답이란 간단히 말해서 포스트모던 시대에 있어서 정당화는 다원적이고, 지역적이고, 그리고 편재적이라는 것이다. 이 시대에는 필연적으로 다원적인 일차적으로 담론적인 실천들에 널리 확산된 정당화의 수많은 담론들이 있게 될 것이다. 예를 들어 과학자들은 그들의 탐구 절차를 인정받기 위해 과학철학의 규범에 의존하지 않는다. 오히려 과학자들은 실행하는 가운데에서도 그들 자신의 실행을 구성하는 규범에 대하여 의문시하고, 수정하고, 정당화한다. 정당화는 위에서 배회하는 대신 실천의 수준으로 하강하여 그 속에 자리하게 된다. 탐구가 실행되는 곳과 구분되는 특별한 재판석은 존재하지 않는다. 오히려 각 실천자들은 그들 각자의 실천을 정당화할 책임을 받아들인다.

료타르는 이와 비슷한 것이 정치적 정당화와 관련하여 일어나고 있으며, 또한 일어나야 한다고 주장한다. 우리는 정의에 대해 단일한 총체적인 이론을 가질 수도 없으며 또한 필요로 하지도 않는다. 필요한 것은 오히려 '다양성의 정의'이다.[3] 여기에서 료타르가 의미하는 것 전부가 명료하지는 않다. 한편으로 좋은 사회란 각각의 그 구성원이 상황에 따라 그의 실행규범에 대한 문제제기 및 수정을 하는 민주적이고, 자기 관리적인 집

---

3) Ibid. 다음 글을 참조할 것. Lyotard and Jean-Loup Thebaud, *Just Gaming*, Minneapolis: University of Minnesota Press, 1987; Lyotard, "The Differend," *Diacritics*, Fall 1984.

단들과 제도들의 분권화된 다양성으로 구성된다는 료타르 자신의 규범적 전망을 제시하는 것으로 읽혀질 수 있다. 그러나 역설적이게도 다른 수준, 적어도 현대적 관점에서는 그러한 전망을 정당화하는 데 필요한 대규모의 규범적인 정치적 이론화를 배제하고 있는 것으로 읽혀질 수 있다. 어떠한 경우이건 다양성에 관한 정의의 개념은 정치이론의 오래된 측면이자 한편으로는 본질론적이라고도 주장될 수 있는 한 양식을 배제시키고 있다. 비교적 개별적인 실행과 제도들을 분리하고 있는 경계들을 관통하는 불평등과 부정의 거시적 구조의 규명 및 비판이다. 료타르의 저술 속에는 성, 인종, 계급에 따라 광범하게 전개되는 지배-피지배의 관계에 대한 비판, 즉 계층화의 집요한 축에 대한 비판의 여지가 없는 것이다.

료타르의 거대성에 대한 회의는 역사적 서술이나 사회이론에까지 나타난다. 여기에서 그의 주요 대상은 프랑스에서 오랫동안 반박할 만한 가치가 있는 것으로 인정되어 온 거의 유일한 거대설화로서의 맑스주의이다. 맑스주의 설화는 인간역사 거의 전체를 다룬다는 점에서 너무나 거대하다. 다른 한편으로는 맑스주의의 설화는 역사적 변동을 설명한다는 사회실천과 사회관계에 관한 이론에 의존하고 있다는 점에서 너무나 이론적이다. 한 수준에서는 료타르는 이 이론의 구체적인 것들을 간단하게 기각시켜 버린다. 그는 실천을 생산이라고 하는 맑스주의 개념화는 인간 실천의 다양성과 다원성을 배제시키는 것이라고 주장한다. 그리고 하나의 주요 분화와 모순에 의해 관통되는 총체성으로서의 자본주의사회에 대한 맑스주의 개념화는 현대의 사회적 차이와 대립들의 다양성과 다원성을 배제시키는 것이라고 주장한다. 그러나 료타르는 그러한 결함들이 더 나은 사회이론에 의해 치유될 수 있다거나 또는 그래야 될 것이라고 결론짓지 않는다. 오히려 그는 사회이론의 기획 자체를 거부한다.

료타르의 사회이론에 대한 부정이 그 자체의 이론적 전망에 의존하고 있기 때문에 그의 입장은 모호하다. 료타르는 그가 소위 '사회적 결속'이라고 부르는 사회성과 사회적 정체성이라는 포스트모더니즘의 개념을 제시한다. 그는 사회를 묶어주는 것은 공동의 의식이나 하위구조들이 아니라고 주장한다. 오히려 사회적 결속은, 어느 하나도 전체를 통해 지속적으로 흐르지 않는 수많은 담론적 실천들이 교차하는 그물망이다. 개개인들은 그러한 실천들이 교차되는 매듭 또는 장소이며, 각 개인들은 동시에 수많은 실천에 참여하고 있는 것이다. 따라서 사회적 정체성이란 복합적이고 이질적이다. 그것은 다른 것에 의해 나타낼 수 있거나, 사회적 총체성에 의해 나타낼 수 없다. 실로 엄밀히 말해서 사회적 총체성이란 존재하지 않으며 더군다나 총체화에 대한 사회이론의 가능성은 없다.

그리하여 료타르는 사회라는 장은 이질적이고 총체화가 가능하지 않다고 강조한다. 결과적으로 그는 성, 인종, 계급 등과 같은 일반적 범주들을 적용하는 비판적 사회이론들을 배제시키고 있다. 그에 의하면 그러한 범주들은 사회적 정체성의 복합성에 적용되기에는 지나치게 환원론적이라 유용하지 못하다. 그가 보기에 담론적 실천의 유동성과 다양성을 대규모 제도와 사회구조의 비판적인 분석맥락 안에 위치시켜 설명한다고 해서 뚜렷하게 이득될 것이 아무것도 없다는 것이다.

그리하여 료타르의 철학을 배제한 비판 개념은 사회비판의 몇몇 뚜렷한 양식들을 배제시키고 있다. 비판이 근본주의 철학의 거대설화에 토대할 수 없다는 전제로부터 그는 거대한 역사적 설화, 정의의 규범적 이론들, 불평등을 제도화시키는 거시구조에 대한 사회이론적 설명들의 부당성을 도출해 내고 있다. 그렇다면 포스트모던 사회비판은 어떤 것인가?

료타르는 그가 배제시키고 남은 담론적 자원으로부터 사회비판의 새로운 양식들을 구성하고자 한다. 그 중에서도 가장 두드러지는 것은 지역화된 설화이다. 그는 이러한 것이 근대의 총체화적인 거대설화와 모든 설화에 적대적인 과학주의에 대항하는 것으로서 옹호한다. 그렇다면 포스트모던 사회비판의 한 양식은 서로 별개로 다루어지는 다양한 담론적 실천들의 출현, 변형, 소멸에 관한 비교적 개별적으로 전개되는 지역화된 설화들로 구성된다. 그러한 설화들은 구체적으로 연결시키고자 하지는 않지만 미셸 푸코(Michel Foucault)가 때때로 구사하는 광범한 동시적 유형들에 의해 그려지는 설화들과 유사해질 것이다.[4] 미셸 왈처(Michael Walzer)와

4) 예를 들어 Michel Foucault, *Discipline and Punish: The Birth of the Prison*, New York: Vintage Books, 1979를 볼 것.

마찬가지로 료타르는, 실천자들은 그들의 실천의 실용적 또는 원칙적 규범을 수정하고자 다른 사람을 설득할 때에는 그러한 설화를 기술하여야 할 것이라고 명백하게 전제하고 있다.[5)]

그러나 이러한 사회비판의 양식만이 포스트모던 설화의 전부는 아니다. 비판을 국지적, 특정적 그리고 개량적으로 보기 때문에 이에 따라 정치적 진단을 가정하는 데 국지적이고, 특정적이고, 개량적인 시도들에 저항하는 어떠한 대규모 체계 차원의 문제들은 존재하지 않는다. 그러나 료타르는 탈근대적 사회에 내재한 좀더 조정적 반응을 요구하는 하나의 바람직하지 않은 구조적 경향을 인식한다. 이것은 모든 담론을 효율이나 '수행성'이라는 하나의 기준에 무차별적으로 종속시키는 도구적 이성의 보편화된 경향이다. 료타르의 생각에 의하면, 이러한 실천들이 수행적 기준들에 적절히 종속되지 않기 때문에, 이러한 보편화의 경향은 과학과 정치의 자율성과 통합을 위협하게 된다. 이러한 경향은 과학과 실천들을 왜곡시켜, 결국 담론적 형태들의 다양성을 파괴시켜 버린다는 것이다.

그리하여 료타르는 겉으로는 반대하면서도 지역적, 미시적 설화를 초월하는 사회비판 양식이 필요함은 긍정적으로 받아들인다. 거시적인 총체화의 설화에 대한 그의 비난에도 불구하고 대규모의 사회적 경향에 대하여 상당히 거대한 이야기를 전개한다. 더군다나 이러한 이야기의 논리와 이것이 속하는 비판양식의 논리는 엄격하게 실천 내재적이지 않은 평가들을 요한다. 료타르의 설화는 실행성에 의해 위협받는 것으로 주장되는 과학적 및 정치적 실천의 정당성과 통합성을 전제한다. 이것은 실천들에 외부적으로 가해지는 왜곡으로부터 내재적인 변화와 발전들을 구분할 수 있다고 가정한다. 그러나 이것은 료타르로 하여금 위협받는 실천들의 가치와 특징들에 대하여 규범적 평가를 내리도록 충동한다. 이러한 평가는 평가되는 실천들 속에 엄밀하게 내재하는 것은 아니다. 오히려 그것들은 초실천적이다.

포스트모던 사회비판에 대한 료타르의 입장은 전적으로 자기 일관성이

---

5) Michael Walzer, *Spheres of Justice: A Defense of Pluralism and Equality*, New York: Basic Books, 1983.

있다거나 설득력 있는 것이 되지 못하고 있다. 그는 '철학'이 사회비판의 토대가 될 수 없다는 전제로부터 비판은 그 자체가 지역적이고, 특정적이고, 또한 비이론적이라는 결론으로 너무 쉽게 비약해 버리는 것이다. 결과적으로 그는 거시적인 역사적 설화라는 아기를 철학적 초설화라는 목욕물과 함께 쏟아 버리고, 또한 대규모의 불평등에 대한 사회이론적 분석이라는 아기를 환원론적인 맑스주의의 계급이론이라는 목욕물과 함께 쏟아 버리고 있다. 더군다나 이러한 사생아로 주장되는 아기들이 실제로는 배제되고 있지 않다. 그들은 료타르가 그것들에 대신하여 도입하고자 하는 포스트모던 사회비판들의 바로 그 양식 속에 억압된 형태로 되돌아오는 것이다.

우리는 포스트모더니스트들이 근본주의 철학의 쇠퇴로부터 포스트모던 사회비판의 특성에 대한 고찰을 끌어내고 있음에 주목하면서 이 논의를 전개하였다. 철학이 더이상 사회비판의 근거로 믿을 만하지 못하다는 전제하에 그들은 비판 그 자체가 지역적이고, 특정적이고 그리고 비이론적이라는 주장을 한다. 그리하여 근본주의에 대한 비판으로부터 그들은 몇몇 사회비판 양식의 부당성을 도출해 내고 있다. 료타르에 있어서 부당한 양식들은 대규모의 역사적 설화와 만연된 지배복종의 관계에 대한 사회이론적 분석들을 포함한다.[6)]

그러나 탈근본주의적 사회비판에 대한 성찰의 또 다른 출발점을 택해야 한다고 생각해 보자. '철학'의 조건과 함께가 아니라 비판하고자 하는 사회적 대상의 본질과 함께 시작한다고 해보자. 나아가 그 대상이 남성에 대한 또한 남성에 의한 여성의 종속으로 정의된다고 해보자. 그러면 사회비판을 위해서는 포스트모더니스트들에 의해 기각된 많은 양식들이 필요하다는 것이 분명해질 것이라고 우리는 생각한다. 왜냐하면 남성 지배같

6) 료타르에게 있어서 철학이 출발점이 되고 있다는 것은 그가 취하는 말하자면 반전체주의라는 정치철학적 입장에 의해 이미 결정되고 있다. 우리가 보기에 그는 그릇되게도 총체론적 사회정치이론은 필연적으로 전체주의 사회를 초래한다고 가정하는 듯하다. 그리하여 료타르가 특권시하는 철학에 내재하면서 동시에 이를 희석시키는 '현실적인 의도'는 반맑스주의이다. 이것이 신자유주의로도 특징지어질 수 있는지는 여기에서 고찰하기에 너무 복잡한 문제이다.

이 널리 침투되어 있고, 다양한 양상의 현상을 그들이 제한적으로 제시하는 미미한 비판적 자원만으로는 적절하게 파악할 수 없기 때문이다. 반대로 이러한 현상에 대한 효과적인 비판은 다양한 방법들과 양식들을 필요로 한다. 이것은 최소한의 사회조직과 이데올로기의 변화에 대한 거대설화, 거시구조와 제도에 대한 경험적 및 사회이론적 분석, 일상생활의 미시적 정치에 대한 상호작용론적 분석, 역사적으로 문화적으로 구체적인 성의 사회학 등을 필요로 한다. 이러한 목록은 더욱 길게 나열될 수 있을 것이다.

분명히 이러한 접근들의 모두가 국지적이고 비이론적인 것은 아니다. 더군다나 다음 절에서 논의되겠지만, 많은 페미니스트들이 그러한 덫을 피하는 데 전적으로 성공하지는 못하였지만, 모든 것들이 원칙적으로 우리를 근본주의로 되돌리지는 않을 것이다.

## 페미니즘

포스트모더니스트와 마찬가지로 페미니스트들은 전통적인 철학적 토대에 의존하지 않는 사회비판의 새로운 패러다임을 발전시키고자 노력하였다. 그들은 근대의 근본주의 인식론과 도덕적, 정치적 이론을 비판하고 필연적, 보편적, 몰역사적 진리들을 위해 주요 흐름에서 묵과되어 버린 것들에 대한 상황적, 부분적 그리고 역사적으로 위치한 특성들을 규명해 내고자 한다. 그들은 어떠한 사회나 관점을 초월하는 '신의 관점'을 가장한 객관성의 추구라는 지배적인 철학적 기획에 대하여 문제를 제기한다.[7)]

그러나 포스트모더니스트들이 철학의 지위에 대한 관심 때문에 그러한 입장을 갖게 된 데 비하여, 페미니스트들은 정치적 실천이 요구됨에 따라 그러한 입장을 띠게 된다. 이러한 실천적 관심이 페미니스트들로 하여금 포스트모더니스트들이 행한 많은 잘못들을 반복하지 않도록 지켜준 것이다. 성차별주의에 대한 투쟁으로서 이론적 작업을 하는 여성들이 그들의

7) Sandra Harding and Merril B. Hintikka(eds.), *Discovering Reality: Feminist Perspectives on Epistemology, Metaphysics, Methodology, and Philosophy of Science*, Dordrecht, Holland: D. Reidel, 1983을 참조할 것.

강력한 정치적 도구들을 단지 철학 내부의 전문적인 논쟁으로서 방기할 수는 없는 것이다.

그러나 정치적 실천의 절명성이 페미니스트 이론을 그것이 빠질 수도 있었던 몇몇 문제점으로부터 지켜주었던 반면, 그들은 때로 다른 류의 문제에 빠지는 경향이 있다. 실천적 절명성은 페미니스트들을 포스트모더니스트들이 올바르게 비판하는 철학적 거대설화류의 이론화된 양식으로 인도한다. 확실히 우리가 여기에서 염두에 두고 있는 페미니스트 이론은 순수하게 거대설화들은 아니다. 이것은 합리성이나 정의의 초월적 본질에 대한 몰역사적 규범적 이론들은 아니다. 오히려 이것은 전체 문화적으로 작동되는 성차별주의의 원인과 구성적 특징들을 규명하고자 하는 매우 거시적인 사회이론들—역사들, 사회, 문화 그리고 심리학—이다. 그러므로 이러한 사회이론은 철학적이기보다는 경험적이고자 한다. 그러나 우리가 보여주고자 바라는 바와 같이, 그것은 실제로는 유사 거대설화들이다. 그것은 인간의 본성과 사회생활의 조건에 대하여 몇몇 일상적으로 받아들여지기는 하나 입증되지는 않은 본질론적 가정에 암묵적으로 의존하고 있다. 게다가 시간성 또는 역사성에 영향받지 않고, 실질적으로 탐구의 영구적이고도 중립적인 도구로 기능할 수 있는 방법이나 개념들을 가정한다. 이러한 이론들은 결국 거대화법의 본질론적이고 몰역사적 특성들을 공유하게 되는 것이다. 즉 그것은 역사적, 문화적 다양성에 대하여 충분하게 주의를 기울이지 못하고 이론가 자신의 시대, 사회, 문화, 계급, 성적 경향, 인종 및 민족집단 등을 부당하게 보편화시키는 것이다.

페미니스트들로 하여금 유사 거대설화로 이끄는 실천적 필요들이 논란의 여지없이 지배적인 것은 아니다. 오히려 그들은, 예를 들어 여성들에게 성간의 차이를 받아들이도록 하는 정치적 압력과 같이 정반대의 효과를 가져오고자 하는 반대적 필요성과도 불편한 가운데 공존하여 왔다. 일반적으로, 그렇다면 근래의 페미니스트 사회이론의 역사는 거대설화라는 이론화 양식을 지지하는 세력과 그것에 반대하는 세력간에 일어난 투쟁의 소용돌이였음을 반영한다. 우리는 이 역사의 몇몇 중요한 전환점을 살펴봄으로써 이러한 움직임을 보여주고자 한다.

1960년대 신좌파 여성들이 여성의 권리에 대한 기존의 주장들을 여성해방이라는 총괄적 논의로 확대시키고자 했을 때, 그들의 남성 동료들은 그러한 행동에 대하여 두려움과 적대로써 맞이하였으며, 특히 그러한 반응을 정당화하기 위해 맑스주의 정치이론을 적용하였다. 많은 신좌파의 남성들은 성문제가 억압의 좀더 기본 모형인 소위 계급, 인종에 종속되므로 성문제는 이차적이다고 주장하였다. 이러한 실천적, 정치적 문제에 대한 대안으로 슐라미스 파이어스톤(Shulamith Firestone)과 같은 급진적 페미니스트들은 독창적인 전략적 조치를 취하였다. 파이어스톤은 남녀간의 성차별주의를 설명하는 데 있어서 생물학적 차이에 호소하였던 것이다. 이러한 인식하에서 그녀는 양성갈등이 인간갈등의 가장 기본형이고 계급갈등을 포함한 다른 모든 갈등의 근원이 된다고 주장하면서 그의 맑스주의 동료들에게 역전의 돌파구를 열어 주었다.[8] 그녀는 성차이의 뿌리를 생물학적 차이에서 찾아내기 위해 근대문화 속에서 널리 침투된 경향에 주목하였다. 그녀의 멋진 일격은 남성지배에 대한 묵종을 정당화하기 위해서가 아니라 그에 대한 투쟁의 우선성을 수립하기 위해 생물학주의를 사용하는 것이다.

이러한 전략은, 포스트모더니스트 관점에서 보면, 사회현상을 설명하기 위해 생물학적 구조에 의존함은 본질론적이고 단일원인론적이라는 점에서 문제성이 있다. 그들은 역사적으로 구체적인 사회적 조건하에서 발달되는 모든 여성과 남성의 자질을 전하고자 한다는 점에서 본질론적이다. 그들은 모든 문화에서 여성의 억압을 설명하기 위해 여성의 신체, 남성의 호르몬 같은 단일 종류의 특성만을 본다는 점에서 단일원인론적이다. 이러한 문제들은 생물학에 호소하는 것이 여성의 억압이 다른 모든 형태의 억압의 원인이라는 의심스러운 주장과 결합해 사용되면 더욱 가중된다.

더군다나 1970년대초 맑스주의자와 페미니스트 인류학자들이 강조하기 시작했듯이, 생물학적 차이에 호소하는 것은 여러 다른 문화 속에서 나타나는 성과 성차별주의의 엄청난 다양성의 이해를 어렵게 한다. 사실상 얼마 지나지 않아 대부분의 페미니스트 사회이론가들은 성차별주의의

---

8) Shulamith Firestone, *The Dialectic of Sex*, New York: Bantham, 1970.

다양한 형태들에 대한 설명이 이의 깊이와 자율성에 대한 설명만큼이나 중요하다는 것을 인식하게 되었다. 게일 루빈(Gayle Rubin)은 이러한 이중의 필요조건을 '무한한 다양성과 단조로운 유사성'이라는 여성억압에 대한 설명할 수 있는 이론구성의 필요로서 적절히 묘사하고 있다.[9] 페미니스트들은 이러한 이중의 요구에 적합한 사회이론을 어떻게 발전시킬 것인가?

한 가지 유망해 보였던 접근은 영향력 있는 1974년도 인류학의 모음집인 『여성, 문화 그리고 사회(*Women, Culture, and Society*)』에서 미셸 짐발리스트 로잘도(Michelle Zimbalist Rosaldo)와 기타 다른 기고자들에 의해 시도되었다. 그들은 모든 사회에서 공통적으로 나타나는 가사와 공공영역이 어떤 형태로든 구분되어 있고, 여성이 전자와 관련이 있는 반면, 남성은 후자와 관련 있음을 주장하였다. 오늘날까지 대부분의 사회에서는 여성은 그들 삶의 대부분을 자녀를 출산하고 양육하는 데 보내기 때문에, 그들의 삶은 주로 가사영역에 한정되어 왔다. 반면에 남성은 정치적 구조를 생성시키는 가정 밖의 활동에 참가할 수 있는 시간적 여유와 이동성을 독점하여 왔다. 그리하여 로잘도가 주장하듯이, 많은 사회에서 일부 여성이 다소간의, 때에 따라서는 큰 권력을 소유하고 있음에도 불구하고 여성의 권력은 항상 부정당하고, 교란스러우며, 권위가 결여된 것으로 인식되어 온 것이다.[10]

이러한 접근은 성차별주의에 관한 표현에 있어서 다양성과 편재성을 모두 허용하는 듯이 보인다. 일반적으로 여성을 가사와, 남성을 가정 밖의 것과 동일화시키는 바로 그것이 사회구조와 성역할 모두에서 매우 광범한 문화적 다양성을 수용할 수 있게 하는 것이다. 동시에 이것은 어떠한 다양성에도 관계없이 여성이 열등하다는 가정에 대해 명백한 편재성을 인식하게 해준다. 이러한 가정은 또한 여성억압의 정도는 사회에 따라 다

9) Gayle Rubin, "The Traffic in Women," in Rayna R. Reiter(ed.), *Toward an Anthropology of Women*, New York: Monthly Review Press, 1975, p.160.

10) Michelle Zimbalist Rosaldo, "Woman, Culture, and Society: A Theoretical Overview," in Michelle Zimbalist Rosaldo and Louise Lamphere(eds.), *Women, Culture, and Society*, Stanford: Stanford University Press, 1974, pp.17-42.

르다는 생각과도 조화가 된다. 이것은 또한 그러한 차이들을 사회에 있어서 성적 불평등의 정도와 가사와 공공영역간의 분리 정도의 완고성과 관련시켜 설명한다. 단적으로 가사/공공 이론가들은 다양한 대립적인 요구들을 충족시킬 수 있는 설명들을 도출해 내는 듯하였다.

그러나 이러한 설명들이 파이어스톤의 주장에서와 같은 문제성이 있는 것으로 드러나기 시작하였다. 그 이론이 여성과 남성간의 생물학적 차이가 아닌 여성과 남성간의 활동영역간의 차이에 주목하지만, 그럼에도 불구하고 이것은 본질론적이고 단일원인론적이다. 이것은 모든 사회에 있어서 가사영역이 존재함을 인정하고, 따라서 여러 문화에 걸쳐 여성활동의 내용이나 중요성이 기본적으로 비슷하다고 가정한다(보편적 공공영역의 명제 뒤에도 남성의 활동에 대한 그와 같은 가정이 존재한다). 실제로 특정의 역사적 시대에 동시적으로 나타나게 된 특질들을 모든 사회에 부당하게 일반화시키는 것이다—초기 자녀양육에 대한 여성의 책임, 여성이 가정이라는 물리적 공간에서 더 많은 시간을 보내는 경향, 사회공동체 문제에 대한 여성의 낮은 참여율, 가사노동을 비천하게 보는 문화적 관점과 여성을 열등하게 보는 문화적 입장 등. 그리하여 그 이론은 각각의 특징들이 많은 사회에서 사실일지는 모르나, 이러한 특징들의 연합은 대부분의 사회에서는 그렇지 못하다는 것을 인식하지 못하고 있다.[11)]

이러한 초기 페미니스트 사회이론들의 문제점이 갖는 한 가지 원인은 이론이 지니는 지나치게 거시적이자 총체적인 가정이다. 이론은 문화간의 성차별주의를 설명하고 사회생활의 모든 것을 밝힐 수 있는 하나의 핵심적 요인을 모색하는 것으로서 이해되었다. 이러한 의미에서 이론화는 그 정의상 유사 거대설화를 산출해 내는 것이다.

---

11) 이것들과 함께 기타 관련된 문제들이 미국의 여러 이론가들에 있어서도 곧 분명하게 드러나게 될 것이다. 로잘도의 자기비판인 "The Use and Abuse of Anthropology: Reflections on Feminism and Cross-cultural Understanding," *Signs: Journal of Women in Culture and Society*, vol.5, no.3, 1980, pp.389-417. 좀더 최근의 것으로 그 이론의 순환성을 지적한 글로 다음 논문이 있다. Sylvia J. Yanagisako and Jane F. Collier, "Toward a Unified Anslysis of Gender and Kinship," in Jane Fishburne Collier and Sylvia Junko Yanagisako(eds.), *Gender and Kinship: Essays Toward a Unified Analysis*, Stanford: Stanford University Press, 1987.

1970년대말 이래 페미니스트 사회이론가들 사이에는 대체로 생물학적 결정요인이든 문화간의 가사/공공의 분리에 대한 논의든 점차 사라지기 시작하였다. 대다수 이론가들이 단일원인론의 가정을 포기하였음에도 불구하고 일부 페미니스트 사회이론가들은 암묵적으로 유사거대설화 개념을 고수하였다. 그들은 여전히 여성과 관련된 단일하고, 일차적이며, 문화적으로 보편적인 활동으로 추정되는, 즉 일반적으로 가정 안에 속하고 가사로 인식되는 활동의 측면에서 계속 이론화하였다.

이러한 시도 중에서 비교적 영향력이 컸던 예는 낸시 초도로우(Nancy Chodorow)에 의해 발전된 모성에 대한 분석이다. 많은 여성들을 그들의 열등성과 관련되는 사회분업을 기꺼이 재생산하도록 이끄는 내적인 심리적 역동성을 설명하기 위해 초도로우는 연구의 유관한 대상으로서 여러 문화에 걸쳐 나타나는 활동인 모성활동(자녀를 출산하고 양육하는 활동)에 주목하였다. 따라서 그녀의 문제는 "어떻게 여성과 관련된 모성활동이 오랜 시간을 두고 재생산되는가, 어떻게 모성활동이 새로운 세대의 여성들에게 어머니가 되고자 하는 심리적 지향성을 형성시키는 반면, 새로운 세대의 남성들에겐 그렇지 않도록 하는가"였다. 그녀가 제시한 답은 성정체성에 토대를 둔 것이다. 여성에 의한 모성활동(양육)은 여성의 심층적 자아의식을 관계적인 것으로 형성시키는 반면, 남성의 심층적 자아의식은 그렇지 않게 형성시킨다는 것이다.[12)]

초도로우의 이론은 여성과 남성간의 몇몇 명백히 관찰 가능한 심리적 차이에 대한 설득력 있는 설명으로 충격적이었다. 그러나 이러한 이론은 명백히 거대설화의 분위기를 지니는 것이다. 이것은 구체적인 양상에 있어서는 여러 다른 사회에서 다르게 나타나지만, 그럼에도 불구하고 하나로 이름을 붙일 수 있기에 충분한 단 하나의 활동, 즉 모성활동의 존재를 가정한다. 이것은 기본적으로 단일한 활동이 한편으로는 여러 문화에 걸쳐 여성에게 공통적인, 다른 한편으로는 남성에게 공통적인, 뚜렷이 구분되는 두 종류의 심층적 자아를 형성시킨다고 주장하는 것이다. 이렇게 형

12) Nancy Chodorow, *The Reproduction of Mothering: Psychoanalysis and the Sociology of Gender*, Berkeley: University of California Press, 1978.

성된 여성과 남성의 성정체성간의 차이가 여러 문화에 걸쳐서 추정되는 여성의 모성역할의 지속, 여성에 대한 남성의 경멸 및 이성관계에 있어서의 제반 문제들을 포함해서 다양한 사회적 현상을 야기시킨다는 주장이다.

포스트모던 관점에서 이러한 모든 가정들이 문제되는 것은 이것이 본질론적이기 때문이다. 그러나 두 번째 성정체성에 관한 것은 이의 정치적 함의를 고려해 볼 때 특별히 음미해 볼 만한 가치가 있다. 초도로우의 성정체성이란 개념의 사용은 세 가지 주요 전제를 가정하고 있다. 하나는 모든 사람이 그의 일차적 양육자와의 상호작용을 통해 초기 아동기에 형성되어 그 후로 비교적 변하지 않는 심층적 자아의식을 지닌다는 정신분석학적 전제이다. 두 번째는 여러 문화간에 걸쳐서, 또한 같은 문화 안에서 여러 계급, 인종, 민족에 걸쳐 이러한 심층적 자아가 여성과 남성간에 크게 다른 반면, 여성들 사이에 또한 남성들 사이에 대체로 유사하다는 가정이다. 세 번째는 이러한 심층적 자아는 개인이 하는 어떠한 일에도 그 영향을 미친다는 가정이다. 즉 아무리 사사로운 행동이라도 자신이 남성 또는 여성이라는 성정체성의 자국을 드러내지 않는 것이 없다는 것이다.

이러한 전제들의 연합에 이끌리게 되는 정치적 절박성은 이해될 수 있다. 이것은 성차별주의의 철저성이라는 사고에 대하여 학문적인 정당성을 부여하는 것이다. 만약 남성성이나 여성성이 우리의 기본적이고 항상 존재하는 자아의식을 구성한다면, 성차별주의의 표현이 체계적이라는 사실은 놀랍지 않은 것이다. 더군다나 많은 페미니스트들은 초도로우가 분명하게 비판하듯이, 성역할 사회화의 개념이 남성지배의 심층성과 완고성을 무시한다고 인지하였다. 학교 교과서의 변화하는 이미지라든가 남아들이 인형을 갖고 노는 것을 허용하는 등의 방법들이 충분히 성간의 평등을 가져올 것이라고 암시함으로써, 이 개념은 페미니즘의 취지를 진부하게 만들어 포섭해 버리는 듯하다. 마지막으로 초도로우의 심층심리학적 접근은 자매애에 대해 학문적 인정을 부여해 주는 것이다. 여성을 결속시켜 주는 우애는 심층적이고도 견고하게 기초된 것이라는 주장을 정당화해 주는 듯하다.

두말할 필요없이 여기에서 성차별주의의 심층성과 철저성에 대한 주장과 또는 자매애라는 생각과 논쟁을 벌일 생각은 없다. 그러나 초도로우가 그것들을 정당화하는 방법들에 대하여는 이의를 제기하고자 한다. 어떤 구체적 내용이 주어졌을 때 여러 다른 문화를 막론하고 여성과 남성간에 각기 다르게 특정화된 자아에 대한 심층의식의 개념은 문제가 있는 것이다. 초도로우는 어느 곳에서든 여성들은 그들의 '관계적 상호작용'에 더 큰 관심을 가진다는 점에 있어서 남성들과 구별된다고 말한다. 이러한 말로 그녀는 무엇을 의미하는가? 그러나 남성은 자주 어떤 종류의 상호작용에 대해서는, 예를 들어 권력이나 부의 증대와 관련된 것과 같은 것에 대해서는 여성보다 더욱 많은 관심을 가지므로 명백히 이러한 주장이 인간 상호작용의 어떠한, 그리고 모든 종류에 해당되는 것은 아니다. 물론 근대 서구사회에서 많은 여성들이 지난 20세기말에 관계에 있어서 지배적인 의미였던 상호작용의 친밀성, 우정 그리고 사랑과 관련된 상호작용의 부류에 강한 관심을 갖도록 기대되어 온 것은 사실이다. 그러나 이러한 의미는 지난 두 세기의 근대 서구사회에 국한된 사생활 개념을 전제하고 있다. 초도로우의 이론이 '관계'라는 용어에 대한 모호성 위에 안주하는 것이 가능할까?[13)]

똑같이 당혹스러운 것은 이 이론이 정치적 실천에 있어서 야기하는 곤란함이다. 성정체성은 자매애의 생각에 대하여는 실질성을 부여하는 반면, 여성들 사이에 존재하는 차이들은 억제시킨다. 이것은 여러 다른 계급, 인종, 성적 지향성 및 민족간에 여성의 차이들을 인정하기는 하나, 이것은 이러한 것을 좀더 근본적인 유사성에 있어 부차적인 것으로 해석한다. 그러나 많은 여성들이 페미니즘에의 추종을 거부하게 된 것은 결과적으로 그러한 차이들을 부차적인 것으로 받아들이도록 요구되기 때문이다.

---

13) 초도로우의 가족에 대한 논의에서도 이와 비슷한 모호성이 드러나고 있다. 그녀의 정신분석학적 강조가 사회구조를 무시하고 있다는 이유로 반대하는 비판가들에 대하여 초도로우는 비록 사회적 설명에서는 자주 간과되고 있긴 하지만, 가족 그 자체가 사회구조라고 옳게 반박하고 있다. 그럼에도 불구하고 그녀는 대체로 가족을 그것이 다른 제도들과 갖는 특정의 관계들이 분석되어야 하는 역사적으로 특정한 사회제도로서 논의하지 않는다. 오히려 그녀는 가족을 여성의 모성활동의 장소로서만 정의되는 매우 추상적이고 일반적 의미로서만 주목하는 경향이 있다.

초도로우의 저술이 지닌 지대한 영향력 때문에 그녀에 대하여 길게 할애하였다. 그러나 그녀만이 최근에 이르러 추정으로써 여러 문화에 걸쳐 여성과 관련되는 활동에 대한 유사 거대설화를 그려내는 유일한 페미니스트 이론가는 아니다. 반대로 앤 퍼거슨(Ann Ferguson)과 낸시 폴브르(Nancy Folbre), 낸시 하트속(Nancy Hartsock), 그리고 캐더린 매키논(Catharine MacKinnon)은 각기 성감정적 생산, 재생산, 성성의 개념을 중심으로 그와 유사한 이론들을 구성하였다.[14] 이들은 각각 여러 문화에 걸쳐, 설명력을 지닌 모든 사회에서 발견되는 인간실천의 기본 유형을 밝혀 내었다고 주장하고 있다. 각각의 경우에서 문제가 되는 실천은 생물학적 내지는 준생물학적 욕구와 관련되며 사회의 재생산을 위하여 기능적으로 필요한 것으로 구성된다. 이러한 것들은 역사적 기원들의 탐구를 필요로 하는 그런 것이 아니다.

여기에서 문제가 되는 것은 성성(sexuality), 모성, 재생산, 성감정적 생산 같은 범주들이 따로 분리시킬 필요없는 어떤 현상들은 분리시키는 한편, 모든 사회에서 꼭 결합될 필요없는 현상들은 결합시키고 있다는 것이다. 사실상 이러한 범주들이 어떤 결정적인 범문화적인 내용을 지니고 있는지조차도 의심스럽다. 그리하여 어떤 보편적인 이론을 구성하기 위하여 그러한 범주들을 사용하는 것은 이론가 자신이 속한 사회의 지배적인 결합과 분포양상을 다른 사회에 투영시킴으로써 양사회의 중요한 모습들을 왜곡시킬 위험이 따르는 것이다. 사회이론가들은 성성, 재생산, 모성 등 이런 범주들의 보편적 중요성을 가정하기 전에 그에 대한 계보학을 구성하는 것이 더 나을 것이다.

1980년경 이래 많은 페미니스트 학자들은 거시적 사회이론의 기획을 포기하기 시작하였다. 그들은 성차별주의의 원인을 규명하는 작업을 포기

---

14) Ann Ferguson and Nancy Folbre, "The Unhappy Marriage of Patriarchy and Capitalism," in Lydia Sargent(ed.), *Women and Revolution*, Boston: South End Press, 1981, pp.313-338; Nancy Hartsock, *Money, Sex, and Power: Toward a Feminist Historical Materialism*, New York: Longman, 1983; Catharine A. MacKinnon, "Feminism, Marxism, Method, and the State: An Agenda for Theory," *Signs: Journal of Women in Culture and Society*, vol.7, no.3, Spring 1982, pp.515-544.

하고 좀더 한정적인 목표를 갖고 구체적인 탐구쪽으로 방향을 돌렸다. 이러한 전환을 가져 온 이유 중의 하나는 페미니스트 학문에 대한 정당성의 증대이다. 미국에서 여성학의 제도화는 페미니스트 연구자 집단의 규모상의 극적인 증대, 학문적 작업의 가속적인 분화 및 구체적인 정보의 축적을 의미한다. 결과적으로 페미니스트 학자들은 그들의 작업을 하나의 거대한 이론적 도식으로 완성되어야 할 것이라기보다는 많은 사람들에 의해 다양한 부분들이 채워져야 할 수수께끼와 같은 좀더 집단적인 것으로 간주하게 되었다. 단적으로 페미니스트 학문은 성숙하게 된 것이다.

그러나 이러한 단계에서도 초기의 준거대설화의 흔적은 여전히 남아 있다. 성차별주의의 원인을 밝히는 노력을 포기한 이론가들 일부는 성정체성과 같은 본질론적인 범주들에 여전히 의존하고 있는 것이다. 이것은 지배적인 남성중심적 관점의 대안으로 여성중심적 관점의 개발을 시도하면서 전자의 보편론적 외양을 충분히 떨쳐내지 못한 학자들의 경우에 특히 그러하다.

예를 들어 캐롤 길리간(Carol Gilligan)의 글을 보자. 우리가 지금까지 다룬 대부분의 이론가들과 달리 길리간은 문화교차적 성차별주의의 기원 또는 본질을 설명하고자 시도하지 않는다. 오히려 그녀는 심리학자 로렌스 콜버그(Lawrence Kohlberg)의 도덕 발달모형이 지닌 남성중심적 편견을 폭로하고 교정하는 좀더 제한된 작업에 국한한다. 그리하여 그녀는 여성과 여아의 도덕 발달을 남성과 남아의 경험으로부터 도출된 기준에 의해 평가하는 것은 부당하다고 주장한다. 그녀는 여성의 도덕적 담론 속에 내재한 적절한 기준을 찾아내기 위해서는 이러한 담론을 고찰할 것을 제안한다.[15)]

길리간의 작업은 중요하고도 혁신적인 것으로 옳게 간주되었다. 이것은 여성의 생활과 경험들을 배제시켜 오면서도 보편론의 그릇된 주장을 해온 지배적인 심리학에 도전하였다. 그러나 길리간의 도전이 기존의 도덕 발달에 대한 대안적인 여성적 모델 구성을 포함한다는 점에서 그녀의

15) Carol Gilligan, *In a Different Voice: Psychological Theory and Women's Development*, Cambridge, M.A.: Harvard University Press, 1983.

입장은 모호해진다. 한편으로는 콜버그에 반증하는 예를 제시함으로써, 그녀는 어떤 단일한 보편론적인 발달론의 도식이 가능함에 대하여 의문을 제기한다. 다른 한편으로는 여성적인 반대모형을 구성함으로써 그녀는 자신이 콜버그에 대하여 제기했던 그릇된 일반화라는 똑같은 비난을 다른 관점들, 예를 들어 계급, 성적 지향성, 인종, 민족 등으로부터 야기하고 있는 것이다. 길리간은 부정하고 있지만,[16] 그녀가 여성의 도덕 발달을 하나의 다른 소리에 의거하여 기술하는 한에 있어서, 구체적으로 어떤 역사적 상황에서 구체적으로 어떠한 여성이 문제의 소리로 말했는지 기술하지 않는 한에서, 그리고 그녀가 자신의 분석을 낸시 초도로우의 명확한 범문화적인 틀에 근거를 두는 한에서, 그녀의 모델은 본질론적이다. 이것은 새로운, 좀더 지역화된 양식으로 이전의 더 웅장한 거대설화의 흔적을 계속 지니고 있는 것이다.

그리하여 거시적 이론화의 쇠퇴에도 불구하고, 본질론의 잔재는 페미니스트 학문에 지속적으로 나타나고 있다. 길리간을 포함하여 많은 경우에 이것은 페미니스트들이 타파하고자 하는 사고와 탐구의 바로 그 지배적 양식들이 여전히 저변에 흐르고 있음을 나타내는 것이다.

다른 한편으로는 1980년대 페미니스트 정치의 실천은 거대설화에 반대하는 새로운 압력들을 형성시켜 왔다. 근래에 들어 빈곤한 노동계급 여성, 유색인종의 여성, 그리고 레즈비언은 마침내 그들의 삶과 문제들을 조명해 내지 못하는 페미니스트 이론가들에 대해 좀더 많은 반대 발언의 기회를 갖게 되었다. 그들은 초기의 거대설화를 보편적으로 여성이 가사영역에 종속되고 제한되었다는 가정 아래, 둘째 흐름의 시작을 주도했던 백인의, 중산계급의, 이성관계에 있는 여성들의 경험에서 부당하게 일반화시킨 것으로 밝혀 내었다. 예를 들어, 벨 훅스(Bell Hooks), 글로리아 조세프(Gloria Joseph), 오드르 로드(Audre Lord), 마리아 루존(Maria Lugones), 그리고 엘리자베드 스펠만(Elizabeth Spelman)은 많은 고전적인 페미니스트 텍스트 속에 앵글로 색슨 여성들이 암묵적으로 준거되고 있음을 밝혀 내었다. 마찬가지로 아드린느 리치(Adrienne Rich)와 마릴린 프라이(Marilyn

16) Ibid., p.2.

Frye)는 많은 지배적인 페미니스트 이론에서 이성관계 중심의 편견을 밝혀 내었다.[17] 그리하여 그 운동에 대한 계급적, 성적, 인종적 그리고 민족적 의식이 달라지면서 선호되는 이론의 개념도 달라졌다. 유사 거대설화는 여성간의 그리고 여러 여성에게 차별적으로 가해지는 성차별주의 형태간의 차이를 희석시켜 버리기 때문에 자매애를 촉진시키기보다는 저해한다. 마찬가지로 그러한 이론은 성 이외의 다른 지배축을 배제시키는 경향이 있기 때문에 다른 진보적 운동과의 제휴를 가로막는다. 요컨대 이러한 차이와 문화적, 역사적 특성에 대하여 유념하는 이론화 양식들에 대한 관심이 페미니스트들 사이에 증대하였다.

일반적으로 1980년대 페미니스트 학문은 다소 상충적인 경향들을 드러낸다. 한편으로는 학문이 더욱 지역화되고, 쟁점 지향적이고, 그리고 명백한 오류 가능성이 나타나게 되자 거시적 사회이론에 대한 관심이 줄어들었다. 다른 한편으로는 어떻게, 언제, 왜 그러한 범주들이 기원하고 시간을 두고 수정되어 왔는지에 대한 고찰이 없이 성정체성 같은 몰역사적 범주들이 여전히 사용되는 본질론적인 잔재가 여전히 나타나고 있다. 이러한 긴장은 프랑스의 정신분석학적 페미니즘에 대한 미국 페미니스트들의 근래의 열광에서도 증후적으로 나타나고 있다. 전자의 정신분석학적 페미니스트들은 실질적으로는 본질론을 따르고 있으면서 명목적으로는 그것을 비난한다.[18] 좀더 일반적으로 페미니스트 학자들은 정치적으로는 다양

---

17) Marilyn Frye, *The Politics of Reality: Essays in Feminist Theory*, Trumansburg, N.Y.: The Crossing Press, 1983; Bell Hooks, *Feminist Theory from Margin to Center*, Boston: South End Press, 1984; Gloria Joseph, "The Incompatible Menage à Trois: Marxism. Feminism and Racism," in Lydia Sargent(ed.), *Women and Revolution*, Boston: South End Press, 1981, pp.91-107; Audre Lord, "An Open Letter to Mary Daly," in Cherríe Moraga and Gloria Anzaldúa(eds.), *This Bridge Called My Back: Writings by Radical Women of Color*, Watertown, M.A.: Persephone Press, 1981, pp.94-97; Maria C. Lugones and Elizabeth Spelman, "Have We Got a Theory for You! Feminist Theory, Cultural Imperialism and the Demand for the Woman's Voice," *Hypatia, Women's Studies International Forum*, vol.6, no.6, 1983, pp.578-581; Adrienne Rich, "Compulsory Heterosexuality and Lesbian Existence," *Signs: Journal of Women in Cultural and Society*, vol.5, no.4, Summer 1980, pp.631-660; Elizabeth Spelman, "Theories of Race and Gender: The Erasure of Black Women," *Quest*, vol.5, no.4, 1980/81, pp.36-62.

성을 폭넓게 수용함에도 불구하고, 그것들을 다룰 이론적 필요조건에는 충분히 유념하고 있지 못한 것이다.

오늘날의 페미니스트 이론에 여전히 잔재한 본질론을 비판함으로써 우리는 이러한 이론들이 좀더 일관되게 포스트모던으로 되기를 기대한다. 그러나 이것은 단지 어떤 형태의 포스트모더니즘이든 괜찮다는 것은 아니다. 반대로 우리가 보여주었듯이, 료타르에 의해 제시된 것은 철학을 배제한 사회비판의 미약하고도 부적절한 관념만을 제공한다. 이것은 페미니스트들이 필수불가결하다고 옳게 인식한 거시적, 역사적 설화와 역사적 상황에 맞춘 사회이론 같은 사회비판의 양식들을 배제시킨다. 그러나 료타르의 결함들로부터 철학이 배제된 비판이 원칙적으로 사회적 힘을 지닌 비판과 양립할 수 없다는 것은 아니다. 오히려 우리가 다음에서 주장하듯이, 철학을 배제시킨 사회비판의 강력한 포스트모던 페미니즘의 패러다임이 가능하다.

## 포스트모던 페미니즘을 향하여

어떻게 거대설화에 대한 포스트모던 회의를 페미니즘의 사회비판력과 접목시킬 수 있을 것인가? 어떻게 철학을 배제시키면서도 무한한 다양성

18) 예를 들어 다음 논문들을 볼 것. Hélène Cixous, "The Laugh of the Medusa," in Keith Cohen and Paula Cohen(trans.), *New French Feminisms*, Elaine Marks and Isabelle de Courtivron(eds.), New York: Schocken Books, 1981, pp.245-261; Hélène Cixous and Catherine Clément, *The Newly Born Woman*, Betsy Wing (trans.), Minneapolis: University of Minnesota Press, 1986; Luce Irigaray, *Speculum of the Other Women*, Ithaca, N.Y.: Cornell University Press, 1985; *This Sex Which is Not One*, Ithaca, N.Y.: Cornell University Press, 1985; Julia Kristeva, *Desire in Language: A Semiotic Approach to Literature and Art*, Leon S. Roudiez(ed.), New York: Columbia University Press, 1980; "Women's Time," in Alice Jardine and Harry Blake(trans.), *Signs: Journal of Women in Culture and Society*, vol.7, no.1, Autumn 1981, pp.13-35. 또한 다음의 비판적인 논문을 참조할 것. Ann Rosalind Jones, "Writing the Body: Toward an Understanding of l'Ecriture Féminine," in Elaine Showalter(ed.), *The New Feminist Criticism: Essays on Women, Literature and Theory*, New York: Pantheon Books, 1985; Toril Moi, *Sexual/Textual Politics: Feminist Literary Theory*, London: Methuen, 1985.

과 단조로운 유사성의 성차별주의를 분석하는 어려운 작업을 해내는 데 요구되는 강력한 비판 유형을 만들어 낼 것인가?

이러한 작업의 일차적 단계는 료타르와는 반대로 포스트모던 비판은 거시적, 역사적 설화나 사회적 거시구조의 분석이 지닌 타당성을 받아들이는 것이다. 이 점은 긴 역사를 지닌 성차별주의가 오늘날의 사회에 깊이 철저하게 새겨졌기 때문에 페미니스트들에게는 중요하다. 그리하여 포스트모던 페미니스트들은 거시적, 정치적 문제들을 제기하는 데 요구되는 거대한 이론적 도구들을 포기하지 않아도 되는 것이다. 포스트모던 이론의 사고에는 아무것도 모순될 것이 없다.

그러나 만약 포스트모던 페미니스트 비판이 이론적으로 되기 위해서는, 어떠한 종류의 이론도 좋다는 것은 아니다. 오히려 여기에서 이론은 명백히 역사적이고, 여러 다른 사회들과 시대들의 문화적 특정성, 또 같은 사회내 같은 시대내의 여러 다른 집단의 문화적 특정성에 조응하고자 하는 것이다. 그리하여 포스트모던 페미니스트 이론의 범주들은 재생산이나 모성 같은 몰역사적 기능적 범주들보다 근대의, 제한된, 남성 가장의, 핵가족 같은 역사적으로 한정적인 제도적 범주를 우선시키는 동시에 시간성에 융통적이다. 전자 부류의 범주들을 전적으로 피할 수 없다면, 그것들을 역사적 기술에 의해 틀을 짜고 시간적으로 문화적으로 특정화시켜야 할 것이다.

더구나 포스트모던 페미니스트 이론은 반보편론적일 수 있다. 이것의 초점이 문화교차적이거나 범시대적이 되면, 그 이론방식은 보편화하는 것이라기보다는 포괄적인 법칙이 아닌 변화와 대조들에 조응하는 비교주의적일 것이다. 마지막으로, 포스트모던 페미니스트 이론은 역사의 주체 개념을 요구하지 않는다. 그것은 다원적이고 복합적으로 구성된 사회정체성의 개념으로 여성과 여성적 성정체성의 단일론적 개념을 대치하고자 하며, 성을 다른 것들 중에 관련된 하나의 가닥으로 취급하며, 계급, 인종, 민족, 연령과 성적 지향성에도 주의를 기울이는 것이다.

일반적으로 포스트모던 페미니스트 이론은 실용적이고 오류 가능적일 수도 있다. 이것은 당면한 구체적 작업에다 필요에 따라 다수의 범주를 사용하며, 단 하나의 페미니스트 방법이나 인식론의 형이상학적 안주를 단호히 거부하면서 그 이론의 방법과 범주를 짜맞추는 것이다. 단적으로 이 이론은 하나의 색상으로 짜였다기보다 여러 다양한 색상으로 짜인 직물 같은 것이 될 것이다.

이러한 종류의 이론에서 가장 중요한 이점은 오늘날 페미니스트 정치적 실천의 유용성일 것이다. 그러한 실천은 점점 보편적으로 공유하는 이해나 정체성에 관한 문제라기보다 제휴의 문제로 되어가고 있다. 이것은 여성들의 필요와 경험에 따른 다양성으로 인하여 자녀양육, 사회보장, 주거 같은 문제들에 대한 어떤 하나의 해결책이 모두에게 똑같이 적합할 수 없다는 것을 인식하는 것이다. 그리하여 이러한 실천에 깔려 있는 전제는 일부 여성들이 다소간의 공통된 이해를 공유하고 공통의 적에 마주하고 있지만, 그러나 이러한 공통점들은 결코 보편적인 것이 아니다. 오히려, 그것들은 때에 따라서는 갈등들까지 포함하는 여러 차이들에 의해 얽혀 있는 것으로 이해되어야 한다. 그렇다면 이것은 하나의 본질론적 정의에 의해 포괄될 수 있는 것이 아니라 중복되는 제휴들의 짜맞춤으로 이루어진 것이다. 아마도 페미니즘'들'의 실천이라고 복수로 말하는 것이 가장 타당할 것이다. 어떤 의미에서 이러한 실천은 오늘날의 많은 페미니스트 이론에 앞서 가는 것이다. 이것은 이미 암묵적으로, 포스트모던적이다. 이것은 비판적 탐구의 포스트모던-페미니스트 형태에서 가장 적합하고 유용한 이론적 표현을 발견할 수 있을 것이다. 그러한 탐구는 좀더 넓고, 내실 있고, 복합적이고, 그리고 다층적인 페미니스트들의 결속, 즉 여성에 대한 '한없이 다양하면서도 한결같이 유사한' 억압을 극복하는 데 필수적인 그런 결속의 이론적 대응물일 것이다.

# 페미니스트 이론에서의 분석적 범주의 불안정성*

샌드라 하딩

페미니스트 이론의 출발은 전통적인 지적 담론 속에서 여성의 활동과 사회관계들이 분석적으로 가시화될 수 있도록 다양한 이론적 담론들의 범주를 확장시키고 재해석하는 노력으로부터 시작하고 있다.[1] 만약 여성의 본질과 활동이 남성과 마찬가지로 충분히 사회적이라면, 우리의 이론적 담론은 여성의 삶을 여러 전통적인 접근방식이 남성의 삶을 규명해 낸 것처럼 명료하고 세밀하게 규명할 수 있어야 할 것이다.

전통적 접근방식의 범주와 개념들이 아직 객관적이고 아르키메데스의 원리처럼 명료하지 않은 경우에도 우리는 이러한 여성의 본질과 활동의 범주와 개념을 그렇게 만들 수 있다고 생각해 왔다.

그러나 이제 우리는 우리의 담론이나 주제를 왜곡시키지 않으면서 여성의 활동이나 성별관계(동성간 또는 양성간)를 이러한 전통적인 이론적 담론에 추가시키는 것은 불가능하다는 것을 깨달았다. 이것이 간단한 문제가 아닌 것은 우리가 탐색한 자유주의 정치이론과 그것의 경험주의 인식론, 맑스주의, 비판이론, 정신분석학, 기능주의, 구조주의, 해체주의, 해

---

* Sandra Harding, "The Instability of the Analytical Categories of Feminist Theory," *Signs: Journal of Women in Culture and Society*, vol.11, no.4, 1986, pp.645-664.

1) 이러한 문제들에 대한 나의 생각은 마가렛 앤더슨(Margaret Andersen)과 ≪사인(*Signs*)≫의 익명의 논평자들의 논평 및 이 논문에 인용된 많은 페미니스트 과학 비평가들과의 수년간에 걸친 토론을 통해 많이 개선되었다. 특히 이러한 연구를 지원해 준 National Science Foundation과 교원 연구기금인 Mina Shaughnessy Fellowship을 제공해 준 델라웨어(Delaware) 대학에 대해 매우 감사드린다.

석학 및 여타 이론이 여성이나 성별관계에 적용되는 면과 그렇지 않은 면이 있기 때문이다. 우선 우리의 주제를 조명하는 데에 이러한 여러 담론의 일부나 구성요소들을 사용할 수 있었다. 우리는 여성의 삶과 성별관계에 대한 페미니스트 관점을 부각시키기 위하여, 이들 이론이 의도하는 영역을 확장시키거나, 이들의 중심적 주장들을 재해석하면서 이들의 개념과 범주를 사용해 왔다. 이러한 노력의 결과, 적어도 이들 이론이 비페미니스트 주창자나 이론가들이 생각하던 종래의 내용과는 때때로 궤를 달리하게 되었다(페미니스트들이 맑스주의나 정신분석학적 개념과 범주를 독창적으로 사용하고 수정하면서 맑스주의나 프로이트 이론의 근본적인 경향들에 얼마나 파괴적 영향을 미쳤는가 생각해 보라). 반면에 우리가 사용해 온 이론 중 어느 것도 여성의 경험에 근거하고 있지 않다. 이들 이론이 해결하고자 했던 문제들은 여성의 경험으로부터 생성된 것이 아니었으며, 또한 여성의 경험을 토대로 이들 이론의 적합성이 검증되지도 않았다. 우리가 남성 대신 여성의 경험에 대해 탐구를 시작하면, 우리는 바로 이들 이론의 개념과 범주에 의해 가려져 있던 현상(정서적 노동이나 또는 '관계적' 인성구조의 긍정적인 측면과 같은)에 직면한다. 그러한 현상에 대한 인식은 이들 이론이 지닌 중심적인 분석구조의 타당성을 훼손시키게 되며, 이러한 것은 우리의 담론 범주 확장과 재해석이 여성과 남성의 삶을 여전히 왜곡시키고 있지는 않는가 하는 의구심으로 이어진다. 더구나 이들 이론을 빌린다는 바로 그 사실 때문에 이들 이론을 옹호하는 비페미니스트들과의 끊임없는 논쟁에 노력을 소모시키는 결과가 초래되고, 결과적으로 우리는 같은 여성들에게 말하는 것이 아니라 이들 가부장적 이론의 창안자들에게 말하는 것이 되는 것이다.

더구나 비페미니스트 이론들의 주제이자 패러다임적 대상이 되는 본질적이고 보편적인, 파괴적으로 가공의 '남성'의 특성을 파악하게 되면, 본질적, 보편적 여성을 그들의 주제나 대상으로—그 이론가나 또는 그 사고의 대상으로—하는 분석의 유용성 역시 의심스러워지기 시작하는 것이다. 서양, 부르주아, 이성관계에 있어 백인 여성의 사회적 경험이라는 관점에서 유용하다고 생각했던 것들은 우리가 그 외의 다른 여성들의 사회적 경험에 대한 분석을 시작하게 되면서 지극히 의심스러운 것이 되어 버린다. 우리가 확장시키고 재해석하고자 하는 가부장적 이론은 남성 일반의 경험이 아니라 단지 서양, 부르주아, 이성관계, 남성의 경험을 설명하기 위하여 만들어진 것들이다. 의도적이지는 않지만, 역사적으로 공유된 유형에 의해 페미니스트 이론가들 역시 이러한 부류의 배경을 갖고 있다. 즉 다른 사람들보다도 이러한 부류의 사람들이 이론적 작업을 위한 시간이나 자원을 특권적으로 많이 누릴 수 있었으며, 결국 여성 중에서도 이런 부류의 여성의 이야기가 경청될 수 있었던 것이다. 인간 경험의 유일하고도 (여성의) 진실된 이야기를 제시하는 이론을 발전시키려는 시도에서, 페미니즘은 그들이 제시하는 이론과 공공정책 속에서 특정 부류 여성의 문제만이 인간적 문제이고 그것의 해결책만이 정당한 것이라는 가정을 하게 되면서 가부장적 이론이 사상을 검증하면서 행했던 바로 그 경향을 되풀이하는 위험에 빠지게 된 것이다. 페미니즘은 어떠한 본질적인 '남성'이 현재나 과거에 결코 없었으며 단지 성별화된 남성과 여성이 있을 뿐이라는 것을 보여주는 데 중요한 역할을 했다. 일단 본질적이고 보편적인 남성이 와해되어 버리면, 그의 가려졌던 동반자 여성도 역시 같이 와해되어 버리는 것이다. 대신 우리는 계급, 인종과 문화의 정교한 역사적 복합 속에 존재하는 무수한 여성의 삶과 마주하게 된다.

나는 역사적으로 지금 이 시점에서의 이론화의 경향, 특히 페미니스트 이론화에 대한 도전들을 논하고자 한다. 이들 각각은 여성과 여성의 이론이—재구성의 행위이자 전망인—그 자체가 변형되면서, 여성 자신과 여성의 사회관계를 변형시키기 위해 우리의 이론을 어떻게 적극적으로 활용할 것인가와 관련을 지닌다. 예를 들어 우리가 어떤 특정의 불성실한 성차별주의자나 초기 페미니스트에 주목하여 그들의 단점을—때로는 예리하고도 설득력 있게—보여주는 방법들을 보자. 그렇게 하는 중에 우리는 페미니즘이 창안해 내거나 사용한 또 다른 담론의 가정을 전제로 말하고 있는 것이다. 이러한 가정은 항상 원칙적으로 우리는 자연과 사회생활을 그들이 실제 존재하는 그대로 볼 수 있는 관점을 구성할 수 있다거나 또는 그것에 도달할 수 있다는 믿음을 전제한다. 결국 우리는 성차별주의의

(또는 초기 페미니스트) 분석들이, 과학적이나 합리적 근거에 있어서 우리 비판에 미치지 못한다고 주장하는 것이 아니라 잘못되고, 불충분하고, 또는 왜곡되었다는 주장을 하는 것이다.

그러나 우리는 때때로 인식하는 사람과 인식되는 사람이 분리되고, 주체와 대상이 분리될 수 있다고 가정하며, 자연과 사회생활을 올바로 파악할 수 있는 어떤 강력하고도 초월적인, 아르케메데스적 관점이 가능하다고 전제한다는 이유 때문에, 이론화 그 자체가 믿을 수 없을 정도로 가부장적이라고 주장한다. 페미니스트 이론 속에 아직 수없는 여성들의 경험을 충분히 들어보지도 않은 채 우리가 지식과 권력간의 가부장적 연관성이라고 문제삼았던 것을 스스로 반복하고 있지 않는가 우려되는 것이다.[2) 전통적 분석으로부터 남성중심성을 포착해 내는 우리의 능력은 지적 주장의 내용에서 그러한 문제요소들을 찾아내는 것으로부터, 전통적인 지적 추구의 형태와 목표에서 그러한 요소를 찾아낼 정도로까지 발전되었다. 이러한 제안을 하는 그 소리 자체가 어떤 '더 높은' 차원으로부터 말해지는 초아르키메데스적인 까닭에, 현대의 지적 생활에서도 아르키메데스의 추종자들이 인간 역사의 필연적인 변화이자 불완전하게 이해되는 흐름의 단지 한 부분으로서 청취되고 있는 것이다(그리고 이것은 그 소리가 역사적 특수성, 즉 여성성을 담고 있다 하더라도 사실이다). 이것이 성찰적이지 못할 때 이러한 류의 포스트모더니즘은—절대적인 상대주의의 한 종류로서—우리의 나날의 사고와 사회생활을 이끄는 정치적 및 지적 요구의 영역은 아니지만 여전히 명백한 입장을 취한다. 그에 대한 반동으로서 우리는 가부장적 담론과 우리 자신의 부분적으로 세뇌되어 버린 의식에

2) 예를 들어 다음 논문을 볼 것. Maria C. Lugones and Elizabeth V. Spelman, "Have We Got a Theory for You! Feminist Theory, Cultural Imperialism and the Demand for 'the Women's Voice,'" *Hypatia: A Journal of Feminist Philosophy* (special issue of Women's Studies International Forum) 6, no.6, 1983, pp.573-582; Elaine Marks and Isabelle de Courtivron(eds.) *New French Feminisms*, New York: Schocken Books, 1981 중의 몇몇 논문들; Jane Flax, "Gender as a Social Problem: In and For Feminist Theory," *American Studies/Amerika Studien*, June 1985; Donna Haraway, "A Manifesto for Cyborgs: Science, Technology, and Socialist Feminism in the 1980's," *Socialist Review* 80, 1983, pp.65-107.

서 비롯되는 침묵과 거짓들에 대한 저항을 표시하기 위하여 사물의 실제 존재의 참 방식을 우리 자신과 또한 '우리의 지배자'에게 말하는 것을 어찌 주저할 수 있는가 반문한다. 다른 한편, 일반적으로 받아들여지는 '실재'와 사회적으로 정당화된 권력간의 관계에 대한 페미니스트, 포스트모더니스트들의 의구심에 대하여 동의할 만한 충분한 이유들이 존재한다.

그렇다면—포스트모던, 그 여부와 상관없이—우리는 어떻게 적절한 페미니스트 이론, 또는 이론들을 구성할 수 있을 것인가? 어디에서 가부장적 오류가 없는 개념과 범주를 찾을 수 있을까? 부재의, 비가시의, 묵과된 것들에 대한 분석적 범주들로서 지배적 담론들의 왜곡되고 현혹적인 범주와 기획들을 거울 이미지처럼 단순 반복하지 않는 것은 어떠한 것일까? 이러한 상황을 보는 데 다시 두 가지 방법을 생각할 수 있다. 우선 오늘날의 사회생활과 역사에서 우리 눈앞에 보이는 것들을 명확하고 일관성 있는 개념적 형태로 구성하기 위해서는 통찰에 의해서 형성되고, 지속적인 정치적 투쟁을 통해서 획득되는 이성과 의지의 자유로운 힘을 사용할 수 있다. 그리하여 여러 남성중심적 담론으로부터 이것저것 빌려와, 혁신적이고 때로는 계발적인 방법으로 짜맞추는 한편, 우리가 사용하는 개념과 범주들 속에서 또 다른 남성중심성을 지속적으로 찾아내 가면서 우리의 이론적 틀을 끊임없이 수정하여 가는 것이다. 그렇게 되면 우리는 분석적 범주들의 불안정성과 주장들을 계속 세워나갈 기반이 될 지속적인 틀의 결여에 대하여 염려해야 할 것이다(결국 우리가 이해와 행동에 대한 일관성 있는 지침을 창안하고자 한다면 우리의 설명 속에 어느 정도는 '정상적' 담론으로의 진보가 있어야 하는 것이다). 다른 한편 분석적 범주들의 불안정성 자체를 받아들이는 방법을 터득하는 것이다. 즉 불안정성 그 자체에서 우리가 생활하고 사고하는 정치적 실재의 어떤 측면들에 대해 우리가 원했던 이론적 이미지를 찾을 수 있다. 즉 이러한 불안정성을 우리의 사고와 실천을 위한 자원으로 사용하는 것이다. 우리에게는 어떠한 '정상과학'도 없다.[3] 나는 다음과 같은 이유에서 다소 불편하기는 하나

3) Thomas S. Kuhn, *The Structure of Scientific Revolutions*, Chicago: University of Chicago Press, 1970을 볼 것. '정상과학'은 그 분야의 연구에서 개념적 및 방법론적 전제들이 널리 공유되는 '성숙한 과학'을 지칭하는 쿤의 용어이다.

후자의 길을 취할 것을 제안하고자 한다.

우리의 연구의 대상이자 그 속에서 우리의 분석적 범주가 형성되고 검증되는 사회생활은 왕성하게 변화하고 있다.[4] 이성, 의지력, 사물에 대한 재고만으로는—정치적 투쟁까지 포함하여—우리 페미니스트들이 반겨할 만한 방식으로 변화들이 드러나지는 않을 것이다. 페미니즘이 모든 페미니스트들이 받아들일 것으로 전제할 수 있는 개념적, 방법론적 가정을 지닌 '정상과학,' 주이론의 패러다임에 도달할 수 있다는 것은 환상일 뿐이다. 페미니스트 분석적 범주들은 불안정해야 한다. 불안정하고 일관성 없는 세계에서 일관되고 조리 있는 이론들은 우리의 이해와 사회적 실천에 장애물이 될 뿐이다.

우리의 이론적 기획이 어떤 가부장적 이론(예를 든다면 맑스주의, 정신분석이론, 경험주의, 해석학, 해체주의)의 가락을 다시 쓰는 것이라기보다 우리가 말하고자 하는 바, 우리가 생각하는 바를 완벽하게 표현할 수 있도록 가부장적 이론의 박자들간의 그리고 그 위에서 반복되는 선율을 조명해 내는 것으로 볼 필요가 있다. 문제는 우리에게 제시된 많은 개념적 선택들에 대하여—선택 자체가 우리 페미니스트들에게 누구도 승자일 수 없는 딜레마를 만들어 낸다는 것 이외에는—무엇을 말하고자 하는지 알지 못하며 알아서도 안된다는 것이다.

내가 연구하는 분야—과학과 인식론에 대한 페미니스트 도전들—에서는 위의 상황으로 말미암아 그 속에서 우리가 생활하고 사고하는 현재의 순간을 흥미롭게 하지만, 그 속에서 어떤 명백한 개관을 개념화하는 것은 어렵게 만든다. 즉 과학과 인식론을 비판하는 사람들간의 논쟁은 우리가 그것을 제시하는 틀 속에서는 해결될 수 없는 것이다. 우리는 이러한 논쟁을 해결해야 할 문제를 규정하는 과정이라기보다 우리가 이전에 고찰

4) 아마도 항상 이러했을 것이다. 그러나 금세기 전반부에 '남편 가부장제'로부터 '국가 가부장제'가 출현하고 있으며, 식민적 종속으로부터의 유색인종의 봉기 및 국제자본주의에서 진행되는 변화들은 지금 이 순간에 변화가 왕성하게 이루어지고 있음을 확인시키는 것이다. 가부장주의 형태에서의 변화에 대한 논의는 Ann Ferguson, "Patriarchy, Sexual Identity, and the Sexual Revolution," *Signs: Journal of Women in Culture and Society* 7, no.1, 1981, pp.158-199.

했던 문제들보다 더 좋은 문제들을 찾아내는 과정으로서 보기 시작할 필요가 있다. 사고의 불안정화는 때로 재안정화보다 더욱 효과적으로 이해를 증진시키며, 과학에 대한 페미니스트 비판은 우리가 그 범주들을 불안정하게 만들 필요가 있는 서양사상의 결실 있는 영역으로 우리를 인도한다. 이러한 비판들은 과학에 내재한 사회구조에서의 여성에 대한 차별, 기술의 오용 및 사회과학과 생물학에서의 남성중심성에 대해 정치적으로 쟁점이 되고, 이론적으로는 무해한 문제들로 비쳐지는 것들을 제기하며 시작하지만 이것들은 곧바로 현대의 서양사상의 가장 근본적인 가정들을 문제시하는 것으로 발전된다. 그리하여 그들은 암암리에 원래의 문제들이 형성되었고 답해졌을 바로 그 이론적 구성에 도전하게 되는 것이다.

페미니즘은 총체론적 이론이다. 여성과 성별관계는 모든 곳에 존재하기 때문에 페미니스트 이론의 주제들은 어떤 단일의 또는 몇 개의 학문적 틀 안에 포괄될 수 없다. '과학적 세계관'은 그 자체가 총체적 이론으로 현대 과학의 가정 안에서는 이해할 만한 가치가 있는 것은 모두 설명되거나 해석될 수 있다고 보는 것이다. 물론 또 다른 세계, 즉 감정, 정서, 정치적 가치의 세계, 개인 또는 집단 무의식의 세계, 소설, 드라마, 시, 음악, 그리고 예술 속에서 탐구되는 특정한 사회와 역사의 세계, 그리고 과학적 합리성에 의해 증가된 재조직의 끊임없는 위협하에 우리가 깨어 있거나 꿈꾸는 시간의 대부분을 보내는 세계가 존재한다.[5] 페미니스트 이론의 기획 중의 하나는 이러한 두 세계의 관계를 밝혀내는 것이다(각각 서로를 어떻게 형성시키며 인식시키는가). 그러므로 과학에 대한 페미니스트 비판을 고찰하는 데 있어서, 우리는—인정되든 그렇지 않든—과학이 고려하지 않은 모든 것, 이것들이 배제된 이유, 이들의 부재를 통하여 어떻게 정확히 이들이 과학을 형성시키는가의 문제를 고려해야 한다.

일관성 있는 이론 그 자체가 바람직한 목표로서 행동의 신뢰할 만한 지침이라는 가정에 집착하는 대신, 가부장적 담론들간의 또는 그들 내부의 불일치라는 한계에 충실할 것을 우리의 기준으로 삼고자 한다. 이론화에

5) Milan Kundera, "The Novel and Europe," *New York Review of Books*, vol.31, no.13, July 19, 1984의 논문에서 소설과 과학적 합리성의 동시적인 발흥이 우연적인 현상일까 질문을 던지고 있다.

대한 이러한 접근은 여성들이 독보적으로 강조하는 것처럼 간주되는 맥락적 사고와 의사결정 및 우리 스스로의 창조에 의하지 않는 세계에—현실을 우리가 희구하는 형태로 정돈할 수 있는 방법을 꿈꾸도록 고양시키지 않는 세계—대한 이해를 증진시키는 데 필요한 과정을 파악하는 것이다.[6] 이것은 가치 있는 '소외된 의식' '갈라진 의식' '저항적 의식'이—회의와 저항의 수준에서뿐 아니라—적극적인 이론형성의 수준에서 작동하는 방식들을 찾아낸다. 우리는 어떤 종류의 지적, 정치적 그리고 심리적 불편함을 소중히 여기며, 우리가 제기하는 문제들에 대한 명확한 답변들의 어떤 것들은 부적합하고 심지어 자멸적이라고 볼 수 있는 능력을 필요로 하는 것이다.

## '잘못된 과학' 또는 '일상적 과학'

실질적인 과학적 연구에서 나타나는 성차별적인 가정은 '잘못된 과학'의 결과인가 아니면 단지 '일상적 과학'의 결과인가? 전자의 경우라면 현재와 같은 과학이 개선될 수 있다는 희망을 주지만, 후자의 경우는 이러한 가능성조차 부정하는 듯하다.

자연과학이나 사회과학에 대한 페미니스트 비판이 그릇되게 실행되어 온 과학—즉 문제제기, 이론, 개념, 연구방법, 관찰 그리고 연구결과의 해석에서 남성적 편견에 의해 왜곡된 과학—을 밝혀내고 기술하였다는 것은 명백하다.[7] 문제가 있음에도 불구하고 남성중심적 과학이 이를 찾아내

---

6) 이러한 강조는 여러 방법으로 표현되고 있다. Sara Ruddick, "Maternal Thinking," *Feminist Studies* 6, no.2, Summer 1980, pp.342-367; Carrol Gilligan, *In a Different Voice: Psychological Theory and Women's Development*, Cambridge, Mass.: Harvard University Press, 1982; Dorothy Smith, "Women's Perspective as a Radical Critique of Sociology," *Sociological Inquiry* 44, no.1, 1974, pp.7-13; "A Sociology for Women," in J. Sherman and E. T. Beck(eds.), *The Prism of Sex: Essays in the Sociology of Knowledge*, Madison: University of Wisconsin Press, 1979.

7) 예를 들어 ≪사인≫의 사회과학의 평론들이나 Brighton Women and Science Group, *Alice Through the Microscope*, London: Virago Press, 1980; Ruth Hubbard, M. S. Henifin, and Barbara Fried(eds.), *Biological Woman: The Convenient Myth*, Cambridge, Mass.: Schenkman Publishing Co., 1982; Marian Lowe and Ruth

지 못한다고 비판가들은 주장한다. 더욱 철저하게 과학적 방법으로 남성적 편견들을 밝혀내고 제거함으로써 우리는 성의 편견이 제거된 객관적인 (그리고 어떤 의미에서 몰가치적인) 자연과 사회 생활의 이미지를 그려낼 수 있다. 페미니스트 탐구는 하나의 성에 대한 충실에서 다른 성으로, 하나의 주관론에서 다른 주관론으로 대치시키는 것이 아니라 성을 초월한 객관성을 높이는 것을 나타낸다.

이러한 주장을 위해서 우리는 경험주의 인식론을 사용하는데, 이 인식론의 목표－연구의 객관적이고 몰가치적인 결과－가 바로 우리가 지향하는 것이기 때문이다. 이러한 페미니스트 경험주의는 성차별주의와 남성중심주의를 사회적 편견이라고 주장한다. 사회해방운동은 '지식과 관찰을 가리고 있는 덮개를 제거해 버리기 때문에 우리가 세계를 더욱 확대된 시각에서 볼 수 있도록 해주는 것이다.'[8] 그리하여 여성운동은 확대된 시각을 위한 기회－15세기에서 17세기까지의 부르주아혁명, 19세기의 프롤레타리아혁명, 그리고 근래의 유럽과 미국의 식민주의에 대한 혁명과 같이－를 창조한다. 더구나 여성운동은 남성중심적 편견을 인식할 수 있는 더욱더 많은 여성과학자와 (여성뿐이 아닌 남성) 페미니스트 과학자를 형성시켰다. 이것은 어떻게 페미니즘과 같은 정치적 운동이 객관적, 과학적 지식의 성장에 기여할 수 있는가의 문제에 대해 답할 수 있는 이점을 지닌다. 그러나 이러한 주장을 하는 데 있어서 우리가 경험주의에 호소하면서 사실상 경험주의를 세 가지 측면에서 전복시키고 있다는 사실을 간과하고 있다. ① 경험주의는 관찰자의 사회적 정체성이 연구결과의 질과 무관하다는 전제를 한다. 반면에 페미니스트 경험주의는 집단으로서의 여성

---

Hubbard(eds.), *Women's Nature: Rationalizations of Inequality*, New York: Pergamon Press, 1983; Ethel Tobach and Betty Rosoff(eds.), *Genes and Gender* I, II, III, IV, New York: Gordian Press, 1978, 1979, 1981, 1984(이 시리즈 중에서도 *Pitfalls in Research on Sex and Gender*로 부제가 붙은 제2권이 가장 잘 구성되어 있다); Ruth Bleier, *Science and Gender: A Critique of Biology and Its Theories on Women*, New York: Pergamon Press, 1984.

8) Marcia Millman and Rosabeth Moss Kanter, "Editorial Introduction," *Another Voice: Feminist Perspectives on Social Life and Social Science*, New York: Anchor Books, 1975, p.vii.

(또는 페미니스트)이 집단으로서의 남성(또는 비페미니스트)보다 편견 없는 객관적인 연구결과를 산출할 것이라고 주장한다. ② 우리는 남성중심적 편견의 핵심적 기원이 연구문제의 선택과 문제 그 자체에 대한 정의에 있다고 주장한다. 경험주의는 방법론적 규범의 문제가 규명되고 정의되는 발견의 맥락에서가 아니라, 정당화의 맥락에서만 적용될 것으로 주장한다. 그러므로 우리는 이러한 목표 달성에 과학적 방법이 지닌 불충분성과 무력함을 논증하였다. ③ 우리는 빈번하게 남성중심적 결과를 초래하는 바로 그 탐구의 논리적 사회적 규범을–우리의 연구결과를 인정받기 위해서 기존의 (서양의, 부르주아의, 동성애공포적인, 백인의, 성차별적인) 과학 집단에 호소하고, 단지 남성에 대한 관찰 결과를 모든 인간에로 일반화시키는–답습하고 있음을 지적한다. '잘못된 과학'에 대한 우리의 경험주의적 비판은 사실상 그것이 강화시키고자 하는 바로 그 과학에의 이해를 전복시키는 것이다.

이러한 문제는 과학적 사고의 가장 근본적인 범주들이 남성편견적이라는 것을 시사한다. '잘못된 과학'에 대한 많은 비판자들은 위의 첫 번째 가정을 제거해 내면서도 위의 두 번째와 같은 비판을 한다.[9] 여기에서 그들은 성의 정치가 어떻게 과학을 형성시켜 왔으며 또한 이렇게 형성된 과학이 다시 성의 정치를 전개시키는 데 어떻게 중요한 역할을 해왔는지에 대한 역사가의 기술을 지적한다.[10] 각각은 서로에게 도덕적, 정치적 자원

9) 이 두 비판간에 존재하는 긴장은 다음 논문들에서 지적되고 있다. Helene Longino and Ruth Doell, "Body, Bias and Behavior: A Comparative Analysis of Reasoning in Two Areas of Biological Science," *Signs* 9, no.2, 1983, pp.206-227; Donna Haraway, "In the Beginning Was the World: The Genesis of Biological Theory," *Signs* 6, no.3, 1981, pp.469-481. 론지노와 도엘은 "페미니스트들은 잘못된 과학을 수정할 것인가 또는 과학적 작업 전체를 폐기해 버릴 것인가 선택할 필요가 없다"(p.208). 그리고 "과학에, 존재와는 별도로 과학 속에서 남성적 편견의 작동에 대한 종합적 이해를 통해서만 우리는 우리의 치유방법을 구하는 데 있어서 이 두 입장을 극복할 수 있을 것이다"(207)라고 말했다. 론지노와 도엘의 분석은 이러한 이해를 위해 매우 유용하기는 하지만 '일상적 과학'에 대한 비판이라는 점을 착안하지 않고 있다는 점에서 그들의 치유방법은 나의 방법과 구분된다. 하러웨이는 이런 딜레마에 대하여 어떠한 해결책도 제시하지 않고 있다.

10) 다음 논문들을 참조할 것. Elizabeth Fee, "Nineteen Century Cranuilogy: The Study of the Female Skull," *Bulletin of the History of Medicine* 53, no.3, 1979,

을 제공해 온 것이다. 더구나 '순수과학'—보다 광범위한 문화의 기술적, 사회적 요구로부터 독립된 연구—은 어떤 개개 과학자의 비성찰적인 정신생활 속에 또는 과학 옹호론자의 수사 속에서만 존재했다는 것을 보여준다. 즉 과학적 작업이 구조적으로나 상징적으로, 그것이 속한 문화가치체계의 한 부분이라는 단정을 하기 위해서 개개 물리학자, 화학자 또는 사회학자들의 동기 자체를 비난할 필요는 없다. 그럼에도 이러한 주장은 자연의, 몰감정적인, 몰가치적인, 객관적 탐구의, 그리고 초월적 지식의 개념들 자체가 남성중심적, 백인의, 부르주아의, 그리고 서양의 것이고, 방법 자체도 이러한 위계에 의해서 생성된 시각을 재생산한다. 이는 우리의 이해를 왜곡시키기 때문에 과학적 방법에 더욱 천착하여도 그러한 편견들을 제거할 수 없기 때문에 우리에게 어려움을 준다.

과학과 성의 역사에 대한 이러한 새로운 해석은 우리의 이해력을 크게 확장시키기는 하지만, 성의 정치 역사와 난마처럼 뒤엉켜 있는 과학이 좀 더 포괄적인 인간적 목표를 수행하기 위해 그로부터 헤어날 수 있을 것인지—또는 그렇게 되도록 시도하는 것이 전략적으로 할 만한 것인지—의 여부는 말해 주지 않는다. 역사는 숙명인가? 과학으로부터 남성중심성을 완전히 제거해 버린다면 더이상 과학은 존재하지 않을까? 그러나 과학적 주장이 지식의 규범이 되는 세계에서 우리가 가능한 한 과학에서 성의 편견을 없애는 것이 중요하지 않은가? 그 어느 선택도 우리의 최선의 이해가 되지 못하는 상황에서 과학을 회복시키는 것과 전적으로 폐기해 버리

---

pp.415-433; Susan Griffin, *Woman and Nature: The Roaring inside Her*, New York: Harper & Row, 1978; Diana Long Hall, "Biology, Sex Hormones and Sexism in the 1920's," *Philosophical Forum* 5, 1973~1974, pp.81-96; Donna Haraway, "Animal Sociology and a Natural Economy of the Body Politics, Part 1, 2," *Signs* 4, no.1, 1978, pp.21-60; Ruth Hubbard, "Have Only Men Evolved?" in Hubbard, Henifin, and Fried(eds.), *Biological Women: The Convenient Myth*, Cambridge, Mass.: Schenkman Publishing Co., 1982; L. J. Jordanova, "Natural Facts: A Historical Perspective on Science and Sexuality," in Carol MacCormick and Marilyn Strathern(eds.), *Nature, Culture and Gender*, New York: Cambridge University Press, 1980; Carolyn Merchant, *The Death of Nature: Women, Ecology and the Scientific Revolution*, New York: Harper & Row, 1980; Evelyn Fox Keller, *Reflections on Gender and Science*, New Haven, Conn.; Yale University Press, 1985.

는 것 중에서 어떻게 선택을 할 수 있을 것인가?

## 과학의 계승자 또는 포스트모더니즘

'잘못된 과학'과 '일상적 과학'에 대한 비판을 통해 나타나는 딜레마는 페미니스트 이론의 하위수준에서 포스트모더니즘으로의 경향과 소위 페미니스트 과학의 계승적 기획에 대한 대립적 지향에서 다시 재현된다. 페미니스트 경험주의는 (비록 전복적이긴 하지만) 페미니스트 탐구—명확히 모순이라고 알려진 정치화된 과학적 탐구—의 업적을 익히 알려진 경험주의적 가정들에 호소하여 설명한다. 이와 대조적으로 페미니스트 관점적 인식론은 경험주의에 의해 표현되는 계몽주의 전망을 대치시키는 계승자로서 과학적 지식추구의 이해를 명료히 하고자 한다.[11] 페미니스트 이론에 내재한 관점적이고 포스트모던의 경향들은 페미니즘을 남성중심의 담론 및 기획(페미니스트 경험주의에서와 마찬가지로)과 불편하고도 이중적인 관계에 놓이게 한다. 양자를 모두 불완전하나마 포스트모던의 현실로 수렴하는 경향이라고 볼 만한 이유도 충분히 있으나, 페미니스트 관점의 인식론과 페미니스트 경험주의 각각에서 포스트모더니즘에 대립적인 경향들을 촉진시킬 만한 중요한 이유들이 있다.

페미니스트 관점적 인식론은 페미니스트 목적을 위하여, 과학이 '세계

---

11) 다음의 논문들에서 '과학적 계승'으로서의 페미니스트의 인식론이 중요하게 형성되고 있다. Jane Flax, "Political Philosophy and the Patriarchal Unconscious: A Psychoanalytic Perspective on Epistemology and Metaphysics," in Sandra Harding and Merill B. Hintikka(eds.), *Discovering Reality: Feminist Perspectives on Epistemology, Metaphysics, Methodology and Philosophy of Science*, Dordrecht: D. Reidel Publishing Co., 1983; Nancy Hartsock, "The Feminist Standpoint: Developing the Ground for a Specifically Feminist Historical Materialism," in Harding and Hintikka(eds.), *Discovering Reality: Feminist Perspectives on Epistemology, Metaphysics, Methodology and Philosophy of Science*; *Money, Sex and Power*, Boston: Northeastern University Press, 1983, chap.10; Hillary Rose, "Hand, Brain and Heart: A Feminist Epistemology for the Natural Sciences," *Signs* 9, no.1, 1983, pp.73-90; "Is a Feminist Science Possible?," Cambridge, Mass.: MIT, 1984; D. Smith, "Women's Perspective as a Radical Critique of Sociology," *Sociological Inquiry* 44, no.1, 1974 and "A Sociology or Women."

의 존재방식'을 반영하고 또한 인간해방에 기여할 수 있다고 하는 맑스주의 전망을 받아들인다. 자연과학과 사회과학에서의 페미니스트 연구의 주장들은 세계에 대하여 보다 진리를 보여주는 것처럼 보이며 그들이 대치시키고자 하는 성차별적인 주장들보다 훨씬 객관적이다. 그들은 하나의 성에 충실한 이해로써 다른 성에 충실한 이해를 대치시키지 않는, 결과적으로 자연과 사회생활에 대해 특정 성의 입장을 초월하는 자연과 사회생활에의 이해를 가능하게 한다. 나아가 진리와 객관성에 호소하는 페미니스트의 방법은 이성이 페미니즘의 궁극적인 승리에서 한 역할을 담당하며 페미니즘이 하나의 권력정치－지금도 그러하지만－이상의 것으로 올바르게 인지될 수 있을 것이라는 믿음을 부여한다. 과학계승자적 지향은 자연과 사회세계에 대한 좀더 완벽하면서 오류, 왜곡, 방어, 부당성이나 합리화에서 보다 자유로운 이해를 목표로 한다.

이것은 이미 급진적 기획이다. 왜냐하면 계몽주의 전망은 여성이 과학적 사고에서 요구되는 이성과 감정에 치우치지 않는 객관적인 관찰 능력을 소유한다는 것을 명백히 부정하였다. 여성은 (남성의) 이성과 관찰의 대상일 뿐 결코 주체, 성찰하고 보편화할 수 있는 인간정신이 아니었다. 사실상 남성만이 이상적인 인식자로서 그려졌는데, 이는 (적절한 계급, 인종과 문화의) 남성만이 사회적으로 초월한, 관찰과 이성의 내재적 능력을 지니고 있기 때문이었다. 그러한 과학의 목적과 의도들은 어느 누구의 해방도 이뤄낼 수 없는 것으로 드러났다.

맑스주의는 이러한 계몽주의 전망을 수정하여 맑스주의 이론과 계급투쟁론에 의해 인도된 프롤레타리아가, 우리와 자연과의 관계를 포함하여 여러 사회관계의 참된 형태를 파악하기 위해 이성과 관찰을 사용할 수 있는 이상적 인식집단이 되는 것으로 전망하였다.[12] 그러나 부르주아 과학의 뒤를 이은 이러한 맑스주의 계승자는 이전의 과학과 마찬가지로 하나의 사회집단－여기에서는 프롤레타리아－에게 나머지 집단들을 해방으로

12) Friedrich Engels, "Socialism: Utopian and Scientific," in R. Tucker(ed.), *The Marx and Engels Reader*, New York: W. W. Norton & Co., 1982; George Lukács, "Reification and the Consciousness of the Proletariat," *History and Class Consciousness*, Cambridge, Mass.: MIT Press, 1968.

이끌 지식과 권력을 부여하였다. 맑스주의 인식론은 내재적인 (남성의) 능력에 관한 이론이 아니라, 노동의 이론에 근거하고 있다. 부르주아적 전망에서 모든 인간의 능력이 동등하지 않듯이, 여기에서는 모든 노동이 동등하지 않다. 노동현장에서의 투쟁을 통하여 프롤레타리아는 지식을 만들어낼 수 있을 것이다. 사회주의 실천이나 맑스주의 이론에서는 어떤 여성도 그들의 노동참여 여부에 관계없이 생산수단과 그들의 관계에 의해 근본적으로 규정된다고 개념화된 적이 없다. 그들은 세계가 어떻게 구성되는가를 사고하여 알 수 있는 프롤레타리아의 완전한 일원으로서 생각된 적이 없다. 그리하여 맑스주의 이론의 개념적 틀 안에서는 여성의 독특한 재생산 노동, 정서적 노동, '중개적 노동'은 사라져 버리고, 지식의 담당자로서의 계급이나 사회집단으로서의 여성은 비가시적 존재로 남게 되었다 (다른 형태의 비임금 또는 비산업 노동도 이와 유사하게 이러한 개념적 틀의 중심에서 사라져 버리고 있어, 노예와 식민지 민족들의 지식능력을 불가사의한 것으로 만들고 있다).

페미니스트 인식론에서의 관점적 경향은 노동의 또는 오히려 독보적인 인간활동의 계승적 이론이라는 데 근거를 두며, 지식의 잠재적인 이상적 담당자로서의 프롤레타리아를 여성 또는 페미니스트로(그 주장에 차이가 있다) 대치시키고자 한다. 남성(성차별주의의) 자신, 타인들, 자연 그리고 이 셋 모두의 관계에 대한 인식은 부분적일 뿐만 아니라 잘못된 것이다.[13] 남성 특유의 사회경험은, 부르주아의 경우와 마찬가지로, 그들이 자연스러운 것으로 보는 사회적 관계에서 정치적으로 강제된 본질을 숨기고 있다. 서양사상의 지배적 유형은 여성의 종속을 문화의 진보에 필요한 것으로 정당화하고 남성의 부분적이고 그릇된 시각을 경탄할 만큼 독보적으로 인간적인 것으로 보고 있다. 여성은 우리 자신의 자연과의 관계까지

13) 낸시 하트속(Nancy Hartsock)은 특히 남성중심적 시각의 철저성에 대하여 논하고 있다(각주 11의 책). 따라서 나는 페미니스트 관점주의자들이 이러한 문제를 제기하면서 일반적으로 통용되는 남성과 여성의 이분법을 의미하고 있다. 그러나 나는 이들 범주들이 관점적 기획에 있어서 조차도 부적합하다고 생각한다. 우리가 여기서 논해야 할 것은 페미니스트 대 비페미니스트(성차별주의자)의 이분법이라고 생각된다.

포함하여－인간의 사회적 관계에 대하여 부분적이고, 방어적이고, 그릇된 이해를 줄이기 위해－정치적 투쟁과 분석을 사용할 수 있다. 관점적 주장은 억압된 성이 사회적으로 경험한 입장에서의 정치참여적인 이론과 연구이기 때문에, 페미니스트 경험주의가 아니라 바로 이러한 분석이 페미니스트 이론과 연구의 업적을 설명한다고 주장한다.

페미니스트 사고의 두 번째 흐름은, 위 페미니스트의 많은 동일한 글 속에서 발견된다. 이것은 이미 만들어져 저 밖에서 성찰을 기다리는 세계를 완벽하게 성찰한다는 '인간 고유의 정신' 능력에 대한 계몽주의 전망에 근본적인 회의를 나타내는 것이다. 많은 페미니스트들은 지식에의 도구라고 할 수 있는 것들, 즉 이성의 형태들, 초연한 객관성, 아르키메데스적 관점이 지닌 가치 등을 부정하는 데에 공감한다. 여기에서 그들은 니체, 비트겐스타인, 데리다, 푸코, 라캉, 파이어아벤트(Feyerabend), 로티(Rorty), 가다머(Gadamer), 그리고 기호학, 정신분석학, 구조주의, 해체주의의 담론과 같은 모더니즘에 대한 회의주의자들과 이중적으로 연관된다.[14] 놀라운 것은 과학의 계승자적 사고와 과학에 대한 포스트모더니즘적 회의주의라는 두 개념이 비페미니스트 담론에서는 정반대의 것이지만,

---

14) Jane Flax, "Gender as a Social Problem: In and For Feminist Theory," *American Studies/Amerika Studien*, June 1985에서 페미니스트 이론에서의 이러한 포스트모던 긴장에 대하여 논하고 다음의 논문들을 모더니즘의 핵심적 의문점으로 인용하고 있다. Friedrich Nietzsche, *On the Genealogy of Morals*, New York: Vintage, 1969; *Beyond Good and Evil*, New York: Vintage, 1966; Jacques Derrida, *L'ecriture et la Difference*, Paris; Editions du Seuil, 1967; Michel Foucault, *The Order of Things*, New York: Vintage, 1973; *The Archaeology of Knowledge*, New York: Harper & Row, 1972; Jacques Lacan, *Speech and Language in Psychoanalysis*, Baltimore: Johns Hopkins University Press, 1968; *The Fundamental Concepts of Psychoanalysis*, New York: W. W. Norton & Co., 1973; Paul Feyerabend, *Against Method*, New York: Schocken Books, 1975; Richard Rorty, *Philosophy and the Mirror of Nature*, Princeton, N.J.: Princeton University Press, 1979; Hans-Georg Gadamer, *Philosophical Hermeneutics*, Berkeley: University of California University Press, 1976; Ludwig Wittgenstein, *On Certainty*, New York: Harper & Row, 1972; *Philosophical Investigations*, New York: MacMillan Publishing Co., 1970. Jean François Lyotard, *The Postmodern Condition: A Report on Knowledge*, Minneapolis: University of Minnesota Press, 1984.

이들 페미니스트 이론가들에 의해서는 함께 포용되고 있다는 것이다.[15)]

페미니스트 사고에 나타나는 이러한 포스트모던 경향의 관점에서 보면 페미니스트 과학의 계승적 기획도 명백히 남성적인 존재양식에 여전히 깊이 뿌리를 박고 있다. 한 이론가는 이러한 문제를 다음과 같이 표현하고 있다. "아마도 '현실'은 주인의 부당하게 보편화한 관점에서만 '어떤' 구조를 가질 수 있을 것이다. 즉 어떤 한 사람 또는 한 집단이 전체를 지배하는 한에서만 '현실'이 하나의 법칙에 의해 지배되는 것처럼, 하나의 특권적 사회적 관계에 의해 구성되는 것처럼 보일까?"[16)] 페미니즘이 또 다른 인식론과 생각의 통제를 위한 또 다른 법칙들을 만들어낸다면, 어떻게 지식과 권력의 관계를 급진적으로 재규정할 수 있을 것인가?

그러나 이러한 포스트모던 기획은 과학계승자적 경향의 관점에서 볼 때 지나치게 이상론적이다.[17)] 이것은 세계의 존재방식을 페미니스트 관점에서 독특하게 기술하고자 하는 시도의 당위성에 도전하는 듯이 보인다. 이것은 역사 속에서 사람들이 구현한 사회적 위치를 부정함으로써 그들의 활동을 정당화하고자 했던 남성 부르주아적 희구의 한 부분으로 보일 수 있다. 또한 단지 인간의 나약함을 모두 자기 책임으로 돌리고, 모든 것을 이해한다는, 조감도적 시각(자연주의적 색채의 초월적 자아)에 호소하여 정치에 있어 자신의 객관적 위치를 초월하고자 하는 것이다. 즉 비페미니스트 포스트모더니즘과의 쉽지 않은 연합에서 페미니스트 포스트모더니스트의 경향은 세계의 성의 정치라는 현실은 정치적 투쟁을 요구한다는 페미니스트 인식과는 대립되는, 즉 억압된 집단의 부적절한 상대주의 관점을 지지하는 듯이 보인다. 자신의 객관적인 특권과 권리의 정당성에 대해 어느 정도 거리를 두고 의문시하는 일부의 지배집단 역시 마찬가지로 퇴행적인 상대주의를 지지하는 듯이 보인다(앞에서 언급된 모더니즘

---

15) 그러나 이론가마다 이들 경향에 대하여 비중을 다르게 둔다. 그럼에도 불구하고 대부분이 그들의 글 속에서 근대 서양의 인식론에 대한 이러한 두 부류의 비판 사이에 존재하는 긴장을 의식하고 있다. 이들 이론가들에 대한 좀더 자세한 논의는 위의 하딩의 글을 참조할 것.

16) Flax, "Gender as a Social Problem," p.17.

17) 플랙스는 이러한 문제에 대하여 의식하지 못하는 듯하다. 엥겔스는 공상적 및 과학적 사회주의를 구분하고 있다(각주 13).

에 대한 비페미니스트 회의주의자들을 보라). 하나의 지적 입장으로서, 상대주의의 명료화는 역사적으로 소위 보편적이라는 삶의 믿음과 양식, 그의 정당성에 대한 도전들을 와해시키고자 하는 시도에서 출현했던 것을 상기할 필요가 있다. 단지 지배집단의 관점에서만 객관적 문제이거나 또는 문제의 해결인 것이다. 사회적 관계에서 우리 각자가 위치한 상이한 관점에서 볼 때 현실은 실로 많은 상이한 구조를 지니고 있는 듯이 보이지만, 그 중 어떤 것들은 엄밀한 의미에서 이데올로기들이다. 그것은 잘못되고 '이해가 개입된' 믿음일 뿐만 아니라 우리 모두의 기타 다른 사회관계를 구성하는 데 이용된다. 억압집단에게는 상대주의 입장은 허위의식을 의미한다. 이것은 지배집단이 그들의 왜곡된 시각들을 주장할 수 있는 (그리고 이러한 시각에 근거하여 우리 모두를 위한 정책을 설정할) 권리가 지적으로 정당하다는 주장을 용인하는 것이다.

정치권력에 봉사하기 위해 생각을 통제하는 것과 소위 정치적으로 순수하다는 상대주의의 단순한 세계관으로의 은신, 이 양자는 페미니즘이 반대하는 계몽주의와 부르주아라는 동전의 양면이 아닌가? 남성과 여성이 자연과 사회생활에서 각기 다른 종류의 상호작용(각기 다른 '노동')이 여성에게 독보적이고 특권적인 과학적, 인식론적 입장을 제공한다는 것은 ―이들 이론가들이 방법에 있어서는 차이가 나지만 모두 주장하듯이―사실이 아닐까? 페미니즘과 그와 관련된 사회적으로 정당한 지식과 정치적 권력을 백인, 서구의, 부르주아의, 강제된 이성적 성관계의 남성이 확고하게 장악한 세계, 그 속에서 존재하는 모든 여성들에게 힘을 부여하고자 한다면 페미니즘이 어떻게 과학계승자적 기획을 포기할 수 있을 것인가?

페미니스트 이론내의 이 두 가지의 경향에 대한 하나의 시각은 양자가 모두 포스트모던 세계―이 둘의 (대립적) 경향들이 그들의 목적을 달성하기 전까지는 존재하지 않을 세계―로 수렴하는 것으로 보는 것이다. 이러한 시각에서는 최선의 경우, 포스트모더니즘은 사고가 더이상 통제될 필요가 없는 세계에서의 인식론을 전망하는 것이다. 이것은 오늘의 존재가 우리가 말하는 이상적 상황에 크게 미치지 못한다는 것은 인식하지만, 변화를 가져오는 데 필요한 정치적 투쟁을 간과하고 있다(또는 미처 고려하지 못하고 있다). 관점적 경향은 여성의 '억압된 지식'을 정당화하고 힘을 부여함으로써 그러한 이상적 세계를 향하여 우리를 움직이고자 하며, 이러한 노력이 없었다면 포스트모던 인식론적 상황은 탄생할 수 없을 것이다. 그럼에도 불구하고 이것은 지식과 권력의 근대적 유착, 또는 현실에 대해 단 하나의 페미니스트 설화담론만 존재할 수 있다고 하는 가정의 정당성에 도전하지 못한다. 이것이 이 두 경향의 관계를 보는 유용한 방법인지의 여부를 떠나, 나는 이 두 경향이 제기하는 문제들을 따로따로 설명해 버리거나 하나를 배제시켜 가면서 다른 하나를 선택하고자 하는 유혹을 물리쳐야 한다고 주장하는 것이다.

## 페미니스트 입장과 다른 '타자들'

페미니스트 과학계승자의 기획은 여성활동이 공유하는 특성들에 근거하여 독자적으로 정당한 과학과 인식론을 추구하는 한, 다른 해방론적 인식론들과 불편한 관계에 서게 된다. 힐러리 로즈(Hilary Rose)는 여성의 노동이 정신, 육체 및 양육 노동을 통합하는 방식이라는 점에 기초를 두고 있다. 낸시 하트속은 여성의 가사활동이나 임금노동 모두에서의 여성의 일상적이고 구체적인 활동 속에서 나타나는 정신 대 육체 노동의 이원성에 대한 깊은 대립에 주목한다. 제인 플랙스(Jane Flax)는 여성이 그들의 모든 활동에 가져오는 비교적 상호관계적인 자아의식을 규명하고 있다. 그는 자아, 타자, 그리고 자연을 파악하는 여성과 남성 사이의 조그만 개념적 차이가, 남성지배적 사회질서에서 나타나는 방어적이며 이중적 특성의 지식과 앞으로의 '상호적 자아들'의 세계에서나 가능할 관계 맥락에서 파악되는 지식간에 나타날 수 있는 보다 큰 차이를 예시하는 것이라고 시사한다. 도로시 스미스(Dorthy Smith)는 여성의 사회 노동은 추상적이라기보다 구체적이고, 이것이 행정적인 지배의 형태나 사회과학의 범주들로 명료화될 수 없으며, 또한 사회적으로 비가시적이며, 이들이 합해서 여성의 무한하게 소외되고 갈라진 의식을 창조한다고 주장한다.[18] 그러나 다

18) Flax, "Political Philosophy and the Patriarchal Unconscious: A Psychoanalytic

른 해방론적 관점들은 그들 자신의 활동에서 나타난 위와 비슷한 측면들을 그들의 정치적 인식론의 자원으로서 주장한다.

물론 한편으로는, 페미니즘이 역사 속의 바로 이 시점에서 여성과 남성을 대립적 계급으로 규명하는 것은 옳은 것이다. 세계 어디에서나 이 두 계급을 볼 수 있으며, 거의 어디에서나 남성은 여러 면에서 여성을 억압하고 있다.[19] 더욱이 심지어 남성 페미니스트들조차도 그들이 없애 버리려고 적극 투쟁하는 제도화된 성차별주의로부터 혜택을 누리고 있다. 객관적으로 어떤 개인으로서의 백인도 인종적 특권을 포기할 수 없듯이 어떤 개인으로서의 남성도 성차별적인 특권을 포기하지 못한다—성과 인종의 혜택은 그것을 누리는 개개인의 소망과 상관없이 부여된다. 인종이나 계급과 마찬가지로 성은 개인에게 있어서 임의로 선택할 수 있는 특성이 아니다. 결국 우리 페미니즘은 (인류 집단으로서) 여성이 겪는 사회적 혜택의 상실과 피억압을 남성에게 이전시키는 문제를 세계적인 규모로 제기하는 것이다. 그리하여 관점적 이론가들은 여성의 사회적 경험에서 공통된 측면을 전체 문화적으로 규명함으로써 우리의 작업에 중요하게 기여한다.

다른 한편으로는 로즈, 플랙스, 스미스 등이 우리의 문화 속에서 여성활동의 독특한 특성이라고 규명한 것들은 아마도 다른 억압된 집단의 노동과 사회경험에서도 발견될 수 있을 것이다. 페미니스트들이 여성 대 남성적 인성, 존재론, 윤리, 인식론 그리고 세계관들이라 부르는 것이 다른 해방운동에서는 비서구 대 서구적 인성 및 세계관이라 할 수 있다는 것은 아메리카 원주민, 아프리카인들, 아시아인에 관한 글에서 시사된다.[20] 그

---

Perspective on Epistemology and Metaphysics"; Hartsock, "The Feminist Standpoint: Developing the Ground for a Specifically Feminist Historical Materialism"; Rose, "Hand, Brain and Heart: A Feminist Epistemology for the Natural Sciences"; Smith, "Women's Perspective as a Radical Critique of Sociology."

19) '거의 모든 데에서'는 평등한 문화에의 인류학자들의 주장을 미심쩍으나 선의로 받아들이게 한다. 예를 들어 다음 논문을 볼 것. Eleanor Leacock, *Myths of Male Dominance*, New York: Monthly Review Press, 1981.

20) Russell Means, "Fighting Words on the Future of the Earth," *Mother Jones*, December 1980, p.167; Vernon Dixon, "World Views and Research Methodology,"

리하여 이러한 사람들의 독특한 역사적 사회경험에 토대를 둔 아메리카 원주민의, 아프리카인의, 아시아인의 과학과 인식론도 있어야 하지 않는가? 그와 같은 과학계승자적 인식론이 관점적 이론가들의 분석과 유사한 분석을 제공하지 않겠는가? 이러한 사고의 결정적이고 치명적인 복합성—이들의 절반은 여성이고 또 대다수의 여성이 비서양인이라는 사실—은 접어두겠다. 무엇에 근거하여 페미니스트 과학과 인식론이 다른 사람들의 것보다 우월하다고 할 것인가? 페미니스트 기획이 다른 해방적 지식을 추구하는 기획들과 갖는 관계는 어떠하며 또한 어떠해야 할 것인가?

모든 식민지인은 말할 필요도 없이, 아프리카인들 모두가 독특한 인성, 존재론, 윤리, 인식론, 또는 세계관을 공유한다고 전제하는 것조차도 지나친 일반화이다. 그러나 이러한 가정이 모든 여성의 사회적 경험이나 세계관에서 공통성을 찾을 수 있다는 가정보다 더 잘못된 것인가? 우리가 여기에서 생각하는 것은 '봉건적 세계관,' '근대적 세계관' 또는 '과학적 세계관'이라는 말로서 가리키는 포괄적인 관점에 대한 것이라는 것을 주목하자. 더구나 우리 여성 역시 우리가 경멸하도록 배워온 정체성을 내세우고,[21] 세계적으로 계급의, 인종의, 또한 문화집단의 성적으로 비가시적 일원으로서가 아니라, 여성으로서의 우리의 사회경험의 중요성을 강조한다. 이와 유사하게 제3세계 사람들은 그들의 식민지 사회경험을 공통된 정체성의 근거로서 그리고 대안이 될 이해의 공통된 근원으로 주장한다. 식민지의 경험이 인성과 세계관을 어떻게 형성하는가를 탐구하는 것이 왜 타

---

in L. M. King, V. Dixon, and W. W. Nobles(eds.), *African Philosophy: Assumptions and Paradigms for Research on Black Persons*, Los Angeles: Fanon Center Publication, Charles R. Drew Postgraduate Medical School, 1976; Paul Houtondji, *African Philosophy: Myth and Reality*, Bloomington: Indiana University Press, 1983; Joseph Needham, "History and Human Values: A Chinese Perspective for World Science and Technology," in Hilary Rose and Steven Rose(eds.), *Ideology of/in the Natural Science*, Boston: Schenkman Publishing Co., 1979. 이러한 상황에 대하여 나는 다음 논문에서 더욱 자세히 논의하고 있다. "The Curious Coincidence of African and Feminine Moralities," in Diana Meyers and Eva Kittay(eds.), *Women and Moral Theory*, Totowa, N.J.: Rowman and Allenheld, 1986.

21) Michele Cliff, *Claiming an Identity They Taught Me to Despise*, Watertown, Mass.: Persephone Press, 1980.

당하지 않을까? 식민지 사람들이 그들이 서로 공유한다고 생각하는 것들에 대해 정당성을 동등하게 인정하지 않으면서 어떻게 백인 서양여성인 우리가 다른 모든 여성과 공유한다고 생각하는 것의 정당성은 주장할 수 있을 것인가? 단적으로, 우리는 이 문제를 여러 다른 문화 속의 개개인의 문화적 특이성을 주장하면서, 반면 모든 문화에 걸친 여성의 성적 유사성을 주장하는 식의 페미니스트 관점으로는 해결할 수 없다.

관점적 경향이 보이는 이러한 딜레마에 대한 하나의 해결책은 페미니스트 과학과 인식론이 다른 여러 가능한 과학과 인식론 중―우월한 것이 아닌―하나로서 가치 있는 것이라고 생각하는 것이다. 이러한 전략으로써 우리는 많은 페미니스트 이론화작업에 적어도 은연중의 목적이 되고 있는, 우리 이론의 총체화의, '중심이론'적 특성을 탈피하고, 또한 페미니스트 과학계승자적 기획에 내재한 맑스주의 가정으로부터 벗어났다. 이 문제에 대한 이와 같은 반응은 페미니스트 이론의 범주를 (비록 불안정하나마) 그런대로 유지하면서, 그것을 여타의 억압된 집단들의 이론적 범주들과 함께 나란히 놓고자 하는 것이다. 이러한 대응은 사회주의 페미니스트들이 해결하기 위해 씨름했던 '이중적 체계' 대신에,[22] 다중적체계이론을 제시하는 것이다. 물론 이것은 지배계급의 백인여성을 제외한 다른 모두에게는 찢겨진 (그리고 아마도 더욱더 잘게 찢겨진) 정체성을 남겨 놓는다. 지식에 대한 페미니스트 접근의 근거에 대한 이와 같은 식의 사고에는 근본적인 비일관성이 존재하는 것이다.

또 다른 해결책은 공유하는 사회경험에 대한 유일성의 목적을 포기하고 공유될 수 있는 목적들과 제휴를 하는 것이다.[23] 이러한 입장에서는 각각의 관점적 인식론―페미니스트, 제3세계, 동성연애자, 노동계급―이 극복되어야 할 정치적, 개념적 저항을 생성하는 역사적 조건들을 밝히되 이것으로부터 보편적인 개념과 정치적 목적을 만들어내지는 않는다. 성뿐만이 아니라 계급, 인종으로 계층화된 문화에서 성은 계급이자 동시에 인

22) Iris Young, "Beyond the Unhappy Marriage: A Critique of the Dual Systems Theory," in L. Sargent(ed.), *Women and Revolution*, Boston: South End Press, 1981.
23) 다음 글들을 참조할 것. Bell Hooks, *Feminist Theory from Margin to Center*, Boston: South End Press, 1983에서 특히 4장; Haraway, "A Manifesto for Cyborgs."

종이기 때문에, 어떤 특정 여성의 경험도 성적 위계로부터 우리를 해방시킬 전망과 정치의 근거를 독자적으로 제공해 줄 수 없다. 오늘날 다양한 사회집단들은 서구의, 백인의, 부르주아의, 동성애 혐오의 남성중심의 세계관의 주도권과 이것이 야기하고 정당화하는 정치에 대항하여 투쟁하고 있다. 우리 내부의 인종적, 성적, 계급적 투쟁과 사회적 존재로서 우리가 누구인지 규정해 주는 문화적 역사에서의 차이들은 우리가 공유하는 목적들을 중심으로 제휴하는 것을 가로막는다. 우리의 분석적 노력에서가 아니라, 바로 역사만이 이러한 문제를 해결해 주거나 융해시켜 줄 것이다. 그럼에도 불구하고 백인의, 서양의, 부르주아 페미니스트, 전세계적으로 여성의 지속적인 억압을 야기시키는 힘으로서 존재한 우리 자신의 인종주의, 계급주의, 문화적 중심주의에 대항하여 더욱더 활발한 이론적 정치적 투쟁의 필요성에 주목해야 할 것이다.

## 문화 대 자연, 그리고 사회적 성(gender) 대 자연적 성(sex)

역사학자들과 인류학자들은 오늘날의 서구사회가 문화와 자연의 경계를 가르는 방식이 근대 및 서양의 문화특정적인 현상이라는 것을 분명히 보여주고 있다.[24] 문화와 자연을 가르는 이분법은 근대의 서구사고에 중심적인 여러 대립성에서 복합적이고 모호한 방식으로 재현되고 있다—몇몇 예를 들자면 이성 대 감정 및 열정, 객관성 대 주관성, 정신 대 육체 및 물리적 사건, 추상성 대 구체성, 공적 대 사적 등이다. 우리의 문화 속에서 그리고 과학 속에서의 이 모든 이분법 중 남성스러움은 문화와 동일시되고 여성스러움은 자연과 동일시된다. 이 각각의 경우에서 전자가 후자를 엄격하게 통제하지 못하면, 후자는 들고 일어나 전자를 압도해 버릴 엄청난 위협으로 인식된다.

이러한 일련의 이중성의 연속은 근대과학의 개념적 도식에 대한 페미

---

24) 특히 다음의 논문에서 Sherry Ortner의 반응을 볼 것. "Is Female to Male as Nature Is to Culture?," in M. Z. Rosaldo and L. Lamphere(eds.), *Women, Culture and Scoiety*, Stanford, Calif: Stanford University Press, 1974, in MacCormack and Strathern(eds.), *Nature, Culture and Gender*.

니스트 비판의 주요 대상 중 하나이다. 그러나 이중성이 성별, 섹스, 또는 성별/섹스체계에 대한 페미니스트의 사고에서 어떻게 재현되는지는 그렇게 자주 인식되는 것은 아니다. 앞에서 나는 우리의 성정체성, 실천 그리고 욕구의 생물학적 측면으로부터 사회적인 측면들은 말끔히 분리할 수 있는 것처럼 사회적 성의 개념을 제거하는 것에 대하여 말하였다. 페미니스트 담론에서 성성(sexuality)에 대한 이러한 방식의 개념화는 사회적 성차가 단순히 생물적인 성차이에서 비롯된다는 생물학적 결정론자들의 가정보다는 명백히 발전된 것이다. 생물학적 결정론은 사회생물학, 내분비학, 인성학, 인류학과 실로 거의 모든 비페미니스 담론에 여전히 만연되어 있기 때문에, 나는 이미 알려진 (또는 알 수 있는) 생물학과 문화, 영향을 말끔히 분리하자는 강력한 분석 전략을 격하시키고 싶지는 않다. 그럼에도 불구하고 성적 정체성, 실천, 욕구에 대한 매우 다른 해석들이 생물학, 역사, 인류학, 그리고 심리학의 최근 연구로부터 생성되고 있다.[25] 놀라운 점은 이것 역시 생물학적 결정론이라고 할 수 있지만, 이러한 해석에서 결정되는 것은 성적 정체성, 실천, 욕구에 있어서의 경직성이 아닌 유연성이라는 것이다.

이러한 설명에서 결정되는 것은 경직된 성 정체성, 실천, 욕구가 아닌 유연한 성 정체성, 실천, 요구들이다. 이러한 점에서 실존주의자들이 제기했던 것처럼 우리의 종은 생물학적 제약으로부터 자유롭도록 되어 있는 것이다.

여기에서 페미니스트 이론과 실천의 문제는 이중의 것이다. 첫째로, 인간은—움직이는 생물적 물체에 우연히 자리잡게 된 데카르트적 정신들이 아닌—육체화된 창조물이라는 것을 강조한다. 여성적 육체화는 남성적 육체화와 구분된다. 그러므로 각기 다른 육체화의 사회적 관계와 지적 생활에 대한 함의를 알고자 한다. 월경, 질 삽입, 레즈비언 성관계, 출산, 수유, 그리고 폐경은 남성이 체험할 수 없는 신체적 경험들이다. 오늘날의 페미니즘은 공공 정책에 있어서 '남성과 똑같게' 여성을 취급할 것을 목표로 삼지 않는다. 그러므로 우리는 이러한 차이들이 무엇인지 명료화시킬 필

25) 각주 7, 10의 문헌을 볼 것.

요가 있다. 그러나 우리는 그렇게 함으로써 성적, 생물학적 결정론을 부채질하지 않을까 두려워 한다(월경 전 증후, 작업과 관련된 재생산의 위험요소에 대하여 여성을 희생시키지 않는 방식으로 페미니스트 입장을 명료화시켰던 문제를 고려해 보라). 우리가 명료화시키고자 하는 것이 여성들간의 인종적 차이인 경우 이 문제는 더욱 복잡해진다.[26] 우리의 생물학적 차이가 공공정책에서 인식되어야 한다는 주장과 생물적 조건은 여성 또는 남성에게 있어서 숙명이 될 수 없다는 주장 사이에서 우리는 어떻게 선택할 수 있는가?

둘째로는 우리는 문화와 자연의 이분법과 그 아류들이 유행이 지난 사고의 다락 속에 처박힌 단순한 허구가 아니라는 사실을 개념화하는 데 어려움을 지니고 있다. 이러한 종류의 이중성의 경향은 가장 강한 의미에서의 이데올로기로서, 그 자체 정신적 위생과 의지력만으로 불식될 수 있는 것이 아니다. 문화/자연의 이분법은 공공정책, 제도적·개인적 실천, 통제의 조직(사회와 자연과학), 그리고 실로 우리가 우리 주위의 세계를 보는 바로 그 방식을 구조화하는 것이다. 결과적으로 우리의 이중적 실천이 변화되지 않는다면(정신적과 육체적, 추상적과 구체적, 감정적 대 감정을 부정하는 사회적 경험의 분화), 우리가 비판하는 바로 그 이분화의 틀 속에서 사고하고 존재하도록 강요되는 것이다. 우리가 한편으로는 생태적 재난이나 의학적 기술을 다른 한편으로는 성차별주의, 계급주의, 그리고 인종차별주의의 역사를 보듯이, 아마도 우리는 자연적인 것은 변화시키기 어렵고 문화적인 것은 좀더 쉽게 변화시킬 수 있다는 가정을 버릴 수 있을 것이다.[27] 분석적으로나 경험적으로 문화와 자연, 또는 성과 섹스의 불가분의 관계를 인지하지만, 그럼에도 불구하고 우리는 이들의 구분을 계속 강조해야 할 것이다. 이러한 이분법은 경험적으로 볼 때 틀렸지만 그것들이 우리의 삶과 의식을 이루고 있는 한 부적절한 것이라고 간단히 버릴 수는 없는 것이다.

---

26) Inez Smith Reid, "Science, Politics, and Race," *Signs* 1, no.2, 1975, pp.397-422.

27) Janice G. Raymond, "Transsexualism: An Issue of Sex-Role Sterotyping," in Tobach and Rosoff, op. cit., vol.2.

## 장인활동(craft)으로서의 과학-시대착오적인가 자원인가?

전통적 과학철학은 연구자를 사회적으로 고립된 천재로서, 추구할 문제를 선별하고, 가설을 세우고, 가설을 검증할 방법을 고안해 내고, 관찰결과를 수집하고, 연구의 결과를 해석해 내는 시대착오적인 이미지를 가정한다. 과학적 지식을 생산해 내는 이러한 장인(匠人)적 양식들은 자연과학에서는 이미 19세기에, 사회과학연구의 대다수에서 20세기 중반에 산업적 양식으로 대치되었으며, 오늘날의 대부분의 과학적 연구의 현실은 매우 다르다. 결과적으로 많은 과학비평가들이 지적했듯이, 지식을 추구하는 개개인에 대한 과학철학의 법칙과 규범들은 현대과학의 대다수의 수행이나 이해에 부적절하다.[28] 그러나 가장 흥미로운 페미니스트 연구는 바로 장인적 양식으로 조직된 탐구의 영역에서 출현하였다.[29] 아마도 가장 혁명적인 주장 모두가 페미니스트 각자가(또는 그들의 소집단들) 문제성 있는 현상을 찾아내고, 잠정적 설명을 가정하고, 증거를 고안·수집하고, 그리고 이러한 결과를 해석하는 연구상황에서 비롯되었다고 볼 수 있다. 대조적으로, 광범위한 자연과학의 또는 대부분의 사회과학연구의 경우에서와 같이, 여러 개인이 모인 사회집단에 의해 연구의 착상이나 실행이 수행될 때에는, 개념화의 활동은 빈번히 특권적 집단에 의해 행해지고 연구실행의 활동은 하위집단에 의해 이루어진다. 이러한 상황은 이론가가 그들의 개념, 범주, 방법 그리고 연구결과의 해석에 있어서의 타당성에 대한 도전을 면할 수 있도록 보장해 준다.

이러한 류의 분석은 관점적 이론가들에 의한 주장, 즉 지식의 규정적 이론-인식론-은 경험주의 인식론이 가정하듯 내재적인 능력의 이론에 근거하는 것이 아니라 노동이나 인간활동의 이론에 근거해야 한다는 주

---

28) Jerome Ravetz, *Scientific Knowledge and Its Social Problems*, New York: Oxford University Press, 1971; Rose and Rose(eds.), *Ideology of/in the Natural Science*; Rita Arditti, Pat Brennan, Steve Cafrak(eds.), *Science and Liberation*, Boston: South End Press, 1980.

29) 힐러리 로즈의 논문, "Hand, Brain and Heart," "Is a Feminist Science Possible?" 에서 이 문제를 지적하고 있다. 쿤이 주장하듯이 아마도 모든 연구 패러다임은 장인적 활동을 통해서 형성되어야 할 것이다.

장을 강화시켜 주는 것이다. 사실상 위에서 언급된 페미니스트 인식론은 모두 독특한 인간활동의 이론 및 15세기부터 17세기까지의 근대과학 출현의 전제조건을 고찰하고 그 고무적인 결과에 근거한 것이다. 페미니스트들은, 여성이 잠재적으로 자연과 사회생활을 더욱 포괄적으로 이해할 수 있게 하는 여성의 일, 그 속의 정신적, 육체적 그리고 정서적 노동의 통일성을 지적한다. 여성이 점점더 남성의 일에 참여하고 이것을 추구하면서—법률과 정책에서부터 의학과 과학적 탐구에 이르기까지—위의 노동과 사회경험은 여성과 남성의 일이라는 전통적인 구분을 깨뜨리고, 그리하여 현실에 대한 여성 나름의 이해가 형성되게 하였다. 이와 비슷하게 바로 봉건적인 노동분업의 위배가 과학의 새로운 실험법 발명에 요구되는 정신적, 육체적 노동의 통합을 가능케 했다.[30)]

그렇다면 장인으로서의 과학적 연구자라는 전통적 과학철학이 부여한 규범적 이미지는 오늘날 과학노동자의 대다수가 점하고 있는 활동의 방식과는 부합되지 않는다. 대신에 이러한 이미지는 새로운 연구방식의 구성에 참여하고 있는 극소수의 과학적으로 훈련된 노동자의 관행을 반영한다. 그러나 페미니즘이 비판하는 과학적 세계관 자체가 과거 과학을 구성했던 장인적 노동의 활동, 결과, 목적들을 설명하기 위해 구성되었고, 오늘날의 페미니스트의 장인적 연구를 통해 가장 가치 있는 새로운 개념화의 일부가 산출되어 나오는 까닭에 과학적 세계관의 어떤 측면들을 버리고 또 유지할 것인지에 대하여는 좀더 조심스럽게 생각할 필요가 있는 듯하다. 아마도 오늘날의 주류를 이루는 활동은 그 말의 본래적 의미로 보면 전혀 과학적이지 않을 것이다. 페미니즘과 그와 유사하게 소외된 연구들이 코페르니쿠스, 갈릴레오 그리고 뉴턴의 진정한 후예일 수 있는가? 이들 후예들이 비록 흄, 로크, 데카르트, 그리고 칸트가 근대과학의 탄생을 설명하기 위해 발전시킨 인식론을 훼손시키고 있음에도 진정한 후예일 수 있는가? 다시 한 번, 내가 제기한 이와 같은 물음 자체가 우리가 지닌 과학에 대한 결실 있는 양가성으로 간주되어야 한다는 것으로 귀착된

30) Edgar Zilsel, "The Sociological Roots of Science," *American Journal of Sociology* 47, no.4, 1942, pp.545-560.

다. 우리는 '분리주의자적' 장인적 구조의 연구를 배양하고, 산업적으로 구조화된 과학에 우리의 페미니스트 가치와 목적을 주입시켜야 한다.

과학에 대한 페미니스트 비판의 고찰 중 일부 중심적인 개념들에 있어서 불안정성이 존재한다. 이들 중의 몇몇은 페미니스트 이론화에서 더 일반적으로 나타난다. 나는 이러한 딜레마가 우리가 제기하는 그러한 용어로는 해결될 수 없으며 오히려 우리는 이러한 불안정성 그 자체를 가치 있는 자원으로 받아들여야 할 것이라고 주장하였다. 우리가 그것들을 사용하는 방식을 터득한다면, 우리의 작업은 아르키메데스의 위대한 업적—그의 새로운 종류의 이론화에서 나타나는 창의성—에 못지않을 것이다.

# 사회분화에 대한 페미니스트 이론*

안나 이트만

페미니스트 사회과학자들은 페미니스트와 사회과학자라고 하는 두 개의 자기 정체성을 가지고 있다. 나는 이 두 가지 자기 인식이 상호 필요한 것이라고 소박하게 생각해 왔다. 사회적이라고 하는 관념은 페미니즘과 사회과학의 핵심적('궁극적') 가치이다. 사회적이라는 관념은 우리가 살고 있는 세계를 건설하는 행위자(agent)들의 공동체로서 우리를 파악하는 명확히 근대적인 자기 인식을 의미한다. 사회는 행위자들의 자기 해석적인 공동체이며, 행위자란 자기 해석과 정당화를 위한 의사소통 구조에 참여하는 사람을 말한다. 페미니스트가 근대의 성적 분업에 기초한 불평등과 가부장제를 극복하고자 하는 목적을 가졌다면 그 목적은 그 성적 분업의 관습적 또는 행위적 성격을 드러냄으로써, 행위자의 지위의 평등이 남성과 여성간의 관계를 재구조화하는 데 있어서 무엇을 의미하는지, 그리고 어떠한 사회적 분업도 그 사회의 지위 평등과 관계가 있다는 것을 밝혀냄으로써 달성될 것이다. 요컨대 후기가부장제 질서는 남성과 여성이라는 상호배타적인 문화적 범주를 파괴할 것과, 남성과 여성 모두를 사회적 행위자로서, 사회적 행위주체의 단위로서 재배치하기를 원한다. 이러한 작업은 모두 사회적이라는 관념이 없이는 불가능한 것이다.

이와 유사하게 사회과학자 일반, 특수하게는 사회학자들은 후기가부장

---

* Anna Yeatman, "A Feminist Theory of Social Differentiation," in Linda J. Nicholson(ed.), *Feminism/Postmodernism*, Routledge, Chapman & Hall, Inc., 1990, pp.19-38.

제라는 복합적인 사회에서 페미니스트 프로젝트가 사회적이라는 관념의 이론적 이해에 대해 가한 도전으로 흥분할 것이라고 생각한다. 특별히 나는 뒤르켐(Durkeim), 파슨즈(Parsons), 루만(Luhmann) 등이 산업화된 '근대'사회의 복합적인 성격을 파악하기 위하여 발전시킨 사회적 분업의 관념에 대해 가한 페미니스트 도전의 전망에서 충격을 받았다. 파슨즈와 루만은 어떻게 근대사회의 다양한 하위체계들—예컨대 정치, 직업체계, 교육체계, 가족생활 등—이 전체의 명확하지만 상호 의존적인 기능적 부분들로서 '분화되는가'를 보여주기 위해 분업의 관념을 발전시켰다. 그것은 바로 구조기능주의의 관념이다. 그것은 기능적 영역의 각 부분이 상대적 자율성을 지니는 것이 필요하다는 점을 보여주고, 그렇게 함으로써 이 여러 영역으로 구성된 근대사회와 민주주의적 가치에 대한 문화적 지향 사이의 관계를 설명하는 사회학적 다원주의를 지지한다는 점에서, 근대사회에 대한 자기 이해에서 상당한 장점을 갖는다. 다원주의적인 시각은 생활영역의 다원성을 긍정적으로 평가한다는 점에서 그것이 민주주의적 측면을 지니고 있다고 강조될 수 있다.

특별히 사회분화이론은 '사회'에 대한 이전의 이론적 설명에 비해 행위자의 공동체에 대한 요구가 강하게 나타나고 있다는 점에서, 사회적 관념에 대한 보다 적절하고 일관성 있는 설명을 약속한다. 예컨대 사회 대(對) 정치에 대한 아리스토텔레스적 설명은, 자녀 및 노예와 부부가 함께 사는 가족(가구)으로부터 가구들의 공동체(마을)로, 그리고 마을의 모임(국가)으로 진행하는 발생적(genetic) 진보에 대한 설명이다. 국가에 있어 자유는 여러 관계들의 위계적 질서화에 의존한다. 이 위계적 질서화 속에서는 가장 덜 포괄적인 곳(가구)이 가장 자연적이다. 또한 가장 포괄적인 곳(국가)의 자유는 가구관계의 내용을 결정하는 자연적 상황(욕구들)으로부터의 자유에 의존한다. 행위주체(agency)는 이러한 설명에서 이제 막 출현한 가치이다. 여러 형태의 인간들(자유로운 남성, 여성, 아동, 노예)을 구분하는 위계는 행위의 능력을 얼마나 가질 수 있는가 하는 면에서의 차이를 나타낸다. 한편 근대의 사회분화이론은 수평적 통합의 은유를 보여준다. 즉 모든 기능적 영역이 사회체계의 생존에 똑같이 필요하므로 그들은 똑같이 사회적이며, 그리하여 행위의 질서에 똑같이 참여한다고 하는 함의를 나타내고 있다. 따라서 파슨즈는 가족생활을, 개인적 행위자들의 1차적 사회화 기능과 개인적 행위자로서의 독특성과 통합성을 지속적으로 보장하는 기능을 담당한다는 점에서, 행위의 질서에 포함시킨 것으로 보인다. 그가 "우선적으로 가족이 필요한 것은 인간의 퍼스낼리티가 생득적인 것이 아니라 사회화 과정을 통해 만들어지는 것이기 때문이다"라고 선언한 점에서 그것을 알 수 있다(Parsons and Bales, 1955: 16). 이러한 시각으로 보면, 가족은 정치보다 더 자연적인 것이 아니라, 단지 행위주체의 문화가 작동하는 데 필요한 상이한 질서를 나타내는 것일 뿐이다.

우리는 사회분화에 대한 이러한 이론적 지향이, 최근 사회분화의 관념에 관한 환영할 만한 페미니스트적 발전을 이룰 것을 기대해 왔다. 사회분화가 공평하게 이루어지려면, 그리고 모든 개인적 행위자가 문화의 필요조건 속에서 평등하게 발전되려면, 사회분화는 모든 개인적 생활이 표현될 수 있도록 재구조화되어야 한다고 페미니스트들은 주장해 왔다. 사회적 기능들(예컨대 부모됨)이 특정 계급의 행위자에 의해 수행되는, 그러한 사회분화의 '원시적' 형태 대신에, 모든 행위자들은 사회의 몇몇 생활영역들에 참여하게 된다. 그것은 영역들간의－예컨대 '일'과 '가족'간의－분화가 개인 행위자들로 하여금 그 두 영역에 모두 참여하도록 허용하며, 하나의 영역 또는 여러 영역에 걸쳐 참여의 형태가 특정 집단의 행위자들에 유리하거나 불리하지 않도록 보장해야 함을 의미한다. 당연한 귀결로 개인 행위자의 정체성은 근대사회 모든 생활영역에 참여함으로써 복합성을 발전시킨다. 그것은 그들 모두가 분화된 영역에 효과적으로 삽입되는 데에 필요한, 그리고 특정 영역으로서 상대적으로 독립적인 수행을 위해 필요한 정치의 형태에 대해 보다 적절한 이해를 발전시키는 것을 의미해야 한다.[1] 이 모든 것이 사회분화의 관념에 대하여 전(前) 페미니스트적 관념의 요소들에서 발견된 것보다, 더욱 일관성 있고 성숙된 설명이 되는 것이다.

---

1) 나는 사회분화에 대한 이 후기가부장제의 개념틀을 "The Social Differentiation of State, Civil Society and Family Life"(Yeatman, 1986b를 보라)에서 보다 충분하게 밝히고자 했다.

이러한 형태의 가정에 기초하여 나는 사회분화의 페미니스트 또는 후기가부장제 이론을 발전시키려는 프로젝트를 시작했다. 이 프로젝트는 몇 가지 위험을 안고 있다. 그것은 다음의 세 가지 문제로 압축될 수 있다. 첫째, 사회과학 전반과 좁게는 사회학은 후기가부장제 가치들이 표현하는 패러다임 도전에 매우 완고한 것으로 나타나고 있다. 둘째, 현대의 페미니스트 이론은 포스트모더니즘과 친화력을 갖기 시작했으며, 따라서 포스트 다원주의의 상대주의적 함의와 관련하여 어떻게 그 자신이 가치참여의 위상을 설정할 것인가의 문제에 봉착하고 있다. 셋째, 포스트모던 담론의 영역이 요구하는 것이, 정당성을 부여한다는 의미에서 모든 체계이론이 지향하고 있는 형태의 '거대이론화'를 허용하는 것인지는 분명치 않다. 요컨대 페미니스트 이론화에 있어서 포스트모던의 상황은 방법론적이고 실질적인 문제를 야기하고 있다.

이 논문에서 나는 사회분화에 대한 후기가부장제 이론의 발전에 나타나는 이러한 세 가지 장애를 검토하고, 어디서 그러한 장애가 없어지는가를 보고자 한다. 나는 종래의 입장에서 느슨하게 떨어져나와 있으므로, 나의 결론은 매우 잠정적인 성격을 띨 것이라고 생각한다. 그러나 이러한 작업에서 나는 다른 페미니스트 사회이론가들도 유사한 문제에 부딪히고 유사한 질문을 갖고 있다는 것을 알고 위안을 얻고 있다.

## 근대 사회과학은 본질적으로 가부장적인가?

위 질문은 동어반복적인 것이다. 왜냐하면 사회학을 포함한 사회과학이 근대주의적 시각에 의해 만들어진 것이 명백하기 때문이다. 페미니즘은 패러다임 혁명의 첨단에 있으며, 아직 대안적 패러다임이 확실히 나타나지는 않았지만, 페미니즘과 근대 사회과학간의 '패러다임' 차이를 인지할 수 있는 것은 확실히 페미니스트 이론화가 포스트모더니즘의 성격을 띠고 있다는 것을 말한다.[2)]

---

2) 내가 대화했던 페미니스트 사회인류학자인 매릴린 스트라던(Marilyn Strathern)은 이와 비슷한 결론에 도달했다(Strathern, 1986b).

왜 사회학이 그렇게도 페미니스트의 도전에 견고하게 저항하는가에 관한, 다음 두 명의 페미니스트 사회학자들의 고찰에서 우리는 매우 당황스러운 점을 발견할 수 있다(Stacey and Thorne, 1985; Yeatman, 1986). "페미니스트 사회학자—특히 페미니스트 인류학자, 역사학자, 문학자들과 비교할 때—는 학문의 기초적 패러다임을 재구조화하는 다음의 단계로 나아가는 데 크게 성공하지 못했다"고 스테이시와 손(Stacey & Thorne, 1985: 302)은 결론지었다. 당황스러운 점은, 사회학의 핵심적 전제 또는 가정—사회적이라는 관념—이 페미니스트 장(場)에 사회학적인 것을 즉각적으로 이용할 수 있도록 하고 있는 것이다. 예컨대 '여성, 가정내의 생활 그리고 사회학'에서의 논의(Yeatman, 1986a: 162)에서, 나는 위와 같은 주장의 근거를 다음과 같이 조심스럽게 제시하였다.

> 원칙적으로 우리는 이론적 작업으로서의 사회학이 페미니스트 장에 중요한 것을 제공할 수 있다고 말할 수 있다. 그러나 실제의 사회학 역사에서 이러한 이론적인 유용성은 남성주의 편견을 고집함으로 해서 모순되고 무기력해지기 쉽다. 만약 페미니스트 장에 대하여 사회학의 약속이 실현되도록 하려면, 이 편견을 추적하여 배격하는 것이 중요하다. 동시에 그것은 사회학을 특징짓는 전반적인 이론적 작업을 발전, 강화시키는 것이 되어야 할 것이다. 앞서 내가 페미니스트 장의 현단계에 대해 주장한 점에서 볼 수 있듯이 나는 가정의 또는 개인의 삶을 사회적 삶이 인식되는 방식에 결합시키는 것에 실패한 데에서 나타나는 바와 같은 사회학의 남성주의적 편견을 추적할 것이다.

'남성주의 편견'이란 용어는 사회학의 근본적인 이론적 구조가 남성주의적이라고 하는 관념을 내가 받아들이기 싫어한다는 것을 나타낸다. 뒤돌아보면 내 자신의 주장은, 수정될 수 있는 결점에 대한 문제가 아니고 패러다임 혁명의 문제라는 것을 의미한다는 것이 확실한 듯하다.

다른 사회과학—인류학, 사회심리학, 정치경제학, 사회사—과의 관계에서 사회과학의 핵심 또는 중심가치인 사회적이라는 관념을 수정할 확실한 임무를 수행해야 할 것은 사회학이다. 사회학이 소위 '근대'사회의 성찰적, 자기 해석적 전통을 통해 자기 인식을 하는 것은 이 소명과 관련된 것이다. 따라서 사회적이라는 관념이 특별히 근대주의적 관념인 것으로 판명되어야 한다면, 명백히 사회학은 포스트모더니스트 페미니즘이 나타내는 패러다임 도전에 보다 상하기 쉽고 따라서 보다 저항적이라는 것을 증명해야만 하는 것이다.

고등교육이 확대된 고도로 전문화된 세계에 존재하는 모든 다른 학문들처럼 사회학도, 이 학문들을 푸코적인 의미에서의 학문으로 만드는 모든 조건들에 지배받는다. 즉 타학문들과 마찬가지로 사회학도 그 학문의 실질적, 방법론적 영역으로 제도화된 것을 지키려는 영역수호과정을 엄격히 수행하는 특정한 일련의 제도화된 지적 실천인 것이다(Foucault, 1984). 더욱이 지식생산에 의한 고도의 전문화와 특수화로 인해, 사회학은 타지식 학문과 마찬가지로 고도의 기술적 담론과 일상화된 지식생산에 의해 형성된다. 이러한 조건들이 사회학을 문화적 중요성에 대한 널리 공유된 문제들로부터 분리시킨다. 사회학에서는 이러한 영역을 수호하려는 성격이 증대하고 있는 동시에 대부분의 학문 참여자들에게 있어서 총체적인 이론적 논쟁이 이루어질 가능성은 실제로 없는 것으로 나타나고 있다. 이러한 논쟁이 일어난다면, 지금은 하위영역이 된 사회학 이론내에서 그러한 논쟁은 돌출하여, 그것의 지위를 돋보이게 할 것이다. 그것은 맑스, 베버, 뒤르켐 등의 고전 사회학자들과 같은 학문의 계보내에 위치한 학자들에 의해 이루어져 온 '초기의' 논쟁들과 관련하여 이루어진 영광스러운 것으로 돋보일 것이다. 그러나 이러한 초기의 목소리의 현대적 반향은 어쩔 수 없이 활력을 잃고 있다.

그러나 만일 페미니즘과 같은 새로운 도전에 대한 사회학의 개방성을 방해해 온 것이 일상화라는 한 단계에 불과하다면, 아마도 우리는 베버의 제안(Weber, 1949: 112), 즉 합리화된 지식이 개혁과 개방의 카리스마적 단계와 이론적 완성의 일상화된 단계를 거치는 순환적 진보를 한다고 하는 제안으로부터 위안을 얻을 수 있을지 모른다.

> 전문화된 시대의 문화과학에 있어서 모든 연구는 일단 그것이 특정한 문제설정을 통해 어떠한 주제의 지향을 갖고, 방법론적 원칙을 세우고 나면, 자료의 분석을 그 자체의 목적으로 여기게 된다. 그것은 개별 사실들의 가치를 궁

> 극적 가치관념들과의 관계에서 평가하지 않으며, 그것이 전반적 가치관념에 뿌리박고 있다는 인식을 잃게 된다. 그리고 그러한 상태에 안주한다. 그러나 그러한 분위기가 변화되는 계기가 온다. 깊이 생각하지 않고 사용해 온 견해의 의미가 불확실해지고, 미명 속에 길을 잃게 된다. 거대한 문화적 문제의 빛이 다가온다. 그러면 과학도 그 입장과 분석도구를 변화시킬 준비를 하고, 사고의 높이로부터 밀려오는 사건의 흐름을 볼 준비를 하는 것이다.

'거대한 문화적 문제들의 빛'이 움직여 왔으나, 사회학이 그것을 자동적으로 따를 준비가 되어 있는지는 분명치 않다. 사회학은 근대주의 관점의 이원론에 의해 구조화된 지적 작업이다. 이러한 이원론이 사회학에서 나타나고 있는 것은—예컨대 구조/행위, 사회구조/문화, 사회적/심리적, 가족/사회, 개인/사회, 주체/객체, 이성/감정 등—근대주의 의식의 기초적인 이원론적 구조로부터 논리적으로 도출된 것이다. 사회학은 특수한 지적 작업으로서 그것을 지배해 온 이 근대주의 준거틀을, 그것의 전통과 접근방식 전체를 포기함 없이, 즉 그것 이외의 다른 무엇이 됨이 없이 변화시킬 수 없다. 그러나 근대과학의 모든 것을 표현하는 사회학에 대하여, 현실의 이원론적 질서화를 넘어서서 지금까지 대립되는 용어로서 파악해 온 것들을 통합하는 방향으로 나아갈 것을 요구하는 것이 바로 현재의 페미니스트 도전의 성격인 것이다.

도전이 지적이고 전문적인 작업으로서의 사회학의 정체성 바로 그것에 대한 것일 때, 자신의 정체성과 경력이 이 작업에 결부된 사람들로부터 강한 저항이 있을 것을 예상할 수 있다. 이와 같이 모든 이론적으로 세련화된 사회학자들은 그들의 지적 작업을 구조짓는 이원론이 전통적이지만 점차 무정부주의적으로 되어 가는 성격을 띠기 시작했다는 점을 인정하면서도, 이 학문의 전통적 구조를 따르는 데 암묵적 동의를 하고 있다. 이러한 방식으로 이원론은 사회학의 정통성을 안정적으로 확보하고 있으며, 제도적, 직업적 권위는 페미니스트의 도전을 궁지에 몰고, 전문적 작업의 이론적 궁핍화가 증대하는 것을 숨기는 데 사용된다. 이것이 학문을 점점 더 푸코적 의미의 학문과 같이 만드는 주요한 이유이다. 패러다임 도전에 자신을 방어해야 하는 모든 학문들은 억지로 전열을 정비하고 토론이 종결된 것처럼 행동한다. 여기서 많은 실질적 질문들은 적합치 않은 것으로 배제되고, 표준적인 정확성과 기술적 완결성이 평가를 받는다.

이러한 저항이, 근대주의 전통의 근본 영역수호라는 역할이 주어진 학문에 있어서 가장 깊고 지속적인 것은 당연한 일이다. 사회학, 경제학, 심리학, 정치학은 이러한 영역수호 작업에서 특수한 역할을 부여받고 있었으며, 여기서 근대주의 이원론의 그들 나름이 지닌 특수한 형태는 이 논리구조의 필요한 변형을 제공한다. 그리하여 그것들은 각각의 부분으로 존재하는 것이 아니라, 하나의 전체를 이루도록 서로 결합되는 것이다. 요컨대 이들 학문들은 현실의 이원론적 질서화라는 동시발생(synchronics)을 제공하는 것이다.[3] 역사학, 문학, 인류학은 근대주의적 전통과 전략적으로보다는 담론적으로 연관되어 있어서, 스테이시와 손이 주장한 대로 페미니스트 도전을 보다 잘 받아들인다. 이들은 앞서의 학문들에는 부족한 관습과 시각의 다원성을 받아들일 담론적 공간을 갖고 있다. 그러나 그것이 문학, 역사학, 인류학이 진실로 후기 이원론적 시각을 수용할 수 있다는 것을 의미하는 것은 물론 아니다. 그들의 다원주의는 경계 없고 상대화된 형태의 다원주의이므로 근대주의적 심리구조도 정확히 받아들인다. 나는 이 문제에 대하여 다음 절에서 포스트모더니즘의 상대주의 경향을 논의할 때 좀더 자세히 언급할 것이다.

근대주의 관습의 전략적인 영역수호에서 사회학의 위치는 흥미로운 것이다. 사회적이라는 관념을 발전시킬 역할을 부여받은 사회학에 있어서, 중심적인 이원론적 관습은 '사회적'과 '자연적'이라는 용어를 대립시키는

3) 내가 아는 한, 이 동시적(synchronic) 구조 속에서 우리는 전략적인 근대주의 담론들 각각에 대하여 충분히 설명하고 있지 못하다. 그러나 그러한 설명의 기초작업이 다음의 글들에서 발전되고 있다. 예컨대 근대 법치사상의 이중구조를 보여주고 있는 사회적-법적 분석가들의 '학파'가 있다(Olsen, 1983; Kennedy, 1983; Horowitz, 1982; Klare, 1982를 보라). 정치이론에 관한 비슷한 유형의 작업이 시작되고 있다(Yeatman, 1984a을 보라). Strathern(1985, 1986a)의 논문들은 근대주의적 관점의 심층구조를 파헤치기 위해 페미니즘과 멜라네시아 민속학을 사용하고 있다. 마지막으로 정책연구 분야에서 '사회적' 및 '경제적' 정책의 이중주의에 대한 페미니스트의 영향을 받아 재미있는 연구들이 이루어지고 있기도 하다(Dowse, 1983). 또한 '자연적인 것의 영역'과 '인위적인 것의 영역'의 이중주의(Peattie & Rein, 1983)에 도전하고 있기도 하다.

것이다. 사회학자들은 '사회적인' 것의 가치가 인간존재의 모든 측면을 포괄하도록 발전시키고, 그리하여 그것을 행위자와 간(間)행위자(interagency)의 체계적 영역내로 끌어들이며, 다른 한편, 그렇게 함으로써 '자연적인' 것을 논리적 잔여물로서 그리고 제한적 용어로 상정한다. 이렇게 하여 사회학은 인간 행위자의 '자연적' 측면을 그들의 개인적 측면으로 여김으로써 지배적 근대주의 도식-'개인'의 가치와 '사회'의 가치를 대치시키는 것-을 유지하는 것이다.[4] 그 결과 사회적이라는 관념은 초개인적, 비개인적 그리고 심지어는 반(反)개인적 가치와 동일시되었다. 사회적인 것에 대한 근대적 관념은 페미니스트의 도전을 동화시킬 수 없고, 그것을 위해 지적 방향을 제공할 수도 없기 때문이다.

마지막으로 현실에 대한 근대주의의 이원론적 질서화에 의해 구성된 권력구조에 관하여 무엇인가 말해야 되겠다. 근대적 권위관계의 기본적 구조에 내재해 있는 이원론, 남성과 여성, 부모와 자식, 경영과 노동자에 대해 숙고할 때 그 필요성은 보다 확실해진다. 이러한 이원론은 근대주의적 의미에서 개인이 무엇을 의미하는가에 대한 지배적 사고방식 속에서 나타나는 사람들간의 관계를 보면 보다 분명해진다. 개인은 가구 그리고 혹은 생산경제의 한 단위를 '이끌고 경영하는' 존재이다. 여기서 전(前)산업적, 가부장적 가구경제의 역사적 관습이, 새로운 조건하에서 유지되고 연결되는 것이다. 이와 같이 개인이 되려면 사람들은 가정경제(소비 지향적 가족)의 단위를 지휘하고, 사적 자산소유자로서-이러한 문맥에서 관련된 자산이 그 자신의 노동능력일지라도-효율적 시장능력을 발휘해야 한다. 확실히 시장에서 어떤 사람들은 다른 사람보다 효율적 개인, 즉 더욱 많은 자산이나 부를 소유한 개인이 되며, 이러한 효율적 시장능력의 위계질서가, 효율성이 서로 다른 여러 개인들을 경영과 노동자의 위계적 관계에 위치시키는 것이다.

---

4) 그것은 물론 개인적 행위자들에 대한 '과도하게 사회화된' 관념으로 이끈다. 이 주장을 보다 발전시킨 것으로 Yeatman(1986b)을 보라: 또한 좌파 프로이트주의 사회이론이 개인들로 하여금 사회적 관계에 대한 '책임으로부터 개인적 자유'를 얻도록 함으로써 개인적/사회적이라는 이분법적 구조를 유지시키는 것에 대한 탁월한 분석에 대해서는 Chodorow(1985)를 보라.

여기서 중요한 점은, 개인성에 관한 근대주의 모델의 중심요소는 사적 자산이란 점이다. 개인성은 맥퍼슨(Macpherson, 1962)이 '소유적 개인주의'라고 명명한 사적 자산의 소유권 안에 존재한다. 가구경제의 조건 속에서 부인, 아동 그리고 가내 하인은 남성적 개인의 사적 자산의 범주내에 위치한다(Yeatman, 1984). 근대적인 사적 자산의 이러한 가부장제적 특성은 19세기 중엽에서 말까지 시행되었던 기혼여성의 자산에 관한 법(Married Women's Property Acts) 이래, 부인과 아이들을 권리를 가진 사람으로서 공식적 지위에 놓으려는 경향이 강해지는 과정에서 약해지지 않고 그대로 계승되어 왔다.

현실에 대한 이원론적 질서화는 근대 가부장제적 개인성의 구조를 형성하고 있기도 하다. 사적 자산에 내재하는 개인성에 있어서도 사적인 것과 공적인 것의 가치, 개인적인 것과 사회적인 것의 가치는 항상 이분법적으로 분리되어야만 한다. 가부장제적 개인은 그들의 개인성을 ① 객체의 영역으로 인지되는 범위내에 위치하는 타인과 사물(근대적 의미의 '자연')에 대한 주체적 지배의 매체를 통해, 그리고 ② 그들 자신에 대한 주체적 지배(자기 지배)의 매체를 통해 세운다. 부득이 개인성은 자유, 즉 주체적 지배를 통한 자유를, 대립 또는 이분법의 전체적 틀−주체/객체, 이성/자연, 정신/육체, 과학/직관, 비인격적/인격적, 남성/여성, 어른/아이, 독립/종속, 공적/사적, 개인/사회, 시장/국가−속의 하나의 개념으로 제한하는 것이 된다. 개념의 이분법적 사용이란, 개인의 자유가 한편의 개념에서 그 반대로 갔다가 다시 돌아올 수 있는 것을 의미한다. 이와 같이 현실에 대한 이러한 이분법적 질서화는 소유적 개인이 그들의 세계를 안전하게 지배할 수 있도록 고안된 일련의 알리바이를 만든다. 지배를 통한 이러한 개인의 자유가, 이분법에서 '타자(他者)'의 용어로 표현되는 임무가 부과된, 유사 개인적 행위자 전체의 존재에 기초를 두고 있다는 점이 명백해진다. 이와 같이 만약 가부장제적 개인이 합리적이고 불편부당하게 보이려면, 비이성적이고 편파적인 시각이나 가치를 나타내도록 위치지어진 타자가 있어야만 한다. 또는 확실히 타자는 길들여진 합리성의 제한적이고 일상화된 특성을 표현하는 것이며, 비합리적이고 편파적인 입장은 길들여지지 않고 조야한 개인주의의 축도로 보이도록 재구조화된다.

타자를 그렇게 위치시키도록 하기 위하여 가부장제적 개인은 소유적 개인주의의 영역내에 있어야만 한다. 그리고 소유적 개인주의를 금하고 또 보장하는 규범적 질서가 있게 하기 위하여, 근대적 가부장제 지배의 일반적 구조내에 소유적 개인의 사적 영역을 확실히 하는 소유적 개인주의의 문화가 요구된다. 이러한 지배양식은 그 자체가 획일적, 단일논리적인 법적-합리적 질서, 즉 비인격적이고, 객관적이며, 공평한 권위로 보이는 질서임을 주장한다. 이러한 합리적 지배의 표현은 다음의 이유로 필요하다. ① 소유적 개인들이 그들이 구속되는 데 동의하는 권위가 어느 개인의 것이 아닌 조건에서만 사적 지배를 포기하고,[5)] ② 이분법적 용어의 틀에서 하나의 용어가 다른 용어를 종속시키고, 따라서 권위는 대립과 하나의 우월한 가치의 승리로 환원되어 주장되기 때문이다.

## 페미니즘과 포스트모더니즘

근대주의 관점은 근본적인 모순을 포함하고 있다. 소유적 개인주의의 문화에 의해 발전된 사회생활의 개인주의화는 신의 권위와 그 신적인 권위가 표현된 친족과 왕권제도의 단일 논리적, 획일적 구조를 와해시키고 해체시킨다. 신의 권위로 인정된 동의에 기초한 도덕질서 대신에, 자신의 운명을 책임지는 개인적 행위자의 다원성에 기초한 분권적 세계가 출현한다. 개인화된 행위주체의 이러한 질서가 모든 종교적 전제를 평가절하

---

5) 일단 소유적 개인주의의 정치문화를 이해하면, 우리는 그것의 필수조건에 대한 로크(Locke)와 루소(Rousseau)의 이해가 매우 훌륭하다는 것을 알 수 있다. 로크는 *The Second Treatise*(1690/1963, par.87, p.367)에서 다음과 같이 말하고 있다: "이와 같이 모든 개별적인 성원(Member)들의 사적인 판단이 배제된다면, ('하나의' 획일적) 목소리의 사회(Community)는 모든 집단(Parties)에 대해 무차별적으로 적용되는 안정된 표준적 규칙을 가진 심판관(Umpire)이 된다." 루소(1975: 174)의 사회계약의 관념은 다음과 같다. "누구에게나 자신을 허용하는 사람은 아무에게도 허용하지 않는 것이다. 그가 타인에게 양도한 것과 같은 권리를 그가 획득하지 못하는 그러한 관계는 없기 때문에, 그는 그가 잃은 것과 같은 것을 모두 얻게 되는 것이다. 그리고 그가 가진 것을 계속 소지하는 데 필요한 힘을 더욱 기를 수 있는 것이다."

하고 우리의 현실을 세속화시킨다. 동시에 원초적 형태의 개인성은 개인화된 행위주체의 다양성을 종속시켜서, 그것을 단일한 권위주의 목소리의 독특한 형태로 변화시키는 권위의 단일한 기준과 규범을 필요로 하게 된다. 따라서 근대주의가 개인주의화되고 다원적인 가치들의 존재를 발견한 의미는 이 다원성을 단일한 기준으로 환원시키는 필요성에 직면하여 질식되고 있다. 행위자가 알아야 하고 가치를 두어야 할 것을 이끌어내고 지향하게 하는 것은 개인(주의)화된 행위주체의 실용주의(progmative)라고 하는 관념은 로크, 흄(Hume), 헤르더(Herder), 비코(Vico), 베버 등에 의해 수립되었지만, 획일적이고 단일논리적 권위의 필요성은 그 세속적 형태를 띨 때에도 단일한 요소, 진리, 또는 가치에 대한 종교적 관념을 유지시킨다. 따라서 개인화된 행위주체의 다원성은 정신(헤겔), 노동(맑스), 효용성(벤덤)의 획일적 구조내에 갇히거나, 그것으로 환원된다. 또는 개인화된 행위주체는 보다 적나라하게 말하면, '합리적인 사람들이라면 누구나 아는 것,' '문명화된 사람들이라면 누구나 인지하는 것' 등과 같이 매일매일의 구축물 속에 갇히거나 또는 그것으로 환원된다.

포스트모더니즘은 다양성이 그러한 방식으로 갇혀지고 환원될 수 없다는 것을 주장함으로써, 그리고 어떻게 근대적 권위의 획일적, 단일논리적 구조가 근대주의 담론을 대립적 형태로 전체화하는 경향(예컨대 과학적 사회주의)을 만들어 왔는가를 보임으로써, 근대주의의 이러한 모순을 폭발(또는 내파)시켜 왔다. 개인화된 행위주체의 보편적 문화에 내포되어 있는 다원주의적 의미를 폭발시킨 포스트모더니즘의 시도는 20세기 중엽과 말에 일어난 근대의 가부장제적인 소유적 개인주의의 획일적 구조에 대한 반란, 자주적 결정을 위한 포스트식민주의 운동, 도시사회 또는 보다 넓게는 '발전된' 사회에서 일어난 다양한 무정부주의와 다문화주의 운동, 그리고 현대의 페미니즘 등의 움직임들에 의해 이루어져 왔다. 이러한 모든 운동들은 '타자'라는 학문적으로 허용된 용어를 해체함으로써, 근대 가부장제적 개인주의의 사적 자산관계를 떠받치고 있는 주체와 타자의 이분법적 구조를 분열시켜 왔다. '타자'로서의 지위 속에서 여성, 아동, 야만인, 원주민, 동양인 등의 범주들이 서로 환유적으로 관계되는 곳에서 이러한 지위의 해체는, 전에는 모두 단지 타자로서 간주되었던 것에 엄청난 다양성을 허용하는 복합성을 가져왔다. 더욱이 그러한 복합성은 개인화된 행위주체의 보편적 문화내에서 그들의 정체성(자아요구 등에 대한 그들의 인식)을 구성하는 데 그들이 참여할 것을 요구한다.

이 모든 것은 다음과 같은 점을 확실히 한다. 즉 한때 사적 자산의 영역에 속했던 것들 모두를 개인화된 행위주체로 구성된 보편적 문화에 통합시키려는 역사적 임무가 잘 수행되면, 가부장제적인 소유적 개인주의와, 그것의 이원론적 양식의 질서화, 지배의 실상은 사라질 것임에 틀림없다. 지배를 통한 개인성 대신에 우리는 모든 이러한 이분법적 용어를 통합하는 과정과 관계들에 있어서 자유로운 개인성을 인식해야 한다. 말할 것도 없이 개인성은 관계적 방식에서 이해된다. 즉 자아개념의 상호작용적 기초와 자아표현 및 참여를 강화하고 촉진하는 데 필요한 상호작용의 문화형태에서 이해되는 것이다.

개인화된 행위자의 보편주의적 문화의 규범 및 제도를 발전시키려는 프로젝트는 매우 중요한 것이다. 그것은 개인화된 행위자의 다양성을 민주주의 윤리내에 위치시키는 일인 것이다. 그렇게 함으로써 이 프로젝트는 대화에 기초하는 다원적인 권위구조를 탐색해야 할 것이다.[6] 마찬가지로 그것은 참여적 구조와 우리가 현재 '과정'으로 부르는 것에 보다 주의를 기울이는 그러한 일의 방식을 탐색하게 될 것이다.

이러한 점에서 포스트모더니즘은 민주화의 새롭고 질적으로 탁월한 단계를 형성하는 것이다. 페미니스트 이론이 1980년대에 발견하고 찬양하기 시작한 것이 바로 포스트모더니즘의 이러한 점인 것이다. 스트라던(Strathern, 1986b: 8)은 확실히 '학계에서 이루어지는 페미니스트 연구방식－많은 의견들이 각기 제자리를 갖고 서로 말하는 방식－은 포스트모던한 구조를 갖고 있다'고 주장한다.

포스트모더니즘이 페미니즘과 페미니스트에 의해 환기된 민주주의적 전망을 보다 발전시키려 한다면－어떤 의미에서 그것에 의해 힘을 얻은

---

6) 이것은 코널리(Connolly, 1984)와 같은 민주주의 이론가들의 작품에서 나타나기 시작하고 있다.

것같이—페미니스트 이론가들은 획일적이고 단일논리적인 권위를 지속적으로 구축하고 있는 근대주의 견해에의 '훈련된' 복종을 포기해야 할 것이다. 프레이저와 니콜슨(Fraser & Nicholson, 1989)이 주장한 대로, 그것은 페미니스트 이론가들이, 근대성에 대한 거대 일반이론들을 만들어낸 근대주의적 거대화법(meta-narratives)의 재현을 포기해야 한다는 것을 의미한다.[7] 그들은 '하나의' 성별 노동분업의 일반이론은 근대주의적이라고 지적하며, 그들은 거대담론과 마찬가지로 우리 자신의 역사적으로 특수한 문화적 구축물을 '파괴하고' 있다고 지적한다. 로살도(Rosaldo, 1974)는 가부장제적 권위를 보편적 제도로 설명하기 위하여 특기할 만한 모델(Yeatman, 1984b)을 만들었는데, 그것은 모든 사회를 공적인 것(남성의 세계)과 사적인 것(여성의 세계)의 두 개의 문화적 범주로 잘못 구분함으로써 '가정성에 대한 예배'의 20세기적 변형을 보편화하고 있다. 이와 유사하게 로살도의 틀에 기초하여 여성의 보편적인 성역할을 '모성'이라는 용어로 규정한 초도로우(Chodorow, 1979)도 성적으로 구분된 퍼스낼리티(남성적인 아니면 여성적인)의 20세기 중반의 재생산물이 어떻게 자신이 규정한 근대사회에서 작용하는가를 보이는 훌륭한 이론을 제공하는 것으로 볼 수 있다. 그러나 이것 역시 그녀 자신의 사회에서 성을 구조화하는 문화적 범주를 반영하고 있는 것이다. '모성'과 '일차적 부모됨'은 특히 근대 후기의 관념과 가치인 것이다. 그것들은 아동기라는 관념의 발달을 전제하며 가정 밖의, 따라서 공적이고 비인격적인 시장과 관료제화된 국가의 조건과는 다른, 정의적인 관계로 형성된 '가정'의 구축에 대한 관념의 발전을 전제하고 있다. 프레이저와 니콜슨이 말한대로, 초도로우는

---

7) 프레이저와 니콜슨은 료타르(Lyotard)가 모더니즘을 '거대담론'으로 본 것에 대해 다음과 같이 말하고 있다(Fraser & Nicholson, 1989: 22). "포스트모던의 조건은 그 안에서 정당성의 '거대담론'이 더이상 믿음을 상실한 상태를 말한다. 료타르에게 있어서 '거대담론'이란 우선 역사에 대한 거대한 사상을 의미한다. 예컨대 이성과 자유의 점진적이고 끊임없는 진보에 대한 계몽사상, 그 자체의 이해에 도달하게 되는 헤겔의 정신의 변증법, 무엇보다 중요한 것으로, 프롤레타리아 혁명에서 절정에 이르는 계급갈등을 통해 발전하는 맑스의 인간의 생산력 발달의 드라마…. 이것은 어떤 과학과 정치는 올바른 실용과, 따라서 올바른 실천을 가지고 있다는 것을 확인해 준다."

"비교문화적이고 여성 관련적이라고 볼 수 있는 활동을 둘러싼 유사-거대 화법을 구축해 온 최근의 유일한 페미니스트 사회이론가는 아니다." 그들은 계속해서 다음과 같이 말한다(Fraser & Nicholson, 1989: 31).

> 반대로, 앤 퍼거슨(Ann Ferguson), 낸시 폴브르(Nancy Folbre), 낸시 하트속(Nancy Hartsock), 캐서린 맥키논(Catherine Mackinnon)과 같은 이론가들은 성애에 기초한(sex-affective) 생산, 재생산, 성성의 관념을 둘러싼 유사한 이론들을 각기 세워 왔다. 이들은 모두 모든 사회에서 발견되는 기본적 종류의 인간적 실천, 통문화적인 설명력을 갖는 그러한 실천을 확인했다고 주장했다. 그 각각의 경우에서 문제가 되는 실천은 생물학적 또는 유사생물학적 욕구와 관련되어 있고, 사회의 재생산에 기능적으로 필요한 것으로 분석된다.
>
> …여기서 어려운 점은 성성, 모성, 재생산, 성애에 기초한 생산 등의 범주들이, 모든 사회에서 반드시 결합되어 있지 않은 현상들을 서로 묶고, 반면 모든 사회에서 반드시 분리되어 있지 않는 현상들을 서로 분리하고 있다는 점이다. 사실상 이러한 범주들이 어떤 결정적인 범문화적 내용을 갖고 있는지 어쩐지는 의심스럽다. 이와 같이 이러한 범주들을 사용하는 이론가들에 있어서 보편주의적 사회이론을 세우는 것은 그들 자신의 사회에서 이루어지는 사회적으로 지배적인 결합과 분리를 다른 사회에 그대로 투사하고, 그렇게 함으로써 양사회의 중요한 모습을 왜곡시키는 위험을 감수하는 것이다. 사회이론가들은 성성, 재생산, 모성 등의 범주들의 보편적 의미를 가정하기 전에, 먼저 그것들의 계보학을 먼저 세우는 것이 좋다.

포스트모더니즘이 우리가 보편주의적 일반이론을 포기하고 그 대신 서로 다른 사회와 문화들이 다양한 목소리를 갖는 세계를 탐구해야 한다는 것을 의미한다고 할 때, 그것은 개인화된 행위자를 위한 보편적이고 실용적인 조건들을 탐구하는 정치 윤리적 프로젝트를 포기하는 것과 동일하지는 않다는 점을 강조하는 것이 중요하다. 행위자의 질과 우리의 사회문화적 세계의 조건들에 대한 포스트모더니즘의 지향 바로 그것이 이 정치 윤리적 프로젝트의 의미를 강조하는 것이다.

이 점에서 페미니스트는, 포스트모더니즘의 민주주의적 의미를 발전시키는 데 힘쓰는 다른 사람들과 같이, 포스트모더니즘에서 아노미적 상대주의의 입장을 택하는 사람들과 엄격히 그 입장을 구별할 필요가 생긴다. 어떻게 상대주의가 포스트모더니즘의 의미를 지니는 것으로 보이는가를 탐색해 보면, 우리는 의도적이 아니더라도 결과적으로는 반(反)페미니스트적인 전적으로 다른 장(場)을 발견하게 된다.

바로 포스트모더니즘의 정신에서 우리는 우리 세계의 은유성을 파악하게 되는 것이다. 즉 세계는 우리 행위자가 책임질 특수한 의미구조에 의해, 그리고 그것을 통해 구축되는 것으로 그 모습을 드러내게 되는 것이다. 그것은 모더니즘이 갖는 이분법적인 은유성에 대한 평가에 반대하는 것이다. 이러한 이분법은 그들 자신의 본래의 자연적 모습을 잃고, 현실을 인공적이고 상황적으로 질서화하는 것임이 드러난다. 많은 사람들이 포스트모더니즘이 행위자와 그들의 다양한 표현을 강조하는 것을, 우리를 위해 존재하는 현실을 구성하는 데 사용하는 의미체계의 인공적이고 임의적 특성을 강조하는 것으로 해석한다. 인위적 성격이 임의성으로 나타난다고 가정할 때, 그것은 우리가 사는 것이 우리가 하는 행위의 구조들(의미 있게 지향된 행위)에 의한 것이라고 하는 우리가 내리는 평가의 논리적 귀결이기 때문은 아니다. 이것에 관하여 적어도 의미, 게슈탈트(gestalt), 또는 '담론'에서의 하나의 구조가 지칭하는 핵심에 관한 그들의 해석학적 발견만큼 임의적인 것은 없다. 그것들은 근대주의의 핵심개념인 이성, 진보, 과학, 객관성, (서구의) 문명 등에 대한 이전의 '본질주의'적인 그리고 '근본주의'적인 향수와 관련하여 평가될 때에만 임의적인 것이 된다.

여기서 푸코의 업적을 참고하는 것이 도움이 된다. 푸코는 근대의 문화적 유산을 일련의 비연속적 담론의 실천과 학문적 실천으로 구축하고 해체한 점에서 포스트모더니스트의 원형을 보이고 있다. 그러나 이러한 표현된 현실(단속적인 실천이 구성하는 말, 지식, 제도들)에 대한 '단속적인 실천'에 대비하여, 표현되지 않은 것(désir)이 있다. 이것은 담론의 역사성 바깥에 놓여 있는 것으로 존재의 자연적, 보편적, 실체적인 질서를 가정하는 것이다. 이와 같이 푸코(Foucault, 1984: 127)가 "세계를 우리가 원하는 대로 배치하는 전(前)담론적(prediscursive) 영역은 존재하지 않는다"고 말했다고 해서, 그가 이 환상의 잃음을 통해 결정성(fixation)을 극복했다고 볼 수는 없다. 그리고 그는 필연적으로 '담론을 우리가 사물에 대해 행하는 폭력으로, 또는 어떤 경우에도 우리가 사물에 부과하는 실천으로' 보는 입장을 벗어나지는 못하는 것이다. 여기서 '사회적 사실'을 '개인'에게 '외부적 강제'를 행하는 '사물'로 도식화하는 뒤르켐(Durkheim, 1964; 13)의 그림자를 볼 수 있다. 이러한 입장을 취함으로서 푸코는 정당화에 대한 모든 주장을 힘의 표현으로 환원하고, 권리를 구성하는 것은 힘이라고 가정하게 되는 것이다. 민주주의, 자유, 평등, 정의는 사물들에 폭력을 행사하는 상징적 편의주의의 많은 구조들로 규정되게 된다(Wolin, 1986; Daraki, 1986).

여기서 어떠한 것이 일어나고 있는지 보다 명백히 해보자. 푸코는 '담론'[인공적인 것(artifice)]과 욕망(désir)[자연(nature)]을 이분법적으로 대치시키는 데서 철저히 근대주의자임이 판명된다. 그러나 그는 이분법적 용어의 가치를 전환하여 합리화된 행위자를 욕망(désir)의 담론 바깥의(extra-discursive) 영역과 그리고 근대사회의 합리화된 담론에서 타자의 형태로 던져진 모든 것에 대면하여, 단속적이고 상황적인 지위를 갖는 것으로 보는 점에서 포스트모더니즘의 측면을 드러낸다. 푸코의 포스트모더니즘이 근대성의 합리화된 담론으로부터 정당성을 없애는 것처럼 보이지만, 그는 담론 바깥의 본체적 세계내에서 그것을 방어함으로써 획일적, 단일논리적 권위의 관념을 고수하고 있다. 뒤르켐과 마찬가지로, 푸코는 담론적 행위자의 세계를 넘어서 존재하는 영역에 위치하고 있는 개인화된 가부장적 권위의 단일유형적, 획일적 성격을 공격할 준비가 전혀 되어 있지 않다(Chodorw, 1985, 프로이트의 "Drive Theory"에 대한 비판을 보라). 푸코는 현실의 사회문화적 질서를 상황적이고 임의적인 것–'사물에 가하는 폭력으로'–으로 파악함으로써, 개인화된 행위자의 민주적으로 지향된 문화에 대한 지적인 '규제의 해체(deregulation)'를 성취하고 있다. 자성적 행위자와 그것의 모든 윤리적 성취 및 욕구의 문화가 상대화될 때, 포스트모더니즘의 상대주의는 그 자체가 근대 가부장제의 마지막 수호자인 것으로 드러난다.

포스트모더니즘의 상대주의는 권위의 단일유형적, 단일논리적, 획일적 구조에 대한 민주주의적 도전으로부터 자신을 방어할 수 없으므로, 합법성이라는 문제의 근거를 없애고, 권리를 힘으로 전환시킨다. 그것은 실로 지배집단이 평등, 정의, 민주주의의 원칙과 관련하여 그들에 대해 이루어지는 규범적 논쟁을 회피하면서, 그들의 특권을 유지하도록 허용하는 지적인 '규제의 해체'인 것이다. 샌드라 하딩(Sandra Harding, 1986: 657)은 이 점을 잘 보여주고 있다.

> 상대주의가 하나의 지적 입장으로 확실해지는 것은 역사 속에서, 의도적으로 보편화된 신념과 생활양식의 정당성에 대한 도전을 와해시키려는 의도로서만 나타난다는 점을 명심할 필요가 있다. 지배하는 집단의 관점에서만 객관적 문제나 그 해답이 이루어진다. 현실은 사회관계 속의 우리의 상이한 위치에서 볼 때, 많은 상이한 구조를 갖는 것으로 보일 것이다. 그러나 그러한 외형 중 어느 것은 강한 의미의 용어로 이데올로기가 된다. 그것들은 잘못되고 '이해가 개입된' 신념일 뿐 아니라 우리 전부에 대한 사회관계를 구조화하는 데 사용된다. 종속적 집단에 있어서 상대주의적 입장은 허위의식의 표현이다. 그 입장은 지배집단이 왜곡된 견해를 주장할(그리고 물론 그 견해에 입각하여 우리 모두에 대한 정책을 수립할) 권리를 갖는 것이 지적으로 정당하다고 주장하는 것을 수용하는 것이다.

자신의 이해를 위해 포스트모더니즘이 표방하는 문화적 손실을 강조하는 사람들에게 있어서 그것의 부정적 가능성을 강조하는 것과, 반면 자신의 이해가 포스트모더니즘의 민주주의적 전망과 일치하는 사람들이 그것의 긍정적 가능성을 강조하는 것은 불가피한 일이다.[8] 그것은 명백히 해석의 문제이므로 정치적 논쟁이 된다. 페미니스트들이 이 논쟁에 참여하여, 상대주의적 '규제의 해체'의 가부장주의를 폭로하고 포스트모더니즘

---

8) 포스트모더니즘에 대한 이 남성주의적인 평가(Owens, 1983: 58)가 모호한 점을 내포하고 있다는 것은 명백하다. "다원주의는 우리(누구를 의미하는지 명확치 않다)를 타자들 가운데 존재하는 하나의 타자로 축소시킨다. 그것은 절대적 무차별성, 동일성, 상호교환성[보들리아르(Jean Baudrillard)가 '내파(implosion)'라고 부른]에 대한 인식이 아니라 그것을 차이로 환원시키는 것이다. 여기서 문제는 서구문화의 주도성뿐 아니라, 그것을 유일한 문화로 인정하는 것(우리의 감각)이다."

의 민주주의적 가능성을 발전시키는 것은 중요한 일이다. 그렇게 하려면, 그들은 그들 자신이 갖고 있는 가부장주의에 대한 향수, 즉 여성에게 특권을 주는 페미니스트적 근본주의(담론 바깥의 또는 주어진 범주로 보는)와 그러한 경향을 여성성(femaleness)과 일치시키려는 도덕적 권위(또한 획일적 권위)를 버려야만 할 것이다. 그래도 가부장제적 반동을 지향하는 근본주의에 비해 페미니즘에서의 근본주의의 형태는 나은 편이다. 페미니즘적 근본주의의 관심은 명백히 민주주의적 담론의 유지 및 발전에 있는 것이다. 그것은 또한 이원론적 근대주의 담론이 얼마나 인위적이고 역사적인가를 명백히 밝히고 있다.

## 결론

내가 여기서 포스트모던 페미니스트 이론화의 도전을 선택한다는 것은 명백해질 것이다. 이 이론화 작업에서는 개인화된 행위자의 후기가부장제적, 민주주의적 문화를 발전시키는 데에, 또는 다른 면에서 보면 담론적으로 지향된 사회성의 보편주의적 기준을 발전시키는 데에, 가치개입이 이루어질 것이다. 사회학은 페미니즘을 포기해 왔으나, 나는 사회학을 포기하지 않았다. 그러나 포스트모더니즘의 시각이 근대주의의 모순으로부터 발전되어 나온 만큼, 나는 근대 사회과학의 유산에 철저히 의존하고 있다.

그렇다면 사회분화에 대한 페미니스트 이론은 어떤가? 나는 그렇게 생각지 않는다. 체계이론(system approach)은 잘 기능하지 못할 것이다. 적어도 문화적 의미에 대한 페미니스트 가치와 기준에 대해서는 기능하지 못할 것이다. 체계이론은 권위에 대한 체계적, 단일유형적, 단일논리적 지향을 지속하고 있다.

우리는 담론적이고 대화적으로 지향된 이론화의 양식을 시작할 임무가 있다. 이러한 양식들이, 포스트가부장제적 민주주의 세계를 건설하기 위하여 지적(이론적)인 양식과 실천적 양식을 연결하는 지적 또는 명상적 활동의 양식과 결부되어야 하는지의 문제에 대해서 나는 확신이 없다. 대부분의 페미니스트 이론가들이 실천적인 페미니스트 정치에 그들의 지성화된 정체성을 연계한다는 점에서 그것은 결부되어야 할 것이다. 그러나 나는 이론과 실천의 통일을 요구하는 표준적 설교 이상을 말하고자 한다. 페미니스트 이론화의 조건에는 어떤 특이한 점이 있다. 그것은 맥키논(Mackinnon, 1982: 543)이 "페미니즘은 그들의 이해를 확보해 주는 그러한 사람들로부터 출현한 최초의 급진적인 이론이다"라고 주장한 데서 나타난다.[9] 이러한 주장이 제시하고 있는 것은 페미니스트의 규범적 헌신과 이론적 작업이 동일한 가치를 위해서 크고 작은 일상적 실천에 연결된다는 점이라고 생각한다. 이러한 관심이 페미니스트 정치가 학문적 제도내에서 궁핍화되는 것을 거부하든지, 아이들을 권위에 대한 대화적, 담론적 지향 속에서 양육하든지, 또는 평등한 기회와 과정의 문제에 관하여 관리자로서의 역할에 대하여 주의깊게 생각하든지에 관계없이 그들은 그렇게 제안한다. 나의 핵심적 주장은, 우리가 관계된 모든 사람이 현재의 가치문제와 실천의 이슈와 관련된 이러한 관념들을 탐구하고 평가하도록 허용할 때에 비로소 담론적, 대화적으로 지향된 이론화의 양식이 무엇을 의미하는가를 이해할 것이라는 점이다.

여기서 우리는 포스트모더니즘의 정치적 논쟁을 인정하고 가부장제적

---

9) 맥키논(MacKinnon, 1982: 543)의 지적은 매우 시사적이면서도 의미포착이 어렵다. "페미니스트의 방식은 의식을 환기시키는 것이다. 여성이 겪어 온 경험의 의미에 대한 집단적인 비판적 재구축인 것이다. 맑시즘과 페미니즘은 모두 그것이 포착한 사회적 삶에 대한 그 자신의 분석이 어떻게 관계하는가, 그리고 그것이 분석한 사회적 삶에 사고가 어떻게 참여하는가의 문제에 있어서 사고와 사물의 관계를 상이하게 상정하고 있다. 물질주의는 그것이 과학적인 한에서, 현실을 사고 바깥에 위치시키고 그 현실을 고려한다. 그 현실은 객관적인—즉 진실로 비사회적으로 볼 수 있는—문맥을 가지고 있다고 생각된다. 그와 대조적으로 의식을 환기시키는 것은 본질적으로 사회적인 상황에 대하여 사고와 물질의 혼합, 즉 가장 본질적인(generic) 의미에서의 여성의 성성에 대하여 탐구하는 것이다. 그것은 세계를 그 세계가 결정하는 데 참여하는 과정을 통해 접근한다. 여성의 의식을 개별적 또는 주관적인 개념이 아니라, 집단적인 사회적 존재로 보는 것이다. …페미니즘은 이론 그 자체—사회적 삶에 대한 진정한 분석의 추구—를 의식의 추구로 전환시키고, 불평등에 대한 분석을 불평등의 결정요인에 대한 비판적 포용으로 전환시킨다. 그 과정은 인지할 수 있지만 변화한다. 사고와 사물은 서로 얽혀서 여성에 대한 억압을 행사하기 때문이다. …의식의 추구는 정치적 실천의 하나의 형태가 되는 것이다."

반응이 여러 조건 속에서 '규제의 해체'를 성공적으로 발전시켜 왔다는 것을 평가할 필요가 있다. '규제의 해체'는 소유적 개인주의의 자기 환상적인, 그리고 사회적으로 설명할 수 없는 표현을 허용한다(Chodorow, 1985). 그것은 현재 오스트레일리아, 뉴질랜드, 영국, 미국 등에서 중심적이고 주류적인 정치적 장(場)으로 규정하고 있는 것이다. 이러한 장내에서, 포스트모던 정치의 다원주의는 '통치 불가능한 것(ungovernability)' 또는—또 다른 호의적 용어로—'다원주의적 정체(pluralistic stagnation)'의 위기로 규정된다. 민주주의적으로 지향된 포스트모던, 포스트가부장적 '사회과학'을 발전시키기 위해 일하고 있는 우리들은 이것을 문화적 게릴라의 시도로 평가할 필요가 있다. 여기서 주류 '학문'과 정당들이 민주적 담론을 포기하는 것은, 진정으로 민주화된 사회를 발전시키는 데 관심이 있는 사람들에 의해 상대화될 수 있다는 것을 의미한다. 이것을 하기 위해, 그리고 우리의 이론화를 발전시키기 위해, 포스트가부장제의 민주적 세계를 강화시키려는 담론적 실천을 지속적으로 이룰 수 있는 다양한 청중과 연줄망에 효율적으로 참여하는 방식을 발견할 필요가 있다.

### □ 참고문헌


Chodorow, N. 1979, *The Reproduction of Mothering: Psychoanalysis and the Sociology of Gender*, Berkeley and Los Angeles: University of California Press.

_____. 1985, "Beyond Drive Theory," *Theory and Society*, vol.14, no.3.

Connolly, W. E. 1984, "The Politics of Discourse," in M. Shapiro(ed.), *Language and Politics*, New York: New York University Press.

Daraki, M. 1986, "Michael Foucault's Journey to Greece," *Telos*, vol.67.

Dowse, S. 1983, "The Women's Movement Fandango with the State: The Movement's Role in Public Policy Since 1972," in C. Baldock and B. Cass(eds.), *Women, Social Welfare and the State*, Australia: Allen & Unwin.

Durkheim, E. 1964, *The Rules of Sociological Method*, New York: The Free

Press.

Foster, H. 1983, "The Discourse of Others: Feminists and Postmodernism," *The Anti-Aesthetic: Essays on Postmodern Culture*, Washington: Bay Press.

Foucault, M. 1984, "The Order of Discourse," in M. Shapiro(ed.), *Language and Politics*, New York: New York University Press.

Fraser, N. and L. Nicholson. 1990, "Social Criticism without Philosophy: An Encounter between Feminism and Postmodernism," Nicholson(ed.), *Feminism/Postmodernism*, Routledge, Chapman & Hall, Inc.

Harding, S. 1986, "The Instability of the Analytical Categories of Feminist Theory," *Signs*, vol.11, no.4.

Horowitz, M. H. 1982, "The History of the Public/Private Distinction," *University of Pennsylvania Law Review*, vol.130.

Kennedy, D. 1982, "The Stages of the Decline of the Public/Private Distinction," *University of Pennsylvania Law Review*, vol.130.

Klare, K. E. 1982, "The Public/Private Distinction in Labor Law," *University of Pennsylvania Law Review*, vol.130.

Locke, J. 1965, *Two Treatises of Government*(Laslett edition), New York: Mentor.

MacKinnon, C. A. 1982, "Feminism, Marxism, Method, and the State: An Agenda for Theory," *Signs*, vol.7, no.3.

Macpherson, C. B. 1962, *The Political Theory of Possessive Individualism*, Oxford: Oxford University Press.

Olsen, F. G. 1983, "The Family and the Market: A Study of Ideology and Legal Reform," *Harvard Law Review*, vol.96, no.7.

Owens, Craig. 1983, "The Discourse of Others: Feminists and Postmodernism," in H. Foster(ed.), *The Anti-Aesthetic: Essays on Postmodern Culture*, Washington: Bay Press.

Parsons, T. and R. F. Bales. 1955, *Family, Socializatin and Interaction Process*, New York: Free Press.

Peattie, L. and M. F. Rein. 1983, *Women's Claims: A Study in Political Economy*, Oxford: Oxford University Press.

Rosaldo, M. 1974, "Women, Culture, and Society: A Theoretical Overview," in M. Rosaldo and L. Lamphere(eds.), *Women, Culture and Society*, Stanford: Stanford University Press.

Rousseau, J.-J. 1975, *The Social Contract and Discourses*, London: Dent.

Stacey, J. and B. Thorne. 1985, "The Missing Feminist Revolution in Sociology," *Social Problems*, vol.32, no.4.

Strathern, M. 1985, "Dislodging a World View: Challenge and Counter-Challenge in the Relationship between Feminism and Anthropology," *Australian Feminist Studies* 1.

_____. 1986a, "Out of Context: The Persuasive Fictions of Anthropology," Frazer Lecture, University of Liverpool.

_____ 1986b, "The Study of Gender Relations: A Personal Context," prepared for Anthropologie et Sociétés, issue on "Les rapports hommes-femmes," edited by Deirdre Meintel.

Weber, M. 1949, *The Methodology of the Social Sciences*, New York: The Free Press.

Wolin, R. 1986, "Foucault's Aesthetic Decisionism," *Telos*, no.67.

Yeatman, A. 1984a, "Despotism and Civil Society: The Limits of Patriarchal Citizenship," in J. H. Stiehm(ed.), *Women's Views of the Political World of Men*, New York: Transnational.

_____. 1984b, "Gender and the Differentiation of Social Life into Public and Domestic Domains," Special Issue Series, *Social Analysis, Gender and Social Life* 15.

_____. 1986a, "Women, Domestic Life and Sociology," in C. Pateman and E. Gross(eds.), *Feminist Challenges: Social and Political Theory*, Sydney: Allen & Unwin.

_____. 1986b, "The Social Differentiation of State, Civil Society and Family Life: A Working Model of Post-Patriarchal Structures of Citizenship," Paper Presented to 1986 Sociological Association of Australian and New Zealand Conference, Armidale, New England.

# 페미니스트 이론에서의 포스트모더니즘과 성별관계*

제인 플랙스

서구문화는 근본적인 변혁의 한가운데 있다는 것이 점점 더 확실해지는 듯하다. '삶의 양식'은 점차 낡아가고 있다. 돌아보면 이 변혁은 중세로부터 근대사회로의 이동만큼 근본적(그러나 점진적)일지 모른다. 따라서 서구역사에서 이 시점은 근본적이지만 이해되지 않는 변화, 불확실성, 이중성으로 가득차 있다. 이 과도기적 상황은 어떤 형태의 사고는 가능하고 필요하게 만들며, 또 어떤 것은 배제한다. 그것은 또한 어떤 철학은 다른 것보다 더 잘 인식하고 대응하는 것처럼 보이는 그러한 문제들을 발생시킨다.

나는 현재 정신분석학, 페미니스트 이론, 포스트모던 철학의 세 종류의 사상이 우리시대를 가장 잘 파악하고 표현(반영)하고 있다고 생각한다. 이러한 사고방식들은 아직도 서구(특히 미국)문화에 널리 퍼져 있는 계몽주의 신념을 반영하고, 부분적으로 그것에 의해 구성된다. 동시에 이 사상들은 원자폭탄, 대학살, 베트남전쟁과 같은 역사적 사건들이 축적되어 가한 압박 아래에 계몽주의 신념이 파괴되었기 때문에 비로소 가능해진 관념과 통찰을 제공한다.[1)]

---

* Jane Flax, "Postmodernism and Gender Relations in Feminist Theory," *Signs: Journal of Women in Culture and Society*, vol.12, no.4, 1987, pp.621-643.

1) 이러한 주장들에 대한 더욱 진전된 논의에 대해서는 곧 출판될 나의 책 *Thinking Fragments: Psychoanalysis, Feminism, and Postmodernism in the Contemporary West* (Berkeley, C.A.: University of California Press, forthcoming 1990)을 보라.

이러한 사상들은 각기 탐구대상으로, 우리의 과도기적 상황에서 가장 문제시되는 것 중 적어도 하나의 단면을 택한다. 자아, 성, 지식, 사회적 관계, 문화를 사고와 존재의 단선적, 목적론적, 위계적, 전체적 또는 이분법적 방식에 의존하지 않고 어떻게 이해하고 (재)구성하는가. 여기서 나의 초점은 이러한 사고양식의 하나인 페미니스트 이론에 주로 집중할 것이다. 나는 이러한 페미니스트 이론의 상황을 검토할 것이며, 서구에서 지난 15년간 실천되어 온 페미니스트 이론의 목적, 논리, 문제들을 고찰할 것이다. 나는 페미니스트 이론을 사회적, 철학적 문맥내에 위치시킬 것이다. 페미니스트 이론은 그러한 사회적, 철학적 맥락의 한 부분을 이루며, 또한 그것에 비판을 가하고 있다.

나는 페미니스트 이론이 하나의 통일된 또는 동질적인 담론이라고 주장하지는 않는다. 그러나 페미니스트 이론의 주요한 문제, 적정한 방법론, 바람직한 결과에 관하여 작업해 온 페미니스트로 자처하는 사람들 사이에 활발하고 열띤 논쟁들이 있음에도 불구하고 그들은 적어도 중요한 목적, 목표 그리고 그것을 구성하는 주제들을 어느 정도 공유하고 있다는 것을 발견할 수 있다.

페미니스트 이론의 근본적 목적은 성별관계(gender relation)를 분석하는 것이다(분석해야 하는 것이다). 어떻게 성별관계가 구성되고 경험되는가, 어떻게 우리는 그것에 대하여 생각하는가, 또는 그것에 대해 생각하지 않는가.[2] 성별관계의 연구는 명백히 페미니스트 쟁점으로 여겨지는 것,

---

2) 페미니스트 이론의 대표적 예는 다음과 같다. Barbara Smith(ed.), *Home Girls: A Black Feminist Anthology*, New York: Kitchen Table Women of Color Press, 1983; Cherrie Moraga and Gloria Anzaldua(eds.), *This Bridge Called My Back*, Watertown, M.A.: Persephone Press, 1981; Elizabeth Abel, Marianne Hirsch, and Elizabeth Langland, *The Voyage in Fictions of Female Development*, Hanover, N.H., and London: University Press of New England, 1983; Zillah R. Eisenstein(ed.), *Capitalist Patriarchy and the Case for Socialist Feminism*, New York: Monthly Review Press, 1979; Annette Kuhn and Ann Marie Wolpe(eds.), *Feminism and Materialism*, Boston: Routledge & Kegan Paul, 1978; Hunter College Women's Studies Collective, *Women's Realities, Women's Choices*, New York: Oxford University Press, 1983; Elaine Marks and Isabelle de Courtivron(eds.), *New French Feminisms*, New York: Schocken Books, 1981; Joyce Trebilcot(ed.), *Mothering: Essays in Feminist*

즉 여성의 상황과 남성지배의 분석을 포함하나 그것에 제한되지는 않는다. 페미니스트 이론은 규범적인(적어도 암시적으로라도) 요소도 포함한다. 성을 연구함으로써 우리는 기존의 성질서로부터 비판적인 거리를 얻을 수 있다. 이 비판적인 거리는 우리로 하여금 기존의 성질서를 재평가하고 변화시킬 보다 나은 공간을 확보하도록 도울 수 있다.

단지 페미니스트 이론 자체로 이러한 공간을 확보할 수는 없다. 페미니스트의 정치적 행동이 없다면, 이론은 부적절하고 비효율적으로 남는다. 그러나 나는 페미니스트 이론의 보다 큰 발전은 우리의 이론화를, 이론화가 그 부분이 되고 또 그에 대하여 비판이 되는 보다 넓은 철학적 내용 속에 위치시키는 것에, 그리고 그러한 철학적 내용에서 보다 자의식적으로 도움을 구하는 것에 달려 있다고 믿게 되었다. 다시 말해서 우리가 성별관계나 다른 사회적 관계에 대하여 어떻게 생각하고 있는지, 그리고 사고의 다른 양식들은 우리 자신의 담론을 발전시키는 데 어떻게 도움, 혹은 방해가 되는지에 대하여, 좀더 생각해 보아야 할 필요가 있다. 이 논문에서 나는 성별관계에 대한 여러 사상들과 그것들을 보는 나의 관점—또는 생각 가능한 관점—에 대해 논의할 것이다.

## 메타이론

페미니스트 이론은 그와 특히 유사한 두 개의 보다 포괄적인 범주인 사

---

*Theory*, Totowa, N.J.: Rowman & Allanheld, 1984; Sherry B. Ortner and Harriet Whitehead(eds.), *Sexual Meaning: The Cultural Construction of Gender and Sexuality*, New York: Cambridge University Press, 1981; Nancy C. M. Hartsock, *Money, Sex, and Power*, New York: Monthly Review Press, 1983; Ann Snitow, Christine Stansell, and Sharon Thompson(eds.), *The Powers of Desire: The Politics of Sexuality*, New York: Monthly Review Press, 1983; Sandra Harding and Merill B. Hintikka(eds.), *Discovering Reality: Feminist Perspectives on Epistemology, Metaphysics, Methodology, and Philosophy of Science*, Boston: D. Reidel Publishing Co., 1983; Carol C. Gould, *Beyond Domination: New Perspectives on Women and Philosophy*, Totowa, N.J.: Rowman & Allanheld, 1984; Isaac D. Balbus, *Marxism and Domination*, Princeton, N.J.: Princeton University Press, 1982; Alison Jaggar, *Feminist Politics and Human Nature*, Totowa, N.J.: Rowman and Allanheld, 1983.

회관계의 분석과 포스트모던 철학내에 속하는 것으로 나는 생각한다.[3] 성별관계는 인간경험의 모든 측면에 포함되어 있고 그 구성요소가 되고 있다. 다음으로 모든 사람의 성별관계의 경험과 사회적 범주로서의 성의 구조는 성별관계와 계급, 인종과 같은 다른 사회적 관계들간의 상호작용에 의해 틀지어진다. 이와 같이 성별관계는 고정적인 본질을 가지고 있지 않다. 그것은 통시적, 동시적으로 변화한다.

포스트모던 철학의 하나의 형태로서 페미니스트 이론은, 인간경험을 설명하고 해석하기 위한 적절한 기반과 방법에 대해 서구의 지적 집단내에서 점차 증대하는 불확실성을 드러내고 그 불확실성을 증대시키는 데 기여한다. 현대의 페미니스트들은 포스트모던 철학의 이론화의 가능한 성격과 지위에 대해 중요한 형이상학적 질문들을 제기하는 데 있어서 다른 포스트모던 철학자들과 함께 한다. 서구사회 자체의 이해에 있어서 더욱더 유동적이고 혼돈된 상태에 있으므로, 페미니스트(또는 다른 형태의 사회) 이론내에서 대체로 중요하다고 생각되고 있는 질문들에 대해 만족할 만한 대답의 기초를 이루고 있는 것이 무엇인지는 더욱 명확치 않다.

포스트모던 담론은 현대 서구문화 속에서 당연한 것으로 받아 들여지고, 서구문화의 정당화에 기여하고 있는 진리, 지식, 권력, 자아, 언어 등에 대한 신념에 거리를 두게 하고 회의하게끔 한다는 점에서 모두 해체적이다.

---

3) 포스트모더니즘의 자료와 주창자들은 다음과 같이 요약할 수 있다. Friedrich Nietzsche, *On the Genealogy of Morals*, New York: Vintage, 1969; *Beyond Good and Evil*, New York: Vintage, 1966; Jacques Derrida, *L'écriture et la différence*, Paris: Editions du Seuil, 1967; Michel Foucault, *Language, Counter-Memory, Practice*, Ithaca, N.Y.: Cornell University Press, 1977; Jacques Lacan, *Speech and Language in Psychoanalysis*, Baltimore: Johns Hopkins Univeristy Press, 1968; *The Four Fundamental Concepts of Psychoanalysis*, New York: W. W. Norton & Co., 1973; Richard Rorty, *Philosophy and the Mirror of Nature*, Princeton, N.J.: Princeton University Press, 1979; Paul Feyerabend, *Against Method*, New York: Schocken, 1975; Ludwig Wittgenstein, *On Certainty*, New York: Harper & Row, 1972; *Philosophical Investigations*, New York: Macmillan Publishing Co., 1970; Julia Kristeva, "Women's Time," *Signs: Journal of Women in Culture and Society*, vol.7, no.11, Autumn 1981, pp.13-35; Jean-François Lyotard, *The Postmodern Condition*, Minneapolis: University of Minnesota Press, 1984.

포스트모던 철학자들은 문화(특히 미국문화)를 여전히 풍미하고 있는, 계몽사상에서 연유하는 다음과 같은 믿음에 근본적인 의심을 던지고자 한다.

1. 안정적이고 일관성 있는 자아의 존재: 계몽주의적 자아의 명확한 특징은 그 자신의 과정과 '본성의 법칙'에 대한 통찰을 할 수 있는 이성의 형태를 포함한다.
2. 이성과 그것의 '과학'—철학—은 지식에 대한 객관적이고, 믿을 만한 보편적 기반을 제공할 수 있다.
3. 이성의 올바른 사용으로 얻을 수 있는 지식은 '진실될' 수 있다—예컨대 그러한 지식은 우리의 정신과 자연세계의 구조에 대한 진실하고 불변하는 (보편적인) 것을 반영한 것이다.
4. 이성 그 자체는 초월적이고 보편적인 성격을 갖는다. 그것은 자아의 우연적 존재조건으로부터 독립적으로 존재한다(예컨대 신체적, 역사적, 사회적 경험은 이성의 구조나 불변의 지식을 생산하는 이성의 능력에 영향을 미치지 않는다).
5. 이성, 자율성 및 자유 사이에는 복잡한 관계가 존재한다. 진리와 정의로운 권위에 대한 모든 주장은 이성의 법칙에 따라야 한다. 자유는 이성의 올바른 사용에 따르는 결과에 동의하는 복종의 법칙으로 구성된다(합리적 존재로서의 나에게 정당한 법칙들은 다른 합리적 존재들에 있어서도 필연적으로 정당하다). 이러한 법들에 복종함에 있어서 나는 내 자신의 최대한의 초역사적 부분(이성)에 복종하고 있으며, 따라서 내 자신의 자율성과 자유로운 존재로 자신의 존재를 확증하고 있는 것이다. 이러한 행위에서 나는 규정된 또는 단지 우연적인 존재가 아니다.
6. 이성의 권위에 대한 주장에 근거함으로써 진리, 지식, 권력은 극복될 수 있다. 진리는 왜곡되지 않은 권력에 봉사할 수 있다. 또한 힘의 사용에 지식을 사용함으로써 자유와 진보는 확인될 수 있는 것이다. 지식은 중립적이고(편파적 '이해'가 아니라 보편적 이성에 근거하여) 동시에 사회적으로 유익할 수 있다.
7. 이성을 올바르게 사용하는 예로서의 과학은 모든 진실된 지식을 위한 패러다임이다. 과학은 그 방법과 내용에서 중립적이며 그 결과는 사회적으로 유익하다. 그것의 발견과정을 통하여 우리는 사회를 위하여 자연의 법칙을 활용할 수 있다. 그러나 과학을 진보시키기 위하여 과학자들은 외부의 합리적

담론으로부터 생기는 이해에 영합하지 않고 이성의 법칙에 따를 수 있도록 자유로와야 한다.

8. 언어는 어떤 의미에서 투명하다. 이성의 올바른 사용이 현실을 반영하는 지식으로 귀착되는 언어는 단지 그것이 반영되도록 하는 매체일 뿐이다. 말과 사물은 일치한다(마치 올바른 진리에 대한 주장과 현실적인 것이 일치하듯이). 객체는 언어적으로 (또는 사회적으로) 구축되는 것이 아니다. 그것들은 이름을 붙임로써 그리고 언어의 올바른 사용에 의해서 의식에 떠오르게 되는 것이다.

페미니스트 이론화가 포스트모던의 해체의 기획에 대해 갖는 관계는 필연적으로 양면적이다. 칸트와 같은 계몽주의 철학자들은 권위의 전통적 형태로부터 자유를 얻어낼 수 있는 사람의 범위에 여성을 포함시키려 하지 않았다. 그럼에도 불구하고 자기 해방이 불가능한 사람들로 규정되어 온 여성이 이성의 자율성, 객관적 진리, 그리고 과학적 발견을 통한 유익한 진보와 같은 개념들이 남성뿐 아니라 여성의 능력과 경험도 포함하고 그것에 적용되어야 한다고 주장하는 것은 비합리적인 것은 아니다. 소외되어 온 사람들에게 있어서 이성이 승리할 것을 믿는 것(객관성과 같은 관념을 요하는 사람들이 합리적 주장에 호응할 것이라고 믿는 것)은 호소력을 지닌다. 진실된 신념과 그릇된 신념을 구분하는 객관적 기초가 없다면, 권력만이 서로 맞선 진리 주장의 결과를 결정할 것이다. 이것은 타인에 비해 권력이 없는(타인의 권력에 억압당하고 있는) 사람들에게는 무서운 전망이다.

그러나 (외견상) 논리적이고 질서정연한 계몽주의의 세계에 대한 이해할 수 있는 매력에도 불구하고, 페미니스트 이론은 포스트모던 철학의 영역에 보다 적절하게 속한다. 자아, 지식, 진리에 대한 페미니스트의 개념은 계몽주의의 관념들과 모순되는 점이 많으므로 계몽주의내에 속할 수 없다. 페미니스트의 미래의 길은 사람이나 지식에 대한 계몽주의 개념을 부활시키거나 사용하는 것이 될 수 없다.[4)]

---

4) Sandra Harding, "The Instability of the Analytical Categories of Feminist Theory," *Signs*, vol.11, no.4, Summer 1986, pp.645-664에서 하딩은 페미니스트 이론화가

페미니스트 이론가들이 이성, 지식 또는 자아의 관념을 해체하고, 중립적이고 보편주의적 성질이 갖는 영향력을 폭로하기 시작할 때, 그들은 포스트모더니스트 담론을 시작하고 반영하는 것이 된다.[5] 예를 들면, 어떤 페미니스트 이론가들은, "Sapere aude: 너 자신의 이성을 사용할 용기를 가지라"[6]는 계몽주의의 모토가 어떤 점에서 성별질서에 기초한 자아 개념과 자아 기만에 근거하고 있다는 점을 인식하기 시작했다. 이성이 '단지 우연적인' 존재로부터 분리되어 있다는 사고는 현재 서구사상에서 여전히 지배적이며, 그것은 자아가 사회적 관계에 뿌리박고 의존하고 있다는 사실과 이 자아라는 존재의 편파성과 역사적 특수성을 은폐하고 있는 듯하다. 칸트의 자아가 '그 자신의' 이성에 대해 요구한 것, 그 이성의 내용들이 존재하고 자명해지도록 한 방법들은 소위 현상학적 자아인 경험적 상황으로부터 자유로운 것도 아니다.[7]

---

이 두 종류의 담론에 모두 모호한 인상을 주는 것에 대해 논의하고 있다. 그녀는 페미니스트 이론가들은 이 모호함을 지녀야만 하고 정치적, 철학적인 이유로 이 두 담론을 모두 포괄해야만 한다고 주장한다. 그러나 나는 그녀의 주장이 어떤 점에서 지식, 개념화, 해방 등과 같은 계몽주의의 핵심적 관념을 무비판적으로 이용하여 이루어진 것이라고 생각한다.

5) 그러한 저작들의 예는 다음과 같다. Alice A. Jardine, *Gynesis: Configurations of Woman and Mordernity*, Ithaca, N.Y.: Cornell University Press, 1985; Donna Haraway, "A Manifesto for Cyborgs: Science, Technology, and Socialist Feminism in the 1980s," *Socialist Review*, no.80, 1983, pp.65-107; Kathy E. Ferguson, *The Feminist Case Against Bureaucracy*, Philadelphia: Temple University Press, 1984; Luce Irigaray, *Speculum of the Other Woman*, Ithaca, N.Y.: Cornell University Press, 1985.

6) Immanuel Kant, "What is Enlightenment?," *Foundations of the Metaphysics of Morals*, Indianapolis: Bobbs-Merrill Co., 1959, p.85.

7) 정신(이성)/신체의 분리에 대한 비판에 관해서는 Naomi Scheman, "Individualism and the Objects of Psychology," in Harding and Hintikka(eds.), Note no.2; Susan Bordo, "The Cartesian Masculinization of Thought," *Signs*, vol.11, no.3, Spring 1986, pp.439-456; Nancy C. M. Hartsock, "The Feminist Standpoint: Developing the Ground for a Specifically Feminist Historical Materialism," in Harding and Hintikka(eds.), op. cit.; Caroline Whitbeck, "Afterword to the 'Maternal Instinct,'" in Joyce Trebilcot(ed.), Note no.2; Dorothy Smith, "A Sociology for Women," in J. Sherman and E. T. Beck(eds.), *The Prison of Sex: Essays in the Sociology of Knowledge*, Madison: University of Wisconsin Press, 1979를 보라.

실제로 다른 포스트모더니스트들처럼 페미니스트도 그러한 모든 초월적 요구들이 소수의 사람들—대부분 백인, 서구 남성들—의 경험을 반영하고 그것을 구체화하는 것이라는 의심을 하기 시작했다. 이러한 초역사적 주장은 우리의 사회를 지배하는 사람들의 경험들 중 중요한 측면을 반영하기 때문에 우리에게 그럴 듯해 보이는 것이다.

## 페미니스트 문제의식

메타이론에 대한 보충설명은 이쯤하고, 이제 이 논문의 서두로—페미니스트 이론의 근본적인 목적은 성에 대하여 어떻게 우리가 생각하고, 또는 생각하지 않고, 또는 생각하기를 회피할까를 분석하는 것이다—되돌아가기로 한다. 그렇다면 분명한 것은 페미니스트 이론의 목적을 이해하자면 우리는 그 중심적 주제인 성을 고찰해야만 한다.

그러나 여기서 우리는 곧바로 복잡한 논쟁이 빚어지는 혼란상태에 빠져들게 된다. 페미니스트 이론가들 사이에서도 다음과 같은 기초적인 질문들에 대한 의견의 동의가 없기 때문이다. 성은 무엇인가? 그것은 해부학적인 성적 차이와 어떻게 연결되어 있는가? (한사람의 생애에서, 그리고 보다 일반적으로 지속적으로 일어나는 사회적 경험으로서의) 성별관계는 어떻게 구성되고 유지되는가? 성별관계는 계급, 종족 등과 같은 다른 종류의 사회적 관계들과 어떻게 연결되어 있는가? 성별관계는 하나의 (또는 여러) 역사를 가지고 있는가? 어떤 요인으로 성별관계는 시간을 통해 변화하는가? 성별관계의 생성 그리고 개인적 정체성의 감각 사이에는 어떠한 관계가 있는가? 이성, 동성 그리고 성별관계 사이에는 어떠한 관계가 있는가? 두 개의 성만이 있는가? 남성지배의 형태와 성별관계 사이에는 어떠한 관계가 있는가? 평등사회에서 성별관계는 사라질 것인가/사라질 수 있는가? 사고방식과 사회적 관계의 양식에 남성과 여성의 독특한 점이 있는가? 만약 있다면 이러한 특징은 타고난 것인가, 아니면 사회적으로 형성된 것인가? 성별 특징은 사회적으로 유용하거나 필요한 것인가? 만약 그렇다면 성에 있어서의 정의(正義)를 이루고자 하는 페미니스트의 목적, 그 결과는 무엇일까?[8)]

이러한 복잡한 문제에 부딪혀서, 우리는 사회이론에 근본적 변혁이 일어나고 있다는 사실을 간과하기 쉽다. 페미니스트 이론에 있어서 가장 중요한 하나의 진보는 성별관계의 존재 자체가 문제시되고 있다는 것이다. 성은 더이상 단순한 자연스러운 사실로 취급될 수 없다. 성별관계가 자연스럽다는 가정은 두 상황의 우연한 일치에서 이루어졌다. (해부학적) 성차와 성별관계를 자세히 고찰하지 않은 채 동일시하고 혼돈하는 것과, 활발한 페미니스트 운동이 없다고 하는 것이 그것이다. 나는 성별관계와 생물학적 요소간의 관계를 이 글의 뒷부분에서 다시 다루고자 한다.

현재의 페미니스트 운동은 널리 통용되고 있는 사회적 의미와 설명에 도전하는 사회적 경험에 있어서의 변혁에 부분적으로 뿌리박고 있다. 미국에서 이러한 변화는 경제구조, 가족, 세계체제에서의 미국의 위치 변화, 과거에는 강력했던 사회제도의 권위약화 그리고 정의, 평등, 사회법 및 국가의 적절한 역할에 대해 보다 다양한 관념과 요구를 가진 정치집단의 출현 등을 포함한다. 이러한 분권화되고 불안정한 세계에서, 인간존재의 가장 자연스러운 단면인 성별관계를 의문시한다는 것은 환영할 만한 일이다. 한편, 이러한 불안정성은 사회적 관계의 오래된 양식들을 보다 매력적으로 보이게 한다. 신우익과 도날드 레이건은 국민과 나라가 저마다 '적합한' 자리에 있었던 시기로 되돌아 가고자 하는 소망을 나타낸다. 성별질서를 둘러싼 갈등은 모든 종류의 사회-정치적 관념들에 관한 우려를 표현하고, 그것의 상징이 된다. 다만 그러한 관념들 중 일부만이 사실상 일차적으로 성별관계에 뿌리박고 있다.[9)]

그러한 사회변혁과 운동의 공존은 전에는 고찰되지 않았던 사실들과 설명들에 대한 보다 근본적이고 사회적이며 자의식적 성격의 문제의식을

8) 이러한 질문들은 다음과 같은 저작에서 제기되었다. Judith Stacey, "The New Conservative Feminism," *Feminist Studies*, vol.9, no.3, fall 1983, pp.559-583; Nancy Chodorow, "Gender, Relation, and Difference in Psychoanalytic Perspective," in Hester Eisenstein and Alice Jardine(eds.), *The Future of Difference*, 1980, reprint, New Brunswick, N.J.: Rutgers University Press, 1985.

9) 여성에 대한 신우익사상의 주장에 대해서는 Judith Stacey, Note no.8을 보라.

증진시켰다. 이와 같이 페미니스트 이론은 다른 모든 형태의 이론(성적 편견에 기초한 이론을 포함하여)과 마찬가지로 특정한 사회적 경험들에 의존하고 그것을 반영한다. 페미니스트 이론은 그것이 비판하고 있는 성적 편견에 기초한 이론들에 비하여 나은 것이지, 또 낫다면 어느 정도 나은지, 정도와 이유는 어떤 것인지를 밝히는 문제는 많은 학자들을 초조하게 만들고 있다.[10] 이러한 문제들을 고찰함에 있어서 페미니스트 이론가들은 모두 여타의 포스트모던 철학들과 인식론적 영역을 부분적으로 공유하게 된다. 따라서 나는 보다 면밀하게 페미니스트 이론의 근본적인 범주와 탐구대상, 즉 성별관계를 고찰하기 위해서 당분간 이러한 문제들은 보류해 두고자 한다.

## 관계들에 대한 사고

'성별관계'는 사회적 과정들의 복잡한 틀을 공략하기에 적절한 범주이다. 성은 분석적 범주인 동시에 사회적 과정이며, 관계적인 특성을 갖고 있다. 즉 성별관계는 상호연관된 부분들로 구성된, 그리고 그것을 통해 이루어진, 복잡하고 불안정적인 과정이다(변증법의 용어로 말하면 잠정적 총체성). 이러한 부분들은 상호의존적이어서, 각 부분은 다른 부분들이 없이는 무의미하며 존재할 수 없다.

성별관계는 인간의 특성과 능력이 분화되고 (지금까지는) 비대칭적으로 분화한 부분이자 속성이다. 성별관계를 통해서 남자와 여자라는 두 가지

10) 하딩은 이러한 문제들을 보다 상세하게 논의하고 있다(Note no.4를 보라). 다음의 저작들도 참고하라. Sandra Harding, "Is Gender a Variable in Conceptions of Rationality? A Survey of Issues," in Carol C. Gould, Note no.2; "Why Has the Sex/Gender Become Visible Only Now?" in Harding and Hintikka(eds.), op. cit.; Alison Jaggar, Note no.2, pp.353-394. 근대 서구문화내에서 과학은 중립적이고 객관적이고 동시에 사회적으로 유용하고 강력한 (또는 해체적인) 지식의 모델이므로, 인식론적 탐구들은 과학의 성격과 구조에 집중해 왔다. 다음의 저작들을 비교해 보라. Hilary Rose, "Hand, Brain, and Heart: A Feminist Epistemology for the Natural Sciences," *Signs*, vol.9, no.1, Autumn 1983, pp.73-90; Helen Longino & Ruth Doell, "Body, Bias, and Behavior: A Comparative Analysis of Reasoning in Two Areas of Biological Science," *Signs*, vol.9, no.2, Winter 1983, pp.206-227.

유형의 사람들이 창조된다. 남자와 여자는 상호배타적인 범주로 구성된다. 한 사람은 단지 하나의 성만 될 수 있고, 양성이 될 수는 없는 것이다. 남성 또는 여성이라는 실제 내용과 이 범주들 자체의 경직성은 문화와 시간에 따라서 매우 다르다. 그럼에도 불구하고 (정도의 차이는 있지만) 지금까지 우리가 이해한 성별관계는 지배의 관계이다. 즉 성별관계는 그것들의 상호연관된 측면의 하나인 남성에 의하여 (보다 더) 규정되고 (불완전하게) 통제된다.

이러한 지배의 관계들과 성별관계 자체의 존재는 여러 방식으로 은폐되어 왔다. 예컨대 여성은 '문제(question)' 또는 '성(sex),' '타자(others)'로,[11] 남성은 보편적인 것(또는 적어도 gender가 없는)으로 규정되고 있다. 다양한 문화와 담론에서 남성은 성별관계로부터 자유롭고 그것에 의해 규정되지 않는 것으로 보는 경향이 있다. 예컨대 학문세계에서는 남성의 심리나 역사에 대해 명시적으로 연구하지 않는다. 남성학자들은 그들이 남성이라는 점 때문에 그들의 지적 작업이 왜곡될지 모른다는 걱정은 하지 않는다. 반면 성별관계를 연구하는 여성은 그러한 의심을 받는다(편견은 아닐지라도 사소한 것에 신경을 쓴다는 의심을 받는다). 최근에야 학자들은 모든 문화에 적어도 세 측면의 역사—남성의, 여성의 그리고 우리들의 역사—가 있을 수 있음을 고려하기 시작했다. 최근의 작업에서는 예외적 존재—즉 여성—의 역사에 대해 어느 정도의 인식이 있지만, 일반적으로는 남성의 역사와 우리의 역사는 동일한 것으로 여겨지고 있다.[12] 그러나 학자들이 권력관계나 생산조직의 영향을 조사해야만 한다는 의무감을 느끼는 식으로, 어떤 문화의 모든 측면에 구석구석 미치는 성별관계의 영향을 조사하려고 하는 일은 드물다.

페미니스트 담론이 그것의 문제를 '여성'으로 규정하는 한, 그것은 아

11) 예컨대 엥겔스 이후 맑스는 '여성문제'를 다루었고 근본주의자들, 라캉(Lacan) 등은 여성을 남성에 대한 '타자'로 취급했다.

12) 이 점에 관해서는 다음의 저작들을 보라. Joan Kelly, "The Doubled Vision of Feminist Theory," *Feminist Studies*, vol.6, no.2, Summer 1979, pp.216-227; Judith Stacey and Barrie Thorne, "The Missing Feminist Revolution in Sociology," *Social Problems*, vol.32, no.4, April 1985, pp.301-316.

이러니컬하게도 남성에게는 문제가 없는 것으로, 또는 성별관계에 규정받지 않는 것으로 특권을 부여하는 것이 된다. 사회적 관계의 시각에서 볼 때, 남성과 여성은 서로 매우 다르지만 상호연관된 방식으로, 모두 성의 피해자인 것이다. 남성이 사회 전체에서 관리자인 것처럼 보이고 (많은 경우) 실제 그렇다는 것, 또는 적어도 책임자라는 사실 때문에, 우리는 그들 또한 성규범에 지배되고 있다는 사실을 간과해서는 안된다(그것은 여성뿐 아니라 남성들에게도 사회적 위계질서내에서의 그들의 위치가－남성들 개개인에게, 간혹 그들과 연결되어 있는 여성이나 아이들에게, 그리고 정의에 관심을 가진 사람들에게－매우 중요하다는 것을 부인하는 것은 아니다).[13]

## 이론화와 해체

성별관계의 연구는 적어도 두 가지 수준의 분석을 필요로 한다. 우리를 특정한 사회, 세계와 역사를 이해하도록 도와주는 사고구축물 또는 범주로서의 성에 대한 분석과, 다른 모든 사회적 관계와 활동에 참여하고 부분적으로는 그것을 구성하는 사회적 관계로서의 성에 대한 분석이 그것이다. 실천적인 사회적 관계로서의 성은, '남성적인 것'과 '여성적인 것'의 의미와 구체적인 사회적 관행 속에서 하나의 또는 다른 성에 부여된 결과에 대한 면밀한 검토를 통해서만 이해할 수 있는 것이다.

그러한 의미와 실천이 문화, 나이, 계급, 인종 및 시간에 따라 다르다는 것은 명백하다. 어떤 특정한 문화에 성별관계를 결정짓는 단일한 요인이나 원인이 있을 것이라고 미리 전제할 수는 없다. 더욱이 그 원인(또는 원인들)이 무엇인가를 미리 말할 수는 없다. 페미니스트 이론가들은 성(sex/gender)체계, 생산조직이나 성적 분업, 양육방식, 의미화와 언어과정을 포함하여 여러 흥미 있는 인과적 설명을 해왔다. 이러한 모든 설명들은 특정 사회의 구체적인 성별관계 연구에 유용한 가설들을 제공하고 있

13) 다음의 저작들을 비교해 보라. Phyllis Marynick Palmer, "White Women/Black Women: The Dualism of Female Identity and Experience in the United States," *Feminist Studies*, vol.9, no.11, Spring 1983, pp.151-170.

으나, 그 각각의 설명들은 매우 많은 결점을 가지고 있고 부적절하며 과도하게 결정론적인 것처럼 보인다.

예컨대 게일(Gayle Rubin)은 성별체계의 근원을 '타고난 생득적인 생물학적 성(sex)으로부터 사회적 성(gender)으로의 전환'에서 찾고 있다.[14] 그러나 루빈의 섹스(sex)와 젠더(gender)의 구분은 '타고난 생물학적 성성'과 사회적인 것의 대비를 포함하는 일련의 대비에 의존하고 있는데, 이것은 문제점이 많은 것으로 보인다. 이러한 대비는 인간은 변함없이 항상 비사회적인 충동과 욕구에 의해 지배당한다는 프로이트, 라캉 등의 저작에서 나타나는 관념을 반영하는 것이다. 문화와 자연적 성성간의 이러한 구분은 실상 뿌리깊은 성별질서를 반영하는 것일지 모른다.

다른 글에서 내가 주장한 바와 같이,[15] 프로이트의 충동이론(drive theory)은 부분적으로 무의식적 동기, 즉 관계에 대한 어린시절의 경험의 측면(즉 어린이가 어린시절 자신을 돌보아 주었던 사람-대부분 여자-에 의존하고 연결되어 있는 것)을 부인하고 억압하려는 동기를 반영한다. 따라서 프로이트의 관념을 이용할 때, 우리는 그것들이 드러내는 것들뿐 아니라 은폐하는 것들, 특히 성에 대한 우려가 그가 성중립적인 것으로 가정했던 개념들(충동이론 등)에 미치는 인식하지 못한 영향들에 주의를 기울여야만 한다.

사회주의 페미니스트들은 성별질서의 근본적 요인을 생산조직과 성별분업에서 찾는다. 그러나 이 설명체계도 맑스주의 분석의 역사적이고 철학적인 결함까지 함께 취하고 있다. 발버스(Isaac D. Balbus)의 설득력 있는 주장과 같이,[16] 맑스주의자들(사회주의 페미니스트를 포함해서)은 맑

---

14) 이것은 루빈이 다음의 글에서 주장한 것이다. Gayle Rubin, "The Traffic in Women: Notes on the 'Political Economy' of Sex," in Rayna Rapp Reiter(ed.), *Toward an Anthropology of Women*, New York: Monthly Review Press, 1975.

15) 나는 이 주장을 다음의 글에서 발전시켰다. "Psychoanalysis as Deconstruction and Myth: On Gender, Narcissism and Modernity's Discontents," in Kurt Shell(ed.), *The Crisis of Mordernity: Recent Theories of Culture in the United States and West Germany*, Boulder, C.O.: Westview Press, 1986.

16) 이 주장의 발달에 대해서는 Balbus, Note no.2, Chapter 1을 보라. 발버스는 맑스를 비판하면서도, 그가 모든 지배의 뿌리를 양육방식에 두고 있는 것을 보면, 메

스 그 자신이 상품경제의 특정한 형태를 기술하는 데에서 끌어낸 범주들을 모든 역사적 시기에, 모든 인간생활 영역에 무비판적으로 적용한다. 사회주의 페미니스트들은 노동의 중심성에 관한 부수적인 가정들에 있어서도 생산과 분업을 우선시하는 관점을 되풀이한다. 노동은 여전히 역사와 인간됨에 있어서 가장 중요한 것으로 인식된다. 이러한 개념들은 자본주의사회에서의 삶을 왜곡시키는 것이고, 다른 모든 문화에 있어서도 부합되지 않는 것은 확실하다.[17]

사회주의 페미니스트들이 이렇게 맑스주의 개념들을 무비판적으로 적용하고 있는 데서 비롯되는 문제점은 그들이 생산의 개념을 확장하여 대부분의 인간활동의 형태에 포함시키고자 하는 시도에서도 발견된다. 이러한 주장들은 다음과 같은 근본적인 질문을 회피할 것이다. "왜 생산의 개념이나 또는 다른 단일한 주요 개념에서 그토록 권위주의적인 힘을 없애지 않고 오히려 생산의 개념을 확장하는 것인가?"

사회주의 페미니스트들이 최선을 다하고 있음에도 불구하고, 노동과 생산에 대한 맑스주의적 개념은 전통적으로 여성들에 의해 행해진 활동을 비롯한 많은 종류의 활동들을 한결같이 배제하고 왜곡시키고 있음이 드러난다. 그리고 이 점에서 위 질문은 더욱 절박해진다. 임신, 양육 또는 가족성원들간의 관계는 단지 '자산관계활동'[18]으로 이해될 수 없다. 성성은 신체적 에너지의 교환으로 또한, 잉여분이 착취자에게로 잠재적으로

---

타이론의 차원에서는 맑스의 영향을 벗어나지 못하는 것처럼 보인다. 나는 맑스주의 이론의 부적절함에 대해서 다음의 글들에서도 논의했다. "Do Feminists Need Marxism?" in Quest Staff(ed.), *Building Feminist Theory*, New York: Longman, Inc., 1981; "The Family in Contemporary Feminist Thought: A Critical Review," Jean Bethke Elshtain(ed.), *The Family in Political Thought*, Amherst, M.A.: University of Massachusetts Press, 1982, pp.232-239.

17) 맑스는 생산의 중요성을 강조함으로 해서 자본주의적 사고방식을 해체한 것이 아니라 그것을 되풀이한 것이다. 특별히 자본주의적인 사고방식의 역사적 출현과 구축에 관한 매우 흥미 있는 논의에 대해서는 다음의 글을 비교해 보라. Albert O. Hirschman, *The Passions and the Interests*, Princeton, N.J.: Princeton University Press, 1977.

18) Annette Kuhn, "Structure of Patriarchy and Capital and the Family," in Kuhn and Wolpe(eds.), Note no.2, p.53.

흘러간다는 개념으로는 이해될 수 없다.[19] 이러한 개념들은 또한 생산과는 전혀 관계가 없는 경험들을 적어도 일부 가지고 있는 사람들—어린이—의 존재와 활동을 무시하고 모호하게 하는 것이다.

그러나 양육방식의 구조 역시 성별관계의 뿌리로서 작용할 수 있는 것은 아니다. 양육방식으로 성별관계가 형성된다고 보는 접근방식의 문제점 중 하나는, 왜 양육의 일차적 책임을 여성이 져야 하는가를 설명할 수 없다는 점이다. 단지 그러한 사실로 인해 생기는 결과 중 일부를 설명할 수 있을 뿐이다. 환언하면, 양육방식을 하나의 요인으로 생각하는 것은 이미 우리가 이해하고자 하는 사회적 관계 바로 그 자체—인간활동의 성적 분업과 그에 따라 사회적으로 구축된 성별질서의 존재 그리고 (특별한) 성, 그 자체가 중요시되고 있는 점(설명의 필요상)—를 전제하고 있는 것이다.

(특히) 프랑스 페미니스트들이 성의 구축에 있어서 언어(예컨대 의미화, 상징, 기호 등의 연쇄고리)의 중요성을 강조하는 것에도 역시 문제점이 있다고 보인다.[20] 텍스트, 기호, 의미화(signification)에 대한 사고(또는 그러한 용어들로만 사고하는 데)에 있어서의 문제점은, 그 텍스트 외에는 다른 아무것도 존재하지 않는 듯이 주장하며, 그것들이 그들의 생활에서 전부인 것처럼 또는 세계 전체인 것처럼 생각하는 데 있다. 마치 인간활동의 모델이 비평(또는 저작)인 양, 모든 것은 다른 텍스트에 대한 비평 또는 그것의 대체라고 생각하는 것이다.

이러한 접근방법은 그 자체의 활동이 세계에 투사하는 바를 모호하게 만들고, 언어 자체의 구성에 참여하고 그것에서 반영되는 구체적이고 다양한 사회적 실천의 존재(예컨대 생활양식이 언어와 텍스트를 구성할 뿐 아니라 언어도 생활양식을 구축한다)를 부인한다. 라캉의 저작에서 볼 수 있는 것처럼, 구체적인 사회적 관계(힘의 분배를 포함한)에 주의를 기울이

---

19) Ann Ferguson, "Conceiving Motherhood and Sexuality: A Feminist Materialist Approach," in Joyce Trebilcot(ed.), Note no.2, pp.156-158.

20) 물론 프랑스 페미니스트들의 이론은 다양하다. 그 중 나는 가장 지배적이고 영향력 있는 접근방식에 주목할 것이다. 프랑스 페미니즘에 대한 더욱 자세한 논의에 대해서는 *Signs*, vol.7, no.1, Autumn 1981; *Feminist Studies*, vol.7, no.2, Summer 1981을 보라.

지 않음으로 해서 지배관계를 모호하게 하는 결과를 가져온다. 이러한 지배관계(성별질서를 포함한)는 필수불가결한 것이 되어, 언어나 문화('부권법칙')에 융합된다. 많은 프랑스 사람들의(페미니스트를 포함해서) 저작은 기호/정신/남성/세계와 신체/자연/여성 사이에(사회적으로 구축된 것이기보다 오히려 존재론적인 면에서) 근본적인 구별이 있다고 가정하는 것처럼 보이기도 한다.[21] 여성적인 경험의 회복(또는 재구성)-'몸으로 글쓰기'-에 대한 일단의 프랑스 페미니스트들의 규정은 이러한 종류의(데카르트식의) 구분과 일치하는 듯하다. 육체가 전사회적(presocial)이고 전언어적이라고 해서, 그것이 무엇을 말할 수 있을까?

성별질서에 대한 설명으로 이용되는 이러한 모든 사회적 실천들은 어느 정도는 중요하고 상호관련되어 있으며, 맥락(context)에 의존하는 성별질서를 부분적으로 구성하고, 그것을 통해 구성되기도 할 것이다. 어떠한 형태의 사회적 분석과 마찬가지로, 성별관계의 연구도 그것이 이해하고자 하는 사회적 실천을 필연적으로 반영할 것이다. 페미니스트는 (잘못 일반화된) 맑시즘에 합치할 수도 없고 또 그래서도 안된다. 페미니즘의 인식론은 모두 그러한 잘못된 주장, 페미니스트의 그러한 주장까지도 배제해야만 한다.[22]

포스트모더니즘 인식론들이 페미니즘의 이론화 성격에 대한 보다 명확한 자기 이해에 기여하는 것은 메타이론적 차원에서이다. 우리는 다음의 두 가지 주장을 동시에 할 수 없다. ① 정신, 자아, 지식은 사회적으로 구

---

21) Domna Stanton, "Difference on Trial: A Critique of the Maternal Metaphor in Cixous, Irigaray, and Kristeva," in Nancy Miller(ed.), *The Poetics of Gender*, New York: Columbia University Press, 1986은 이 저자들의 작품의 존재론적이고 근본주의적인 측면에 대해 논의한다.

22) Catherine MacKinnon, "Feminism, Marxism, Method, and the State: An Agenda for Theory," *Signs*, vol.7, no.3, Spring 1982, pp.515-544에서 그녀는 기본적인 점을 놓치고 있는 것으로 보인다. 그녀는 다음과 같이 주장하고 있다. "총체성의 정의는 여성의 성성에 대한 남성의 지배추구이다-개인으로서도 또한 생물학적 존재로서도 아닌, 사회적으로 구축된 남성적인 특성을 가진 성적인 집단으로서의 남성에게 있어서 여성의 성성에 대한 지배의 추구는 결정적이다"(p.532). 아르키메데스 점의 문제에 대해서는 Myra Jehlen, "Archimedes and the Paradox of Feminist Criticism," *Signs*, vol.6, no.4, Summer 1981, pp.575-601을 보라.

성되는 것이고, 우리가 알 수 있는 것은 사회적 실천과 맥락에 의존한다. ② 페미니스트 이론은 단연코 전체의 진실을 밝혀낼 수 있다. 그 절대적 진실(예컨대 모든 경우에 모든 성별 질서에 대한 설명은 X다)은 전체의 바깥에, 그리고 우리가 뿌리를 내리고 있는 곳을 넘어서 아르키메데스의 점, 즉 그것을 통해 우리가 전체를 볼 수 있고 전체를 표현할 수 있는 그러한 점이 있어야만 가능하다. 우리가 보고 표현하는 것은 또한 인식의 활동과 언어로 우리의 느낌을 표현하는 것에 의해 바뀌어서는 안되는 것이다. 보여지는 객체(사회적 전체나 성별 질서)는 빈(역사와 무관한) 정신에 의해 포착되어야 하고 투명한 언어에 의해, 그것을 통해 완벽하게 전달되어야만 한다. 포스트모더니즘 철학이 행하는 '해체'는 그러한 조건이 존재할 가능성이 극히 회의적임을 보이고 있다.

더욱이 푸코(다른 누구보다도)의 저작은 지식에 대한 주장(특히 절대적이거나 중립적인 지식)과 권력간에 밀접한 관련이 있음을 일깨워 준다. 아르키메데스의 점에 대한 우리 자신의 탐구는, 진실의 주장이 단지 어떤 특정한 형태만을 갖는 것이라는 인식 속에 우리가 빠져 있다는 것을 은폐하고 모호하게 할지도 모른다.[23] 어떠한 인식도 지배적인 담론과 다르거나 또는 그것의 권위를 손상할 위험이 있는 담론을 억누르려고 한다. 따라서 페미니스트 이론내에서 전체의 명제 또는 페미니스트 관점을 규정하고자 하는 시도는, 우리 자신과 다른 경험을 가진 사람들의 중요한 이의제기를 억누를지도 모른다. 이렇게 다른 의견을 억누르는 것은 우리 자신의 (눈에 보이는) 권위, 응집성, 보편성을 획득하기 위한 필요조건인 것처럼 보인다.

따라서 성별관계(또는 보다 좁게는 남성지배)의 근원과 요인에 대한 탐구 그 자체는 지배가 존재하는 성별관계의 특정한 형태에 뿌리박고 있는 사고방식을 부분적으로 반영하는 것인지도 모른다. 아마도 현실은 지배적 집단이 잘못 보편화시킨 관점으로부터만 형성된 '하나의' 구조를 가질 수도 있다. 즉 하나의 개인 또는 집단이 전체를 지배할 수 있는 정도에 따라 현실은 하나의 규칙틀 또는 하나의 특권을 가진 사회관계의 틀에 의해 지

---

23) Michel Foucault, *Power/Knowledge*, Colin Gordon(ed.), New York: Random House, 1981를 비교해 보라.

배되는 것으로 나타날 것이다. 이론을 구축하는 기준이 그렇게 편협하고 단순할 수 있는 것은 오로지 다른 사람들의 경험을 억압하고 부정할 때만 가능한 것이다.

## 자연적인 장벽

따라서 성별관계가 사회적 분석의 범주로써 유용할 수 있도록 그러한 관계들이 지닌 의미와 그것에 대한 사고방식에 대해서 가능한 한 사회적이고 자기 비판적이어야 한다. 그렇지 않으면 우리가 이해하고자 하는 사회적 관계, 바로 그 자체를 재현할 위험이 있다. 우리는 성별관계에 대한 우리의 이해에 존재하는 사회적이고, 철학적인 장벽을 탐구할 수 있어야만 한다.

성별관계를 이해하는 데 있어서 중요한 하나의 장벽은 사회적 성(gender, 이 논문에서는 성으로 약칭하고 있다)과 생물학적 성(sex)간의 관계를 이해하기 어렵다는 것이다. 이러한 맥락에서 생물학적 성은 남성적인 것과 여성적인 것 사이의 해부학적 차이를 의미한다. 역사적으로(적어도 아리스토텔레스 이래), 이러한 해부학적 차이는 자연적 사실이나 생물학의 범주에 속해 왔다. 그리고 생물학은 전(前)사회적 또는 비사회적인 것으로 여겨졌다. 성별관계는 그것이 두 개의 상반된 용어나 매우 다른 유형인 남자와 여자로 구성되는 것으로 개념화되어 왔다. 여성과 남성은 상반되고 근본적으로 다른 존재유형이므로, 성은 관계적일 수 없다. 만약 성이 우리가 태어날 때부터 가진 생식기처럼 자연적이고 본질적으로 우리의 일부라면, 성별질서를 바꾸든가, 성별질서를 인간활동을 경계짓는 요소로 고려하지 않으려는 시도는 어리석은 (또는 해로운 것이기까지 한) 것인지 모른다.

페미니스트 이론의 주된 강조점이 성을 탈자연화하는 것(denaturalize)이지만, 비페미니스트들뿐 아니라 페미니스트들도 우리가 의미를 규정하고 사용하는 '자연적'이라는 개념으로 사고하는 것에서 문제를 느끼고 있는 것으로 보인다.[24] 결국 인간세계라는 맥락(context) 속에서 자연적인 것이란 무엇인가?[25] 신체적인 것 또는 생물학적인 것에는, 우리가 타고난 것으로서 인간행위에 제한을 가하는 것으로 생각하는 다양한 측면이 있다. 서구의 의학과 과학은 이러한 신체적, 생물학적인 것에 주저없이 도전하고 있다. 예컨대 우리의 신체가 자연적으로 걸리기 쉬운 병에 대해 예방하는 것이 어떤 문화에서는 자연질서를 거스르는 것으로 보일 수도 있지만, 예방접종을 거부하는 서구인은 거의 없을 것이다. 서구과학은 자연세계의 신비를 벗겨내고자 하는 경향을 가진다.[26] 자연적인 것은 문화적이며 사회적인 것의 반대개념으로 점차 소멸해 가고 있다. 자연은 인간행위의 대상이자 그 산물이 되고 있다. 자연은 그것의 독립적인 존재를 잃고 있다. 이상하게도 그러한 자연의 신비로부터 깨어나는 것이 계속 진행될수록, 인간은 자연을 변화시키는 우리의 힘 바깥에 남아 있는 그 무엇을 더욱더 원하는 것처럼 보인다. 최근까지 그렇게 남아 있는 영역은 남성과 여성간의 신체구조적 차이라고 생각되었다.[27] 따라서 현대서구에서 많은 사람들은 우리 자신으로부터 자연을 살리기 위해, 생물학적 성/생물

---

24) 켈러(Evelyn Fox Keller)의 자연세계에 대한 우리의 견해의 성에 기초한 특성에 관한 저작을 보라. 특히 그녀의 논문 "Gender and Science," in Harding and Hintikka(eds.), Note no.2; "Cognitive Repression in Physics," *American Journal of Physics*, vol.47, 1979, pp.718-721을 보라.

25) *Public Man, Private Women*에서 엘스틴(Jean Bethke Elshtain)은 (갓난 아이의) 자연적 특성이 '숙고하는(reflective) 페미니스트'가 생각해야 하는 것을 제한하는데 어떻게 이용될 수 있는가에 대한 좋은 예를 제공하고 있다. 엘스틴은 최근의 저서에서 도구적이고, 돌보아 주지 않는 세계로부터 어린이를 구하는 것은 여자들의 책임이라고 (다시 한 번) 주장했다. 사회적 관계에 관한 모든 종류의 지식을 특징짓는 맥락(context) 의존적 해석학으로부터 정신분석학은 면제된다고 확실히 믿는다. 그녀는 정신분석학적 이론을 '실제의 인간 욕구' 또는 '가장 기본적인 인간관계'의 본질에 대한 절대적이거나 기본적인 주장을 방어해 주는 것이라고 보고, 그러한 '자연적인' 사실들에 기초해서 정치적 결론을 내린다. Jean Bethke Elshtain, *Public Man, Private Women*, Princeton, N.J.: Princeton University Press, 1981, p.314, 331을 보라.

26) Max Weber, "Science as a Vocation," in H. H. Gerth and C. Wright Mills(eds.), *From Max Weber*, New York: Oxford University Press, 1958; Max Horkheimer and Theodor W. Adorno, *Dialectic of Enlightenment*, New York: Herder & Herder, 1972.

27) 성전환 수술 및 임신과 배란의 새로운 방법이 발전되는 등 최근 의학이 급속한 발전 때문에 나는 '최근까지'라고 말한다.

적 요소/자연/성을 동일시하고, 그것을 문화적인 것/사회적인 것/인간적인 것에 반대되는 것으로 간주했다. 성의 개념은 자연세계에서, 자연세계에 대하여 그리고 그것의 한 부분으로서의 인간행위의 모호함을 나타내는 복잡한 은유로 되었다.

그러나 성을 그렇게 모호한 것에 대한 은유로 사용한 것은 그것에 대한 깊은 탐구를 가로막는다. 위와 같은 등식에 대한 사회적 표현은 결코 사실과 같지 않기 때문이다. 오히려 생물학적 성/생물적 요소/자연/여성 대(對) 문화적인 것/사회적인 것/남성으로 나타나는 것이다. 현대 서구에서 여성은 '냉혹한' 세계로부터의, 그리고 더욱더 기계화되고 틀에 짜여지는 세계로부터의 마지막 도피처가 되고 있다.[28] 이러한 사고방식에서 은폐하고 있는 것은 생리적인 것과 자연에 대한 우리의 개념이 사회적 관계에 뿌리박고 있을 가능성이다. 그러한 개념들은 주어진 현실구조, 그 자체를 단순히 반영하는 것은 아니다.

이와 같이 성을 사회적 관계로 이해하기 위해서, 페미니스트 이론가들은 생물적 요소/생물학적 성/성/자연에 부여하고 있는 의미들을 해체할 필요가 있다. 완벽한 해체의 과정은 아직 멀었고, 또한 확실히 쉽지 않다. 처음에 일단의 페미니스트들은 생물학적 성과 성의 용어를 간단히 구분할 수 있다고 생각했다. 개념들의 사회적 역사를 주의깊게 볼수록 그러한 구분이 정치적으로는 필요할지 모르지만, 문제 있고 문화-특수적인(culture-specific) 대비, 즉 자연과 문화 또는 신체와 정신간의 대비에 의존하고 있음이 명백해졌다. 일부의 페미니스트들이 이러한 대비를 재고하기 시작했을 때, 다음과 같은 새로운 질문이 제기되었다. 신체구조는 정신과 관계가 없는가? 내가 특별히 여성의 신체를 가졌다는 것이 나의 사회적 경험 형성에 어떤 다른 점을 가져오는가?

우리가 처한 이러한 문제들이 점점 더 복잡해지는 데에도 불구하고 대

---

28) Christopher Lasch, *Haven in a Heartless World*, New York: Basic Books, 1977. 라쉬의 저작은 기본적으로 프랑크푸르트학파의 학자들, 특히 호르크하이머(Horkheimer)와 아도르노(Adorno)의 생각을 되풀이한 것이다. 예를 들어 Frankfurt Institute for Social Research, *Aspects of Sociology*(Boston: Beacon Press, 1972)에 있는 논문, "The Family"를 보라.

부분의 페미니스트들은 아직도 성별관계는 신체구조와 동일하거나(또는 꼭 일치하거나), 또는 신체구조의 결과는 아니라고 주장한다. 남자와 여자 간에 해부학적 차이가 있다는 점에는 누구나 동의할 것이다. 이러한 해부학적 차이는 여성과 남성이 공동의 생리적인 필요성－즉 인간 종(種)의 물리적 재생산－때문에 이루어진 상이한 특성에 일차적으로 기인하거나 그 결과로 보인다.

그러나 이러한 해부학적 차이의 존재, 그 자체는 우리가 인간의 신체적 특성에 대해 할 수 있는 많은 관찰 중 하나에 지나지 않는다. 생물적 요소/생물학적 성/성/자연의 의미를 해체하는 데 있어서의 문제점 중 하나는 생물학적 성/성이, (흔히 여성의) 신체가, (비과학적인) 서구의 담론에서 논의될 수 있는 몇 개의 분야 중 하나라는 사실이다. 우리들의 신체에는 그처럼 특징적이고 흥미 있는 많은 다른 측면들이 있다. 예컨대 뇌의 구조와 기능의 놀라운 복잡성, 다른 종(인간과 관련 있는 종에서조차도)과 비교해 볼 때, 신생아가 극히 무력하고 그 시기가 오래 간다는 점, 우리 모두가 죽는다는 사실 등이 그것이다.

여자와 남자는 신체적으로 서로 다른 점보다 같은 점이 훨씬 많다. 남녀의 유사성은 두꺼비나, 나무 등과 비교해 볼 때 한층 더 두드러진다. 그러면 남자와 여자의 해부학적 차이는 왜 그토록 중요하게 인식되는 것인가? 왜 그토록 복잡한 인간의 사회적 의미와 구조 등은 해부학적 차이라는 상대적으로 좁은 범주에 기초하거나 그것에 의해 정당화되는 것인가?

이러한 의문들에 대해 가능한 하나의 대답은, 남자와 여자의 해부학적 차이는 종의 가장 중요한 기능 중 하나인 신체적 재생산과 연결되어 있고, 부분적으로 그 결과라는 점이다. 재생산은 우리의 삶에서 매우 중요한 측면이므로, 그와 관련된 특성은 다른 무엇, 즉 머리 색깔, 귀 등의 요소보다 훨씬 더 중요하다고 주장할 수 있다.

또 다른 가능한 대답은 인간이 육체적인 재생산을 하기 위해서는 성적 교섭을 해야만 한다는 점이다. 해부학적 차이는 여성과 남성의 조직을 다르게 하여 서로 맞도록(그리고 신체적 재생산에 필요한 것으로) 만들어 준다. 어떤 사람들은 이렇게 '서로 맞도록' 되어 있는 것이 아주 바람직하고 훌륭한 것이라고 생각한다. 따라서 우리의 해부학적 차이는 성성과 긴밀히 연결되어 있는 것이다(어떤 의미에서는 성성의 요인이 된다고도 볼 수 있다).

서로 관련되어 있고 생득적인 의미를 가진 복잡한 관계들이 있다. 페니스, 클리토리스, 질, 가슴(남성 또는 여성의 신체를 특징적으로 나타냄), 성성(性性: 재생산을 가리킴, 출생과 영아), 자신을 명확히 분화된 성으로 –여성 또는 남성 중의 한 사람으로서– 인식하는 것(성별관계를 자연적이고 배타적인 범주로 나타냄), 즉 우리는 인간은 두 개의 유형만으로 구성되어 있으며, 우리는 그 두 유형 중 하나의 범주에 속할 수 있을 뿐이라고 믿는 것 등이다.

뚜렷이 드러나는 이러한 관계들에서 나타나는 문제점은 그것들이 보다 설명을 요하는 것, 즉 성별관계를 전제하고 있다는 것이다. 우리는 성이 사회적 관계를 구성하고 있으며 또한 지배의 관계이기도 한 세계에서 살고 있다. 따라서 남녀 모두가 이해하는 신체구조, 생물적 요소, 신체적인 것, 성성 그리고 재생산은 모두 이미 존재해 있는 성별관계에서 부분적으로 기인하며 그것을 반영하고 합리화하는 것이다. 또한 성별관계라는 존재는 인간존재의 사실들을 정리하고 이해하도록 돕는다. 환언하면 생물학적 요소가 성을 위한 은유가 될 수 있듯이, 성은 생물학적 요소를 위한 은유가 될 수 있는 것이다.

## 성의 수인(囚人)

성별관계와 출생, 재생산, 성성 등과 같은 인간 존재의 중요한 측면들 간의 뚜렷한 연관관계는 자연적인 것과 사회적인 것의 융합과 그 두 요소의 지나칠 만큼 철저한 구별을 동시에 가능하게 한다. 근대 서구문화에서, 어느 때는 페미니스트 이론에서까지도, 자연적이라는 용어와 사회적이라는 용어는 우리가 '여성'을 이해하는 데 있어서 서로 융합된다. 비페미니스트와 여성에 관한 일단의 페미니스트의 저술에서는 종종 자연적인 것과 사회적인 것을 철저하게 구분한다. 여성은 흔히 육체, '차이,' 세밀한 것을 대변하고 상징한다. 비페미니스트뿐 아니라 일단의 페미니스트들에게 있어서도 양육, 모성, 남을 보살피고 남과 관계를 갖는 것, 보호하는 것 등의 성격은 대부분 여성과 관련된 활동으로 묘사되고 규정된다.[29] 여성의 정신도 우리가 스테레오 타입적으로 규정하는 여성적인 활동과 신체의 성격을 반영하는 것으로 종종 이해된다. 페미니스트들조차도 종종 여성은 남성과 다르게 사고하고 남성과 다른 이해와 동기를 가진다고 말한다.[30] 남성은 추상적 이성(정신)의 힘을 사용하는 데에 보다 흥미가 있고, 자연(육체를 포함해서)을 정복하고자 하며, 보다 공격적이고 전투적이라고 한다.

페미니스트들조차도 다시 이러한 주장을 한다는 사실은 보다 깊은 분석을 요한다. 이것은 진정한 가치전환의 시작인가, 또는 전통적인 성에 기초하여 세계를 이해하는 것으로 후퇴하는 것인가? 임의적인(그리고 성별화된) 구분을 시정하려는 페미니스트들의 시도는 종종 다시 그것을 재생산하는 것으로 끝난다. 페미니스트의 담론은 우리의 사회적 관계의 성격과 여성과 남성의 특성, 그리고 스테레오 타입적으로 규정된 남성적, 또는 여성적인 활동의 가치와 특징에 대한 모순되고 화해할 수 없는 개념들로 가득차 있다. 단 하나의 시각만이 옳다는 이러한 개념들의 사용방식은 특히 페미니스트 이론이 우리가 비판하고자 하는 바로 그 사회적 과정에 뿌리박고 있다는 것과, 우리가 보다 체계적이고 자기 인식적인 이론적 실천에 대한 욕구를 가지고 있다는 점을 드러내고 있다.

페미니스트의 이론화가 현재 진행중이기에, 우리의 실천의 개념들(예컨대 모성)은 매우 복잡하고 모순적인 일련의 사회적 관계의 양상을 포착할 수 있다는 점을 놓치고 있는 것처럼 보인다. 변화하고 복잡한 관계들에 직면해서 우리는 그것들을 단순하고, 획일적이고, 특성 없는 전체로 축소

---

29) Sara Ruddick, "Maternal Thinking" and "Preservative Love and Military Destruction: Some Reflections on Mothering and Peace," in Joyce Trebilcot(ed.), Note no.2를 보라.

30) 여성의 '차이'에 대해서는 Eisenstein and Jardine(eds.), Note no.8; Marks and de Courtivron, Note no.2에 들어 있는 논문들과 Carol Gilligan, *In a Different Voice*, Cambridge, M.A.: Harvard University Press, 1982; Donna Stanton, Note no.21을 보라.

하려는 것이다. 우리는 결론을, 하나의 정답을, 또는 남성지배의 역사의 원동력을 찾고 있는 것이다. 문제의 이러한 복잡성과 접근방식의 다양성에 대해서, 비페미니스트들뿐 아니라 일부 페미니스트들조차도, 그것을 성별관계가 삶의 모든 곳에 만연하여 새로운 종류의 이론화가 필요하다는 조짐으로 인식하기보다는, 기존의 이론과 대적하기에 역부족이거나 또는 실패한 증거라고 생각한다.

환원론적 페미니스트 이론의 한 예는, 신체적인 것에 대한 고려를 여성 특유의 신체적 특성을 찬양하는 것으로 단지 환원하는 것이다.[31] 이 환원론은 우리가 경험하는 신체적 과정의 다른 많은 방식(예컨대 성적이지 않은 즐거움, 노화 또는 고통의 과정)에 대한 고려를 배제한다. 그것은 또한 여성을 육체와 등식화하여 마치 남성은 육체를 가지지 않은 것처럼 취급한다. 그와 달리, 여성과 남성의 삶 속에서 어떠한 신체적 경험의 의미와 중요성도 단순히 부인하거나 무시하는 경향, 또는 그것을 생산(또는 재생산)관계의 부수물로 축소해 버리는 경향도 다른 한편 나타난다.

페미니스트 담론내에서, 여성은 때로 신체적 특징과 차이의 유일한 담지자가 되는 듯하다. 우리는 여기서 개인을 비인간화시키고 원자화시키는 국가권력으로부터 우리를 방어하는 마지막 보루로서 성에 기초한 분업화를 지킬 필요가 있다는 주장을 볼 수 있다.[32] 그러한 주장에서 가족은 자연적 관계, 즉 일차적으로 어머니, 아이들 그리고 여성친족간의 관계를 포함한 친족간의 연대의 친밀하고 정(情)적인 영역으로 위치지어지며, 국가와 노동(남성의 세계)의 비개인적 영역에 상반되는 것으로 논의된다. 그와 달리 페미니스트들은 때로 여성과 남성 사이에는 중요한 차이가 있다는 점을 부인하고, 그러한 차이가 존재한다면 여성은 남성과 될수록 비슷해져야 한다(또는 남성의 활동에 참여해야 한다)는 점을 간단히 거부하기도 한다. 또는 가족을 단지 성간의 투쟁과 인간의 재생산의 장(場)—그 자체의 분업과 잉여의 근원(여성의 노동) 그리고 생산물(자식과 노동자)로 구

31) 예를 들어 Hélène Cixous, "Sorties," in Hélène Cixous and Catherine Clément (eds.), *The Newly Born Woman*, Ithaca, N.Y.: Cornell University Press, 1986.

32) 예를 들어 Jean Bethke Elshtain, Note no.25와 Jean Bethke Elshtain(ed.), Note no.16, pp.7-30을 보라.

성된 정치경제의 축소판—으로서 이해하기도 한다.[33] 여성이 가족과 가정과 관련해서 갖는 복잡한 환희와, 갈등하는 소망과 경험은 종종 표현되지도 인식되지도 않은 채로 남는다. 이렇게 자기 분석의 결여로 인하여, 페미니스트들은 여성들간에 나타나는 차이의 근원을 인식하거나, 여성들이 반드시 동일한 과거사를 지닌 것도 현재 같은 욕구를 가진 것도 아니라는 사실을 받아들이는 데에 어려움을 느끼게 된다.[34]

여성적인 성성(性性)은 간혹 남성지배의 표현으로 환원되기도 한다. 캐서린 맥키논(Catherine Mackinnon)의 다음의 주장에서 그것을 볼 수 있다. "성별 사회화는 여성이 자신을 성적(sexual) 존재로, 남성을 위해 존재하는 것으로 인식하도록 하는 과정이다."[35] 다른 많은 문제들 중에서도 그러한 규정은 여성이 어떻게 다른 여성에게 성욕을 느낄 수 있는지에 대하여, 여성이 가질 수 있는 다른 많은 감각적 경험—예컨대 자위, 젖먹이는 것, 또는 아이들과 같이 노는 것 등—에 대하여 설명할 수 없다. 다른 한편 여성의 성성의 핵심은 어머니와 딸 사이의 유사생물학적인 일차적 유대에 근거하고 있다고 한다.[36]

어떤 이론가들은 우리의 환희와 내적 세계는 상징으로만 표현될 수 있을 뿐, 실제의 사회적 관계로서는 표현될 수 없다고 생각한다. 예를 들어 아이리스 영(Iris Young)은, 하나의 범주로서의 성의 분화는 '관념, 상징, 의식의 형태'만을 가리키는 것이라고 주장한다.[37] 이러한 시각에서 보면,

---

33) 이것은 사회주의 페미니스트의 가족에 대한 논의들에서 특징적으로 보이는 기본 접근방식인 것으로 보인다. 예를 들어 Ann Ferguson, Note no.19와 Annette Kuhn, Note no.18의 논문들을 보라.

34) 예컨대 Barbara Smith, "Home Girls," Note no.2의 서문에 실린 가정의 의미에 대한 논의를 보라. 스미스의 정의는 백인 중산층 여성이 가정을 갇힘과 착취와 연관시키는 것과 강한 대조를 보인다. 예를 들어 Michele Barrett and Mary McIntosh, *The Anti-Social Family*, London: Verso, 1983; Heidi I. Hartmann, "The Family as the Locus of Gender, Class, and Political Struggle: The Example of Housework," *Signs*, vol.6, no.3, Spring 1981, pp.366-394를 보라.

35) Catherine MacKinnon, Note no.22, p.531.

36) Adrienne Rich, "Compulsory Heterosexuality and Lesbian Existence," *Signs*, vol.5, no.4, Summer 1980, pp.631-660에서의 주장이 그런 것같이 보인다. 또한 Donna Stanton, Note no.21를 보라.

37) Iris Young, "Is Male Gender Identity the Cause of Male Domination?," in Joyce

환희, 우리의 내적 세계, 그리고 성성은 가정에서의 여성과 남성간의 친밀한 관계를 구조화하지만, 일의 구조나 국가에 참가하여 그것을 틀짓는 일은 드물다. 이와 같이 페미니스트 이론은 공적인 것/사적인 것의 구분을 재창조하는 것이다. 그와 반대로 어떤 급진적인 페미니스트의 설명에서는 남성 본래의 충동, 특히 공격이나 타인을 지배하고자 하는 욕구가 역사의 본질과 목적을 이끄는 원동력으로 규정된다.[38]

페미니스트 이론가들은 여성의 의식이 모성으로 인해 형성되는 여러 방식에 대하여 기술해 왔으나, 때로 부성은 아직도 남성과 아이들의 의식 바깥에 있는 어떠한 것으로 인식하고 있다.[39] 아이의 양육방식이 여성의 지위와 여성과 남성의 자아인식에 있어서 갖는 중요성은 페미니스트 이론에서 강조되고 있다. 그러나 우리는 아직도 누구나 성인이 될 것이라는 가정하에 사회이론을 기술하고 있다. 예를 들면 모성과 가족에 초점을 두는 페미니스트 이론의 최근의 두 경향에서,[40] 인간으로서의 아이들, 또는 사람들간의 관계로서의 모성에 대한 논의는 거의 없다. 페미니스트 이론에서 가장 빈번히 등장하는 '사람'은 자기 충족적인 개별적 성인으로 보인다.

사고에서의 이러한 어려움은 철학적인 근거뿐 아니라 사회적인 근거를 가지고 있다. 지배관계의 존재 및 최근의 양육방식의 심리적 결과 등이 그것이다. 지배를 유지하기 위해서 한 집단과 다른 집단간의 상호관계 및 상호의존은 부정되어야만 한다. 어떠한 관계들은 그것들이 정치적으로 위험해지기 이전에야만 추적될 수 있다. 예컨대 불균형적인 인종관계가 사회의 중심조직원리로 되어 있는 문화 속에서 어떻게 성별관계 및 이론에

---

Trebilcot(ed.), Note no.2, p.140. 이 논문에서 영은 Juliet Mitchell, *Psychoanalysis and Feminism*(New York: Pantheon Books, 1974)에서 친족/젠더/상부구조와 계급/생산/기초를 구분한 것을 되풀이하고 있다.

38) Shulamith Firestone, *The Dialectic of Sex*, New York: Bantam Books, 1970과 Catherine MacKinnon, Note no.22에서 그것을 볼 수 있다.

39) 이 점에 관해서는 Nancy Chodorow and Susan Contratto, "The Fantasy of the Perfect Mother," Barrie Thorne and Marilyn Yalom(eds.), *Rethinking the Family*, New York: Longman, Inc., 1983을 보라.

40) Joyce Trebilcot(ed.), Note no.2; Thorne and Yalom(eds.), Note no.39.

대한 우리의 이해가 삶의 경험 속에서, 그것을 통해서 형성되는가에 대해 탐구하는 백인 페미니스트들은 거의 없다.[41]

더욱이 현대의 성별질서가 사람과 경험간의 관계를 인식하는 데에 어려움을 느끼는 남성을 만들어내는 것처럼, 그 성별질서는 관계들내에서의 차이를 인식하는 데에 어려움을 느끼는 여성을 만들어낸다. 남성에서건 여성에서건, 이러한 사회적 관계는 경험을 단지 하나의 종류로만 취급하고 차이, 모호성, 갈등을 참아내지 못하는 성격을 만들어낸다.

페미니스트 이론을 만드는 작업에는 유혹과 함정이 가득하다. 여성이 모든 사회에서 그 한 부분을 이루는 한, 우리들의 사고는 문화구속적인 자기 이해 방식에서 자유로울 수 없다. 남성들과 마찬가지로 우리도 남성스러움(masculinity)과 여성스러움(feminity)에 대한 지배적인 성의 개념을 내면화하고 있다. 우리가 성을 본래적으로 다른 존재들간의 대비로서가 아니라 하나의 사회적 관계로서 인식하지 않는 한, 우리는 특정 사회내에서, 서로 다른 여성들(또는 남성들)의 힘의 다양함과 한계를 파악할 수 없을 것이다. 페미니스트 이론가들은 다음의 네 가지 과제에 직면하고 있다. ① 우리가 살고 있는 사회적 세계에 대한, 또 그 세계 안에 존재하는 페미니스트적 관점을 명확히 하는 것, ② 그러한 세계에 의해서 우리가 어떻게 영향을 받고 있는가에 대해 생각하는 것, ③ 그것들에 대해 우리가 생각하는 방식이 기존의 권력/지식 관계들과 연관될 수 있다는 것을 고려하는 것, ④ 이러한 세계들이 변화되어야 하고 변화될 수 있는 방식들을 생각해 내는 것.

현재 서구사회에서 성별관계는 지배의 관계였으므로, 페미니스트 이론들은 비판적인 측면뿐 아니라 보완적인 면도 가져야만 한다. 즉 우리는

---

41) 그러나 Gloria I. Joseph and Jill Lewis, *Common Differences: Conflicts in Black and White Feminist Perspectives*, New York: Doubleday & Co., 1981; Marie L. Lugones and Elizabeth V. Spelman, "Have We Got a Theory For You," Marilyn Pearsall (ed.), *Women and Values*, Belmont, C.A.: Wadsworth Publishing Co., 1986; Phyllis Marynick Palmer, Note no.13 사이의 대화를 보라. 유색인종의 여성들은 오랫동안 이 점을 주장해 왔다. Barbara Smith(ed.), Note no.2와 Cherríe Moraga and Gloria Anzaldúa(eds.), Note no.2의 논문을 비교해 보라. 또한 Audre Lorde, *Sister Outsider*, Trumansburg, N.Y.: Crossing Press, 1984를 보라.

지배적인(남성적) 관점내에서 억압되거나, 모호하게 되어 왔거나, 부정되어 온 사회적 관계의 측면을 회복시키고, 탐구해야 할 필요가 있다. 우리는 문화가 자신에 대해 해온 설명과 이야기 속에, 여성의 역사와 활동을 회복시키고 기술해야 할 필요가 있는 것이다. 그러나 우리는 또한 어떻게 소위 여성의 활동이, 사회를 구성하는 사회적 관계의 그물 속에서의 여성의 위치에 의해서, 또 그것을 통해서 편파적으로 구성되어 왔는지에 대해서도 생각할 필요가 있다. 즉 우리는 여성의 활동들이 어떻게 남성의 활동과 그것이 계급 및 인종관계에서 갖는 함의의 결과에 의해 영향받고, 또한 그것들에 영향을 주고, 힘을 갖게 하며, 또한 그것을 보완하고 있는지에 대해 알아야만 한다.

가치전환－무엇이 인간적으로 훌륭한 것이며, 칭찬받을 가치가 있고, 도덕적인 것인가에 대한 우리들의 관념에 대한 재고－이 있어야만 한다. 이러한 가치전환에 있어서 우리는 단순히 반대의 가치가 우월한 것이라고 주장하지는 않아야 한다. 예컨대 간혹 페미니스트 이론가들은 관계 속에 있는 것을 자율성과 반대되는 것으로 간주하는 경향을 보인다. 그러한 이론들은 자율성 없이 폐소공포증이 될 수 있는 관계 속의 존재인 성인유형과 관계 속에 존재하지 않으면서 쉽게 지배로 전락하는 자율성을 가진 성인유형을 설명하지 못한다. 이러한 문화 속에서 여성으로 성장했기 때문에 우리는 종종 다른 사람들과의 친밀한 관계 속에서 이루어지는 많은 미묘한 형태의 공격을 거부하게 된다. 예를 들면, 모성과 여성적 특징에 대한 많은 논의는 여성의 분노와 공격성에 대한 논의－예컨대 어린이와의 관계에서 또는 우리 자신 내부에서 어떻게 우리가 그것들을 내면화하고 표현하는가－를 회피하는 경향이 있다.[42] 아마도 여성은 남성보다 조금도 덜 공격적이지 않을지 모른다. 우리는 공격성을 다른, 문화적으로 제재된(부분적으로 은폐되고 부정된) 방식으로 표현하는 것인지도 모른다.

우리는 여자보다 남자가 더 큰 힘을 가진 사회에서 살고 있기 때문에, 칭송할 만한 가치가 있다고 여겨지는 것은 남성과 관련된 특성이라고 생

---

42) Joyce Trebilcot(ed.), Note no.2에 실린 논문들, 특히 Whitbeck과 Ruddick의 논문의 모성에 대한 묘사를 비교해 보라.

각하기 쉽다. 페미니스트로서 우리는 여성적인 것에 대한 찬양조차도 (적어도 부분적으로는) 여성을 제한된 (그리고 제약적인) 영역에 머물러 있게 하고자 하는 것이 아닌가 하고 의심할 권리가 있다. 확실히 우리는 사회의 모든 측면에서 (페미니스트 비평을 포함해서) 지배관계의 표현과 결과를 탐색할 필요가 있다. 우리는 모든 이러한 관계들이 사회적이라는 것, 즉 그것들은 사람들의 유형에 따라 각기 다른 자연적이고 불평등한 자질을 가지고 있는 데에서 결과한 것이 아니라는 사실을 주장해야만 한다.

그러나 그러한 지배관계의 존재와 힘을 주장하는 데에 있어서, 우리는 여성/우리 자신을 전적으로 순수하고 수동적인 존재로 생각하는 것은 피해야만 한다. 그러한 시각은 우리로 하여금, 여성이 효과를 발휘하는 영역, 타인의 의지에 덜 규정되는 영역, 우리 중 누군가가 다른 사람들에 대하여 권력을 가지고 행사하는 영역(예컨대 인종, 계급, 성적 기호, 연령, 세계체제내에서의 위치 등의 면에 있어서 서로 상이한 권리들)을 볼 수 없도록 한다.

어떠한 페미니스트의 관점도 편파적일 것이다. 여성에 대해 생각하는 것은 지배적 관점에서는 억압되어 왔던 사회의 이러한 측면을 새롭게 밝힐 것이다. 그러나 우리 모두는 일련의 특정한 관계—'남성'에 대한, 그리고 많은 구체적이고 상이한 여성들에 대해서의 관계—속에 존재하기 때문에, 우리 중 누구도 '여성'을 대변할 수는 없다.

확실히 이전의 (남성적) 관점들에 비해 보다 진실된 여성학적 관점의 관념은 문제점이 많고 검증되지 않은 많은 가정들에 의존하고 있다. 사람들은 자신의 이익을 위해 합리적으로 행동하고, 현실은 완벽한 (한때 완벽했던) 이성이 실현될 수 있는 구조를 갖고 있다는 낙관적 믿음이 그러한 가정 중의 하나이다. 그러한 가정들은 앞서 논의한 계몽사상의 무비판적 적용에 의존한다. 더욱이 그러한 관점들이 갖고 있는 관념은, 억압받는 사람들은 그들의 사회적 경험에 의해 근본적으로 피해받지 않는다고 가정한다. 반대로 이 입장에서는 억압당하는 사람들은 현실—저 바깥에서 우리가 표현해 줄 것을 기다리는 현실—을 이해할 수 있는 특권적 (단지 이론의 이해와 다른 것만이 아닌) 관계와 능력을 갖고 있다고 가정한다. 이 입장은 또한 같은 생물학적 성의 사람들은 서로 근본적으로 같은 존재의 범주에 속하는, 그러한 성별화된 사회적 관계를 전제한다—즉 여성에 대해 남성을 타자(他者)로 전제하는 것이다. 그러한 관점은 또한 남성과는 달리 여성은 인종, 계급 또는 동성공포증의 사회적 관계에 뿌리를 둔 지배관계에 참여하지 않을 자유가 있다고 믿는다.[43)]

반대로 나는 우리의 사회적 관계와 활동(예컨대 역사, 이성, 진보, 과학, 어떤 초월적 힘)을 벗어난 외부에, 우리를 편파성과 차이에서 구원할 어떠한 힘이나 현실은 없다고 믿는다. 우리는 세계를 탈중심화하려고 애쓰는 사람들과 함께 생활하고 연대한다—비록 그들의 동기와 전망에 대해서 의심할 권리는 가지고 있어야 하지만.[44)] 페미니스트 이론들은 포스트모더니즘의 이론들과 마찬가지로 우리에게 상호모순성, 모호성 그리고 다양성을 찾고 해석하도록 격려하고, 아무리 임의적이고 억압적인 것이라도 질서와 구조를 만들려는 우리의 욕구의 뿌리를 파헤치도록 많은 격려를 하고 있다.

만약 우리가 우리의 과제를 잘 수행한다면, 현실은 지금보다 더 불안정하고 복잡하고 질서가 없는 것처럼 보일 것이다. 이러한 의미에서, 여성은 문명의 적이라고 선언한 프로이트가 옳을지도 모른다.[45)]

---

43) 이와 대조적인 주장에 대해서는 Jagger, Note no.10과 Nancy C. M. Hartsock, "The Feminist Standpoint," Note no.7을 보라.

44) 나는 *Thinking Fragments*, Note no.1에서 포스트모던 철학의 젠더 편견과 부적절함에 대해 논의했다. Naomi Schor, "Dreaming Dissymmetry: Barthes, Foucault, and Sexual Differnce," Alice Jardine and Paul Smith(eds.), *Men in Feminism*, New York: Methuen, 1987.

45) Sigmund Freud, *Civilization and Its Discontents*, New York: W. W. Norton & Co., 1961, pp.50-51.

# 차이의 딜레마-페미니즘, 근대성 그리고 포스트모더니즘*

크리스틴 디 스테파노

현대의 특징을 근대로 보느냐 포스트모던으로 보느냐에 관계없이, 우리는 대부분 인간의 조건 중에서 존재론적 의미 또는 초역사적 의미에서 기본적(basic)이라고 할 수 있는 것은 거의 없다는 사실에 동감하고 있다. 소수의 사회이론가들은 존재론적으로 가해진 신체와 정신에 있어서의 한계와 필수조건, 그리고 가능성 등 때문에 이루어지는 인간 경험의 지속적인 측면 중 어떤 부분들을 심각하게 받아들여 왔다. 그러나 대부분의 학자들은 역사, 문화적 특수성과 다양성, 그리고 사회적 및 정치적 생활의 본질상 관습적인 성격을 강조하는 근대주의 관념에 동의한다. 좋든 싫든 인간성(humanity)은 그 자신이 만드는(종종 의식하지 못한 채) 사회정치적 환경에서 형성된다. 이것은 루소, 맑스, 보부아르와 같은 이론가들의 이론적 출발점이 되었다. 이들은 모두 근대 인간의 운명을 이해하는 열쇠를 쥐고 있는 것은 인간이 만든(humanly authored) 역사라는 가정에서 출발한다. 포스트모더니즘은 세속적 휴머니즘의 교의(敎義)와 이치를 보다 면밀히 고찰함으로써 한걸음 더 나아갔다. 포스트모더니즘은 사회정치적 질서와 그것의 (보다 중요한) 표상 속에 담긴 근본적으로 관습적인 성격에 관한 근대주의의 주장을 응용하고 발전시키고 있다. 그러나 그것은 관습적인 것을 임의적인 것으로 바꾸고, 인본주의적 자아의 특징이라고 여겨

---

* Christine Di Stefano, "Dilemmas of Difference: Feminism, Modernity and Postmodernism," *Women and Politics*, vol.8, no.3-4, 1988, pp.1-24.

온 권리, 합리성, 이해, 자율성 등의 관념—이것은 근대적 사회생활의 합법적 기초를 제공하는 것이라고 생각되어 왔다—에 대하여 불신의 정치와 이론을 발전시키고 있다.

현대 서구의 페미니즘은 비록 명백한 논리에 기초하지는 않더라도 근대주의 에토스에 확고하게 자리잡고 있으며 이와 같은 사실은 페미니스트의 자기 확인과 성(gender)에 대한 비판을 가능하게 했다. 서구의 페미니즘은 오랜 세월이 걸렸지만, 마침내 여성다움(feminity)과 재생산의 생물학 사이의 확고하고 보편적인 결합관계를 해체할 수 있게 되었다. 낸시 초도로우(Nancy Chodorow, 1978)가 모성을 그 자체의 역사적 재생산양식을 동반하는 제도화된 사회적 실천으로 재규정한 것은, 시몬느 드 보부아르(Simone de Beauvior)의 『제2의 성(*The Second Sex*)』과 함께 근대주의 페미니스트의 고찰과 비판의 전형적인 예다. 성(gender)이라는 개념으로 페미니스트들은 지금까지 생물학적 성과 사회적 성의 차이를 동일시해 온 것을 지적하고 그 동일시가 잘못되었다는 점을 규정(delegitimize)할 수 있게 되었다. 그러나 동시에 성(sex가 아니라 gender) 차이는, 남성과 여성을 보다 크고 상호 보완적인 인간 총체(humanistic whole)의 각각의 부분으로 만들기보다 양자를 분리하고 구분하는 매우 의미 있고 확실한 모습으로 나타났다. 환언하면, 성(gender, 이하 특별한 설명 없이 쓰인 '성'은 gender를 지칭하는 것이다)에 대한 페미니스트의 분석은 뿌리 깊은 본질에 있어서의 기본적 차이라고 여겨져 온 어떠한 것을 해체하고, 이전의 것보다 더 논쟁적이고 기본적인 다른 어떤 것을 제안했다.

## 성차—그것은 얼마나 기초적인 것인가?

성에 대한 연구는 다른 무엇보다도, 현대 서구사회에서 남성과 여성은 근대적 인간주체로서 서로 상이하게 구성되어 있다는 점을 제시한다. 즉 그들은 서로 다른, 종종 파악할 수 없는 방식으로 살아가고, 경험하며, 사회정치적 세계를 구축한다. 우리는 이제 막 공적, 사적 생활에서 지금까지 억눌려 왔던 여성적 차원을 인지하고 이해하기 시작했다. 더욱이 이성, 도덕, 인지발달, 자율성, 정의, 역사, 이론, 진보, 계몽 등 중립적인 어휘로 여겨져 온 것도 사실은 남성적 의미에 물들어 있다는 것을 성에 대한 연구는 밝히고 있다(Balbus, 1982; Belenky et al., 1986; Bernand, 1981; Bordo, 1986; Chodorow, 1978; Dinnerstein 1976; Di Stefano, 1984). 성에 대한 비교문화적 연구는 다음과 같이 요약될 수 있는 몇 가지 중요한 발견을 하였다. 한편으로 성은 모든 인간사회에서 거의 보편적인 형태인 것으로 보이지만, 다른 한편 성에 대한 정의의 실제 내용은 문화에 따라 매우 광범하게 다른 점을 보이며, '차이'가 곧 '불평등'으로 항상 연결되는 것은 아니라는 것이다.[1] 페미니스트들에게 어쨌든 좋은 뉴스는 이러한 발견들이 남성과 여성의 삶의 기회를 구축하고 그것을 침해하는 차이에 대해 지금까지 가져왔던 관념을 허무는 데 도움을 준다는 것이다. 나쁜 뉴스는 성이 모든 문화에서 완강하게 편재하는 모습을 띤다는 것이다. 요컨대 생물학적 성(sex)간에 동등함을 달성하는 데 있어서 성(gender)은 우리가 상상했던 것보다 큰 장애가 되고 있는 것이다.

"성차이는 얼마나 기본적인가?"라는 질문이 이 논문에서 논의될 것이며, 그것은 현대서구 페미니즘내에서의 논쟁에 중요한 기반으로 제공될 것이다. 페미니스트 이론의 구축에 이론적, 전략적으로 연결된 문제들과, 페미니스트들이 여성을 위해 추구해야 할 정치적 요구와 활동들이 문제점으로 논의될 것이다. 성차이가 매우 기본적이라고 믿는 사람들은(성차이는 남성과 여성을 매우 다른 주체로 만드는 강력한 관습이라고 생각한다는 점에서 이 믿음은 근대주의적이라고 볼 수 있다) 소외되었지만(지배

---

1) 인류학에서의 성관계 연구에 관한 탁월한 논의들에 대해서는 다음의 자료를 보라. 성의 관념과 실제에 대한 비교문화적인 연구의 고전은 아직도 (Derek Freeman에게는 실례지만) Mead(1963)이다. 페미니스트 인류학에서 가장 영향력 있는 인류학자는 Reiter(1975), Rosaldo and Lamphere(1974)이다. 보다 최근의 학자로는 Ortner and Whitehead(1981)를 들 수 있다. 비교문화적인 자료와 여성의 문화적 종속의 요인에 대한 연구에 대해서는 Sandy(1981)를 보라. 처음에 Ortner (1974)에 의해 전개되었던 여성/자연 : 남성/문화 대비의 잘못된 일반화에 대한 중요한 비판으로는 MacCormack and Strathern(1980)의 편서에 들어 있는 논문들을 보라. 차이가 평등보다 여성에게 보다 유리하게 작용할 것이라는 데 대한 재미있는 논의가 Murphy and Murphy(1974)에 의해 이루어졌다.

적 남성중심문화에서) 비판적인 잠재력을 갖는 여성의 특성을 변호할 수 있는 차이의 정치를 추구하고자 할 것이다. 그리고 재구축된 비남성적 사회질서를 위해 일하고자 할 것이다. 성이 이러한 깊고 구성적인 의미에서 기본적인 것은 아니라고 보는 사람들은 양성이 같을 수 있고, 또 그것이 바람직하다는 가정에 기초한, 즉 성차이를 초월한 양성의 특성에 기초한 평등의 정치를 주장할 것이다.

그러면 성차이는 얼마나 기본적인 것인가? 기본적(basic)이라는 용어로 우리는 피할 수 없다거나 과도하게 규정된다는 것을 의미한다면, 그 차이는 진실로 문화, 사회구조, 주체성에 존재하고 그것을 구조화하면서, 성 분리적이고(남성적 대 여성적), 성 지배적인 (남성적) 세계를 생산하는 기본적인 어떠한 것이 된다. 이렇게 생각한다면, 성차이는 페미니스트들에 의해 점차 남성주의 유산으로 이해되기 시작한 인본주의적 계몽주의의 유산에 근본적인 도전을 가한다. 그러나 최근에 성 그 자체가 새로운 지적, 정치적 진영에서 비판적으로 검토되고 있으며, 여기서 성과 그것에 관한 핵심적 가정 및 용어가 휴머니즘이 이전에 비판받았던 바와 똑같이 전체화(totalization)되었다는 비판을 받고 있다. 이러한 견해에 의하면 성은 황폐하고 억압적인 허구, '여성'이라는 허구 속에서 의미지어진 것이다. 그것은 성이 근본적이라는 관념에 의해 형편 없이 취급된 여성간에, 또 여성내에 존재하는 다양한 차이를 보이지 않게 가로막았다. 하나의 집단으로서의 남성으로부터보다도 백인, 부르주아, 앵글로색슨의 남성과 여성의 집단 전체로부터 더욱더 분리되어 있다고 느끼는 여성의 삶에 있어서, 성은 가난, 계급, 인종, 종족, 성적 특성, 나이보다 덜 근본적이라고 일단의 학자들은 주장한다(Hooks, 1984; Jordan, 1981; Lorde, 1984). 나는 성을 근본적이라고 보는 관념은 차이의 신화를 비판적으로 논의하고, 변혁하고 그것을 넘어서기보다는 그것을 단지 물화하는 데 기여한다는 것, 반면 그것은 다른 중요한 차이의 측면을 무시한다는 것을 주장하고자 한다.

성을 기본적이라고 생각하는 관념은 또 다른 휴머니즘의 변형, 다소 질적으로 발전된 형태−즉 아직은 그에 대한 통일된 이론은 없으나 차이라는 이름으로 해체되고 부정되어야 할 전체화의 허구−인 것인가? 또는 그것은 현재 진행중인 남성패권주의에 대한 도전의 한 부분으로 전개될 수 있고 그래야만 하는가? 어떠한 이론적 방침이 서구사회에서 여성의 현재의 요구에 가장 잘 봉사할 수 있을까?

이러한 문제를 제기함에 있어서 나는 성차이가 얼마나 근본적인가의 쟁점을 종종 은폐하는 경험적 영역으로부터 의도적으로 거리를 두었다. 잘 만들어진 경험적 척도로 답을 구할 수 있는 경우도 있지만, 이 문제의 경우는 엄격히 경험적인 해결을 할 수 없는, 어떤 다른 형태로 바꿀 수 없는 이론적이고 규범적인 핵심을 갖는 것이라고 주장하고 싶다. 성차이가 얼마나 기본적인가를 묻는 데 있어, 우리는 특별한 목적과 의도를 위해 그것이 얼마나 기본적이기를 우리가 원하고 있는가를 또한 잘 질문해야 한다. 성에 대한 최근의 페미니스트들의 논쟁들은 바로 이 점을 둘러싸고 이루어지고 있는 것이다. 성 그 자체가 근대주의 담론의 산물이고, 그 담론에 기여하고 있기 때문에 페미니스트는 그 점을 논의해야만 하는 것이다. 성차이에 대한 논의는 의미, 실천, 그리고 표현의 관습적 형태에 관한 것이지, 자연적이든 형이상학적이든 간에 근본에 관한 것은 아니다.

'얼마나 기본적인가'의 질문을 제기하는 하나의 방식은 우리가 특정한 이론적, 정치적 장(場)에 참여하는 깊이에 따라 나타나는 성차의 관념이 얼마나 다양한가를 탐색하는 것이다. 이 장(章)은 최근의 근대주의자와 포스트모더니스트간의 논쟁을 참고하며 이러한 탐색의 방식을 따를 것이다. 그것은 페미니스트의 성이론을 위해 중요한 의미를 산출할 것이다. 각각의 이론적 논쟁에서 계몽주의적 근대주의 유산과 페미니스트가 어떠한 관계를 갖는가의 문제와, 그러한 근대주의 유산을 페미니스트가 어떻게 평가하는가의 문제가 논의될 것이다.[2)]

---

2) 영(Iris Young)이 지적한 대로, 이 장의 논의는 '근대성과 포스트모더니즘이 과도하게 일반화된 용어들로 다루어지고 있으며, 전문화에 있어서 불충분하다는 결점을 갖고 있다'고 하는 비판을 받기 쉽다. 예컨대 데카르트, 홉스, 칸트, 맑스, 밀 등의 많은 이론가들과 철학자들이 매우 중요하고 의미 있는 차이를 가지고 있음에도 불구하고 단지 근대주의 사상가로 분류된다. 더욱이 근대성을 지나치게 획일적인 것으로 보아, 그것이 산출한 반론적 담론, 즉 헤겔이나 루소 등의 사상을 논의하지 못하고 있다. 포스트모더니즘도 마찬가지로 매우 다양하다. 가다머(Gadamer), 푸코, 데리다, 로티 등은 단순하게 하나의 담론의 영역에서 다루

성차이에 대한 논쟁은, 현대서구의 페미니즘과 인본주의적 합리주의의 계몽주의 유산과의 관계를 설정하는 다음의 세 가지의 전략적 형태에 관련된다고 생각된다. ① 페미니스트 합리주의, ② 여성적 반(反)합리주의, ③ 페미니스트 포스트합리주의(휴머니즘이나 근대주의는 이 세 가지의 틀에서 합리주의로 인식될 수 있다). 다음에 논의할 것이지만, 각각의 입장은 성차이에 대한 특정한 관념을 사용하며, 다른 두 입장과 구별되는 특수한 통찰과 문제점을 제기한다. 페미니스트 합리주의는 성차이를 최소한으로 보아, 성차별주의를 비합리적인 것으로 비판하고, 따라서 그것을 부당한 신념과 실천으로서 비판할 수 있게 된다. 여성적 반합리주의는 성차를 보다 강조하는 것으로서, 합리적/남성적 : 비합리적/여성적의 구도에 대한 반대를 약화시키고, 전통적인 여성적 경험을 극복하기보다는 가치 있는 것으로 규정하고, 여성의 전통적 활동을 인정하는 방식으로 합리적인 것의 의미를 재인식하고자 시도한다. 페미니스트 포스트합리주의는 앞서의 두 입장의 용어와 전략을 거부하고, 페미니즘은 한편으로는 휴머니즘과, 다른 한편으로는 '여성'이라는 주체를 위한 이론과 정치로서 해석되는 페미니즘의 가정을 거부함으로써, 합리주의 패러다임과의 결별을 주도해야 한다고 주장한다. 이 세 번째 접근에서 성은 첫째 입장에 비해 매우 조심스럽게 다루어지며, 두 번째 입장에서보다는 강한 의심을 가지고 다루어진다. 다음의 세 가지 텍스트는 여기서 특별히 도움이 되며, 다음에 이루어질 논의에 중심이 될 것이다—캐롤 맥밀란(Carol McMillan)의 『여성, 이성 그리고 자연(*Women, Reason and Nature*)』, 제너비브 로이드(Genevieve Lloyd)의 『이성의 담지자, 남성(*The Man of Reason*)』, 샌드라 하딩(Sandra Harding)의 『페미니즘에서의 과학의 문제(*The Science Question in Feminism*)』. 복잡한 논쟁을 도식화하려는 시도로서 이 세 가지 입장은 인위적이고 과

---

어질 수 없는 인물들이다. 이 장의 주요 논점은 페미니스트 이론—보다 특수하게는 성차이의 위상에 대한 페미니스트들의 논쟁—이므로, 나는 근대주의와 포스트모더니즘의 큰 줄기만을 논의할 것이다. 페미니스트의 주의깊은 관찰에서 근대주의와 포스트모더니즘 이론의 특별한 측면을 발견할 수 있겠지만, 그것은 이 장의 목적이 아니다. 오히려 나는 근대주의-포스트모더니즘 논쟁을 현대 페미니스트 이론과 논의의 배경으로서 다룰 것이다. 지면의 한계로 양전략을 동시에 추구할 수 없기 때문에 나는 페미니스트 이론을 우선적으로 논의하고자 한다.

도하게 단순화되어 있다. 그럼에도 불구하고, 나는 이 도식이 우리가 현재의 경향과 흐름을 파악하는 데 좋은 도움을 줄 것이라고 생각한다. 이렇게 명확성을 얻기 위해 시도한 도식적 틀 속에서 중요한 뉘앙스, 입장들의 혼합, 또는 대안적 입장들이 희생되지 않도록 유의할 것이다.

## 성과 합리성의 딜레마

합리주의 입장은 합리성과 휴머니즘에 대한 계몽주의의 시각에서 많은 어휘를 받아들이고 그 시각을 출발점으로 삼는다. 이 시각에서 보면, 모든 사람들은 그들이 합리적이라는 점에서 공통적인 측면을 끌어낼 수 있다. 합리성에 대한 인간의 능력은 바로 인간을 자연의 영역과 구별시키는 점이다. 자연의 영역은 그 자체로서 존경받지 못하는 것으로 위치지어진다. 여성은 남성보다 덜 합리적이고 보다 더 자연적이라는 음험한 가정에 기초해서 여성은 인간으로서 응당받아야 할 존경으로부터 부당하게 제외되어 왔다. '차이'는 여성에 대한 불평등한 대우를 합리화하는 데 사용되어 왔고, 따라서 여성이 사회에서 남성과 똑같은 권리를 갖는 위치를 얻기 위해서 차이는 이론적으로 그리고 실제적으로 거부되어야 한다.[3]

반합리주의는 합리주의내에서 여성 특유의 본성이 모독되고 있는 점을 직시하고, 이렇게 모독된 여성적인 것을 재평가하려고 시도한다. 이러한 재평가의 관념이, 합리주의에서는 배제되고 모독된 '타자'의 바로 그 관념이라는 점은 매우 의미심장하다. 반합리주의는 멸시되고 여성적인 것으로 간주된 비합리성을 찬양한다. 그리고 자연, 신체, 우연성, 직관 등에 대립하는 합리주의 문화가 성 중립적인 체하는 점에 반대하여, 차이에 대한 강한 관념을 제기한다. 반합리주의는 자신을 합리주의 문화에 반대하는 것으로 규정하고, 여성이 보통 사람의 불완전한 모조품으로서가 아니라, 여성으로서 가지고 있는 차이로 인하여 보다 잘 적응할 수 있는 사회질서

3) 이러한 전략은 (내적으로는 다소 다르지만) 이미 다음의 고전에서 나타나고 있다. John Stuart Mill, *The Subjection of Women*, in Rossi(1970), Wollestonecraft (1975). 합리주의에 대한 이러한 묘사와 긴밀하게 연관되어 있는 자유주의의 논의에 대해서는 Jaggar(1983: 7장)를 보라.

를 그린다.[4)]

마지막으로 포스트합리주의는 합리주의의 현재의 언어적, 개념적 상황을 모두 거부한다. 합리주의의 틀 속에 있지도 않고 또 밖에 있지도 않으며, 차이에 찬성하지도 반대하지도 않으면서, 포스트합리주의는 합리주의의 담론을 초월하고자 시도하며, 새롭고 분산화되고 부분적이거나 균열된 반대의 담론을 제공할 것을 시도한다. 여기서 차이는 지지되기도 하고 동시에 해체되기도 한다. 단일한 성간의 차이 대신에 다양한 여러 차원의 차이를 제시하며, 차이는 그것이 표면적으로는 반대하는 바로 그 지배체계가 만들어낸 인조물이 아닌가 하는 의구심을 던진다. 이러한 전략은 이론적으로는 호소력이 있으나, 그것은 차이가 생겼다 사라졌다 하는 끊임없이 변하는 기반 위에 있으므로 매우 복잡하고 안정되지도 못한다.[5)]

맥밀란의 『여성, 이성 그리고 자연-페미니즘에 대한 철학적 문제들』은 여성적 반합리주의의 매우 재미 있는 예다. 이것은 반페미니스트 텍스트로 비판되어 왔다. 이 분석은 페미니스트 이론에 대해 매우 경박한 해석을 하고 있다는 중요한 결점을 가지고 있다. 그녀는 시몬느 드 보부아르와 슐라미스 파이어스톤(Shulamith Firestone)의 저작(에 대한 그녀의 해석)이 페미니스트 이론을 적절히 파악하고 있다고 믿는다. 그녀는 페미니즘을 여성과 여성적인 것을 남성적 합리주의의 이름으로 비하하는 합리주의 기획의 한 공모자라고 비판했는데, 그것은 매우 근거가 약한 것이다. 그럼에도 불구하고 합리주의에 대한 그녀의 해석은 몇 가지 점에서 시사적이다.

맥밀란은 이성과 도덕에 관한 고전적인 데카르트식의 해석을 목표로 삼았다. 그것은 우리에게 너무도 익숙한 이분법적 구조내에서 이루어져 왔

---

4) 페미니스트 반평등주의의 최근의 예에 대해서는 Eisentsein and Jardine(1980)을 보라. 차이의 주제에 대하여 페미니즘의 두 번째 흐름(second-wave)의 저서들에서 행한 논의를 잘 정리하고 있는 것으로 Eisenstein(1983)을 보라. 평등주의 사고의 문제점에 대한 철학적인 (그러나 페미니스트는 아닌) 탐구에 대해서는 Wolgast(1980)를 보라. 이 주제에 대한 19세기 페미니스트의 논의에 대해서는 Fuller(1971)를 보라.

5) 차이에 대한 해체론적 페미니스트 접근방식에 관하여 이루어진 홍미 있고, 세련된 그리고 정치적으로 중요한 탐구에 대해서는 Meese(1986)를 보라.

다. 즉 그것은 주체-객체의 이원론으로 시작하여 이성과 감성-직관간의 대립에서 절정을 이루었다. 이러한 틀내에서 여성과 여성적인 것은 비합리적인 것과 결탁한 죄로 공격을 받아왔다. 맥밀란은 페미니즘이 (여성적인) 직관과 (남성적인) 합리적 지식간의 합리주의식의 분리를 무비판적으로 받아들이고 있다고 비판하고 있다. 확실히 페미니스트의 다양한 시도들은 이성과 자연 그리고 비합리성간의 연결을 끊으려 할 뿐, 그것이 안주하고 있는 이분법적 논리를 공박하는 데 힘을 기울이지는 않고 있다. 맥밀란에 의하면 "합리주의의 작업 전체는 합리성과 직관, 이성과 감정을 잘못 대비시키는 데서 출발했다는 점을 페미니스트는 인지해야만 한다"(1982: 55-56). 이 대비는 '이성적 사고는 남성적 추구의 독특한 특권이며 따라서 남성의 특권이다'는 관념을 발전시켰다(1982: 56). 따라서 '여성은 합리적 사고를 할 수 없다'고 하는 성차별주의의 관념과, 여성은 필요한 교육적 기회를 받지 못했기 때문에 합리적 사고를 할 수 없다고 하는 페미니스트들의 관념은 똑같이 잘못된 관념에 기초하는 것이다. 맥밀란의 주장은 복잡한 여성의 삶에 대한 해석의 뉘앙스에 보다 면밀한 주의가 필요하다는 점을 강조하는 것이다. 이러한 견해에서 여성의 일상사, 특히 그들의 재생산과 양육의 역할은 복합적이고, 합리적이고, 사려깊고 중요한 활동으로 재평가해야 할 중요한 점을 가진 것이다. '여성됨(womanhood)의 중요한 사실이 여성은 아이를 낳고 남성은 그렇지 않다는 것이라고 한다면, 여성의 가치에 대한 새로운 의미는 무엇보다도 어머니 역할에 대한 재평가를 포함해야만 한다'(1982: 102). 그러한 작업 없이 단지 결정된 여성의 삶과 성별분업을 비판하는 것은 잘못된 (즉 남성적, 합리주의적) 평가기준을 적용하는 것에 지나지 않는다. 그는 다음과 같이 페미니즘을 단죄하고 있다. "페미니즘은 근본적이지도 혁명적이지도 않은 채, 인간의 삶을 외부적이고 추상적인 목적을 가지고 끊임없이 왜소화하고 비천하게 만드는 사회철학의 가장 명확한 표출임을 드러내고 있다"(1982: 78).

맥밀란은 재생산에 대한 통제, 즉 재생산의 권리에 대한 페미니스트의 요구는 필연의 자연영역과 맞서 싸우는 인간 행위자에 관한 합리주의적 관념의 유희라고 주장한다. 맥밀란은 생물학적 조건을, 정복되고 따라서 극복되어야 할 문제로 보기보다는 우리가 '보다 완벽히 그리고 보다 정당하게' 포용해야 하는 조건으로 취급할 것을 제안한다. 가정내에서의 성별 분업에 관하여, "우리는 우리의 준거기준을 돈이나 '남성적' 활동에 의존하지 않고 여성다움에 가치를 둘 수 있는 방법을 찾아야 한다"(1982: 204-205). 환언하면 가사에 대한 임금지불이나 가정 밖의 임금노동이 여성의 일을 평가절하하는 문제에 대한 해결책이 되어서는 안된다. 왜냐하면 맥밀란에 따르면 이 문제는 궁극적으로 무엇이 중요한가를 따지는 합리주의의 관념과 관련이 있기 때문이다. 합리주의적 관념의 에토스에 굴복하는 것은 여성의 이익에 도움을 주지 않을 것이다.

우리는 인간 행위자와 합리성에 대한 주의주의적(voluntaist) 설명에 동조하여, 성역할과 같은 사회적 제한은 반드시 '나쁘다,' 즉 그것은 자유로운 선택과 자기결정에 대한 부당한 침해라고 가정해서는 안된다고 맥밀란은 주장한다. 사회적 제한들은 관습이긴 하지만, 이 문화적 산물(artifact)은 단지 임의적으로 부과된 것만은 아니다. 오히려 그것은 삶에 주어진 것으로부터 의미를 만들고자 하는 것이다. 성역할의 경우 그것은 재생산에 있어서의 성차이라는 존재론적으로 주어진 것으로부터 의미를 만들어내는 것이다. 맥밀란에 의하면 여성을 가정의 영역에 제한하는 것은 가정내 활동이 가치 없는 것으로 될 때에만 그들의 권리에 대한 훼손인 것이다. 그러나 이러한 생각은 합당치 않다. 왜냐하면 만약에 가정내 활동이 처음부터 가치 없는 것으로 여겨진 것이 아니라면, 여성을 가정내 영역에 제한시킨 것이 그보다 먼저 이루어진 것인가의 문제에 답해야 하기 때문이다. 다시 말하면, 평가절하가 제한을 이끈 것인가, 아니면 제한이 가치절하를 이끈 것인가? 명백히 비하되고 격리된 여성의 영역이 어디서 기인했는가의 질문에 대하여 만족할 만한 대답을 얻을 길은 없다. 이 질문에 대한 맥밀란의 대답은 여성적인 것에 대한 평가절하를 권력/지식관계의 은밀한 세계가 아니라 철학적 틀(합리주의)내에 위치시키는 것이다. 따라서 그는 여성의 특성에 관한 논의에서 관습이 어떠한 선택을—그것이 만든 것일지라도—제외시킨다는 정치적 사실에 대한 평가는 다루지 않는다. 맥밀란은 선택이라는 관념을 사건이나 피할 수 없는 필연성을 조작할 수 있는 힘이라고 봄으로써 행위자에 대한 합리주의의 해석을 따르고 있다. 그가 이렇게 선택이라는 관념에 대해 진지하게 논의하지 않는 것은, 재생산의 자유에 대한 페미니스트의 요구에 가하는 그의 비판에서도 나타난다. 그에 의하면 낙태는 생명의 거부요 파괴이다. 산아제한의 기능은 그것이 여성의 신체와 성에 해를 끼치므로 비판되어야 한다(많은 면에서 그것은 옳다).

맥밀란의 분석은 양성주의적(heterosexist) 성의 관념에서도 비슷한 문제점을 보인다. 아마도 그는 성적 상호작용은 두 개의 반대된 성의 사람들 사이에서만 일어나는 것이라고 생각하는 듯하다. 이렇게 잘못된 시각을 갖게 된 중요한 이유는 모든 관습은 생활의 실제적 또는 근본적 사실로부터 이루어지는 것이라고 하는 그의 주장과 관계된다. 그는 모성과 같은 사회적 관습은 단지 임의적으로 만들어진 것은 아니라고 주장하면서, 그 반대의 극단적 입장을 취한다. 즉 그러한 모든 관습들은 성적으로 동질이형적이고 합리주의에 의해 평가절하된 본성으로부터 형성된 것이라고 주장한다. 관습이 종종 그 자체의 복잡한 형성 및 변화과정을 거쳐서, 그것들의 기능적 뿌리와는 거의 관련이 없을 정도로 된다는 것은 말이 되지 않는다. 또한 관습이 그것을 형성한 바로 그 사실과 문제들을 다시 생산하고 구성한다는 사실, 또 그러한 문제들의 해답을 제공하고 있다는 사실을 우리가 인정하지 않는다는 것에도 문제가 있다. 페미니스트들에서 나타나는 이러한 현상 중 좋은 예는 '여성문제'에 대한 계보학이다. 이성애의 관습은 동성애라고 하는 '문제'와 관련이 있다는 것, 19세기의 '노처녀' 문제는 그녀를 제외시킨 핵가족의 결과라는 사실도 그러한 현상의 예들이다.

맥밀란은 여성적인 것을 비하하고 평가절하하는 합리주의사상으로부터 나온 여러 주장들의 문제점을 열성적으로 지적하면서도, 여성성(feminity)은 문제시하지 않고 있다. 그녀는 여성성이 합리성, 행위성(agency), 동기, 도덕성, 가치 등을 평가하는 그 자체의 적합한 기준을 가지고 있다고 주장하면서 여성적 경험이 가치가 있다는 것을 호소한다. 불행히도 그녀의 반합리주의적 비판은 페미니스트, 특히 에코페미니즘의 이론과 정치를 발전시키고자 시도하는 페미니스트들에게 유용한 잠재력을 지니지만(King,

1981), 실제 실행 가능한 대안이 부족하므로 많은 사람들을 합리주의에 머물게 만든다. 이러한 점에서 볼 때 합리주의와 성차에 대한 그것의 경박한 해석은, 모순된 동조주의적 반합리주의의 대안보다 안전한 발판을 제공한다고 할 수 있다. 그러나 이 두 가지 외에도 우리에게는 다른 대안이 있다.

로이드의 『이성의 담지자, 남성』은 성차와 남성적 합리성에 대해 보다 세련되고 페미니스트적인 해석을 제공한다. 로이드는 서구철학의 전통을 비판적으로 검토하면서 '대'철학가들이 이성의 이상형을 어떻게 보았는가를 탐구한다. 그는 성적으로 중립적인 이성에 대한 이상은 근본적으로 잘못 이해된 것이라고 결론짓고 있다. 맥밀란과 같이 로이드는 '합리성은 여성성에 대한 초극으로 인지되어 왔다'고 보며 '문화적 이상을 여성성에 반대되는 것으로 규정해 온 것에 대해 여성은 쉽게 적응될 수 없다'(1984: 104)고 생각한다. 그러나 맥밀란과는 대조적으로 로이드는 덧붙여서 "'여성적인 것' 그 자체가 이 구조내에서 이루어진 것에 의해 부분적으로 구성되었다"고 하는 중요한 비판적 고찰을 하고 있다(1984: 105). 로이드는, 맥밀란은 자신이 주장한 '다르지만 평등한' 접근방식이 그것이 도전하는 담론에 대해 갖고 있는 급진성을 심각하게 과대평가하고 있다고 지적한다. '여성은 그 자신의 독특한 지적이고 도덕적인 특성과 가치를 갖고 있다고 하는 관념은, 어떤 면에서는 그것이 현재 대응하고 있는 바로 그 철학적 전통내에서 형성된 것이기'(1984: 105) 때문이다. 여성적인 것을 합리주의에서는 인지되지 않았던 근본적으로 다른 종류의 합리성과 행위성을 가진 것으로 보아, 가치를 부여하려는 노력은 '그것이 거부하고자 한 지적 전통이 만들어 놓은 공간에서 일어날 것이다'(1984: 105).

로이드의 분석은 우리를 이성으로부터 여성적인 것이 다각적으로 배제되어 온 것, 즉 직접적인 차별보다도 못한 그러한 배제에 주목하도록 한다. 서구철학은 여성적 특성(그것이 정의하는 바)이 유보되고 동시에 비하되는 것을 허용하거나 또는 요구해 왔던 것이다. "남성의 의식에 모자란 점을 '여성적'인 것으로 보완한다고 하는 것은, '여성'의 억압적 측면과 관계적 특성을 나타내는 것이다(1984: 105). 여기서 맥밀란과 로이드의 중요한 차이는 맥밀란이 이성에 대한 관념들이 단순히 성적 차이를 반영해 왔다고 생각하는 데 비해 로이드는 그것이 성적 차이의 용어와 내용을 구성하는 것을 돕기도 했다고 주장한다는 점이다. 여성적인 것은 그것이 배제됨을 통해서도 형성되어 왔다. 여성/여성적인 것의 차이가 갖는 비판적인 힘이 상당부분 그같은 배제에서 나오는 것이라면, 이 힘은 그것이 적극적인 경쟁 규범을 주장하는 데 쓰이지 않는 한에서 살아 있을 것이다.

그러나 적극적 경쟁규범을 따르고자 하는 유혹은 엄청나다. 단순히 불을 가지고 불에 대적해서 싸우는 것, 즉 여성의, 여성적인 것에 대한 평가절하와 억압에 전략적으로 집중하는 것이 되어서는 안된다. 그보다는 오히려 타자의 목소리가 산출하는 날카로운 비판과 통찰이 일차원적인 합리주의의 공포에 대한 대안을 위해 직관적이고 명백한 감각을 제공하는 것이다. 시인인 캐롤린 카이저(Carolyn Kizer)는 다음과 같이 말했다. "목격: 여성의 역할과 예술. 만약에 여성이 남성과 평등한 자격으로 장(arena)에 들어가는 데 성공한다면, 그것을 목격한 대가로, 우리는—우리 모두는—무엇을 잃을 것인가? …외부인으로서의 시각은 값진 보고를 산출해 왔다"(Kizer, 1986: 11). 조단(June Jordan)은 「내가 곧 할 수 없는 독립선언」에서, 지배적인 백인 남성이 나타내는 해방의 이미지를 갖는 동화주의적(assimilative) 페미니즘에 관해서 비슷한 문제의식을 제기한다.

> 우리를 항상 특징지어 왔던 아이를 돌보는 것, 가르치는 것, 치유하는 것, 인간지향적 가치 등이 적어도 은행경영자, 장교, 회사의 이사 등에 주어지는 명예와 같은 정도로 존경되고 명예로워질 수 있도록 우리 자신을 해방시킬 것인가? 또는 우리가 그러한 특징과 기능을 과감히 포기할 수 있도록, 우리가 우리 자신의 따뜻함과 너그러움을, 남자들이 오랫동안 그래왔듯이, 경멸할 수 있도록 우리 자신을 해방시킬 것인가?(Jordan, 1981: 120)

성별차이에 대해 우리는 무엇을 해야 하는가? 엄격한 합리주의적 대응은 보편적 휴머니즘을 위하여, 성별차이를 거부하고 없애고자 할 것이다. 반합리주의 대응은 그것을 구체화할 것을 요구하는 듯하다. 로이드는 여기서 두 가지 중요한 점을 우리에게 상기시킨다. 합리주의에서의 동일성은 이미 그 자체가 특수한 성별관념을 상정하고 있으므로 성별차이는 부정될 수 없다. 그러나 외부의 목격자(여성화된 타자) 역시 순수하지 않다. 그녀 역시 합리주의, 남성주의 담론의 산물인 것이다.

이러한 상황 속에서 우리는 근대 합리주의 유산에 대하여 어떻게 대응해야 할까? 맥밀란의 해결책—노동하는 어머니를 모델로 삼은 행위성(agency)과 합리성의 여성화된 모델—은 여기서 해결책이 아니다. 그러나 이성, 진리, 논리의 범주를 완벽하게 거부할 수도 없다고 로이드는 주장한다. "이성이 남성적인 것이라는 주장은 반드시 진리에 대한 성적인 상대주의를 의미하는 것도 아니고, 또한 남성에게 유효한 논리적 사고의 원칙이 여성이 사고할 때에는 유효하지 않다고 하는 주장과 일치되는 것도 아니다"(1984: 109). 로이드는 '철학자들은 이성이나 철학을 거부하지 않고 이성의 남성성에 대한 페미니스트의 비판을 진지하게 검토할 수 있다'고 믿는다(1984: 109). 그러나 로이드는 단지 조그만 점을 너무 큰 소리로 주장하고 있는 것은 아닌가? 아마도 그녀는 그녀의 분석이 의미하는 바를 과소평가하는 것은 아닌가? 로이드가 검토한 바, 서구의 철학적 담론의 역사를 통해 편재해 온 남성중심의 내용과 관계가 없어진 '이성' 또는 '철학'은 어떠한 것인가? 그러한 이성이나 철학에는 남성중심적 내용의 찌꺼기가 없을 수 있을까? 불행히도 로이드는 이 질문들을 추구하지 않는다. 그러나 과학의 이론과 실천에 관한 이와 같은 일련의 질문들은 샌드라 하딩이 『페미니즘에서의 과학의 문제』에서 제기하였다.

하딩의 논의를 검토하기 전에, 우선 지금까지 논의된 이슈들을 순서대로 간략히 정리해 보자. 합리주의의 시각에서는 여성에게 평등과 성별차이의 불식을 위해 투쟁할 것을 요구한다. 그러나 여기서 평등은 맥밀란이 주장했듯이, 여성 또는 여성적인 것을 경멸하는 일련의 용어로서 형성된 것이다. 이러한 용어들은 또한 여성과 여성적인 것을 반영할 뿐만 아니라 그것을 창조하기도 한다고 로이드는 덧붙인다. 반합리주의는 여성적인 것을 재평가하고자 시도했으나 그것을 비판하는 데 실패한 부정적 효과를 가져왔다. 따라서 반합리주의는 반페미니즘으로 흘러버린 경향이 있다. 우리는 다음과 같은 딜레마에 빠지게 된다. 한편에서는 합리주의와 인간

동등성에 대한 믿음을 포기하라, 그리고 계몽주의적 휴머니즘과 합리주의의 용어와 주장도 포기하라고 요구한다. 다른 한편에서는 합리주의를 포용해서 근대주의의 여성혐오 감각을 용인하라. 왜냐하면 우리는 그 감각이 지니는 비판적인 장점을 잃게 되기 때문이라고 요구하는 것이다. 정체성(동일성)의 정치와 인식론이냐, 아니면 차이의 정치와 인식론이냐, 둘 중에서 하나를 선택해야 하는 것으로 보인다. 그러나 로이드가 우리에게 환기하듯이, 이러한 선택은 사이비 선택일 뿐이다. 왜냐하면 그것은 우리와 그들이라고 하는 성별인식에 의해 미리 포장된, 이미 틀지어진 것으로서 우리에게 부여되기 때문이다. 이렇게 볼 때, 차이는 본질적인 것으로 잘못 인식된 정체성을 비판하고, 정체성은 또한 잘못 인식된 차이를 비판하게 된다. 우리는 잘못된 담론의 싸이클에 고착된 듯하다. 거기서 빠져나올 단 하나의 길은 (그것이 존재한다면) 포스트합리주의 또는 포스트모더니즘으로 불릴 수 있는 전략에 의해서 제공된다. 이 전략은 합리주의와 반합리주의 장(場)에 의해 만들어지고 야기된 많은 문제들을 해결하고 있는 한편, 그것은 그 자체의 가공할 만한 문제를 만든다. 나는 이 문제를 '포스트페미니스트 경향'이라고 부른다. 그것은 주도권을 가진 주류에 대항하는 어떤 특정한 형태의 차이나 정체성을 체계적으로 범주화하거나 또는 그것에 특권을 부여하는 것을 거부함으로써 강화되는 성향이다.

## 포스트모더니즘/포스트페미니즘

하딩에 의하면, 서구문화의 지적, 사회적 틀에 대한 페미니스트의 도전은 불가피하게 우리의 문화적·인식론적 체계의 기반 그 자체에까지 이르게 된다. 맥밀란과 로이드처럼, 그녀는 "우리가 인간 전체를 포괄하는 문제라고 생각했던 것들, 개념, 이론, 객관적 방법론, 초월적 진리 같은 것들은 실상은 그것에 훨씬 못 미치는 것이다. 사실상 사고의 이러한 산물들은 그것을 만든 집단의 또는 개인의 흔적을 갖고 있으며, 이들 창조자들은 또한 특정한 성, 계급, 인종, 문화의 흔적을 갖고 있다"(Harding, 1986: 15). 하딩의 설명에서, 페미니스트 도전은 맥밀란과 로이드의 설명에서 보다 더욱 사회적, 인식론적 질서에 위협적이다. 왜냐하면 성과 (과학적) 합리성의 공모가 편재하는 상황에서 적합한 합리성의 모델－지식추구의 방법－은 만들어지기 힘들고 실천되기는 더욱 힘들 것이라는 의심을 강화시키고 있기 때문이다. 이러한 견해에서 여성적인 것과 이성, 차이와 동일성에 관한 전통적 어휘들은 똑같이 의심스럽다. 두 가지의 기획 모두에서 그러한 관념들을 비판적으로 회복시킬 여지는 충분치 않다.

근대과학에 대한 페미니스트의 비판은 페미니스트 경험주의, 페미니스트 관점이론(standpoint theory), 그리고 보다 최근의 페미니스트 포스트모더니즘의 세 가지 형태로 요약될 수 있다고 하딩은 주장한다. 페미니스트 경험주의는 합리주의와 상당 정도 무리 없이 일치한다(그것은 또한 자유주의와 자유주의 페미니즘의 인식론적 대응물이다). 페미니스트 경험주의는, 성차별주의와 남성중심주의는 과학적 탐구를 위한 기존의 규범을 엄격히 준수함으로써 교정할 수 있는 사회적 편견이라고 규정한다. 따라서 성차별주의의 과학은 보통의 과학이 아니라 나쁜 과학으로 묘사된다. 그러나 페미니스트 경험주의는 성차별적 편견이 과학적 탐구 절차의 우연적이거나 부차적인 특징이 아니라 그것의 내재적 특징이라는 점을 드러냄으로써, 합리주의와의 친밀한 관계를 부지불식간에 해체시킨다. 페미니스트 경험주의의 인식론적 모순은, 합리적 탐구에서 흔히 보이는 성차별적인 면을 잘 인지하고 있는 페미니스트 관점이론에 의해 본격적으로 검토된다. 여기서 여성의 특수하고 남성과 구별된 관점은 탐구를 위한 보다 바람직한 기반이 된다－소외되고 착취당하는 타자로서의 여성의 경험과 관점은 남성집단의 경험과 관점보다 포괄적이고 비판적이라고 판단되기 때문에 보다 바람직한 것이다(Hartsock, 1983: 231-251). 페미니스트 관점이론은 지식과 성차별적 이해관계와의 개방된 관계를 기꺼이 포용하지만, 그것은 페미니스트 경험주의와 마찬가지로 일반화가 가능한 보편적인 지식에 대한 열망을 아직도 가지고 있다. 이러한 지식은 최소한 '여성'집단에 있어서 보편적이어야 한다. 최대한으로는 편파적이고 경직된 남성적 탐구에서의 인식을 그 보편적 지식의 설명과 해석의 지평내에 포섭할 수 있어야 한다. 하딩이 지적한 대로, '여성'은 통일된 하나의 사회적 주체로 존재하는 것은 아니라고 하는 점에서 페미니스트 관점이론은 비판될 수 있다. 만약에 여성간의 차이－인종, 계급, 성성, 문화, 종족에 기초한 차이－가 커서 여성적 경험과 이해의 공통성을 파악하기 힘들다면, 하나의 페미니스트 관점은 하나의 페미니스트 운동과 마찬가지로(Hooks, 1984) 억압적이고 획일화하는 허구가 될 가능성이 있다. 휴머니즘도 그랬던 것을 상기할 수 있다. 다음의 문제는 한층 더 어렵다. 페미니스트 관점의 기획은 근대를 특징지어 온 지식과 권력간의 파괴적인 동맹에 아직도 굳건히 뿌리박고 있는 것은 아닌가? 그것은 본질적인 것으로 규정된 정체성의 문제성 있는 정치에 너무 굳게 뿌리박고 있는 것은 아닌가?(Harding, 1986: 27) 하딩의 질문은 '페미니스트' 관점이론이 '여성적(feminine)' 관점의 이론들과 마찬가지로, 근대합리주의 철학과 문화에 의해 이루어진 성과 합리성에 대한 물화된 설명의 문자 하나하나에 지나치게 집착하고 있다는 점을 지적하고 있다.

하딩에 의하면, 페미니스트 포스트모더니즘은 한층 더 나아가 페미니스트 경험주의와 페미니스트 관점이론들이 기초하고 있는 가정들에 도전한다. 포스트모더니즘은 "자연적이고, 본질적이며, 독특한 것으로 규정된 '인간'(즉 '남성')에 대한 위험한 허구(fiction)와 …이 허구를 구성하기 위하여 침투된 왜곡과 착취"(Harding, 1986: 26)에 반대하는 한편, 그것은 페미니즘의 주장을 포함한, 모든 종류의 일반화되고 보편적인 주장을 회의한다. 나아가서 그것은 모든 지나치게 일관성 있는 이론에 대하여 회의를 하도록 한다. 페미니스트 포스트모더니즘은 서구 휴머니즘의 근본적 타부를 침해하려는 열정에서 이루어진 지식의 요구만을 정당화하는 인식론이다'(1986: 193). '영원한 편파성'을 상징하는 이 인식론의 정치적 대응물은 "'본래적 통일'로 돌아가려는 환상을 거부하고(1986: 193) 분산된 자아나 반대하는 의식을 '연대하는 정치'이다"(1986: 195-196). 본래적 통일이란 자아, 집단, 포괄적 정치나 이론의 이상, 주체-객체 관계에 대한 인식론적 문제, 공동체적(전체주의적) 유토피아에서 볼 수 있는 총체성의 허구를 지칭하는 것이다. 하딩은 질문한다.

> 자연적이고 본질적이며 독특한 것으로 규정된 '인간'과 이 허구를 구성하기 위해 침투된 왜곡, 완고함, 착취, 종속에 대해 반대하기 위하여 정치적, 인식론적 연대를 모색하는 것이 어떨까? 페미니스트 관점의 영원한 편파성을 인정함으로 해서 열려지는 새로운 가능성을 탐구해 봄이 어떨까?(Harding, 1986: 193)

여러 가지 이유에서, 페미니스트 포스트모더니즘은 페미니스트 정치와 차이의 이론에 대한 매력적인 재구성이다. 현대 페미니즘과 포스트모더니즘 이론간의 유사점은 다른 학자들에 의해서도 인지되어 왔다(Ferguson, 1984). 제인 플랙스(Jane Flax)에 의하면, 이 학자들은 "존재, 이성의 본질과 힘, 진보, 과학, 언어 및 '주체/자아'에 대한 보편적 (또는 보편화된) 주장에 관한 근본적인 회의"를 공유하고 있다(Flax, 1986: 3). 이러한 회의를 일으킨 원초적 충격이 성이었다면, 다양한 차이들—그 어느 차이도 다른 것을 압도하는 이론적 특권을 갖지 못한다—에 대해 보다 급진적이고 분권화된 관심을 가지기 위해서, 성관념으로부터 위안을 받거나 그 개념을 완성하고자 하는 시도는 포기해야만 한다.

그러나 다른 페미니스트 진영에서는, 성을 가장 중요시하는 입장을 포기하라고 하는 포스트모더니즘의 요구와 여성의 사고, 행위의 방식 그리고 이론과 정치를 받아들이는 방식에 대하여 주체 개념을 중심으로 공격하는 것에 의구심과 증오를 느낀다. 낸시 하트속(Nancy Hartsock)이 질문했듯이, 과거에 침묵했던 사람들이 자신을 위하여 그리고 그들의 주체성을 위하여 말하기 시작한 서구역사의 이 순간에, 왜 주체의 개념과 해방의 '진실'을 발견하는/창조하는 가능성이 회의되는가?(Harstock, 1987) 환언하면, 포스트모더니즘은 단지 신포도현상의 세련된 형태에 불과한 것이 아닐까? 플랙스(Flax, 1987)는 포스트모더니즘 이론이 그래도 아마 다른 이론들에 비해 억압적이고 금지된 기능들은 덜 가지고 있는 것 같다고 주장한다. 이 경우 포스트모더니스트의 주체에 대한 회의는 여성에 의한, 여성을 위한 (억압된) 주체성에 대한 탐구를 효과적으로 막는다고 그녀는 주장한다. 웬디 브라운(Brown, 1987)처럼 플랙스는 포스트모더니즘으로부터 공격을 받고 있는 주체는, 포스트모더니즘 이론가들이 인정해 왔던 것보다 더 특수하게 남성적인 자아일 것이라고 믿는다. 하트속과 함께, 그녀는

"여성이 이제 막 그들의 자아를 기억하고 행위자로서의 주체성을 주장하기 시작한 이 순간에, 이러한 움직임에 대해 논의하고 있는 사람들의 동기를 깊이 의심한다"(Flax, 1986: 106).

포스트모더니즘에 반대하는 페미니스트의 사상은 몇 가지 연관된 주장들로 구성된 것으로 보인다. 첫째의 주장은, 포스트모더니즘은 이전에는 계몽사상을 가지고 있었으나, 이제는 계몽주의의 유산을 기꺼이 비판적으로 고찰하고자 하는 사람들(산업화된 서구의 특권층 백인 남자)의 주장과 요구를 표현한다고 보는 것이다. 둘째, 포스트모더니즘의 비판적이고 해체적인 노력의 대상은 앞서와 비슷한 특수하고 편파적인 사람들(소크라테스, 플라톤, 아리스토텔레스를 비롯한)의 창조물이었다는 주장이다. 셋째, 주류 포스트모더니즘 이론(데리다, 료타르, 로티, 푸코)은 역사, 정치, 문화를 목적을 가지고 정치적으로 재검토하는 과정에서 성문제에 매우 맹목적이고 무감각하다는 주장이다. 마지막으로, 포스트모더니스트 프로젝트는 페미니스트들이 심각하게 받아들일 경우, 페미니스트 정치의 어떠한 형태도 불가능하게 한다. 페미니스트 정치가 특수한 고객이나 주체, 즉 여성에 국한되어 있는 한, 주체 중심의 탐구와 이론에 대한 포스트모더니스트의 금기는, 목표를 명백히 하고 수행하는 데 헌신하는 여성들의 광범위한 기반을 가진 조직된 운동의 합법성을 평가절하하는 것이 된다.[6]

하딩 자신은 페미니스트 포스트모더니즘 정치의 실현 가능성에 대해 반신반의하면서 신중하게 접근한다. '페미니스트 관점의 영원한 편파성'을 고려하면서, 그녀는 우리가 과학과 과학의 인식론적 전략이 이끄는 힘에 위험하게 노출된다는 것을 인정한다. 정치적으로 볼 때, 이러한 약점은 우리를 근대국가와 학문적 힘에 대해 매우 취약하게 만든다. 또 다른 문제로 반대를 위한(정체성의 공유가 아니라) '강건한' 연대는 심리적으로 그리고 정치적으로 믿을 만하지 못하며, 잠재적 활동가들에게서 충분한 집착과 동기를 유발시키지 못한다. 이 연대는 지엽적이고 부정적인 연대,

6) 이러한 주제들의 많은 부분은 근대주의-포스트모더니즘 논쟁에서도 다루어지고 있다. 이 이슈에 대한 유용한 논의에 대해서는 다음의 자료를 참고하라. Arac (1986); Benhabib(1984); Bernstein(1985); Huyssen(1984); Jay(1984-85); Taylor (1984); Whitebook(1981-82); Wolin(1984-85).

즉 실질적 대안이 아닌 저항을 위한 연대 외에 다른 것이 될 수 있을까? 우리가 부스러진 정체성을 포용하도록 격려받는다면, 우리는 불가피하게 금지된 질문에 부딪히게 된다. 어떤 면에서 부스러진 것인가? 반정체성(counteridentity)이라는 새로운 허구를 구축하지 않으면서, 부스러진 정체성을 포용할 수 있을까? 분권화된 지식탐구의 인식론적 매력은 그것이, 지배와 불법적 힘의 형태와 긴밀히 연관되어 온－지금 우리가 평가하는 바와 같이－합리성과 지식에 대한 현대의 관념과 거의 유사성이 없다는 사실에 정확히 존재한다. 그러나 이 매력은 중요한 정치적 경향과 문제를 수반한다. 포스트모던 정치－오랜 시간에 걸쳐 존속할 수 있는 정치적 반대－는 정말로 가능할까?[7)]

페미니스트 포스트모더니즘 정치의 윤곽을 묘사하려는 하딩의 시도는 이 노력이 매우 어렵다는 점을 여실히 보여주고 있다. 예컨대 다음의 귀절에서 우리는 하딩 자신이 해체하고자 한 담론의 중요한 특징을 여전히 보유하고 있는 것을 볼 수 있다. "나는 부스러진 정체성이 중요하다고 생각한다. 그러나 그것은 충실하고, 방어적이지 않은, 핵심적 정체성 위에 세워진 건강한 것이어야만 하며, 단일주의를 위한 문화적으로 지배적인 힘에 대항하는 통일된 반대와 연대 속에 있어야만 하는 것이다"(Harding, 1986: 247). 하딩은 금지된 어휘－그녀가 거부하고 있는 바로 그 근대주의, 휴머니즘, 합리주의의 담론 속에서 그 함의를 찾을 수 있는 그러한 어휘－를 그녀의 분석에 슬쩍 사용하고 있다. '건강' '연대' '비방어성' '정체성' '통일성'과 같은 어휘의 기준은 포스트모더니즘에서는 허용되지 않는 바로 그 존재론에 근거하는 것이다. 그것들은 모두 어떠한 조직화나 합리화를 위한 기반이나 틀내에 기초하는 정상상태, 판단, 위계적 특성들에 대한 기준을 필요로 한다. 하딩은 그것들이 포스트모더니즘이 잠재적으로 가지고 있는 반정치적이고 반페미니스트적인 함의를 교묘하게 피할 수 있기를 바라고 있다고 생각된다. 결과적으로 완전히 해체된 합리성과 그와 관련되어 근절된 정치의 망령이 궁지에 몰리게 된다. 하딩은 마치 우리가 케이크를 가질 수 있고 또 그것을 먹을 수도 있는 것처럼 쉽게 주

7) 정치와 시간에 대한 재미있는 논의에 대해서는 Polan(1984)을 보라.

장한다. 즉 포스트모더니즘의 비판적인 해체의 통찰이 명백히, 옹호할 만하게, 그리고 매우 진보적이고 실질적으로 페미니스트 정치에 이용될 수 있다고 주장한다.

정말로 그럴 수 있다면, 그것은 실로 굉장한 성취일 것이다. 페미니즘과 포스트모더니즘이 위험을 무릅쓰고 전망이 불투명한 정치적 연대를 할 만한 가치가 있는가 하는 어려운 질문이 떠오른다. 이러한 위험은 주체와 관점이 없는 페미니즘이 과연 살아 남을 수 있는가라고 하는 문제의 현 수준에만 존재하는 것은 아니다. 포스트모더니즘 이론의 형태를 다양한 집단의 참여자들 사이에 존재하는 거대한 '대화'로 묘사하기 위해서 다원주의라는 정치적 어휘를 재활용해 온 기존의 포스트모더니즘에도 앞서의 위험은 매우 뚜렷하게 존재한다(Rorty, 1979). 크래이그 오웬즈(Craig Owens)가 날카롭게 지적했던 바와 같이 "다원주의는 우리를 타인 가운데의 타인의 존재로 축소시킨다. 그것은 절대적 무관심, 동등성, 상호교환 가능성에 대한 인정이 아니라, 차이로의 축소인 것이다…"(Owens, 1983: 58). 그것은 마치 포스트모더니즘이 우리를 그것이 반대하는 휴머니즘에 대하여 순진한 무관심으로 대응하는 잘못을 범하도록 만드는 것과 유사하다. 그것은 또한 여성을 매우 위축된 형태로 표현하는 근대주의를 새롭게 재현하는 것이다.

당분간 포스트모더니즘은 근대주의자와 반근대주의자들의 대안처럼 차이의 딜레마에 빠져 있을 것이다. 각각의 틀 속에서 보여지는 여성주체의 운명은 시사적이다. 합리주의 틀에서는 마치 성차이가 보통 사람의 (남성적) 모습으로 붕괴되어 가는 것처럼, 여성은 남성으로 용해된다. 이 차이를 붕괴하는 정치적 대응물은 자유주의와 정통 맑스주의나. 반합리주의는 분화된 여성주체의 모습을 견지하나, 그것은 여성성의 관습으로부터의 여성의 변혁과 해방을 희생한 위에 견지되는 것이다. 우리는 급진적 페미니즘과 신우익 반페미니즘의 잔영을 여기서 찾을 수 있다. 포스트합리주의에서 여성주체는 번잡한 차이 중 어느 것도 이론적으로, 정치적으로 다른 것보다 우세하지 않은 다원성 속으로 용해된다. 그러나 마틴 재이(Martin Jay)가 지적했듯이, 우리는 성과 같은 위계적 특징을 유해한 환상으로 보아 성급하게 파괴함으로 해서, '그것들이 오랜 시간에 걸쳐 만들어지고, 변동에 매우 저항적인 객관적 세계에 완강하게 뿌리박고 있다는 사실'을 파악하는 데 실패할지 모른다(Jay, 1985: 140). 그리고 우리는 다음과 같은 어렵고 중요한 문제를 회피할 것이다. 어떤 차이가 다른 차이보다 더 근본적인가?

통일된 이론적 일관성을 대신할 대안을 만들기 위한 포스트모더니즘의 투쟁을 보면서, 우리는 차이의 이론적 정치적 딜레마는 숙고할 가치가 있는 것이라고 주장해야만 한다. 아직까지 그러한 딜레마는 완강하게 지속되고 있으며 포착하기 힘든 것으로 남아 있으면서, 성은 우리가 아직도 완전히 이해하지 못할 근본적인 것이라는 점을 보여주고 있다. 그리고 성은 '차이를 만들어내는 차이'로써 기능하며, 더이상 그 차이를 합리화하는 어떠한 주장도 할 수 없다는 것을 보여주고 있다. 위축된 여성의 모습은 아마도 현대이론에서 하나의 난제로서 평가되고 이용될 것이다. 다시 말해서 우리가 되풀이해서 부딪히게 되는 맹점으로서 평가되고 이용될지 모른다. 여성을 무시하는 것은 여성에게서 얻을 수 있는 것을 잊게 되고, 따라서 그것을 잃을 위험을 감수하는 것이기 때문이다. 여성이 아닌 인간으로 이루어진 대안으로서 휴머니즘, 물화된 여성성 또는 포스트모던 다원주의도 있다.

## □ 참고문헌

Arac, J.(ed.). 1986, *Postmodernism and Politics*, Minneapolis: University of Minnesota.

Balbus, I. 1982, *Marxism and Domination*, Princeton: Princeton University Press.

Belenky, M. et al. 1986, *Women's Ways of Knowing: The Development of Self, Voice, and Mind*, New York: Basic Books.

Benhabib, S. 1984, "Epistemologies of Postmodernism: A Rejoinder to Jean Francois Lyotard," *New German Critique*, 33.

Bernard, J. 1981, *The Female World*, New York and London: The Free Press.

Bernstein, R.(ed.). 1985, *Habermas and Modernity*, Cambridge, M.A.: The MIT Press.

Bordo, S. 1986. "The Cartesian Masculinization of Thought," *Signs* 11(3).

Brown, W. 1987, "Where is the Sex in Political Theory?," *Women & Politics*, 7(1).

Chodorow, N. 1978, *The Reproduction of Mothering*, Berkely, C.A.:University of California Press.

Connolly, W. 1985, "Taylor, Foucault, and Otherness," *Political Theory*, 13(3).

Dinnerstein, D. 1976, *The Mermaid and the Minotaur*, New York: Harper & Row.

Di Stefano, C. 1984, "Gender and Politcal Theory: Masculinity as Ideology in Modern Political Thought," Unpublished doctoral dissertation, Amherst, M.A.: University of Massachusetts.

_____. 1989, "Rereading J. S. Mill: Interpolations from the (M)otherworld," in M. Barr and R. Feldstein(eds.), *Discontented Discourses: Feminism/Textual Intervention/Psychoanalysis*, Urbana, I.L.: University of Illinois Press.

Eisenstein, H. 1983, *Contemporary Feminist Thought*, Boston: G. K. Hall.

Eisentein, H. and A. Jardine(eds.). 1980, *The Future of Difference*, Boston: G. K. Hall.

Ferguson, K. 1984, *The Feminist Case against Bureaucracy*, Philadelphia: Temple University Press.

Flax, J. 1983, "Political Philosophy and the Patriarchal Unconscious: A Psychoanalytic Perspective on Epistemology and Metaphysics," in S. Harding and M. B. Hintikka(eds.), *Discovering Reality: Feminist Perspectives on Epistemology, Metaphysics, Methodology, and Philosophy of Science*, Dordrecht and Boston: D. Reidel.

_____. 1986, "Gender as a Social Problem: In and for Feminist Theory," *Amerika Studien/American Studies* 31.

_____. 1987, "Re-membering the Selves: Is the Repressed Gendered?," *Michigan Quarterly Review* 26(1).

Foucault, M. 1980, *Power/Knowledge:Selected Interviews and Other Writings*, C. Gordon(trans.), New York: Pantheon.

Fraser, N. 1984, "The French Derrideans: Politicizing Deconstruction or Deconstructing the Political?," *New German Critique* 33.

_____. 1985a, "Michel Foucault: A Young Conservative?" *Ethics* 96.

_____. 1985b, "What's Critical about Critical Theory? The Case of Habermas and Gender," *New German Critique* 35.

Fraser, N. and L. Nicholson. 1989, *Social Criticism without Philosophy: An Encounter between Feminism and Postmodernism.*

Fuller, M. 1971(1855), *Woman in the Nineteenth Century*, New York: W. W. Norton.

Gilligan, C. 1982, *In a Different Voice: Psychological Theory and Women's Development*, Cambridge, M.A. and London: Harvard University Press.

Habermas, J. 1983, "Modernity: An Incomplete Project," in H. Foster(ed.), *The Anti-Aesthetic*. Port Townsend, W.A.: Bay Press.

Harding, S. 1986, *The Science Question in Feminism*, Ithaca and London: Cornell University Press.

Hartsock, N. 1983, *Money, Sex, and Power: Toward a Feminist Historical Materialism*, New York and London: Longman.

_____. 1987, "Rethinking Modernism: Minority vs. Majority Theories," *Cultural Critique* 7.

Hekman, S. 1987, "Feminism and Liberalism." Unpublished manuscript.

Hirschman, N. *Rethinking Obligation: A Feminist Method For Political Theory*, Ithaca: Cornell University Press(forthcoming).

Hooks, B. 1984, *Feminist Theory: From Margin to Center*, Boston: South End Press.

Huyssen, A. 1984, "Mapping the Postmodern," *New German Critique* 33.

Irigaray, L. 1985, *Speculum of the Other Woman*, Ithaca: Cornell University Press.

Jagger, A. 1983, *Feminist Politics and Human Nature*. Totawa, N.J.: Rowman and Allanheld.

Jay, M. 1984-1985, "Hierarchy and the Humanities: The Radical Implications of a Conservative Idea," *Telos* 62.

Jordan, J. 1981. "Declaration of an Independence I Would Just As Soon Not Have," *Civil Wars*, Boston: Beacon Press.

Keller, E. 1985, *Reflections on Gender and Science*, New Haven and London: Yale

University Press.

King, Y. 1981, "Feminism and the Revolt of Nature," *Heresies* 13.

Kizer, C. 1986, "Two Women, Terrified"(Review of E. Clark, Camping Out), *New York Times Book Review*, May 14.

Lloyd, G. 1984, *The Man of Reason: 'Male' and 'Female' in Western Philosophy*, Minneapolis: University of Minnesota Press.

Lorde, A. 1984, *Sister Outsider*, Trumansburg, N.Y.: The Crossing Press.

Lyotard, J. 1984, *The Postmodern Condition: A Report on Knowledge*, Minneapolis: University of Minnesota Press.

MacCormack, C. and M. Strathern(eds.). 1980, *Nature, Culture and Gender*, Cambridge: Cambridge University Press.

McMillan, C. 1982, *Woman, Reason and Nature: Some Philosophical Problems with Feminism*, Princeton: Princeton University Press.

Mead, M. 1963, *Sex and Temperament*, New York: Morrow and Quill Paperbacks.

Meese, E. 1986, *Crossing the Double-Cross: The Practice of Feminist Criticism*, Chapel Hill and London: University of North Carolina Press.

Miller, J. 1976, *Toward a New Psychology of Woman*, Boston: Beacon Press.

Murphy, Y. and R. Murphy. 1974, *Women of the Forest*, New York: Columbia University Press.

O'Bien, M. 1981, *The Politics of Reproduction*, Boston: Routledge and Kegan Paul.

Ortner, S. 1981, "Is Female to Male as Nature is to Culture?," in M. Rosaldo and L. Lamphere(eds.), *Woman, Culture, and Society*, Stanford, C.A.: Stanford University Press.

Ortner, S. and H. Whitehead(eds.). *Sexual Meanings: The Cultural Construction of Gender and Sexuality*, Cambridge: Cambridge University Press.

Owens, C. 1983, "The Discourse of Others: Feminists and Postmodernism," in H. Foster(ed.), *The Anti-Aesthetic*, Port Townsend, W.A.: Bay Press.

Polan, A. J. 1984, *Lenin and the End of Politics*, Berkeley, C.A.: University of California Press.

Reiter, R.(ed.). 1975, *Toward an Anthropology of Women*, New York and London: Monthly Review Press.

Rorty, R. 1979, *Philosophy and the Mirror of Nature*, Princeton: Princeton University Press.

Rosaldo, M. Z. 1980, "The Use and Abuse of Anthropology: Reflections on Feminism and Cross-Cultural Understanding," *Signs* 5(3).

Rosaldo, M. and L. Lamphere(eds.). 1974, *Woman, Culture and Society*, Stanford, C.A.: Stanford University Press.

Rossi, A.(ed.). 1970, *Essays on Sex Equality*, Chicago and London: The University of Chicago Press.

Sanday, P. 1981, *Female Power and Male Dominance: On the Origins of Sexual Inequality*, Cambridge: Cambridge University Press.

Taylor. C. 1984, "Foucault on Freedom and Truth," *Political Theory* 12.

Whitebook, J. 1981-1982, "Saving the Subject: Modernity and the Problem of the Autonomous Individual," *Telos* 50.

Wolgast, E. 1980, *Equality and the Rights of Women*, Ithaca: Cornell University Press.

Wolin, R. 1984-1985, "Modernism vs. Postmodernism," *Telos* 62.

Wollestonecraft, M. 1975(1972), *A Vindication of the Rights of Women*, New York: W. W. Norton.

# 문화주의 페미니즘 대 후기구조주의 - 페미니스트 이론의 정체성 위기*

린다 알코프

현대의 많은 페미니스트 이론가들에게 '여성'이라는 개념은 하나의 문제가 되고 있다. '성'은 페미니스트 이론에서 중심적 개념이기는 하지만, 그것을 정확하게 개념화하는 것은 페미니스트들에게도 불가능하기 때문에 더욱 큰 중요성을 갖는 문제가 되는 것이다. 또한 여성이라는 개념과 그 범주는 어떠한 페미니스트 이론이나 페미니스트 정치에 있어서도 필수불가결한 출발점이기 때문에, 페미니스트들에게 여성은 중심적 개념이 되는 것이다. 그러한 페미니스트 이론이나 정치는 현대문화 속에서 여성의 생생한 경험의 변화와, 여성의 관점에서의 사회적 이론과 실천에 대한 재평가에 기초하고 있기 때문이다. 그러나 하나의 개념으로서 여성은 바로 페미니스트라는 입장 때문에 매우 근본적인 문제점을 내포하게 된다. 즉 여성이라는 개념은 남성 우위에 의해 과도하게 규정되어 있어서, 여러 면에서 한계를 드러내고, '타자(他者)'와의 대비를 남용하거나, 여성에 대한 통제 위에 세워진 문화를 반영하고 있기 때문이다. 페미니즘은 여성을 대변함에 있어, 여성의 참된 의미를 알고 있다고 가정하는 것처럼 보인다. 그러나 여성에 대한 지식의 모든 원천이 여성혐오와 성차별주의에 오염되어 있는 것을 볼 때, 그러한 가정은 무모한 것임을 알 수 있다. 어디에서나—역사적 기록, 철학적 구성, 사회과학적 통계, 내성(內省), 또는 매일

* Linda Alcoff, "Cultural Feminism versus Post-Structuralism: the Identity Crisis in Feminist Theory," *Signs: Journal of Women in Culture and Society*, vol.13, no.3, 1988, pp.405-422.

의 실천－여성을 개념화하는 데 있어서의 여성 신체에 대한 관념은 여성 혐오적인 담론에 의해 지배되고 있다. 이러한 담론을 극복해야만 하는 페미니스트들이 의지할 곳은 어디에도 없는 것처럼 보인다.[1]

이와 같이 오늘날 페미니스트 이론가들이 당면하고 있는 딜레마는, 바로 우리의 자아규정도 우리가 그 모든 측면을 파괴하고 핵심을 해체시켜야 할 그러한 개념들에 근거하고 있다는 사실이다. 자유의지를 가진 합리적 동물로서의 남성에 비해, 여성은 상대적으로 다른 차원으로 규정되고, 묘사되며, 파악될－이해되고, 설명되고, 진단될－수 있다고 남성들은 말해 왔다. 남성의 행위는 덜 규정적이고, 그들의 합리적 선택에 따라 자유롭게 미래를 구축할 수 있음에 반해, 여성의 행위는 본성에 의해 규정되고, 지적인 노력이 부족하며, 모든 경우에 감정적 결정을 피하기 힘들다고 말해 왔다. 근본적으로 비도덕적이고 비합리적인 여성이든(쇼펜하우어), 혹은 친절하고 자비로운 여성이든(칸트), 여성은 항상 불가피하게 남성에게 본능적으로 지배받도록 되어 있다.[2] 여성의 특성에 대한 남성의 해석 방식은 다양하지만, 여성은 항상 객체로서 다른 자연현상과 함께 통제되고 예측되는 특성으로 이루어져 있다. 자연의 법칙을 뛰어넘을 수 있는 자유로운 의지를 지닌 주체의 지위는 항상 배타적으로 남성이 차지한다.[3]

---

1) 여성을 단순히 신체구조적인 요소로만 규정한다면, 그러한 딜레마는 풀리지 않을까라고 생각할 수도 있다. 그래도 문제는 남는다. 그러한 해부학적인 것에 의미가 있는가? 있다면 어떤 의미인가? 여성의 신체구조적 특징과 여성이라는 개념과는 어떠한 관계가 있는가? 지배적인 담론에서 여성의 범주는 신체구조적인 요소를 포함하지 않고 있다는 점을 상기할 필요가 있다. 공격적이고 자율적이며 강력한 여성은 '진실한' 또는 '진정한' 여성이 아니라고 흔히 말한다. 더욱이 '여성'이라는 범주가 그대로 남아 있는데, '여성'의 개념을 거부하는 것으로 단순히 문제를 피할 수는 없다. 여성이 있다면 그것의 범주와 기준의 근거가 있기 마련이다. 그 기준이 보편적이고 동질적인 핵심을 가질 필요는 없지만, 기준이 있기는 있어야 하는 것이다.

2) 쇼펜하우어, 칸트를 비롯한 대부분의 서양철학자들의 여성 개념에 대해서, 그리고 그들의 여성 개념들이 서로 얼마나 모순되고 다른가에 대한 설명에 관해서는 린다 벨(Linda Bell)의 탁월한 인류학 저서인 *Visions of Women*(Clifton, N.J.: Human Press, 1983)을 보라.

3) 페미니스트들이 그러한 초월을 지향해야 하는가에 대한 흥미 있는 논의에 대해서는 Genevieve Lloyd, *The Man of Reason*, Minneapolis: University of Minnesota

페미니스트 사상가들이 지난 10여 년간 이러한 상황에 대하여 행한 주요한 대응방식은 다음의 두 가지로 나타났다. 그 첫 번째 대응은 페미니스트들만이 여성을 묘사하고 평가하는 배타적 권리를 갖고 있다고 주장하는 것이다. 이 문화주의 페미니스트들은 남성제일주의 문화의 문제는 여성이 남성, 즉 여성과 대조적인 관점과 이해를 가지고 여성의 공포와 미움에 대해서는 언급하지 않는 남성이라는 집단에 의해 규정되는 과정에 있다고 주장한다.

이 결과로 여성적 특성은 왜곡되고 평가절하되었으며, 그것은 페미니스트들에 의하여 보다 정확하게 묘사되고 평가됨으로써 교정될 수 있다는 것이다. 이와 같이 문화주의 페미니스트들은 여성의 수동성을 평화의 성격으로, 감상주의를 양육을 지향하는 성격으로, 주관주의적 성격은 발전적인 자기 인식 등으로 재평가한다. 문화주의 페미니스트들은 여성을 규정하는 것 자체에 도전한 것이 아니라, 여성이 남성에 의해 규정되는 것에 대해 도전해 온 것이다.

두 번째 주요 대응은 여성을 규정하는 가능성, 그 자체를 모두 거부하는 것이다. 이 전략을 택하는 페미니스트들은 여성에 관한 모든 개념을 해체하는 작업을 하며, 여성을 규정하는 페미니스트와 여성혐오자의 시도를 모두 정치적으로 반동적이며 존재론적으로 잘못된 것이라고 주장한다. 주부로서의 여성을 수퍼어머니(또는 지구의 어머니, 수퍼 프로페셔널)로 바꾸는 것은 하등의 진전이 아니라는 것이다. 이 페미니스트들은 프랑스의 후기구조주의이론을 사용하여 다음과 같이 주장한다. 우리가 여성을 규정하고 특징지으며 여성을 위하여 말할 때, 같은 성 속의 다양성을 인정한다 해도 근본적인 면에서 여성혐오자의 전략을 재현하고 있으므로, 그러한 잘못이 일어난다는 것이다. 성의 정치 또는 성간의 차이 대신에, 차이의 다양성이 인식되어야만 한다. 그 안에서의 성은 주도적 위치를 잃게 된다.

간단히 말해서 '여성은 존재하는가'라고 하는 보부아르(Simone de Beauvoir)의 질문에 대한 문화주의 페미니스트들의 대답은 여성의 존재를 긍정

---

Press, 1984, pp.86-102를 보라.

하고 현재의 문화 속에서 여성의 활동과 특성에 의해 여성을 규정하는 것이다. 이에 반해 후기구조주의자들의 반응은 주체성 자체를 문제시함으로써 여성의 존재를 부정하고 여성이라는 범주와 개념을 공격한다. 양 반응 모두 심각한 한계를 갖고 있으며, 그것이 기초한 이론틀을 그대로 한 채 그 한계를 극복하는 것은 불가능하다는 점이 점차 명확해지고 있다. 그 결과 몇몇의 용감한 사람들은 현재 여성의 존재에 관한 그러한 양자 택일을 거부하고 새로운 과정, 앞서 언급한 대답들에 있어서의 주요한 문제점들을 피할 그러한 과정을 만들고자 시도하고 있다. 이 논문에서 나는 여성에 대한 새로운 개념을 발전시킨 선구적 업적들에 대해 논의하고, 그에 대해 나 자신도 도움이 되었으면 한다. 그러나 먼저, 여성 문제에 대한 앞서의 두 대응이 부적절하다는 점을 보다 명확히 지적하고, 그러한 부적절함이 내재하는 이유를 설명해야만 할 것이다.[4)]

## 문화주의 페미니즘

문화주의 페미니즘이란 페미니스트 자신이 평가절하된 여성의 특성을 재평가하고자 시도하면서 여성의 특성과 본질을 재구성한 이데올로기이다. 문화주의 페미니스트들에 있어서 여성의 적은 사회체제, 경제제도, 또는 낙후된 믿음일 뿐 아니라 남성스러움(masculinity) 그 자체이며, 또 경우에 따라서는 남성의 생태이기도 하다. 문화주의 페미니스트의 정치는 여성적인 원칙을 위한 건강한 환경—남성주의적 가치와 그것의 파생물인 포르노그래피와 같은 것들로부터 자유로운—을 창조하고 유지하려는 것을 목적으로 하고 있다. 페미니스트 이론, 성차별주의에 대한 설명 및 페미니스트들의 요구의 정당화는 여성의 본질에 대한 개념이 명확히 될 때, 비로소 안전하게 그리고 확고하게 성립될 수 있다.

매리 댈리(Mary Daly)와 아드리안 리치(Adrienne Rich)는 이 입장의 영

---

4) 이 논문의 뒷부분에서는 테레사 드 로레티스(Teresa de Lauretis)와 데니스 릴리(Denise Riley)의 논의를 다루고, 알코프 자신의 위치성(positionality)의 개념을 논의했으나, 여기서는 두 가지 대응, 즉 문화주의 페미니즘과 후기구조주의에 대한 앞부분의 논의만을 번역했다(역자주).

향력 있는 지지자들이다.[5] 이들은 1970년대 페미니스트들 사이에 유행했던 양성주의와 성차의 극소화를 지향한 경향에서 벗어나 여성적 특성에 다시금 주목할 것을 주장한다. 댈리는 남성이 아이를 낳지 못하기 때문에 생에 대한 긍정적, 창조적인 생물적 조건으로부터 생겨나는 여성의 에너지에 기생하게 되는 것이라고 주장한다. "여성의 에너지는 근본적으로 생명을 사랑하는 것이므로, 생명을 공격하여 끊임없이 일어나는 전쟁에서 여성의 정신과 신체는 일차적 공격 목표가 되는 것이다. 여성/생태학은 생명을 사랑하는 여성의 에너지를 새롭게 강조하는 것이다."[6] 댈리는 생물학적 환원론에 대해 경고하면서도,[7] 성차별주의에 대한 분석에서는 여성에 대한 남성의 증오를 설명하기 위해 각각의 성이 특수하게 지닌 생물학적 특징을 사용하고 있다. '모든 남성'이 어린아이를 가질 수 없다는 조건은 남성을 여성에게 의존하도록 하고, 그로 인해 남성은 자신을 '원치 않은 태아와 철저하게 동일시하게' 되는 것이다.[8] 이러한 그들의 공포와 불안의 상태 때문에 남성은 여성이 가지고 있는 생명의 에너지를 지배하고 통제하려는 욕망을 갖게 되는 것이라고 이해할 수 있다. 댈리가 생득적인 본질로 이해한 여성의 에너지는 남성의 기생으로부터 벗어나서 창조적 표현을 할 수 있도록 자유로워지고, 다른 여성들과의 유대를 통해 충전될 필요가 있다. 이러한 자유로운 공간에서 여성의 '본질적' 특성인 사랑, 창조성, 그리고 양육의 능력이 발휘될 수 있는 것이다.

댈리의 주장에 의하면, 여성의 본질을 규정하는 여러 입장 가운데 가장 널리 받아들여지고 있는 것은, 여성(women)을 생물학적 여성(female)과 동일시하는 것이다. 댈리는 다음과 같이 주장한다. "아버지와 아들 사이에 함몰되어 버린 여성들은 윤리적, 민족적, 계급적, 종교적 및 기타 남성적인 것으로 규정된 차이에 근거해서 쉽게 양분되며, 상대편(적) 여성들의

---

5) 리치는 최근 이 입장에서 떠나 사실상 여성 개념을 규정하는 방향으로 가기 시작했다. Adrienne Rich, "Notes toward a Politics of Location," *Blood, Bread, and Poetry*, New York: Norton, 1986.

6) Mary Daly, *Gyn/Ecology*, Boston: Beacon, 1978, p.355.

7) Ibid., p.60.

8) Ibid., p.59.

패배를 찬양한다."[9] 그러나 이러한 차이는 실제로 존재하는 것처럼 보이는 것이고, 본질적인 것이라기보다 비본질적인 것이다. 댈리의 체계에서 단 하나의 실재하는 차이, 인간의 존재론적 위치를 변화시킬 수 있는 유일한 차이는 성의 차이다. 우리의 본질은 여기, 우리의 성에 의해 규정된다. 그것으로부터 우리를 둘러싼 모든 사실이 시작되는 것이다. 누가 우리의 잠재적 동맹자이고, 누가 적인가, 우리의 객관적 이해는 무엇이고, 무엇이 우리의 진실한 본성인가. 이와 같이 댈리는 다시 한 번 여성을 규정하며, 그 규정은 여성의 생태와 강하게 연관되어 있다.

리치는 댈리와 그 형태와 성격에서 매우 다르지만, 그의 많은 저작들은 앞서 말했던 댈리의 입장과 놀랄 만한 유사성을 보인다. 리치는 여성의 신체와 매우 큰 관련을 갖고 있는 '여성의 의식'을 규정하고 있다.[10]

> 나는 여성의 생태-클리토리스, 가슴, 자궁, 질 등으로부터 분출되는 강한 관능성, 한 달 주기의 월경, 여성의 신체에서 일어날 수 있는 임신과 생명의 생산-는 지금까지 우리가 평가한 것보다 훨씬 더 근본적 의미를 갖는다는 것을 믿게 되었다. 가부장적 사고는 여성의 생리를 매우 좁게 특수한 것으로 한정시켰다. 이러한 이유에서 페미니스트의 전망은 여성의 생물적인 요소로부터 다시 시작했다. 그것은 우리의 신체를 주어진 운명으로서가 아니라 하나의 자원으로 생각하도록 할 것이다. 우리 신체의 통일성과 반향을 인식해야 하고, 우리가 자연의 질서와 맺고 있는 유대를, 그리고 우리의 지성의 신체적 기반을 이해해야 한다.[11]

이와 같이 리치는 가부장제가 여성을 굴복시키기 위해 여성의 생물학적 특성을 이용해 왔다는 이유로 여성의 생물학적 특성이 지닌 중요성을 거부해서는 안된다고 주장한다. 리치는 다음과 같이 주장한다. '여성의 생물학적 기반, 여성 신체의 기적과 모순, 그리고 그것의 정신적, 정치적 의미'는 여성을 활기 있게 만들고, 여성 특유의 성격과 결합시켜 새롭게 이해하도록 하는 데 있어서 중요한 열쇠가 된다. 여성 특유의 성격이란 '위

---

9) Ibid., p.365.

10) Adrienne Rich, *On Lies, Secrets, and Silence*, New York: Norton, 1979, p.18.

11) Adrienne Rich, *Of Women Born*, New York: Bantam, 1977, p.21.

대한 정신적 능력, 고도로 발달된 촉각, 타고난 면밀한 관찰능력, 복합적이고, 고통을 참아내는, 그리고 즐거움을 다양하게 느끼는 신체성이다.'[12]

리치는 여성혐오에 대한 댈리의 설명에 공감한다. "생명을 창조하는 여성의 능력에 대해 남성은 오랜 옛날부터 질투와 공포를 보여왔으며, 이 때문에 여성의 다른 창조적 측면에 대해서도 혐오를 나타냈다."[13] 이와 같이 리치는 댈리와 마찬가지로 여성적 본질을 인식하고, 가부장제를 남성의 질투와 요구에서 비롯된 여성의 본질에 대한 정복과 식민지화로 규정한다. 그리고 그 해결책으로 여성의 본질을 재발견하고 다른 여성들과 연대할 것을 제안한다. 리치도 댈리도 생물학적 환원론을 거부하지만, 그것은 그러한 환원론이 전제하고 있는 마음과 육체를 대립시키는 양분법을 거부하는 데서 비롯한다. 댈리와 리치에 있어서 여성적 본질은 단순히 정신적인 것도 또 생물학적인 것도 아니다. 그 양자를 모두 가리키는 것이다. 그러나 중요한 점은 여성 정체성의 일차적 요소이며 여성적 본질의 기본이 되는 것은 여성의 특수한 생물학적 성격이라는 것이다. 리치는 "여성이 자신의 신체가 지닌 의미를 되찾는 것은 노동자가 생산수단을 장악하는 것보다 훨씬 더 근본적인 변화를 가져올 것이다. …변화된 세계에서 여성은 아이를 낳을 뿐 아니라, (우리가 선택한다면) 희망을 낳고, 인간존재를 유지시키고, 위로하고 변화시키는 데 필요한 사고를 산출하는 새로운 삶, 즉 우주에 대한 새로운 관계를 진실로 창조할 것이다. 성성, 정치, 지성, 권력, 모성, 일, (노동)공동체, 친밀함 등의 개념은 새로운 의미를 발전시킬 것이다. 사고 자체가 변화될 것이다"라고 예언했다.[14]

앨리스 에콜스(Alice Echols)는 리치와 댈리의 견해를 페미니즘내에서 점차 커지고 있는 근본주의를 지향하는 경향의 한 부분으로 성격짓고 있

12) Ibid., p.290.

13) Ibid., p.21.

14) Ibid., p.292. 앞에서 리치는 세계의 문제를 풀기 위하여 여성의 양육 능력을 세계로 해방시켜야 한다는 견해를 비난했다. 지금의 이 주장은 그러한 그의 생각과 일치하지 않는 것처럼 보인다. 그러나 그 두 입장은 일관되는 것이다. 리치는 여성을 기본적으로 양육자로 보는 가부장적 관념을 수정하고자 하는 것이다. 여성은 그보다 복잡하고 다면적인 존재라고 본다. 이와 같이 그의 여성에 대한 근본적인 관념은 가부장적 관념보다 복합적이고 복잡한 것이다.

다.[15] 에콜스는 그러한 근본주의적 지향이 "여성해방을 여성의 대안문화를 발전시키고 보존하는 것으로 규정한다는 점에서 '문화주의 페미니즘'이라고 부른다."[16] 에콜스에 의하면 문화주의 페미니즘의 저작들은 남성의 역할이나 실천을 비판하는 것이 아니라 남성적 특징 자체를 비하하며, 여성의 특징을 가치 있는 것으로 평가한다. 또한 성차를 없애는 것이 아니라 그것을 유지하는 데 기여한다. 에콜스는 댈리와 리치 외에도 수잔 그리핀(Susan Griffin), 캐서린 배리(Kathleen Barry), 제니스 래이몬드(Janice Raymond), 플로렌스 러쉬(Florence Rush), 수잔 브라운밀러(Susan Brownmiller), 로빈 모건(Robin Morgan) 등을 중요한 문화주의 페미니스트 작가로 열거하고, 이들의 저작 중 중요한 내용을 인용하며 주장한다. 에콜스는 솔라니스(Valerie Solanis)와 조린(Joreen) 등의 초기 급진주의 페미니스트 저작에서 근본주의 경향의 원형을 발견할 수 있다고 말하면서도, 급진주의 페미니즘 전체로부터 문화주의 페미니즘을 조심스럽게 구별한다. 양자의 중요한 차이는 남성들의 변덕스러운 성차별주의에 대한 입장, 생물학적 요소와 여성혐오간의 관계, 그리고 여성적 특성의 가치에 부여하는 중요성의 정도 등에서 나타난다. 아이젠스타인(Hester Eisenstein)이 주장한 바와 같이, 많은 급진주의 페미니스트들의 업적에서 여성의 본성에 대한 몰역사적이고 근본주의적인 관념이 수립되는 경향을 볼 수 있다. 그러나 이 경향은 문화주의 페미니스트들에 의해 발전, 강화되고 있으며 이러한 과정에서 문화주의 페미니즘은 급진주의 페미니즘과 의미 있는 차

---

15) Alice Echols, "The New Feminism of Yin and Yang," in Ann Snitow, Christine Stansell, and Sharon Thompson(eds.), *Powers of Desire: The Politics of Sexuality*, New York: Monthly Review Press, 1983, p.439-459; "The Taming of the Id: Feminist Sexual Politics, 1968~1983," in Carole S. Vance(ed.), *Pleasure and Danger: Exploring Female Sexuality*, Boston: Routledge & Kegan Paul, 1984, p.50-72. 아이젠스타인도 이와 비슷하게 문화주의 페미니즘을 묘사하고 있다(*Contemporary Feminist Thought*, Boston: G. K. Hall, 1983, esp.xvii-xix, pp.105-145). 도노반(Josephine Donovan)은 에콜스와 아이젠스타인이 분석한 최근의 문화주의 페미니즘의 줄기를 더듬어 길만(Charlotte Perkins Gilman)과 같은 이전의 페미니스트들의 모권제적 전망에까지 이르렀다. Josephine Donovan, *Feminist Theory: The Intellectual Traditions of American Feminism*, New York: Ungar, 1985, 특히 chap.2.

16) Echols, "The New Feminism of Yin and Yang," p.441.

이를 만들고 있다.

문화주의 페미니스트의 견해가 여성과 남성의 특질을 날카롭게 구별하지만 그들 모두가 여성이란 무엇인가에 대해 명시적으로 근본주의적인 개념화를 하고 있는 것은 아니다. 그러므로 문화주의 페미니즘의 특징에 관한 에콜스의 논의는 문화주의 페미니즘과 급진주의 페미니즘을 지나치게 동질화시킨 감이 있으며, 문화주의 페미니즘을 근본주의라고 비판한 것은 충분한 근거가 없어 보인다. 근본주의의 문제에 대하여 에콜스는 다음과 같이 말하고 있다.

> 이 페미니스트들은 여성의 감각을 미리 그렇게 규정해 버림으로 해서, 여성을 잘못 일반화할 위험에 빠지게 될 뿐 아니라, 그러한 여성의 감각이 사회적으로 이루어진 것이 아니라 타고난 것임을 주장하게 된다. 기껏해야 그들은 이러한 차이가 생물학적인 데서 연유하는가 아니면 문화적인 데서 연유하는가의 문제를 이상스럽게도 대담하게 무시하고 있다. 래이몬드의 다음과 같은 주장이 그 점을 보여준다. "차이는 존재한다. 그리고 일단의 페미니스트들은 그 차이가 어디서부터, 즉 사회화에서, 생물학적 차이, 또는 가부장제 사회에서 여성으로서 존재하는 전체 역사에서 연유했는가에 관계 없이 그 차이가 중요하다는 것을 인식하기에 이르렀다."[17]

에콜스는 그 차이의 중요성 정도는 어디서부터 그 차이가 연유했는가에 따라 엄청나게 달라진다고 지적한다. 그 차이가 타고난 본래적인 것이라면 문화주의 페미니스트들이 대안적 페미니스트 문화를 세우는 데 집중하고 있는 것은 정치적으로 옳다. 만약 그 차이가 본래의 것이 아니라면, 페미니스트의 행동의 중점은 상당히 날라져야 한다. 문화주의 페미니스트는 성차의 궁극적 요인에 대해 확실한 입장을 표명하지 않은 채, 페미니스트의 자유공간과 여성중심의 문화수립을 강조하고 있다는 점에서, 근본주의의 입장을 지닌 것으로 볼 수 있다고 에콜스는 주장한다. 나도 에콜스의 주장에 동의한다. 확실히 여성의 특성이 생득적이라는 전제를 보완하지 않은 채 리치와 댈리의 견해를 하나의 완전한 이론으로 만드는

---

17) Ibid., p.440.

것은 어려운 일이다.

나는 피억압민족이나 소수인종 여성에 의한 페미니스트 저작을 문화주의 페미니즘의 범주에 포함시키지 않았는데, 흥미롭게도 에콜스도 같은 입장을 취했다. 문화적 정체성을 강조한 체리 모라가(Cherrie Moraga)와 안드레 로드(Andre Lorde)와 같은 작가에서도 근본주의의 경향이 나타난다는 주장들이 있다. 그러나 나는 그들의 저작이 일관되게 근본주의적 성의 관념을 거부해 왔다고 생각한다. 모라가의 다음과 같은 구절을 보자. "성차별주의에 관해 이야기하자면, 세계는 한층 복잡해진다. 권력에 따라 명확히 구분된 작은 위계적 범주가 이루어지지 않고, 일련의 출발과 우회로가 존재할 뿐이다. 범주들이 파악되기 힘들기 때문에, 적을 구별하기 힘들다. 모든 것이 다 이렇게 해명하기 힘든 것이다."[18] 모라가는 계속해서 "어떤 남자들은 그들이 사랑하는 바로 그 여성을 억압한다"고 주장한다. 그것은 이렇게 복잡하고 모순적인 억압관계를 묘사하기 위해 새로운 범주와 개념들이 필요하다는 것을 의미하는 것이다. 이렇게 어려운 성차별주의에 대한 이해에 있어서 모라가는, 댈리의 마니교적 존재론이나 리치의 여성적 특성에 대한 낭만적 관념보다 훨씬 앞서 있는 것처럼 보인다. 모라가가 주장한 바와 같이 여성이 사랑과 동시에 억압을 경험한다는 견해는 근본주의의 결론에 반대한다. 이러한 복잡한 관계의 망 속에서 여성 또는 남성의 경험과 특성에 대한 보편주의적 관념은 설득력이 없다. 그리고 보편성의 주장 없이도 근본주의적 주장은 불가능한 것은 아니지만 매우 어렵다. 백인여성이 전적으로 좋거나 또는 전적으로 나쁘다고 할 수는 없다. 마찬가지로 남성이 모두 억압적 집단이라고 할 수도 없다. 나는 인종적 또는 계급적으로 억압받고 있는 페미니스트들의 저작에서 남성(maleness)을 완전히 타자(Other)로 위치시키는 것은 문제가 있다고 생각한다. 남성다움에 대한 그들의 이해에 문제성이 있다는 것은 곧 그들의 여성에 대한 관념에도 문제가 많다는 점을 반영하는 것이다.[19]

---

18) Cherríe Moraga, "From a Long Line of Vendidas: Chicannas and Feminism," in Teresa de Lauretis(ed.), *Feminist Studies/Critical Studies*, Bloomington: Indiana University Press, 1986, p.180.

19) Ibid., p.187; Moraga, "La Guera," in Cherríe Moraga and Gloria Anzaldúa(eds.),

문화주의 페미니즘이 백인 페미니스트들의 산물이긴 하지만, 에콜스 자신이 지적했듯이 모두 동질적인 것은 아니다. 예를 들면 댈리와 브라운 밀러의 성차별주의에 대한 생물학적 설명에 러쉬나 드워킨(Dwokin)은 동의하지 않는다. 그러나 이들 페미니스트들간의 핵심적 공통점은 여성과 어머니에 대한 관념에서 나타나는 근본주의적 경향이다. 그러므로 문화주의 페미니스트들이란 범주내에 완벽한 동질성이 없다 해도, 그들 모두에게서 여성혐오와 성차별주의에 대해 근본주의적으로 대응하는 경향, 즉 동질적이고, 회의를 품지 않는 몰역사적인 여성개념을 채택하고 있다는 점을 확인하고 비판하는 것은 정당하고 중요하다.

근본주의에 동의하지 않는 것이 반드시 프랑스 후기구조주의의 영향만은 아니다. 퍼스낼리티와 성격에 나타나는 성차가 타고난 것이라고 하는 주장이 사실적으로도, 철학적으로도 방어될 수 없다는 점은 여러 저작에서 잘 증명되고 있다.[20] 여러 나라에서 매우 다양한 방식으로 성별분리가 일어나고 있으며, 보편적인 것처럼 보이는 이러한 차이는 비근본주의적 방식으로 설명될 수 있다. 그러나 19세기 이래 페미니스트들 사이에는 여성의 평화로운 천성과 타고난 양육능력에 대한 믿음이 널리 있어 왔고, 그것은 특히 페미니스트 평화활동가들 사이에 지난 10년 전부터 다시 등장하고 있다. 나는 자신의 아이들에게 갖는 모성적 사랑이 제국주의 억압의 닫힌 문을 열 수 있으리라는 마음에서 '여성 평화 모임(Women's Peace Encampment)'이나 '핵 없는 미래를 위한 여성(Women for a Non-Nuclear

---

*This Bridge Called My Back: Writings by Radical Women of Color*, New York: Kitchen Table, 1983, pp.32-33; Barbara Smith, "The Combahee River Collective Statement," pp.272-282; Audre Lorde, "Age, Race, Class, and Sex: Women Redefiining Difference," *Sister Outsider*, Trumansburg, N.Y.: Crossing, 1984, pp.114-123; *Feminist Theory: From Margin to Center*, Boston: South End, 1984를 보라. 위 저작들은 문화주의 페미니즘을 보편화시키려는 경향에 반대하고, 동성간의 차이를 강조한다. 그리고 성의 특성이 존재한다고 하는 주장을 비판한다.

20) 이 점에 관해서는 많은 문헌이 있으나, 다음 두 책에서 시작하는 것이 좋다. Fausto-Sterling, *Myths of Gender: Biological Theories about Women and Man*, New York: Basic, 1986; Sherrie Ortner and Harriet Whitehead(eds.), *Sexual Meanings: The Cultural Construction of Gender and Sexuality*, New York: Cambridge University Press, 1981.

Future)'과 같은 모임에서 활동하는 젊은 페미니스트들을 만난 적이 많이 있다. 나는 이 여성들의 자기 확신에 커다란 경의를 표하면서도, 에콜스가 했던 우려에 동감했다. 즉 이들의 이러한 자신감이 "여성에 관한 지배적인 문화적 가정들을 반영하고 재생산하여, 여성 삶의 다양성을 표현하는 데 실패하고, 우리 대부분이 만족할 수 없는 '평범한' 여성의 행위에 대해 비현실적인 기대를 갖게 하는 결과를 가져올지도 모른다는 점이다."[21] 페미니스트들이 구성하는 성범주는 적극적인 것이지, 이미 일어난 활동에 대한 때늦은 깨달음은 아니다. 여성을 근본적으로 평화롭고 양육하는 존재로 규정하는 것과, 미래 여성에 대한 우리의 고찰과 판단, 그리고 우리가 미래에 여성으로서 참여할 실천 사이에는 끝없이 계속되는 순환성이 존재한다. 페미니스트들은 여성다움의 구축이라는 이 끝없이 돌아가는 회전목마를 계속 타고 싶은 것일까? 우리는 이 회전목마에서 내려 도망가고 싶은 것은 아닐까?

이것은 문화주의 페미니즘의 정치적 효과가 전부 부정적이었다는 것을 의미하는 것은 아니다.[22] 전통적인 여성적 특성을 다른 시각에서 보아야 한다는 것, 우리 대부분이 여성에 대해 가지고 있는 여러 관념들을 바꾸기 위한 방법으로 '영상(looking glass)'시각을 이용해야 한다는 주장은 긍정적 효과를 가져왔다. 자유주의 페미니스트들이 여성들에게 작업복을 입고 남성의 세계에 등장할 것을 충고한 지 10년 후, 문화주의 페미니스트들은 오히려 여성의 세계가 덕과 가치가 우월하며, 경멸되기보다 가치 있는 것으로 보고 배워야 할 것이라고 주장한 것은 매우 유용한 변화이다. 이것도 문화주의 페미니즘의 긍정적 충격이었다고 할 수 있다. 어머니 덕택에 우리 가족의 삶이 유지되고, 여성의 일솜씨는 정말로 예술적이며, 남을 돌보는 여성의 특성은 남성의 경쟁성보다 진실로 월등히 가치 있는 것이라는 그들의 지적에는 확실히 긍정적인 면이 많다.

---

21) Echols, "The New Feminism of Yin and Yang," p.440.

22) 아이젠스타인의 문화주의 페미니즘에 대한 해석은 비판적이지만 에콜스의 해석에 비해 양면적이다. 에콜스가 페미니즘의 반동적인 결과를 지적했을 뿐인데 비해, 아이젠스타인은 문화주의 페미니즘에서 여성혐오적 문화의 충격을 상쇄하는 데 필요한, 치유적인 자기 긍정의 면을 발견했다(Eisenstein, no.15 above를 보라).

그러나 불행하게도 재규정된 '여성다움(womanhood)'을 옹호한 문화주의 페미니스트들은 운동을 위해 유용한 장기적인 프로그램을 제공하지 못하도록 했으며, 사실상 운동이 발전해 나가는 데 장애가 되고 있다. 여성해방운동이 억압과 제한을 받는 상황에서, 여성은 다른 피억압집단과 마찬가지로 인정받고, 가치 있고, 발전시켜야 할 강점과 특징을 발전시켜 왔다. 그러나 우리가 발전시켜서는 안될 것은 그러한 특징을 만들어낸 억압적 조건이다. 예컨대 강요된 부모역할, 육체적 자율성의 결핍, 생존을 위해 타협의 기술에 의존하는 것 등이 그것이다. 우리는 여성을 위해 어떠한 조건을 발전시켜야 할까? 우리가 자본주의 세계에서 남자들과 어깨를 겨룰 수 있는 그러한 자유로운 움직임? 아이 중심의 활동을 계속적으로 비판하는 것? 문화주의 페미니즘이 억압하에서 발전된 진실로 긍정적인 특성만을 인정하는 한, 그것은 우리의 미래의 장기적 과정을 구상할 수 없다. 문화주의 페미니즘이 이러한 특징들에 대한 근본주의적 설명—우리가 열등하거나 '진정한' 여성이 아닌 것으로 여겨지지 않도록 우리 모두가 집착해야 할 생득적 '여성성'에 대한 믿음—을 강화하는 한, 그것은 성차별주의적 억압의 입장을 더욱 견고하게 하는 위험에 빠지게 된다.

## 후기구조주의

많은 페미니스트들은 문화주의 페미니스트의 성차별주의에 대한 대응에 문제점이 있다고 본다. 그것이 주장하는 해결책은 성차별주의를 가속화시키는 데 사용된 억압적 힘의 근본적 메커니즘을 비판하지 않고, 오히려 사실상 그 메커니즘을 새로이 자극하고 있다는 점이다. 여기서 언급한 힘의 메커니즘은 '각각의 개인을 그 자신으로 되돌아가도록 강요해서 그들 자신의 아이덴티티에 억압적 방식으로 묶는'[23] 그러한 강제적인 구조 속에 지식과 힘을 엮어 넣는 담론에 의해서 주체를 구성하는 것을 말한다. 이러한 견해에서 보면 여성다움에 대한 근본주의적 구성은 개인을 여성이

23) Michel Foucault, "Why Study Power: The Question of the Subject," in Hubert L. Dreyfus and Paul Rainbow(eds.), *Beyond Stucturalism and Hermeneutics: Michel Foucault*, 2nd ed., Chicago: University of Chicago Press, 1983, p.212.

라는 자신의 아이덴티티에 '묶음'으로써 성차별주의에 대한 해결책을 제시할 수 없다. 그것이 페미니스트에 의해 만들어졌을 때에도 마찬가지다.

페미니스트들이 문제를 이렇게 이해하는 것은 후기구조주의자, 후기인본주의자, 또는 후기근본주의자 등으로 불리는 최근의 많은 영향력 있는 프랑스 사상가들의 영향을 받은 것이다. 라캉(Lacan), 데리다(Derrida), 푸코(Foucault)는 이들 그룹의 선두주자들이다. 그들의 논리는 저마다 다르지만, 그들은 (하나의) 공통적인 주제를 가지고 있다. 휴머니즘에서는 문화와 이데올로기로 도금된 것의 밑바닥에서 자기 완결적이고 진정한 주체가 발견될 것이라고 여겼는데, 그 주체도 사실은 바로 그 휴머니스트 담론에 의해 구성된 것이라는 주장이다. 주체는 그 자신의 의도나 자연적 특성이 아니며, 또한 특권적인 별개의 의식이 자리하고 있는 곳도 아니다. 라캉은 정신분석학을, 데리다는 문법을, 푸코는 담론의 역사를 사용해서 주체에 대한 우리의 관념이 사회에 의해 억압받아 온 본질적인 아이덴티티와 진정한 핵심을 갖고 있다고 보고, 그것을 공격하고 해체한다.[24] 우리에게 '생득적인' 본질적 핵심은 없다. 그러므로 휴머니즘의 의미에서 보아 억압도 없다.

이러한 견해에는 흥미 있는 새로운 종류의 결정론이 존재한다. 인간의 역사는 예측 가능하지 않으며, 더욱이 설명 가능하지도 않다. 또한 그러한 방식으로 주체 또는 자아는 생물학적 요소에 의해 규정될 수 없다. 그리고 어떤 움직이지 않는 '자연적인' 현상으로부터 인간의 경험에 이르기까지 그를 잇는 결정론적 화살의 단선적 방향은 존재하지 않는다. 다른 한편, 이러한 생물학적 결정론의 거부는 인간주체가 사회적 담론이나 문화

---

24) 이 용어는 우선적으로 데리다와 관계된다. 그것은 특히 은유의 의미를 밝히는 과정에서 그것이 의존하고 있는 논리, 즉 흔히 주체/객체, 문화/자연 등의 단순한 이분법적 대비로 구성되는 논리를 드러내기 위해 사용한다. 데리다는 그 대비에서 언제나 한편이 다른 한편에 비해 우월하다는 것, 지배 없는 단순한 차이는 없다는 것을 보여주었다. '해체'라는 용어는 현실의 자연적인 혹은 단순한 반영이 아니라 이데올로기적인 또는 문화적으로 구축된 개념을 폭로하는 것을 의미하게 되었다. Derrida, *Of Grammatology*, G. Spivak(trans.), Baltimore: Johns Hopkins University Press, 1976; Jonathan Culler, *On Deconstruction*, Ithaca, N.Y.: Cornell University Presss, 1982.

적 실천에 의해서 덜 규정되어 있다는 믿음이 아니라, 과도하게 규정되어 있다(즉 구축되어 있다)는 믿음에 근거하고 있다. 그것은 우리 개개인이 우리의 존재에 대해 진실로 결정권이 없다는 것을 말한다. 왜냐하면 데리다와 푸코가 환기시키고 있는 바와 같이 개인적 동기와 의도는 사회적 현상의 틀 속에서 아무것도, 또는 거의 아무것도 설명하지 않기 때문이다. 우리는 구조물이다—즉 바로 우리의 주체성에 대한 우리의 경험은 개인적 통제를 (훨씬) 넘어서는 사회적 담론에 의해 중재되고 그 위에 기초하는 구조물인 것이다. 푸코가 지적한 바와 같이, 우리는 '전적으로 역사에 의해 만들어진'[25] 실체인 것이다. 이와 같이 주관적 경험들은 어떤 의미에서 거시적인 힘에 의해 결정된다. 그러나 사회적 담론과 실천을 포함한 이러한 거시적인 힘은 겉으로 보기에는 과도하게 규정되어 있지 않은 것처럼 보인다. 단선적 방향성은 찾을 수 없고, 실제로 하나의 궁극적이고 효과적인 요인은 존재하지 않는 것처럼 보인다. 그것은 상호 중첩되고 얽혀져 있는 요소들의 복합적이고 예측할 수 없는 그물망에서 비롯된 것으로 보인다. 사회적 그물망내에는 인지할 수 있는 변동의 과정이 있을지 모른다. 푸코는 한때 그것을 발견하기를 원했다.[26] 그러나 어떠한 담론의 형태나 내용도 도식적이고 엉성한 법칙을 넘어서는 확고하고 통일된 구조를 갖고 있지 않으며, 객관화된 궁극적 영역으로 예측되거나 묘사되지 못하고 있다. 이러한 견해는 어느 정도 현대의 방법론적 개인주의와 유사하다. 방법론적 개인주의자들은 인간의 의도(intention)의 총체는 각각의 의도를 종합한 범주와는 다르고, 나타내고자 했고 원했던 어느 한 부분이나 부분들의 종합과는 완전히 다르게 보이는, 그러한 사회적 실체를 노출한다는 사실은 인정한다. 그러나 차이점은 방법론적 개인주의자들이 인간의 의도들이 비효과적이라는 것을 인정하는 데 비해, 후기구조주의자들은 그것의 비효율성뿐만 아니라 존재론적 자율성 그리고 심지어는 의도성의 존재 자체까지를 부인한다.

---

25) Michel Foucault, "Nietzsche, Genealogy, History," in Paul Rainbow(ed.), *The Foucault Reader*, New York: Pantheon, 1984, p.83.

26) Michel Foucault, *The Order of Things: An Archaeology of the Human Science*, N.Y.: Random House, 1973.

후기구조주의자들은 개인적 특성과 의도의 사회적 영역을 주장하는 데서 맑스와 의견을 같이한다. 이와 같이 그들은 사회를 개인의 의도들의 총합으로 이해할 수 없으며, 오히려 개인의 의도를 사회적 현실내에서 구조화된 것으로 이해해야 한다고 말한다. 후기구조주의자들이 개인의 실천과 경험에 대한 사회적 설명을 강조하는 점에서 나는 그들의 작업이 보다 탁월하며 설득력이 있다고 생각한다. 그러나 내가 동의하지 않는 것은 그들이 사회적 담론이나 제도들내에서 개인이 무엇인가 할 수 있는 여지를 완전히 배제하는 듯한 점이다. 개인이 역사에 의해서 전적으로 규정된다고 하는 점을 나는 배격하는 것이다. 후기구조주의자들은 주체가 전적으로 구축된 것이라고 주장함으로써, 사회적 담론을 숙고하고 그것의 결정에 도전하는 주체의 능력을 부인하게 되는 것이다.

여성 개념에 적용해 보면, 후기구조주의자들의 견해는 명목주의라고 부를 수 있는 것으로 귀착된다. 즉 '여성'이라는 범주는 허구이며 페미니스트의 노력은 이 허구적인 것을 부수는 데에 맞추어져야 한다. "아마도 … '여성'은 규정할 수 있는 어떤 실체가 아니다. 아마도 여성은 다른 어떤 것으로부터 멀리 떨어져서 자신을 나타내는 어떤 것이 아니다. 아마도 여성—비실체, 비표상, 환영—은 간격의 바로 그 틈이며, 간격을 앞서가는 것이며, 간격의 운율이고, 간격 그 자체이다."[27] 이상의 표현과 같이 데리다의 페미니즘에 대한 관심은, 여성이란 언어 중심주의(logocentrism)라고 그가 부른 기능적 담론, 즉 차이의 위계와 칸트주의 존재론을 포함한 근본주의적 담론에서의 균열을 상징할 것이라는 그의 믿음에서 연유한다. 여성은 어떤 의미에서 그러한 담론에서 제외되어 왔으므로, 여성이 저항의 진정한 근원을 제공할 것이라는 희망을 가질 수 있다. 그러나 여성이 자신을 재정의하기 위해 언어중심주의의 메커니즘을 계속 사용한다면, 여성의 저항은 효과적이지 못할 것이다. 여성을 속박하는 모든 시도를 없애고 피할 때에만 여성은 효과적인 저항자가 될 수 있다. 데리다는 다음과 같은 미래의 청사진이 실현될 것을 바란다. "끝이 없고 깊이를 알 수 없는

27) Jacques Derrida, *Spurs*, Barbara Harlow(trans.), Chicago: University of Chicago Press, 1978, p.49.

깊은 곳으로부터, 여성은 본성, 본체, 특성의 모든 자취를 덮어 버리고 그 의미를 흐려 놓는다. 그리고 맹목적인 철학적 담론은 그 물결에 침수되고, 그 깊은 곳에서 파괴된다."[28] 데리다에 있어서 여성은 항상 남성/여성, 문화/자연, 긍정적/부정적, 분석적/직관적 등의 이분법의 양극의 틀 속에서 비롯되는 차이로 규정되어 왔다. 문화주의 페미니스트가 근본적 성차이를 주장하는 것은 그 양분법적 구조를 새롭게 되풀이하는 것이다. 이 구조에서 벗어날 수 있는 단 하나의 길은 그리고 사실상 그 구조 자체를 파괴할 수 있는 방법은, 이분법적 위계내에서 강제되고 속박될 수 없는 것으로서, 총체적 차이를 주장하는 것이다. 모순적이지만 그것은 무엇이라고 규정할 수 없는 것이 된다. 이와 같이 페미니스트는 언어중심주의와 그것의 억압적 힘을 극복하기 위해 모든 가능성을 배제할 때 비로소, '여성'이라는 규정적 범주를 결정지을 수 있게 된다.

푸코도 이와 유사하게 모든 이분법적인 구조—'프롤레타리아트,' '여성,' '피압박자'와 같은—를 권력의 담론을 재창조하고 유지하는 생각을 반영하는 것으로 보고 배격한다. 비디 마르틴(Biddy Martin)이 지적하는 바와 같이, "푸코가 해체의 작업을 시작하고 있는 시점은 비중심성, 비규정성, 비정렬성과 같은 것이다. 그것은 가상된 절대적 타자의 시점이 아니라, 그 자신을 내적인 이탈(internal exclusion)로 이해하는 '다른 어떤 것(alterity)'이다."[29]

푸코와 데리다에 의하면 효과적인 페미니즘은 단지 모든 것을 해체하고, 어떤 것도 구축하기를 거부하는 전적으로 부정적 페미니즘일 수밖에 없다. 영향력 있는 프랑스 후기구조주의자인 줄리아 크리스티바(Julia Kristeva)가 이 입장을 선택하고 있다. "여성은 존재할 수 없다. 그것은 존재의 질서에 속하지 않는 어떠한 것이다. 페미니스트의 실천은 이미 존재하는 것과 싸우는 부정적인 것이다. 페미니스트는 '그렇지 않다' '아직 그렇지 않다'고 말할 것이다."[30] 주체성(subjectivity)이 갖는 문제점은 정치

---

28) Ibid., p.51.

29) Biddy Martin, "Feminism, Criticism, and Foucault," *New German Critique* 27, 1982, p.11.

30) Julia Kristeva, "Woman Can Never Be Defined," in Elaine Marks and Isabelle de

적 투쟁이 있을 수 없다는 것을 의미하는 것은 아니다. 후기구조주의가 반동적인 입장을 해체하는 것과 똑같은 의미에서 혁명적인 입장도 해체한다는 사실에서 우리는 흔히 그렇게 추측하기 쉽다. 그러나 정치적 투쟁은 '기존의 사회상태에서 확실하고, 결정적이고, 구조화되고, 의미를 내포하고 있는 모든 것'을 거부하는 '부정적 기능'을 가질 수 있을 뿐이다.[31)]

페미니스트들이 주체성에 대한 후기구조주의의 비판에서 매력을 느끼는 것은 다음의 두 가지 점에서다. 첫째 그것은 여성에게 보다 많은 자유, 즉 가부장제나 문화주의 페미니즘이 규정한 바와 같은 미리 정해진 어떠한 성의 아이덴티티에 의해 방해받지 않고 다양한 차이를 '자유롭게 누리는 것'을 약속하고 있는 것처럼 보인다. 둘째, 그것은 문화주의 페미니즘과 자유주의 페미니즘이 건드리지 않았던 주체성의 구축이라는 문제를 보다 확실히 이론화했다는 점에서, 결정적으로 그들을 넘어서고 있다. 우리는 성차별주의 억압의 메커니즘과 특수한 범주의 구축문제에 있어서, 그것을 사회적 담론과 연결시키고 주체를 문화적 산물로서 이해함으로써, 많은 것을 배울 수 있다. 확실히 이러한 분석은 우리가 우파 여성, 이데올로기의 재생산, 그리고 사회적 과정을 방해하는 메커니즘을 이해하는 데 도움을 준다. 그러나 이러한 명목론을 채택하는 것은 페미니즘에 심각한 문제를 야기시킨다. 어떻게 우리는 크리스티바의 단지 부정적 투쟁만을 위한 계획을 심각하게 채택할 수 있을 것인가? 항상 단지 무엇인가에 반대하는 운동에 사람들을 동원할 수는 없다. 좌파들도 지금쯤은 이미 이 사실을 배웠을 것이다. 사람들은 그것의 실현을 향해 시간과 에너지를 희생하도록 동기화시킬 수 있을 대안, 보다 나은 미래에 대한 비전을 가져야만 한다. 더욱이 페미니스트가 명목론을 선택하는 것은 이데올로기 이론이 갖는 동일한 문제에 부딪힌다. 즉 왜 우파 여성의 의식이 사회적 담론을 통해 구축되는 데 비해 페미니스트의 의식은 그렇지 않을까? 후기구조주의의 주체성에 대한 비판은 모든 주체의 구축에 해당하거나 또는 아무것도 설명하지 못한다. 그리고 여기에 바로 페미니스트의 딜레마가

---

Courtivron(eds.), *New French Feminisms*, New York: Schocken,1981, p.137

31) Julia Kristeva, "Oscillation between Power and Denial," in Marks and Courtivron(eds.), p.166.

있는 것이다. 어떻게 우리는 여성주체를 해체하는 페미니스트 정치의 기초를 세울 수 있을까? 명목론은 페미니즘 자체를 없앨 위험이 있다.

후기구조주의를 사용하기 원하는 일단의 페미니스트는 이 위험을 잘 인지하고 있다. 예컨대 마르틴은 다음과 같이 지적한다. "추상적인 이론적 정확성을 위해서 여성을 생물학적 성(sex)으로 설명하는 정치적 입장을 거부할 수는 없다. … 푸코의 전통적 범주에 대한 도전—'논리적' 결론을 취한다면—은 여성에 대한 억압의 문제를 진부한 것으로 만들 위험이 있다."[32] 우리는 마르틴이 푸코가 갖는 문제를 명확히 인식한 위에, 명목론을 능가할 해결책을 제공할 수 있기를 희망한다. 불행히도 마르틴은 로우 안드레스 살롬(Lou Andreas-Salome)를 해석하는 데 있어서 미결성, 모호성, 파악하기 힘든 것에 가치를 부여하고, 안드레스 살롬의 일생이 정체성의 비규정성을 웅변함으로써, 페미니스트가 유용하게 배울 수 있는 텍스트를 제공한다고 주장한다.[33]

그러나 모든 텍스트는 규정할 수 없는 것이라는 개념은 페미니스트들에게 유용할 수 없다. 데리다는 그의 저서에서 텍스트의 의미가 궁극적으로 비규정적이라고 주장하면서, 어떻게 니체(Nietzsche)의 텍스트가 여성적인 것을 구축하고 위치짓는가에 대한, 서로 다르지만 제각기 정당성을 갖는 세 가지의 해석을 제공하고 있다. 그 중 하나의 해석에서 우리는 페미니스트의 경향을 발견할 수 있다고 데리다는 주장한다.[34] 이와 같이 데리다는 여성혐오자로서의 니체의 업적에 대한 타협할 수 없는 것처럼 보이는 해석에 대해서조차도, 설득력 있는 주장으로 그렇지 않다고 도전할 수 있음을 보이고자 노력한다. 그러나 여성혐오를 '규정할 수 없는 것'으로 수정하기보다 그것을 효과적으로 규탄해야 하는 페미니스트들에게 그것이 어떻게 도움을 줄 수 있단 말인가? 문제의 핵심은 데리다 자신이 반페미니스트라는 것도, 데리다의 저작이 페미니스트들에게 전혀 유용하지 않다는 것도 아니다. 문제는 그가 니체를 해석하는 데 적용한 비규정성의 명제가 반페미니스트의 주장과 너무나 유사하게 보인다는 점이다. 즉 성

32) Martin, op. cit., p.16-17.

33) Ibid., esp.21, 24, 29.

34) Derrida, *Spurs*, esp.57, 97.

차별주의에 대한 우리의 인식이 편파적이고 한계가 있으며 우리가 여성 혐오라고 취급하는 것이 실제로는 여성의 입장에 해가 되기보다는 득이 된다는 것이다. 비규정성의 선언은 필연적으로 우리를 크리스티바의 입장, 즉 여성이 무엇인가라는 질문에 우리는 부정적인 답변만을 할 수 있을 뿐이라는 입장으로 돌아가게 한다. 만약 여성이라는 범주가 근본적으로 비규정적이라면, 우리는 여성에 대하여 해체를 모면할 긍정적 개념을 제공할 수 없으며, 해체될 수밖에 없고 그리하여 다시금 명목론자가 될 수밖에 없는 페미니즘으로 돌아갈 것이다.[35]

주체성에 관한 명목론자의 입장은 우리의 분석에서 성(gender)을 없애는 해로운 효과를 가진다. 즉 성을 사실상 다시 한 번 보이지 않게 하는 것이다. 푸코의 존재론은 신체와 쾌락만을 포함하며, 성을 분석단위로 포함하지 않는 점에서 악명 높다. 성이 단지 사회적 구축물이라면, 페미니스트 정치의 요구와 가능성마저 즉시 불확실해진다. 여성이 존재하지 않고, 여성의 이름으로 하는 요구가 그들이 만든 신화를 강화시킬 뿐이라면, 여성의 이름으로 우리는 무엇을 요구할 수 있을 것인가? 여성이라는 범주가 허구라면 우리는 어떻게 성차별주의가 여성의 이해에 해롭다고 주장할 수 있을 것인가? 어떻게 우리는 '여성'의 개념을 말함이 없이 법적 낙태와, 좋은 탁아제도, 또는 동일한 가치에 기초한 임금을 요구할 수 있을 것인가?

후기구조주의는 서구의 주된 지적 사상의 흐름에서 나타나는 지배적 경향(그리고 지배적 위험이라고도 주장할 수 있는)인 보편적, 중립적 그리

35) 마르틴의 최근의 저작은 여기서 출발하여 긍정적인 방향으로 나아간다. 모한티(Chandra Talpade Mohanty)와의 공저에서 마르틴은 "비결정성에 대한 주장이 갖는 정치적 한계는 그것이 명시적, 암시적으로 비평가 자신의 사회적 상황 구속성을 부인하고, 결과적으로 비평가 자신의 제도적 배경을 인정할 것을 거부하는 것이다"라고 지적하고 있다. 마르틴과 모한티는 보다 긍정적인 그러나 여전히 문제성 있는 주체의 개념을 발전시키고자 했다. 그것은 '다면적이고 유동성 있는' 시각을 가진 주체의 개념이다. 여기서 그들의 저작은 주관성의 대안적 개념을 발전시키는 데 중요한 공헌을 하게 되었다. 그 개념은 내가 이 논문의 나머지 부분에서 논의할 개념과 다르지 않다. "Feminist Politics: What's Home Got to Do with It? " in Lauretis(ed.), no.18 above, pp.191-212, 특히 p.194.

고 입장이 없는 인식론, 형이상학 및 윤리에 반대할 우리의 능력을 삭감시킨다. 대륙과 다소 다르긴 하지만 영미사상은 아직도 보편화할 수 있고 비정치적인 방법론의 이상과 특수한 성, 인종, 계급 또는 문화들과의 관계에 속박되지 않는 초역사적인 일련의 기본적 진리를 지향하고 있다. 주체성을 거부하는 것은, 의도한 바는 아니지만 개인들의 특수성은 지식의 형성에 아무런 영향을 미치지 않는다고 하는 고전적 자유주의 사상의 인간속(屬)(generic human) 명제와 뜻을 같이한다. 후기구조주의가 주관적 경험과 같은 개별적 특수성을 사회적 구조물이라고 지적함으로써, 주체의 권위를 부정하는 것은 인간의 특수성을 부적절(irrelevant)하다고 보는 고전적 자유주의의 견해와 잘 일치한다(자유주의에 있어서, '기본적으로 우리는 모두 동일하기 때문에,' 인종, 계급 및 성은 궁극적으로 정의와 진리의 문제에 부적절하다. 후기구조주의자에 있어서 인종, 계급 및 성은 구조물이다. 따라서 그 기저에 구축하고, 해방시키고 또는 극대화시킬 자연적 핵심이 없으므로 그러한 인종, 계급 및 성은 정의와 진리의 관념에 결정적인 가치를 부여할 능력이 없다. 따라서 다시 한 번, 기저에 있어서 우리는 모두 동일하다). 사실상 인간속 명제에 기초하고 있는 세계관—최상의 세계관으로 일컬어지는 세계관—즉 많은 문화주의 페미니스트들로 하여금 여성다움(feminity)을 페미니스트 이론의 정당한 기초를 이루는 특수성으로서 찬양하게 유도하는 세계관의 가능성을 믿는 이러한 작업들은 와해되어야 할 것이다.

문화주의 페미니즘과 후기구조주의적 페미니즘의 특징에 대한 앞서의 설명은 지나치게 동질성을 가정했다는 점과 거대하고 복잡한 이론들을 가볍게 정리했다는 점에서 많은 페미니스트들을 화나게 할 것이다. 그러나 나는 페미니스트 이론이 '여성'을 재개념화하는 작업에 있어서, 현재의 주된 경향은 앞서 요약한 근본주의와 명목주의의 두 흐름으로 모아지고 있다고 생각된다. 이 두 반응은 모두 중요한 장점과 심각한 결점을 갖고 있다. 문화주의 페미니즘은 고전적 자유주의의 인간속 명제에 유용한 개선책을 제공하고 공동체와 자기 긍정을 발전시켰으나, 페미니스트 이론이나 실천에 장기적인 미래의 행동전망을 제공하지 못했다. 그리고 그것은 정당한 근거를 가지지 못한 본질주의의 주장에 근거하고 있는 것이다. 후기구조주의 입장의 페미니스트들은 여성의, 그리고 남성의 주체성의 구축에 대한 시사적인 통찰을 제공하고, 억압적 힘의 메커니즘에 다시 호소하는 페미니즘의 창조에 대해 중요한 경고를 제기해 왔다. 그럼에도 불구하고 그것은 페미니즘을 부정적 반응과 해체의 전략으로 제한시켰으며, 인식론적으로 중요하고 특수한 주체성의 관념을 평가절하함으로써 고전적 자유주의에 대한 공격을 어렵게 한다. 페미니스트는 무엇을 해야 하는가?

우리는 이러한 모순을 간단히 포용할 수는 없다. 문화주의 페미니즘과 후기구조주의의 심각한 단점을 피하기 위하여 페미니즘은 제3의 길, 즉 본질주의와 명목주의를 벗어나 주체에 대한 대안적 이론을 발전시킴으로써 이 딜레마를 극복해야 한다. 이 새로운 대안은 '여성'이라는 범주가 현재와 같이 특징을 묘사하는 데에 반대하여 주체성의 경험에 대한 고찰을 통해 이론화되어야 한다는 후기구조주의의 통찰을 공유할 수 있다. 그러나 그것은 그러한 고찰이 반드시 성이나, 그것의 해체에 대한 명목주의의 입장으로 귀결될 것이라고 생각할 필요는 없다. 페미니스트는 본질주의로 빠져들지 않는 성별주체(gendered subject)에 관한 이론의 가능성을 탐구할 필요가 있다.

# 페미니즘과 포스트모더니즘*

사비나 로비본드

포스트모더니즘이란 용어에 사람들은 열광하고 있다. 그것은 '근대성'은 이미 지난 것이며, 따라서 새로운 사회적 조건에 조응하는 새로운 의식의 형태가 요구된다는 것을 시사하기 때문이다. 그러나 포스트모더니즘은 요구되는 새로운 조건들이나 이에 수반되는 의식의 독특한 성격이 무엇인가, 또는 어떠해야 하는가를 명확히 말하고 있지는 않다. 정치·문화적 이론의 맥락 속에서 이루어지는 포스트모더니즘의 논의는 대부분 '계몽주의적 관념'을 부정하는 관점을 택하고 있다. 나는 이 글에서 최근에 나온 반계몽주의적 논의들의 의미를 페미니스트의 시각에서 고찰하고자 한다. 반계몽주의적 논의들 중에서 나는 포스트모더니즘의 주장과 가치의 가장 강력한 대변자로 널리 알려진 세 명의 철학자, 료타르(Lyotard), 매킨타이어(MacIntyre), 로티(Rorty)의 저술을 고찰하기로 한다.[1] 이들 저술에

---

* Sabina Lovibond, "Feminism and Postmodernism," *New Left Review*, no.178. Nov/Dec 1989, pp.5-28.

1) 구체적으로 나는 다음의 문헌들을 인용하고 있다. J. F. Lyotard, *The Postmodern Condition: A Report on Knowledge*, Manchester, 1984; A. MacIntyre, *After Virtue: A Study in Moral Theory*, London, 1981; R. Rorty, *Philosophy and the Mirror of Nature*, Oxford, 1980; "Pragmatism and Philosophy," *Consequence of Pragmatism*, Brighton, 1982(reprinted in Baynes, Bohman, and McCarthy(eds.), *After Philosophy: End or Transformation?*, Cambridge, Mass., 1987. 분명 간략한 고찰로서 복잡한 주장을 파악하고자 하는 시도는 과잉단순화로 빠지기 쉽다. 특히 로티가 그의 저서(*Philosophy and the Mirror of Nature*)에서 과학을 신학과 정치로부터의 계몽주의적 분리라고 보고 그것을 '가장 소중한 문화유산'이라고 평한 것에 주목해야 한다

대한 나의 생각은 이들을 포괄하고 있는 보다 광범위한 사상에 대한 생각이기도 하다. 그렇다고 내가 포스트모더니즘 전체 또는 그 철학적 단면만이라도, 이 글에서 전부 포괄할 수 있을 것이라고 믿지는 않는다. 나는 우선 텍스트 탐구의 한 특정 부분에 대한 설명을 시도하고자 한다.

내가 선택한 세 학자들의 텍스트는 의심할 바 없이 어떤 공통적인 입장들을 갖고 있으며, 뚜렷한 점은 보편성의 관념에 대한 혐오이다. 계몽주의는 인간을 보편적인 도덕과 지적인 자아실현을 위해 노력하고 있는 것으로 파악한다. 그리고 인간을 보편적인 역사적 경험의 주체로서 기술한다. 계몽주의는 또한 사회적, 정치적 지향들(실천을 통한 이성의 실현으로 정의되는 정치의 목표들)의 '진보성' 여부를 평가하는 인간의 보편적인 이성을 제시하고 있다.[2] 포스트모더니즘은 기본적으로 이러한 입장을 부정한다. 즉 이성의 통합성에 대한 주장을 부정하는 것이다. 포스트모더니즘은 인간성을 (정치적 실행에 있어서) 완전한 일관성과 안정성, 또는 (이 공통된 믿음의 토대에 있어서) 완전한 결속이라는 목표를 추구하는 통합된 주체로서 개념화하는 것을 거부한다.

## 합의에 대한 이상

이 세 철학자들 모두 각기 다른 방식으로 도덕, 정치 인식상의 다원주의를 포스트모더니즘의 관점에서 옹호하고 있다. 이들은 정당화나 합법화라는 것이 무엇을 하거나 믿는 데 있어서, 저것이 아닌 이것이 좋다고 하

---

(p.333). 그러나 그의 책의 가장 중심적인 동기는 인식론의 소멸(즉 모든 담론들을 통합할 수 있다고 하는 신념의 소멸)이 남긴 문화적 공간이 채워지지 않기를 희망하는 것이다. 이것은 그를 반계몽주의 이론가로 보게 하는 것이다. *After Virtue*의 주제는 매킨타이어의 보다 최근 저서인 *Whose Justice? Which Rationality?* (London, 1988)에서 보다 발전되고 있다.

2) 지적 일원론의 이러한 표현은 칸트의 *The Metaphysical Principles of Right*의 서문(in James Ellington(trs.), *The Metaphysical Principles of Virtue*, 1964, p.5)를 참고할 것. '인간의 이성이 단 하나라면, 철학도 여러 개가 있을 수 없다. 다시 말해서 원칙들에 근거한 단 하나의 진정한 철학체계만이 가능한 것이다. 그러나 사람들은 하나의 동일한 주제에 대하여 다양하게 때로는 반대의 입장에서 철학적 논의를 전개한다.'

는 이유는, 인식하는 역사적 인간공동체들의 경향에 의해 유지되는 특정한 관행이라고 강력히 주장한다. 이들 모두는 '계몽주의'가 합리성의 여러 지엽적 논리들을 의사소통시켜 하나의 기준을 수립하도록 하는 점에 주목한다. 그러나 바로 이것이 포스트모더니즘의 사상가들이 비판하는 부분이다. 왜냐하면 이들은 담론을 규제하는 데 있어서 바람직한 이상으로 보는 합의에 대하여 의문을 제기하기 때문이다. 포스트모더니즘의 사상가들은 합의를 이루고자 하는 노력들을 다음 두 가지 이유로 반대한다. 첫째는 그것이 역사적으로 뒤떨어졌다는 점이며, 둘째는 그 자체가 오도되었거나 나쁘다는 것이다.

첫째의 시대에 뒤떨어졌다고 하는 주장은 서구에서의 혁명적 사회주의의 패배에 대해 가하는 논평에서 자주 나타난다. 예를 들어, 매킨타이어는 '소진된' 정치적 전통으로서 맑스주의에 대해 특별히 언급하고 있다.[3] 이와 비슷하게 료타르는 "대부분의 사람들은 지나간 설화(보편적 해방의 조건을 지향하는 휴머니티의 이상을 말한다. 그것은 역사적 과정에 의미를 부여하는 전망이기도 하다)에 대한 향수를 잃어 버리고 있다고 주장한다.[4] 그는 그러한 '거대설화'의 영향력이 쇠퇴한 것을(1960년 이후의) 자유주의적 자본주의의 발전과 연결시킨다. 그것은 공산주의적 대안을 제거하고 상품과 서비스의 개인적 향유를 확대시킨 것이다.[5]

두 번째의 주장, 즉 이상적 합의의 추구는 오도된 것이라는 주장은 우리의 '언어게임'의 우연성과 특수성에 대한 관용적인 태도를 지지하는 주장 속에서 드러난다. 포스트모더니즘이 무슨 견해든지 신성불가침한 것으로 받아들이는 것은 아니다. 혁신 그 자체를 찬양하는 로티와 료타르의 경우에서는 실은 오히려 그 반대이나. 그러나 포스트모더니즘은 하나의 '게임'을 다른 것으로 대치하는 것을 어떤 절대적 기준에 의거하여 평가할 수 있다는 점(예컨대, 역사에 대한 목적론적 시각에 따라 '진보적' 또는 그 반대로 평가하는 경우와 같이)은 거부한다. 즉 역사는 어떤 방향성도 지니지 않으므로(또는 역사가 방향을 지녔다고 생각하는 것이 더이상

3) MacIntyre, *After Virtue*, p.244.

4) Lyotard, *The Postmodern Condition: A Report on Knowledge*, p.41.

5) Ibid., p.38.

가능하지 않으므로), 현재의 게임을 대치시키는 데 성공할 수도 있는 어떤 새로운 언어게임의 형태도 이전의 게임과 마찬가지로 '우연적'인 것일 뿐이라고 생각한다. 실천 속에서 실현되는 (보편적) 이성은 결코 아니라는 것이다.

이러한 문헌들이 담론 활동에서 비목적론적 기술로 기우는 것은 놀라운 일이 아니다. 로티는 현재 '탐구'가 누리고 있는 특권을 대화 쪽으로 이동시키고자 한다.[6] 도덕성에 대한 고찰을 통하여 매킨타이어는 일련의 설화적 원형들로서의 신화(문화는 이 설화들을 통해 사회성원들에게 정체성을 심어준다)는 '사물의 심장부'에 존재한다는 결론에 이르고 있다.[7] '대화'나 '신화'는 그 어느 것도 실재의 유일하고도 확고한 표상, 즉 맥락적 또는 잠정적 의미 이상의 '진리'라고 부를 만한 것으로서 당연히 이해되는 것이 아니다. 포스트모더니즘을 설명하는 데 있어서 대화나 신화의 역할에서 문제시되는 것은 그것들의 부정적인 특성이다.

포스트모더니즘의 학자들은 이러한 대화나 신화의 분석에서 그치지 않고, 이상적인 합의를 비판하는 작업을 계속한다. 나중에 살펴보겠지만 로티는 광범위한 문화적 배경 위에서 잠정적이지 않은, (확고한) 진리를 더 이상 추구하지 않는 삶의 양태가 여전히 그것을 추구하는 삶보다 '더 낫다'고 분명히 말한다. 료타르는 더 나아가 그러한 확고한 진리의 추구는 불가피하게 다양성이나 '차이'를 억압하게 된다고 믿고, 그것을 '테러'와 동일시 한다.[8] 그는 심지어 총체성과의 전쟁을 요구한다. 그것은 우리가 자주 들어온 자유주의의 주장과 같다. 즉 사회질서의 명목하에 자유에 제약을 가하는 것이 유감스럽게도 필요하겠지만, 그렇다고 다양한 사고와 실행을 하나의 '도덕적 유기체' 또는 '의미 있는 전체' 속에 통합시키려고 하면 안된다.[9]

---

6) Rorty, *Philosophy and the Mirror of Nature*, p.318.
7) MacIntyre, *After Virtue*, p.201.
8) Lyotard, *The Postmodern Condition*, p.82.
9) '도덕적 유기체'에 대해서는 F. H. Bradley, *Ethical Studies*, London, 1972, p.177을 참고하고, '유의미한 전체'에 대하여는 H. H. Joachim, *The Nature of Truth*, London, 1966, p.68 각주를 참고할 것.

이러한 텍스트들이 취하는 분명한 입장은, 우리로 하여금 '포스트모더니즘'을 근대성에 반대하는, 또 근대성과의 대비 속에서 규정되는 하나의 '운동'이라고 생각하게 한다. 물론 앞선 세 학자들이 같은 방식으로 이러한 반응을 표현하고 있지는 않다.[10] 그러나 이들은 존재하는 것은 영원한 '이성의 심판' 앞에서 정당화되어야 한다는 계몽주의의 요구를 반대하는 데 있어서는 일치되어 있다. 그들의 생각에서 합리화(또는 정당화)는 항상 국소적(local)이고 맥락 유관적이다. 하나의 정당성의 국소적 기준이 다른 기준에 의해 억압되는 것은 모든 국소적 편견을 초월하는 어떤 궁극적인 기준으로 접근하는 데서 이루어지는 것이 아니라, 특정의 전통에서의 자기 의문의 산물에 지나지 않는 것으로 보아야 한다는 것이다. 정당화에 대한 이러한 시각은 때로 플라톤주의로 불리는 견해에 대입하는 것으로 나타난다. '플라톤주의'는 플라톤의 여러 사상 중의 단 하나의 교리와 관련하여 이름 붙여지고 있다. 즉 진리는 우리가 현재 지닌 진리기준을 '초월한다'는 사고이다. 포스트모더니즘 이론에서는 이러한 의미의 플라톤주의는 쓸모없는 것이 되었다고 반복해서 주장한다. 즉 지금까지 인간이 성취해 낸 전체 지식을 측정하고 그 불완전성을 규명할 수 있는 초월적 진리가 있다고 믿는 것이 더이상 가능하지 않다는 것이다. 이러한 진리에 대한 포스트모더니즘의 회의는 플라톤이 진정한 지식에의 접근 수단으로서 제시한 독특한 연구방법에까지 향한다. 즉 인간의 사고를 변증법적 과정으로 보는 관념에 대해 포스트모더니즘은 회의를 나타낸다. 다시 말해서, 부정적인 방법(추적을 통해 내적 모순들을 제거해내는 방법)을 철저히 적용하여 긍정적인 결과(더이상 수정될 것이 없는 완전하게 확고한 믿음의 체계)를 생성해낸다고 하는 변증법적 사고의 과정에 대해 회의를 나타낸다.

---

10) 예컨대 료타르는 포스트모던의 경험에서 근대주의의 '진리'를 보고 있다. 포스트모더니즘은 근대주의의 한 부분이며, 근대주의로부터 '받은 모든 것은 의심되어야 한다'는 격언을 물려받고 있다(Lyotard, *The Postmodern Condition*, p.79). 메킨타이어는 그 반대로, 미술과 디자인 분야의 포스트모더니즘 학자들과 비슷해 보인다. 이들 분야에서 학파들은 과거와 관련된 특징을 보이고, 근대성에서 얻어진 역사적 지식들과 결부된 전통적 표현양식을 재현하고 있다(Charles Jencks, *What is Postmodernism?*, London, 1986, p.18).

진리에 대한 변증법적 시각에 의하면, 이러한 긍정적인 결과는 연구의 종료를 가져올 것이며, 더이상의 진보의 가능성이 없는 까닭에 그곳에서 사고는 정지하게 될 것이다. 그러나 이러한 입장은 더이상 열광적으로 받아들여지지 않는다. 이에 대해 논쟁이 일기 시작한 것이다. 포스트모더니즘의 '담화'가 (변증법과 달리) 그 자체의 종료가 아니라, 그것의 지속에 목표를 둔다는 것은 강점이 된다. 그것은 한편으로는 의견일치에 대한 논의들과, 다른 한편으로는 '흥미진진하고도 결실 있는 불일치'에 의해 활성화되는 무제한적인 미래에의 전망을 제시하고 있다.[11]

객관적인 세계 또는 '실재'에 대한 우리의 인식을 포스트모더니즘이 재평가하는 데 있어서 도덕적이고 인식적인 주체의 면에서 놀랄 만한 발전이 이루어지고 있다. 여기에서도 포스트모더니즘이 반대하는 관점에 '플라톤주의자'라는 명칭을 부착시키는 것은 역사적으로 정당하다. 플라톤의 '공화국'에서는 완전한 일치를 지향하는 이론의 변증법적 진보가 연구자의 정신에서도 일치를 지향하는 유사한 경향과 병존하고 있기 때문이다. 변증법적 실행이 진리와 선에 대한 나의 지적인 규명을 강화시키듯이, 나 자신 역시 그러한 정신통합을 향해 나아가고 있는 것으로 그려질 수 있는 것이다. 즉 어떠한 급작스런 감정도, 이전에 고려되지 않은 어떤 사물의 측면도, 나의 믿음과 가치질서들을 교란시킬 수 없게 되는 그러한 조건으로 진행하고 있는 것이다.

## 적극적인 자유

처음 시작에서부터 통합되고 '중심 있는' 주체성에 대한 이상은 개인적인 자유의 이상과 연계되어 왔다. 그러나 그것이 기약하는 자유는 단순히 외부제약으로부터의 해방이라는 소극적인 상태(예를 들어 우리가 희망할 수 있는 유일한 것이라고 흄이 주장했던 '자발성의 자유')가 아니다. 오히려 정신의 적절한 내부조직으로부터 비롯되어 나오는 '적극적인 자유' ('자율성'이라고도 말해지는 것)이다. 적극적인 자유는 (이상적인 일관성

11) Rorty, *Philosophy and the Mirror of Nature*, p.318.

과 확고성의 모범으로서의) 참된 주체에 의해 이루어진 결정이나 명령으로 변덕스런 충동이나 '욕망'들에 의해 거부될 수 없는 정신상태를 획득하는 것으로부터 비롯된다.[12] 이러한 의미에서 자유롭다는 것은 우리의 비판적 판단이 비합리적이라고 비난하는 신념이나 욕구들의 영향으로부터 해방된 것이다.

이러한 주장의 논리적 결론은, 자유는 아무런 제한 없이 잠재력이 완전히 실현된, 즉 완전하며 합리적인 존재에게만 부여될 수 있다는 것이다. 그 외의 사람들은(이러한 이상에 미처 이르지 못한 정도는 매우 다양하지만, 그것은 결국 우리 모두를 의미한다) 행동 속에서 자유의 주관적인 감정을 향유하고 있지만, 지적으로 지속적으로 발전한다면, 언젠가는 우리의 현재의 행동유형의 상대적인 부자유성을 (통찰력 있게) 인식하게 될 것이다.

우리는 계몽주의 사고의 또 다른 구성요소로서, 우리가 생각하고 행위하는 방식에서 모든 우연적인(즉 비합리적인) 제약들을 제거해 버림으로써 적극적인 자유를 성취하게 될 것이라는 희망을 가질 수 있다. 고전적인 '중심 있는 주체'는 열망과 욕구의 예측할 수 없는 충동질에 의해 더이상 좌우되지 않기 때문에 자유로웠다. 이와 유사하게 현대의 주체는 그가 이해하지 못하는 그리하여 저항할 수 없는 사회적 힘의 영향으로부터 해방됨으로써 자유롭다. 예를 들어 맑스주의는 자본주의 경제질서와 이데올로기를 통찰함으로써 이러한 의미의 자유를 향해 나아갈 것을 부추긴다. 이 시기의 일부 페미니즘은 우리 여성으로 하여금 행동이나 내면생활에서 여성혐오적 문화에의 적응의 표식들을 찾아내어 그러한 적응에 의해 야기된 자기혐오증을 우리가 점차적으로 극복할 것을 촉구한다(이것이 '의식화'의 배후에 깔린 사고이다).

우리 자신의 어리석음을 극복함으로써 (또는 좀더 정확히는, 우리 자신을 외부결정에 의해 덜 영향받게 함으로써) 자율성을 성취하기 위한 기나긴 행진은 '초월'이라는 말로 요약될 수 있다. 인식론적 맥락에서와 마찬가지로 도덕 및 정치적 맥락 속에서, '초월한다'는 것은 넘어선다는 것이

---

12) '적극적인' 자유와 '소극적인' 자유의 이러한 특성에 대하여는 Isaiah Berlin, "Two Concepts of Liberty," *Four Essays on Liberty*, London, 1969를 참고할 것.

다. 완전히 통합된 주체성의 추구는 우리의 현재의 정신적 한계를 뛰어넘으려는 시도의 형태를 취한다.

초월과 관련된 이러한 관념들 역시 근래 들어 강한 반감을 불러일으켰다. 이같은 반감은 부분적으로는 계몽주의와 '보편이성'의 관념과의 연결을 옳게 주목해 온 포스트모더니즘 학자들의 계몽주의에 대한 비판으로부터 비롯된다(내가 사물의 국소적이고도 부분적인 이해의 한계를 넘어서고자 한다면, 내가 목표하는 것은 완전히 원숙하고도, 어느 한편에 치우치지 않는 또는 보편적 이해이다). 그리하여 매킨타이어는 계몽주의 스타일의 도덕적 자율성에 있어서 최후 단어인 니체의 위버멘쉬(Uebermensch), '초월자'에 대하여 매우 배려를 하는 듯이 말하고 있다.[13] "고립되고, 자기몰두적이고, '관계와 활동이 결핍된' 이러한 개인은 분명히 사회심리치료사로부터의 도움을 필요로 한다"는 것이다.

그러나 흥미롭게도, 도덕적 이상으로서의 초월성에 대한 비판이 페미니스트 집단에서도 나타나기 시작하였다. 서구철학은 출발에서부터 기본적으로 하나의 솟아 있는, 인류의 정상적이고도 완전한 대표로서의 남성의 전망을 드러내기 위해 상상의 틀을 하나씩 고안해 왔다. 플라톤의 옹호자는 자궁과 같은 '상식'의 동굴로부터 지식의 밝은 대낮으로 나서고 있다. 헤겔의 시민은 여성이 이끌어온 가정의 어둡고 사적인 세계를 뒤로 하고 떠남으로써 성숙성을 확보하였다. 요컨대 자연으로부터 자유로, 또는 '타율'로부터 자율로의 이행은 남성이 그의 삶을 시작했던 피난처인 여성적인 환경으로부터 도주하는 것으로 표현되어 왔다.[14]

## 전통과 근대성

페미니즘에 대한 어떠한 역사적 고찰을 하는 과정에서도 흔히 가장 먼

---

13) MacIntyre, *After Virtue*, p.239.

14) *Republic* VII에 대한 이와 같은 독해는 Luce Irigaray, *Speculum of the Other Woman*, Ithaca, 1985, p.243 각주를 참고하고, 남성성을 초월로서 보는 이같은 사고를 보다 충실하게 재구성한 것으로는 Genevieve Lloyd, *The Man of Reason: 'Male' and 'Female' in Western Philosophy*, London, 1984를 참고할 것.

저 떠오르는 생각 중의 하나는 그것이 전형적으로 근대적인 운동이라는 것이다. 남녀평등이 실질적인 정치적 목표로 떠오른 것도 수세기에 걸쳐서 전통적인 생활양식이 비전통적인 것으로 바뀌어 가는—실제로 반(半)기술적인(역사적인 시기를 지칭한다는 의미에서) 의미의 용어로 말하면 '근대성'으로 변화되어 가는—복잡한 과정에서 나타나는 한 요소라고 볼 수 있다.

'근대'의 조건은 기술적 진보와 지속적으로 팽창해 가는 국가간의 교역에 의해 창출되는 것이다. 그러한 조건은 사람들에게 과거의 공동체로부터 떨어져 나와, 자본주의의 '자유시장'에서 살아 남을 것을 강요한다. 이러한 근대성에 대한 관념의 발달에서 가장 중요한 내용은 맑스와 엥겔스가 묘사한 자본주의하의 삶의 혼돈과 무정부 상태이다. 그러나 이 기술에는 이전의 경제적 질서는 새로운 질서를 배태하고 있다고 하는 긍정적 전망이 엇갈려 있다.[15] 이러한 견해에 의하면, '모든 고정되고 경직된 관계들의 붕괴'는 인간성을 위한 역사적 기회를 만들고 있다. 그것은 가장 먼저 혁명을 통하여 그들의 전체적 존재 조건을 통제할 힘을 장악하고자 한 노동계급에서 나타나고 있다.

정통 맑스주의의 관점에서 보면, 도시 프롤레타리아트는 근대적 인간, 즉 전통적 생활양식에서 강제로 해방되고, 그래서 농민이었던 그들의 조상의 한계에서 해방된 남자, 그리고 또한 약간 문제는 있지만 여자로 구성되어 있으므로 혁명을 수행하는 데 필요한 자격을 가지고 있다.[16] 그러

15) Marx and Engels, "Manifesto of the Communist Party," in Karl Marx, *The Revolutions of 1848: Political Writing*, vol.I, David Fernbach(ed.), NLR/Pelican, Harmondsworth, 1973, p.70. '생산수단의 끊임 없는 혁신, 모든 사회적 조건에서 지속적으로 일어나는 혼란, 끊임 없는 불확정성과 동요는 자본주의시대를 이전의 시기와 구분하는 것이다. 모든 고정되고 견고하게 굳은 관계들은 오래된 편견과 의견들과 함께 사라져 버렸고, 모든 새로운 형태의 관계들은 그것들이 굳어지기도 전에 구식으로 되었다. 모든 견고한 것들은 공중으로 용해되고, 모든 성스러운 것은 세속화되고 있다.' 베르만(Marshall Berman)은 *All That Is Solid Melts into Air: The Experience of Modernity*(Verso, London, 1982, ch.11)에서 이러한 분석을 보다 깊이있게 하고 있다.

16) 이 문제에 대한 검토는 Alison M. Jaggar, *Feminist Politics and Human Nature*, Brighton, 1983, ch.4.를 참조하라. '여성문제'에 대한 정통 맑스주의적 접근의

한 계급의 형성으로 인해, 근대성은 공포스러우면서도 다른 한편 조만간 임의적인 권위는 사라질 것이라는 전망을 보여주는 것이다. 이 약속에 선동된 사람들은 아직 어느 정도는 계몽주의적 사고습관을 갖고 있다고 볼 수 있다. 그들의 반응에서 전통에 집착하는 어떠한 도덕적, 지적 힘도 거부하는 계몽주의에 동조하고 있음을 발견할 수 있다.

이제 어떻게 자신을 페미니스트로 규정할 것인지, 그리고 사회적 재구조화에 대한 근대주의의 약속에 냉담하게 남아 있을지 알아내는 것은 어려운 일이다. 여성의 관점에서 보면, '전통'은 (부드럽게 말해서) 부러워할 것은 없는 역사적 기록이다. 그러나 '전통적 가치들'(결혼, 가정을 갖는 것, 전체적 가족생활 등) 중 가장 변화되기 힘든 것은 성적 관계의 영역이다. 아마도 전근대의 양상 중 남성지배—생물학적인 성차에 기초하여 구축된 계급구조—만큼 완강하게 지속되고 있는 것은 없는 것이다. 확실히 '부인'과 '남편'의 개념 및 그것들이 불러일으키는 도덕적 분위기가 '농노'나 '영주'와 같이 쓸모없게 될 시대의 사상은 정신에 큰 변화를 가져올 것이다. 그러나 만약 우리가 부당한 특권에 대한 근대의 거부가 젠더에 대하여 갖는 함의에(문화적 구조물로서의 남성성과 여성성을 의미한다) 편견 없이 접근한다면, 우리는 젠더에 있어서의 발전이 일련의 커다란 발전의 한 부분이라는 결론을 얻게 될 것이다. 그리고 만약 그렇다면 페미니스트들은 적어도, 현재, '근대성의 프로젝트'가 미완성이라고 생각할 만한 충분한 이유를 가지고 있다고 말할 수 있을 것이다.[17]

근대성의 프로젝트가 이미 힘이 소진되어 버렸고 사회적, 합리적, 평등주의적 방향으로 재구조화하고자 하는 계기는 이미 지나버렸다고 하는 주장에 대해 우리는 어떻게 생각하고 있는가? 기존의 권력구조(젠더, 인

---

문제점에 대한 보다 논쟁적인 검토는 다음의 글들에서 볼 수 있다. Christine Delphy, "The Main Enemy," *Close to Home; A Materialist Analysis of Women's Oppression*, Diana Leonard(trs. and ed.), London, 1984; Hartmann, "The Unhappy Marriage of Marxism and Feminism: Towards a More Progressive Union," in Lydia Sargent(ed.), *The Unhappy Marriage of Marxism and Feminism: A Debate on Class and Patriarchy*, London, 1981.

17) Jürgen Habermas, "Modernity: An Incomplete Project," in Hal Foster(ed.), *Postmodern Culture*, London, 1985.

종, 자본주의 계급)의 어느 하나, 또는 여러 개의 예리한 극단에 서 있는 사람들이 그러한 주장에 대해 실망하여 고통을 느끼는 것은 당연한 일이다. 그러나 그러한 주장은 의심으로부터 나오는 것이 아닐까? 자기 자신이 해방되지 못하고 아직도 지지부진한 상태에 있을 때, 어떻게 '해방의 초담화(메타내러티브)'를 그만두자고 말할 수 있을 것인가?

'보편적 이성'의 사상과 그 사상에 대한 최근의 문제제기에 대해서 다시 논의해 보자. 페미니스트들은 합리주의의 이상과 '정신'과 '자연'이 위계적으로 대립한다고 생각하는 믿음을 역사적으로 연결하는 데서 문제를 느껴왔다. 정신과 자연의 위계적 대립은 '내재성,' 유한성 및 존재하는 구체적 실체들의 혼란성에 대한 경멸과 연관되어 있다(플라톤은 이것을 '납과 같이 무거운 형성의 과정'이라고 말했다[18]). 이 분석에 대하여 '해방,' '자율성' 등에 대한 계몽주의의 레토릭은 주체화된 조건으로부터의 탈출이라는 환상과 관련되어 있다.[19] 이와 같이 그것은 유럽문화의 가장 악명 높은 탈선의 형태를 만들어내고 있으며 그것이 도전하는 철학은 모두 상당한 비판력을 갖게 된다.

페미니스트 이론은 사실상 지난 세기의 철학의 노력에 깊이 힘입고 있으며, 더욱이 인식론을 '채택하고,' 인류역사의 한 부분으로서 '탐구'라고 부르는 활동을 펴나가고자 한 노력에 더욱 많은 것을 힘입고 있다. 학교, 대학, 보다 넓게는 '문자의 영역' 등의 지식생산의 기관에 대한 자연주의자나 물질주의자의 분석은 판단기준을 결정하는 데 있어서 상이한 사회집단에 의해서 행사되는 불평등한 부분을 폭로시킬 수 있기 때문이다.[20]

---

18) *Republic* VII, 519ab.

19) 이 환상의 폭로는 포르노그래피에 대한 페미니즘의 저작에서 하나의 관심사가 되어 왔다. Susan Griffin, *Pornography and Silence: Culture's Revenge Against Nature*, London, 1981.

20) '자연주의자 또는 물질주의자'의 지식에 대한 이론에는 확실성에 대한 데카르트식의 탐구가 실패함으로 인해 생겨난 일련의 입장들이 존재한다. 입장 중 한 극단에서 우리는—소위 '실증주의자'—퀸(Quinne)의 심리학에서 자연과학의 하나로 간단히 취급되는 인식론과 같은 것에 대한 전망을 볼 수 있다. 또한 "우리는 과학의 이해를 세계에서의 하나의 제도 또는 과정으로서 따르고 있다"고 한 그의 실용주의적 진술을 접하게 된다("Epistemology Naturalized," *Ontological Relativity and Other Essays*, New York, 1969, p.82, 84). 다른 '비판적' 극단에서 우리

이러한 방식으로 그들은 이전에는 객관적이거나 또는 보편적으로 유효하다고 여겨져온 가치체계의 이데올로기적 성격을 폭로해 왔다(예컨대 문학에서 '위대성'을 측정하는 학문적 기준에 대한 회의주의가 커진 것을 생각해 보자). 페미니즘은 다른 급진적 운동들과 마찬가지로, 인적·기술적 또는 예술적 가치에 대한 관념이나, 주장의 명료성과 설득력의 이상은 하늘에서 떨어지는 것이 아니라, 사회적 가르침과 훈련의 끝없는 과정에 의해 조정된다는 것을 깨달음으로 해서 많은 것을 얻을 수 있다.

이러한 성취는 이성의 분권적이고 다원적인 개념의 비판적 잠재력을 보이는 것이고 그래서 페미니스트들의 자신감을 나타내는 것이다. 그러나 우리가 이러한 결론을 내리기 전에 우리는 포스트모더니즘 이론이 이성이라는 개념을 사용하는 방식을 보다 면밀히 고찰하는 것이 좋을 것이다. 이 논문의 나머지 부분에서 나는 포스트모던의 특징으로 볼 수 있는 세 가지 점을 소개할 것이다. 그리고 그 각각의 경우에 페미니즘이 포스트모더니즘을 이론적 동지로서 선택하고 있다는 점에 대해 의구심을 가질 수밖에 없다는 근거를 제시할 것이다. 참고하는 데 용이하도록 나는 이 세 포스트모더니즘의 특징에 다음과 같은 이론을 붙일 것이다. '역동적인 다원주의,' '전통적인 다원주의' 그리고 '기호의 다원주의.'

논의를 시작하면서 우리는 공산주의의 사상 자체(판단의 기준은 역사적, 문화적으로 노선지어진다고 하는 사상을 의미한다)는 앞서 논의한 이상적 합일에 대한 포스트모더니스트의 적대감에 대해 아무런 설명도 하고 있지 않다는 점을 명심해야 한다. 사람들은 지식-주장이 어떠한 전망을 제공하는 성격을 갖는 것에 매료되며, 또한 탐구란 연구한 현실에 대한 모든 '관점'들이 논의되도록 하는 노력(즉 어떠한 출발점으로부터도 마찬가지로 접근할 수 있는 사고의 틀 또는 가치체계를 구축하는 것)이라

---

는 정치적 의미에서의 확실성에 대한 데카르트식의 추구나 과학뿐 아니라 '지식'이라는 경칭이 붙여진 것들 모두의 밑에 숨겨진 권력관계를 탐구하는 여러 시각들을 볼 수 있다. '인식론적 자연주의'는 이 여러 종류의 입장을 전부 포괄하는 용어로 사용될 수 있다. '인식론적 물질주의'는 아마도 그 중의 한 부분일 뿐으로, 문제의 과정에 대한 역사적 물질주의의 맑스주의 방법을 적용하고자 하는 집단이다(그러나 맑스주의는 파괴적인 선택을 계속 제공하고 있다. 그것은 '비판'이라는 이름하에 늘 남아 있는 것이다—니체와 푸코의 저작을 보라).

고 이해하고 있다. 이것은 결국 플라톤으로부터 퍼어스(C. S Peirce), 그리고 이후의 학자들에게 지식의 일관주의 이론을 발전시킨 '고무적 희망'이다.[21] 그러한 이론들이 자연주의의 입장을 취할 때 반드시 현실을 하나의 통일된 체계로 묘사하는 칸트주의의 '이성에 대한 특별한 관심'이라는 명제를 포기하고 만다는 사실은 결코 명백하지 않다.[22] 사실상 원칙적으로 자연주의 인식론이 그 자신의 용어로(즉 단일한 통일된 인간문화에 대한 규제적 이상을 참고하여) 모든 종류의 합리적 활동이 그것으로 수렴되는 것처럼 보이는, 가능한 경험의 관계를 넘어 위치하는 칸트의 '상상의 점'이라는 은유를 설명 못할 이유는 없다.[23]

이 점을 '상상적'이라고 부르는 것은, 인식론적 견해에서 언제 우리가 실제로 탐구의 목적에 도달할 것인지를 걱정하는 것은 타당하지 않다는 것을 나타내는 것이다. 칸트주의의 관점에서 좀더 논의한다면 적절한 주관적인 '금언'이 사람들에게 전반적인 호소력을 갖지 못할 때 이론은 (도덕성과 마찬가지로) 명백히 불가능하다고 할지라도, 이론적 노력(도덕적 노력과 마찬가지로)은 기본적으로 비계약적이다. 다시 말하면 만약 활동의 목적이 실제로 달성될 것이라는 보장이 있을 때만 그 활동에 기여한다면, 그것은 진실로 그 일에 몰입하고 있는 것은 아니라는 것이다. 따라서 우리는 믿음의 인식론적 등가물, 즉 다른 것들과의 공통점을 계속해서 추구하는 것에 대해 관심을 기울이는 것이다. 그것은 사실상 '이성과 인간성에 대한 혐오'에 빠지는 고통 속에서도 포기될 수 없는 어떤 것이다.[24]

---

21) 퍼어스의 입장에 대해서는 "How to Make Our Ideas Clear," *Collected Papers*, vol.V, Cambridge, Mass. 1934, p.268 참조. "…모든 과학의 신봉자들은 탐구를 열심히 하기만 하면 질문에 대한 답을 얻을 수 있고, 그것을 적용할 수 있다는 고무적인 희망으로 고취되어 있다. 이에 대한 희망은 진리와 현실이라는 개념으로 구체화되어 있다."

22) Kant, *Critique of Pure Reason*.

23) Ibid., A644/B672.

24) Plato, *Phaedo*, 89d.

## '역동적 다원주의'

그러나 탐구에 대한 합리주의적 관념은 정책의 문제로 대두될 수 없고 (이러한 생각은 칸트가 이성에 대한 관심을 언급할 때 이미 포함되어 있었다), 그것이 어떤 성격이나 기질의 표현으로 보일 수 있다는 점에서 그것은 곧 심리학적 해석의 대상이 되고 있다. 그리고 이 심리학적 영역에서 내가 역동적 다원주의라고 이름붙인 경향은 도전장을 내고 있는 것이다. 료타르는 여기에 매우 적합한 분석사례이다. 왜냐하면 '거대이론'의 희망에 대한 그의 역사적 명제는 포스트모던 정신건강의 주제에 관해 일련의 다소 명백한 제안을 하는 것으로 발전하고 있기 때문이다.

앞서 본대로 료타르는 하나의 '공동체에서 이루어지고 있는 언어게임 전체를 관장하는 수정 가능한 동의'에 대한 계몽주의의 이상은 이미 집합적 상상력에 대한 이해력을 상실했다고 믿는다.[25] 최근 그는, 지적 활동의 주요 동기는 '복잡한 개념적, 물질적 기제'의 '수행능력'으로부터 도움을 받을 수 있다는 희망이라고 생각한다. 그러한 기제의 사용자들은 그러나 '그 기제의 최후의 목적과 올바른 사용법을 표현하는' 초언어나 초담화를 마음대로 사용할 수 없다고 료타르는 생각한다.[26] 이러한 사고 속에서 추정 수준의 '지식'을 합리화해야 한다고 하는 합리주의의 요구는 담론의 참신함이나 이치에 맞지 않는 특성(背理, paralogy)에 대한 끝없는 추구에 의해 압도당해 왔다.[27] 사상은 이러한 원대한 목적, 즉 사상이 다다를 종착점을 가지고 있다고 하는 확고하지 못한 믿음은 그 자체로서 포스트모더니티에 불완전하게 적응하고 있다는 표시로 보아야 한다. 진정한 포스트모던 의식은 실험적이고 전투적이며 '치열한' 것이다. 그것은 '얻을 수 없는 것에 대한 향수를 집단적으로 공유할 수 있도록 하는 취향의 합일이라는 것으로부터 위안을 얻는 것을 스스로 거부한다.'[28]

---

25) Lyotard, *The Postmodern Condition*, p.65.

26) Ibid., p.52.

27) Ibid., pp.65-66. 이 명제는 포스트 인식론적 담론의 동력에 대한 로티의 설명에서 나타난다. 그것은 '새로운 것에 대해 생각하는 천재적인 탐구를 언급하고 있다'(Rorty, *Philosophy and the Mirror of Nature*, p.264).

료타르에 의하면 포스트모더니즘은 정돈되지 않고 방향성 없는 세계의 경험—즉 칸트주의의 숭고함처럼 상상력을 혼란시키는 현란한 하이테크의 엄청난 힘에 의해 만들어진 즐거움과 고통이 뒤섞인—을 명확히 정리하고자 한다는 점에서 근대주의의 연장이다.[29] 그러나 포스트모더니즘과 근대주의는 어떠한 종류의 의식이 그러한 조건을 만드는가, 그러한 조건에 합당한 가치가 있는가에 대한 생각에서 다르다. 근대주의는 근대성을 인식의 차원에서 장악한 것을 근대성의 완성을 향한 하나의 단계로 이해하고 있는 점에서 '계몽주의 프로젝트'내에 머물러 있다고 볼 수 있다(예컨대 맑스주의 혁명이론은 혼돈에다 집단적으로 재투사하는 것이다).[30] 그에 반해 포스트모더니즘은 우리의 목적이 무엇인지 확실히 하지 않은 채로 우리를 낭만적으로 소용돌이 속에 빠져 있게 한다.

'향수'를 합리주의 이상에 공격을 가하는 것이라고 비판하는 데 대해 페미니스트 독자들은 어떻게 대응해야 하는가? 이 문제를 생각하면서 우리는 역사적 증거, 즉 적절한 포스트모더니즘의 텍스트에서 표현된 감정의 형성과정을 고찰하는 것이 도움이 된다는 것을 알 수 있을 것이다.

료타르의 정중한 논평에서 힌트를 얻어서,[31] 우리는 니체의 저작을 통해 반계몽주의 정신으로 보다 완벽히 들어갈 수 있다. 니체는 실제 세계를 이상적 세계와 비교하고, 실제 세계의 부족한 점을 찾아내고 있는데,

---

28) Lyotard, *The Postmodern Condition*, p.81.

29) Ibid., p.77; Kant, *Critique of Aesthetic Judgement*, chap.23.

30) Perry Anderson, "Modernity and Revolution," *New Left Review* 144, p.113을 참조하라. 모순을 없애는 것을 차이를 억압하는 것이라고 혼동하는 경향을 교정하는 유익한 방안을 기술한 구절이 있다(보편적 진리를 목표로 하는 담론은 반드시 입장의 다양성을 상제로 획일화하려고 한다고 하는 비판에 대한 보다 상세한 답변에 대해서는 Peter Dews, *Logics of Disintegration: Post Structuralist Thought and the Claims of Critical Theory*, Verso, Lodon, 1987, p.220, 222).

31) Lyotard, *The Postmodern Condition*, p.39. 지면의 한계로 나는 료타르가 하나의 '가치로서의 정의(正義)는 구식이 된 것도 아니고 의심적은 것도 아니다'고 주장한 것에 있어서 니체와 확실히 다르다는 점에 대한 논의는 생략했다(p.66). 이 생략 때문에 우리가 그의 전반적 주장을 파악하지 못하게 된다고 생각지는 않는다. 왜냐하면, 정의는 반드시 이루어져야 한다고 하는 생각은 보편성은 없애버려야 한다고 하는 생각에 비해 *The Postmodern Condition*에서 매우 피상적으로만 다루어지고 있기 때문이다.

이러한 점에서 그는 비평 전반에서 가장 준엄하다고 볼 수 있다. 그러한 과정에서 니체는 '니힐리즘'이라고 표현한 사상을 형성한 것이다. 그는 니힐리즘이란 보다 직관적 수준에서 플라톤주의와 기독교의 충격이 동시에 가해짐에 따라 유럽 문명에 생겨난 병이라고 묘사하고 있다. 인간성은 이 병으로 인해 보다 '흥미로워'졌으나[32] 니체의 사상은 우리를 회복의 문턱으로, 무신(無神)이라는 '제2의 결백함'으로의 길의 문턱으로 우리를 인도함으로 해서 세계 역사적인 중요성을 획득했다(또는 획득했다고 니체는 주장했다). 그러나 '무신의' 조건은 자칭 많은 자유사상가가 상상하듯이 그렇게 쉽게 얻어지는 것은 아니다. 니체는 당시의 실증주의자들에 대한 논평에서 '그들은 아직도 진리에 대한 믿음을 가지고 있으므로 그들은 절대로 자유로운 정신을 갖고 있지 못하다'고 했다. 반면에 단호한 회의야말로, 진리란 궁극적으로 인간의 '논박할 수 없는 실수'일 뿐이라는 사실을 발견할 수 있다고 그는 말한다.[33]

니체의 진리에 대한 비판은 언뜻 보기에는 경험주의 계열의 근본주의 인식론의 신봉자(즉 지식은 순수하게 경험적이므로 명백한 명제들에 기초하고 있다고 믿는 사람들)에 대해 말하는 듯이 보인다. 그러나 좀더 넓은 시야에서 보면 그는 진리에 대해 믿음을 갖는 두 가지의 대안적 방식, 즉 변증법적 실천에서 구체화된 방식과 근대의 지식에 대한 일관주의 이론에서 구체화된 방식에 대해 적어도 똑같이 매우 비판적이라는 점을 알 수 있다. 사실상 니체는 소크라테스와 플라톤이 창안한 주장의 방식으로 지속적으로 일어나는 모든 합리주의의 표현에 대한 심리학적 열쇠를 찾고 있다. 왜냐하면 소크라테스식의 사고습관은 모든 부분들이 하나의 단일하고 안정된 관점으로 서서히 수렴하는 것을 통해 갈등이 해소될 가능성과 희망을 전제하는 것이기 때문이다. 이와 같이 그들은 항상 하층민의 성향을 띠어 왔다. 왜냐하면 니체가 관찰하기에 갈등의 해결은 누구보다도 갈등에서 피해를 받는, 즉 약한층에게 호소력을 갖는 목표이기 때문이다. "권위가 아직도 통용되고, '이유를 설명하지' 않고 명령을 하는 곳에서는

32) Nietzsche, *The Genealogy of Morals*, Essay II, chap.16을 참조하라.

33) Nietzsche, *The Genealogy of Morals*, Essay III, Walter Kaufmann(trs.), 1969, chap.25; *The Gay Science*, Kaufmann(trs.), 1974, chap.265.

변증법적 설명을 하는 사람은 광대에 지나지 않는다. … 사람들은 다른 수단이 없을 때만 변증법을 택하는 것이다. … 변증법은 다른 무기가 남아 있지 않은 사람들에게 있어서 마지막으로 사용하는 무기일 수 있을 뿐이다. … 유태인이 변증법가들인 것은 바로 그 이유 때문인 것이다."[34]

합리주의는 박탈당한 사람들의 권력의지로부터 생겨난 것라고 니체는 생각한다. 합리주의의 여러 사상들은 갈등을 허풍의 (또는 쇼맨십의) 영역에서부터 신체적 또는 사회적 약자가 승리의 희망을 갖는, 그러한 규칙성 있는 주장의 영역으로 위치 전환시키고자 하는 희망을 나타낸다. 이 희망으로 인해 합리주의는 근대세계의 민주주의운동과 자연히 동맹을 맺게 된다. 왜냐하면 이 민주주의운동의 목표는 니체가 '자연스러운 질서'의 표현이라고 여긴 사회적 조건을 전복시키는 것이기 때문이다. 즉 민주주의운동은 다양한 종족의 계급관계, 따라서 다양한 형태의 착취나 박탈을 없애는 것을 목표로 삼고 있는 것이다(환언하면 그 운동은 모든 합리적인 사람들이 기꺼이 참여할 것을 기대하는 사회질서를 촉구한다. 즉 계급, 종교, 인종 또는 성 등 모든 전통적 장벽에 성공적으로 저항하고, 그것을 없애려는 '목적의 왕국'을 추구할 것이다). 요컨대 정리된 이상으로서의 진리는 사회적으로 열등한 사람들의 창조물인 것이다. 그러한 이상을 만들어내는 것은 대중의 분노－천성적으로 선한 사람들을 스스로 나쁘다고 느끼게 만드는 사악한 성향－이다. 왜냐하면 인간성이 자신을 '진리의 추구'에 사로잡히게 하자마자, 그것은 지적인 미덕을, 대중이 그들보다 나은 사람들에 대한 심리적 전쟁의 도구로 만들어낸, 그 반대의 악으로 규정하게 되기 때문이다. 자신을 부정하고(무의식적으로, 그러나 확실히 변증법적 방식의 위협적 힘을 업고) 'P'와 '비-P'와 관련된 명제를 주장하게 되는 악을 말한다(자기 모순은 어떠한 절대적 또는 영구한 의미의 과오는 아니라고 한 니체의 주장에 주목하라. 그는 인간, 또는 특정한 범주의 인간만이 일관성을 사고과정을 판단하는 가치기준으로 삼고 있다고 주장한다).

---

34) Nietzsche, "The Problem of Socrates," R. J. Hollingdale(trs.), *Twilight of the Idols*, 1968, chap.6.

## 니체와 계몽사상

니체 역시 '근대성'의 무정부적 추악함을 극복하고자 했다. 그러나 그는 그것이 계몽주의의 정치적 목표를 실현하는 것을 통해 이루어지는 것이 아니라, 진리, 이성, 도덕성(이러한 관념들은 '신'의 근대적 계승자라고 할 수 있다) 등의 계몽주의 이상에서 '병든 곳'을 회복시킴으로써 이루어질 것으로 보았다. 니체는 자유주의, 사회주의 및 페미니즘과 같은 유럽에서 지난 몇 세기 동안 이루어진 모든 평등주의적 경향과 '근대성'이라는 면에서 공통점을 찾아낸다. 그는 페미니즘이 합리주의의 정치적 프로그램의 한 요소라고 본다. 그리고 사실상 이것은 많은 페미니스트들도 동의하는 견해이다.[35] 그 견해는 다음과 같이 요약할 수 있다. 즉 적어도 유토피아적인 측면에서(유토피아적 측면은 분노하고 싸움하기 좋아하는 페미니즘의 측면과 반대되는 것으로서 이 두 측면은 페미니즘에서 모두 똑같이 근본적인 것이다) 페미니즘은 남성과 여성간의 싸움을 끝내고, 그 싸움을 상호간의 투명한 대화와 진실로써 대치할 것을 바란다는 점이다.

니체가 전쟁에 대한 도덕적 혐오는 '생에 있어서 쇠락의 조짐'[36]을 나타내는 것이라고 보았다는 점은 잘 알려져 있다. 그러나 아마도 생활의 다른 어느 측면에서보다 성(sexuality)의 측면에서 니체는 합리주의와 평화

35) '많은' 그러나 모든 페미니스트는 아니다. 확실히 이 관념은 '차이의 페미니즘'의 주장에 반대하는 것이다. 나는 성적 차이에 대한 관념도 지적으로 또 정치적으로 훌륭하다고 믿지만 궁극적으로 '여성적 특성에 대한 찬양은 그 특성을 지닌 사람 모두에 대한 모독을 의미한다'는 생각을 가지게 된다(Theodor Adorno, *Minima Moralia*, E. F. N. Jephcott(trs.), Verso, London, 1974, p.96).

36) Nietzsche, *The Genealogy of Morals*, p.154을 참조하라. '관료들의 지배는 항상 무엇인가 잘못되었다는 것을 의미한다. 민족주의의 출현, 전쟁 대신에 국제재판소, 여성의 동등한 권리, 동정의 종교, 그밖에 쇠락하는 생의 다른 징조들도 틀이 마찬가지로 잘못된 것이다'라고 한 니체의 생각에서 우리는 니체가 잔인하고 공격적인 예언자가 아니며, 그의 '권력의지'가 피를 갈망하는 것은 아니라고 말하는 사람들의 생각이 틀렸다는 것을 알 수 있다(Gillian Rose, *Dialectic of Nihilism: Post-structuralism and Law*, Oxford, 1984, pp.200 이하를 참조하라). 이탈리아 미래파가 '전쟁, 유일한 위생학'이라고 떠드는 것은 확실히 천박하다. 그러나 니체가 결국 전쟁, 상처 그리고 착취가 세계의 완성을 손상시키는 것으로 보는 것은 정신적 궁핍의 표현이라고 생각한 것은 사실이다.

주의로부터 가장 공격을 받는다.[37] 그의 성에 대한 신념 때문에 니체는 이성으로부터의 해방이라는 관념과 페미니즘의 종말이라는 관념을 밀접하게, 거의 하나의 개념처럼 연결시키게 된 것이다. 이 연결은 남성다움에 대한 그의 생각에 의해 중재되는데, 그는 남성다움을 위험, 전쟁 및 모험을 사랑하는 성격, 타협하는 것을 거부하고 사로잡히거나 순종하고 거세당하는 것을 거부하는 것으로 생각하고 있다.[38]

우리는 다음과 같은 말에 대해 그 확실한 의미뿐 아니라 인식론적 의미도 잘 이해해야만 한다. 진실이 없는 세상—'현실'과 '표상'간의 차이가 없어진 세상—에서 경험에 대한 해석은 그 자체가 하나의 창조의 영역이 된다. 왜냐하면 사람들의 몸짓과 행동을, 기존의 틀로 확인하려고 노력하지 않고(즉 공유되고 안정된 이론의 틀에 넣으려고 하지 않고서도) 그대로 노출시키기 때문이다. 미래의 또는 인간성의 실현을 위한 인식적 활동은 개인성과 감각(결합주의자들이 보는 '잘못된 사적 자아')을 억압하는 것이 아니라 자신의 확고한 의지에 따라 행동하도록 한다.

> 따라서 친애하는 철학자들이여, 우리는 '순수하고, 의지가 개입되지 않은, 고통 없는, 시한(時限) 없는 주체'를 상정하는 위험하고 낡은 관념적 허구로부터 우리 자신을 지키도록 하자. '순수이성,' '절대영성(spirituality),' '지식 그 자체'와 같은 모순된 개념들의 함정에서 우리를 지키자. 그러한 것들은 우리에게 항상 완전히 생각할 수 없는 눈, 특정한 방향을 보지 않는 눈에 대해 생각해야만 한다고 요구한다. 그것을 통해서는 활동할 수도 해석할 수도 없고, 그것만으로는 아무것도 볼 수 없는 그러한 눈에 대해 생각하도록 요구하는 것이다. 또 그러한 개념들은 불합리성과 모순의 눈을 요구한다. 거기에는 단 하나의 보는 방식, 단 하나의 인지방식이 있을 뿐이다. 하나에 대해서 보다 많은 정서로써 이야기할수록 하나를 관찰하는 데 더욱 많은 관점, 다른 상이한 관점을 사용할수록 우리의 '객관성'의 '개념'은 더욱 완전해질 것이다. 그런데 그 의지

37) Nietzsche, "Why I Write such Good Books," Kaufmann(trs.), *Ecce Homo*, chap.5. '사랑에 대한 나의 정의를 들어보았나? 그것은 철학자에게 가치 있는 유일한 것이다. 사랑—그 수단으로서의 전쟁, 그 바닥에는 성에 대한 극심한 증오가 깔려 있다.'

38) Nietzsche, *The Gay Science*, chap.377.

를 모두 없애는 것, 모든 정서를 중지시키는 것, 그것을 우리가 할 수 있다면 그것은 단지 지성을 거세하는 것을 의미할 뿐이지 않을까?[39)]

니체는 현실에 대해 비인간적인 또는 '무자아적인(selfless)' 견해를 갖으려는 것은 지성을 '거세하는 것'이라고 생각하고 있으며, 그의 저작은 대체로 '유럽 페미니즘(또는 이상주의)[40)] 전체에 대해 적대적'이라고 기술하고 있다.[41)] 니체는 '페미니즘'을 현대의 정치적 운동으로서 볼 뿐 아니라(물론 그는 여성해방을 평범한 분노의 수준에서 이야기한다)[42)] 진리, 현실 및 선과 같은 규제적 이상에 구속된 사고에서 볼 수 있는 정신적 무능력을 일컫는 용어로 쓰기도 한다. 사상은 평화로운, 완벽하게 안정된 조건을 추구하는 데 동의한다면 힘이 없어지고 만다고 니체는 주장한다. 내가 니체를 논의에 끌어들인 것은 순전히 부정적인 동기에서만은 아니다. 나는 인식론적, 정치적 합리주의의 심리학적 의미에 대한 그의 설명－그는 합리주의의 작업을 갈등과 임의적 지휘관계를 해소하려는 희망이라고 해석한다－을 우습게 만들려는 의도는 없다. 나는 단지 니체가 자신의 연구가 '페미니즘'의 극복에 기여했다고 주장하는 것을 심각하게 고려해야 한다는 것을 제안하고 싶은 것이다. 그리고 우리는 페미니스트로서 니체의 중심주장－더욱 경직되고 세련된 형태의 주관성으로 '근대성'을 대신하는－이 현대철학에서 다시 나타나고 있는 데 비판적 태도를 견지해야 한다고 생각한다.[43)]

---

39) Nietzsche, *The Genealogy of Morals*, Essay III, chap.12.

40) Nietzsche, *Daybreak*, Hollingdale(trs.), 1982, 서문, chap.4.

41) Nietzsche, *The Gay Science*, chap.362; *The Genealogy of Morals*, Essay III, chap.27을 참조하라. '도덕성이 현대에 점차 몰락해 갈 것'이라고 하는 말도 같은 역사적 관점에서 나온 것이다.

42) Nietzsche, *Beyond Good and Evil*, chap.231-239를 참조하라.

43) 현대의 신니체주의 담론에서 '페미니즘에 대한 혐오'는 억제되고 있다. 그것은 놀라운 일은 아니다. 그러나 그것은 비판을 위해 계몽주의의 합리화 프로젝트를 사용하고 있다. 데스콤베스(Vincent Descombes)가 료타르의 견해를 설명한 *Modern French Philosophy*(Cambrige, 1980, p.182)에서 다음과 같이 말하고 있는 것이 그 한 예이다. "보다 일반적으로 말하면, 우리는 곧 진리란 진리를 향한 의지의 표현일 뿐이라는 사실을 깨닫자마자, 이 진리가 세상에 대한 희미한 거부를 드러낸다고 하는 사실에 직면해야 한다. 즉 이 세상은 '진실한 세상'(안정되고, 질서

니체 철학과 보다 명백하게 니체주의적 분위기를 지닌 포스트모더니즘 이론의 남근숭배적 또는 '남성주의적 함의'의 성격을 지적하는 것이, 이러한 전통에 대해 경멸받는 가치들은 '여성주의적'이라는 이유만으로 좋은 것이고, 따라서 존경받아야만 한다고 주장하려는 것은 아니라는 점을 강조하고 싶다. 나는 '여성적인 것'이 무엇인지를 이해하기 위해, 젠더에 관한 주류적 이데올로기의 다른 어떤 학자들보다도 니체를 살펴보아야 한다고 주장하는 것은 아니다. 그 대신에 나는 포스트모더니즘 이론을 이해하는 데에 있어서, 남성적인 행위자(agency)나 남성적 정체성에 대한 어떠한 집단적인 열광의 조짐에 주의해야만 한다는 것을 말하는 것이다. 니체주의자들의 계보학적 방법에 대하여 우리는 다음의 질문을 해야만 한다. 누가 '잃어버린 일체성에 대한 향수'의, 다시 말하면 한 가지 방법으로 서로에게 말하고 서로를 이해하는 사람들의 세계를 그리워하는 태도를 갖게 되는 것을 수치스럽게 생각하겠는가?[44]

## 보편성에 대한 공격

나는 내가 '역동적 다원주의'라고 이름붙인 포스트모더니스트 입장에

---

있고, 정의로운)이 아니라고 하는 거부를 보인다. 여기서 희미한 거부라고 하는 조롱에 주목하라! 그것은 니체가 계몽주의를 옹호할 때 사용한 것과 같은 종류의 레토릭이다. 그는 진리를 지향하는 사고의 습관을 (심리분석의) '거세'와 관련시키고 있다."

44) 확실히 국외자 또는 '방랑자'(집 없이 돌아다니는)라는 개념은 그 나름의 감상이 있으며 (합리주의적 맥락에서) 그 나름의 합리화를 하고 있다(우리는 진리의 추구, 즉 보다 나은 세계의 추구를 위해 허위의식을 거부해야 한다). 그러나 방랑자는 자칭 엘리트의 표시—니체주의의 '영혼의 귀족계급'—로서 부르주아 질서의 경박한 단면일 뿐이다. 방랑자는 믿음직한 가부장의 '타자'이다. 즉 그는 가정의 울타리를 벗어난 '길들여지지 않은' 남성이다(Gilles Deleuze, "Terrible Mothers, Terrible Sisters and Wives": *Nietzsche and Philosophy*, London, 1983, p.187 참조). 이 상투적인 문화적 용어는 잘 읽혀지는 페미니스트 비평에 사용되기 시작하고 있다. Deborah Cameron and Elizabeth Frazer, *The Lust to Kill: A Feminist Investigation of Sexual Murder*, Cambridge, 1987, pp.52-69; 155-162. Barbara Ehrenreich, *The Hearts of Men: American Dreams and the Flight from Commitment*, London, 1983을 참조하라.

대해 회의적인 대응을 해왔다. 이 입장은 근대주의 사회운동, 특히 성평등을 위한 운동에 대한 반동적 혐오에 역사적 뿌리를 둔 비합리주의로부터 영향을 받은 것이라고 나는 생각한다. 이제 나는 포스트모더니스트 주장의 두 번째 주제인 '정적 다원주의'로 넘어가기로 한다. 여기서 주요 관심은 국소적인 것과 관습적인 포스트모던의 '재발견'이다—그것은 지방 특유의 건축물의 부활에 대한 사회적 대응이라고 할 수 있다.

'소크라테스적' 또는 진리를 추구하는 삶의 양식을 급진적으로 부정하는 니체 자신의 생각과, 절대적 합리성(예컨대 합리적 존재에 의해 결함없이 사회를 창조해 내는 시도)에 대한 계몽주의 프로젝트를 폐기하는 포스트모더니즘의 제안 사이에는 차이가 있다는 것을 단번에 알 수 있다. 그리고 이러한 차이를 생각할 때 포스트모더니즘 이론의 주장에서 니체주의의 경향을 찾아내는 것을 단지 주변적인 철학적 관심으로 지나칠 수는 없다. 왜냐하면 포스트모더니즘 이론을 최신의 니체주의 이론으로 이해하는 것은 그것의 주요 논점을 놓치는 것이기 때문이다. 포스트모더니즘은 국소적인 자주적 담론 공동체들 안에서 이루어지는 진리나 도덕의 추구를 멸시하지 않는다. 여기서 진리나 도덕의 추구는 로티가 말한 대로, '하나의 진리'와 구분되는 '진리'에 대한 추구, 또한 '하나의 도덕'과 구분되는 '도덕'의 추구를 말한다(도덕이란 특정한 사회적 역할에 관계없이 단지 인간이라는 점에서 가질 수 있는 탁월함을 의미한다). 포스트모더니즘은 우리가 이러한 각각의 공동체들의 활동을 보편적 기준을 가지고 평가해야 한다든가, 우리가 그들을 모두 서로 교통하게 만들도록 노력해야 한다든가 하는 생각에 대해 비판적이다.

우리는 포스트모더니즘 이론이 자신을 성찰하기 위해 그리고 참여자들에 의해 만들어졌거나 숙고된 특정 '흐름'에 대해 가치판단을 하기 위하여, 국소적인 '언어게임'의 능력(자연과학, 도덕적 전통 등)을 자유롭게 수용하고 있다는 것을 인정해야만 한다(다시 말해서 그들은—수용적 태도로—다음과 같은 질문을 할 수 있다. 이것은 과학적 이론에 적절히 기여하고 있는가? 또는 이러한 종류의 행동은 우리 공동체의 도덕적 이상과 부합되는가?). 이와 같이 료타르에게 있어서 '포스트모던의 과학적 지식의 확실한 미래는 그것을 타당성 있게 만드는 규칙에 대한 담론이 (명시적으로) 그 안에 내재해 있다'는 것이다.[45] 반면에 도덕중심의 윤리이론의 부활에 대해 반박하고, 개선해야 할 필요가 있다고 역설하고 있는 매킨타이어는 '건강한 도덕적 전통은 그 자체의 내적 주장과 갈등에 의해 유지되고 있다'고 주장한다.[46]

이러한 수용적 입장은 그것이 제기하는 다음의 질문으로 인해 보다 흥미롭다. 즉 우리는 어떻게 계몽주의적 합리주의에 대한 거부와 합법성(legitimation)에 대한 거부를 명백히 구분할 수 있는가? 결국 수용적인 태도로 인해, 우리의 지적인 전통에서 비판적 성찰의 능력이 중요하다고 말하면서, 계몽주의의 힘이 최근의 논의에서 중요한 영향을 미치고 있다고 쉽게 생각한다. 담론의 공동체들이 자기 비판의 능력을 가지고 있다면, 어느 정도 비판을 취할 것인지, 누가 지시해야 하는지에 대해 우리는 의구심을 갖게 될 것이다. 우리가 살고 있는 도덕적 또는 인식적 질서에 대해 어떠한 지적 비판이 가해진다는 것은 항상 더욱 많은 것을 위한 여백이 있다는 것을 의미하는 것이 아닌지? 이론과 실천의 변증법적 수정이라는 끝없는 활동은 바로 생활의 모든 것을 이성의 심판대로 올리는 계몽주의적 활동인 것이다.[47]

이러한 도전에 대해 다음과 같이 대응할 수 있다. 즉 포스트모더니즘이 어느 정도 비판적 성찰을 할 수 있는가를 결정하는 형식적, 선험적 방식

---

45) Lyotard, *The Postmodern Condition*, p.54.

46) MacIntyre, *After Virtue*, p.242.

47) 이러한 종류의 '내부로부터의 합리화'는 계몽주의 프로젝트를 계속 수행하는 데 기여할 수 있었다. 왜냐하면 담론에 있어서 내재성이라는 것은 진실한 합법화에 이르지 못하게 하기 때문이다. 료타르도 이와 유사한 주장을 하고 있다. 그는 (포스트 모던)과학은 '생각으로는 자신을 정당화할 수 있을 것 같지만 실제로는 그럴 능력이 없다'고 말한다(Lyotard, *The Postmodern Condition*, p.40). 그러나 그것은 어떠한 '합법화'가 절대적으로 초월적인 타당성의 기준, 즉 모든 인간의 담론이 갖는 한정적이고 잠정적인 성격으로부터 벗어난 어떤 것에 접근하는 것을 필요로 한다고 하는 (검증되지 않은) 가정에서 나온 것이다. 이러한 논평은 그 가정이 근거가 없다면 전혀 타당성이 없는 것이다. 주물숭배적인 대문자를 이성(Reason), 진리(Truth) 등의 규제적 개념들에 붙임으로써, 계몽주의적 근대주의를 깎아내리는 작업에서도 그와 연관된 가정을 발견할 수 있다.

때문에 당황할지 모르지만, 진실로 당황해야 할 이유는 없다. 문제는 어떠한 경우에도 실제적, 또는 존재론적 의미에서 가장 잘 해석되기 때문이다. 예를 들면 신중한 집단적 선택을 요구하는 많은 문제들 중 하나가 두드러지는 것은 그것이 갖는 보편성 때문인 것이다. 로티는 간결하게 요점을 말한다. "실용주의자, 예컨대 '로티 자신'은 계몽주의가 만들어낸 '과학적' 실증주의의 문화를 계승하는 것이 확실히 좋을 것이라고 말한다. 그러한 문화 속에서는 목사도, 물리학자도, 시인도, 정당도 어느 것이 어느 것보다 더 '합리적이거나' 또는 '과학적이거나' '심오하다'고 생각지 않는다. 그러한 문화에서는 아직도 영웅 숭배가 있을 것이지만, 그러한 숭배는 어린이들이 신을 숭배하는 것과 같은 그러한 신적인 숭배는 아니다. 그것은 매우 다양한 여러 가지를 매우 잘하는 특출한 남자와 여자에 대한 단순한 존경일 것이다."[48]

매킨타이어가 '자유주의적 개인주의 근대성'이라고 부르는 것에 대해 가하는 비판과 그것에 대응하는 '근대적 자아'에 대해 가하는 비판도 문화적 사고에 의거하는 것이다. 이 '자아'의 뚜렷한 특징은 그것이 때때로 수행하는 다양한 역할에 대해 순전히 외부적 관계만을 맺고 있는 것이다. 즉 그것이 개입하는 활동 중 어느 것도 그것의 일체성을 침식하도록 너무나 깊이 들어가지 않는 것이다.[49] 이렇게 전통의식으로부터의 근본적인 해방에 대한 대가가 앞서본 니체주의의 초인간(Uebermensch)의 슬픈 운명으로 그려지고 있다. 매킨타이어는 이에 대한 논의를 통해 부활된 아리스토텔레스주의에도 주의를 환기하고자 하고 있다. 그가 말하는 아리스토텔레스주의 프로그램의 실질적 의미는 도덕적, 정치적인 '초월'에 대한 추구를 멈추고 '문명성과 지적이고 도덕적인 생활이 유지될 수 있는 지방적 형태의 공동체를 세우는 데 힘을 쏟아야 한다'는 것이다.[50] 료타르와 마찬가지로 매킨타이어는 '폭력'이라는 용어에서 궁극적으로 그 자체의 완성이나 종결을 목표로 하는 통일된 변증법적 과정으로서의 탐구의 관념

48) Rorty, "Pragmatism and Philosophy," *After Philosophy: End or Transformation?*, pp.55-56.

49) MacIntyre, *After Virtue*, p.30을 참조하라.

50) Ibid., p.245.

을 표현하고 있다는 것을 우리는 알 수 있다.

그러나 지방적인 관습에 기반하지 않는 '순수이성'이란 없다는 점을 포스트모더니즘이 적절히 지적하고 있음에도 불구하고, 나는 페미니즘들이 이 수정된 관점의 이론에 과도하게 영향을 받아서는 안된다고 생각한다. 나는 우리가 합법화의 종결이라는 니체주의의 옳지 않은 전망에 대해서 뿐 아니라, 합법화의 노력이 자의식적으로 편협한 정신 속에서 행해질 경우, 좀 '나을' 것이라고 하는 생각에 대해서도 매우 조심스러울 필요가 있다고 생각한다. 왜냐하면 만약에 페미니즘이 개량주의 운동을 넘어서는 무엇인가를 바란다면, 그것은 곧 지엽적 경계가 문제된다는 것을 발견하게 될 것이다.

이러한 추상적 논의를 보다 구체적으로 말한다면 페미니스트들은 어떻게 우리가 개개인의 여성과 남성에게 적용할 수 있는 사회의 구도, 이야기틀, 생활방식, 먹고 사는 방식들의 영역을 총괄하여 전망을 가질 수 있을 것인가를 알아야만 한다. 포스트모더니스트 이론은 그것을 설명하는데 실패하고 있다. 예를 들면 부와 자원의 세계적인 재분배, 일과 휴식의 재배치, 전쟁과 환경파괴의 방지 등과 같은 매우 어려운, 그러나 시급히 해결해야 할 문제를 생각해 보자. 의심할 바 없이 우리는 그것들이 고전적인 휴머니즘의 영역을 틀짓는, 시대에 뒤진 사고의 습관에서 발생된 것이라는 지적을 받을 것이다. 우리의 모든 정치적 전통은 '소진되었다'(매킨타이어), 그리고 '얻을 수 없는 것에 대한 향수'는 사라졌다(료타르)는 주장들이 그에 관련하여 나오고 있다. 그러나 다른 한편으로 생각해 보자. 부, 권력 및 노동의 문제에 대한 체계적인 정치적 접근이 불가능하다면, 남성과 여성 사이에서 체계적으로 불평등한 방식으로 이익과 부담이 부여되고 있는 사회적 질서에 대해 어떻게 효과적인 도전이 가능하겠는가? 예컨대 로티는 그의 실용주의적 유토피아에서 여성을 남성과 함께, 플라톤주의 철학자-지배자를 대신할 '전문가-지배자'의 계급에 포함시켰는데, 어떻게 우리가 기존의 성적 불평등의 구조적 요인들에 대해 언급하는 것을 '허락받지' 못하고 (인식론과 정치이론으로서) 권력의 평등한 성적 분업을 성취할 것을 희망할 수 있을지 의문이다. 평등한 성적 분업에의 희망은 남성적, 여성적 '분업'에 대한 생물학자의 가정에 의거하는 모든 사회적 규범이나 제도, 즉 여성은 종(種)을 재생산하고 양육하기 위한 것이라고 하는 견고한 기능주의 관념에 지배되고 있는 우리의 익숙한 생활양식에 있어서의 모든 것에 대한 공격을 의미하는 것이다. 그리고 그것은 다른 한편 최근에 새롭게 생겨난 사회적 '역할'들이나 전문화된 기능들을 무리없이 받아들이고 갈등을 일으키지 않으며 공존할 수 있는 종족의 프로그램이 되는 것은 결코 아니다. 그래서 포스트모더니즘은 다음과 같은 딜레마에 부딪히고 있는 것처럼 보인다. 즉 페미니즘의 목표[51]로서 방금 서술한 방식으로 '세상을 뒤집을' 필요성을 인정할 것인지, 그럼으로 해서 합리적 방식으로 사회를 전체적으로 재구조화려는 계몽주의 이상에 다시한 번 문을 열 것인지, 아니면 그러한 계몽주의 이상을 반대하는 주장을 독단적으로 재확인할 것인지, 그럼으로 해서 '새로운 다원주의하에서는 누가 무엇을 누구에게 할 것인지가 우울하게 예측 가능하다고 하는 냉소적인 사상을 갖게 할 것인지.[52]

## 매킨타이어의 도덕적 인식론

매킨타이어의 논의는 보다 직관적인 수준에서 관습의 윤리로 돌아가라고 하는 반동적인 함의를 나타내는 충분한 증거를 포함하고 있다. 그가 도덕적 통찰과 지도의 자원으로서 '신화'를 묘사한 것은 현상학적으로 볼 때 그렇게 틀린 말은 아니다. 우리가 우리 자신의 삶을 사건들의 의미 있고 통합된 고리로서 상상 속에서 구축하고자 할 때 우리가 의존하는 관념들의 공동체적 성격을 누가 부정하겠는가? 확실히 이러한 의미에서 '신화'는 우리 자신의 경험에 대한 보다 생생한 관념을 제공하고, 우리를 덜 지루하게 하면서도 보다 더 통제의 틀 속에 있게 한다. 그러나 신화의 과정을 보다 자세히 들여다보면, 그것은 성의 정치라는 관점에서 생각하는 수준에 미치지 못한다. 매킨타이어는 다음과 같이 묘사한다.

---

51) 그리고 물론 사회주의 목표이기도 하다. 여기서 이 논의는 생략한다.
52) Cameron and Frazer, *The Lust to Kill*, p.175. 본래의 문맥에서 이 주장은 성적 실제에 있어서의 '다원주의'를 말한다.

> 만약 내가 '어떤' 이야기에서 나 자신을 조금이라도 발견할까? 하는 질문에 대답할 수 있다면, 나는 '나는 무엇을 해야 하는가?'라는 질문에도 대답을 할 수밖에 없다. 우리는 하나 또는 그 이상의 성격(우리에게 부여된 역할들)을 가지고 인간사회로 들어간다. 그리고 우리는 어떻게 다른 사람들이 우리에게 반응하고 그들에 대한 우리의 반응이 어떻게 해석되는가를 이해하기 위해, 그들이 무엇인지에 대해 배워야만 한다. 그것은 사악한 계모, 잃어버린 아이들, 선하지만 통치를 잘못한 왕, 쌍둥이 소년을 양육한 이리들, 상속받은 것은 없지만 출세한 막내아들, 상속받은 것을 탕진하고 돼지같이 살아야만 한 장남, 아이는 어떠해야 하고 부모는 어떻다는 것을 아이들은 배우거나 잘못 배운다는 것, 그들이 태어난 드라마에서 어떠한 성격이 부여되었나, 세상은 어떤 것인가 등에 대한 이야기를 들음으로서 배울 수 있다.[53]

위 논의는 잘 생각해 보면 우리의 신화의 기본 자료들은 성경, 그림(Grimm)의 요정이야기, 그리스와 라틴의 고전들에 있다는 것을 알 수 있다. 그리고 그렇다면 모든 자유주의자들은 인구의 반인 여성이 이러한 신화들이 남긴 의미들로부터 자신을 재구성할 수 있는지를 묻게 된다(여성의 역할은 단지 매킨타이어의 긴 목록 중에서 '사악한 계모'일 뿐이라는 것은 단지 우연의 일치인가). 그러나 물론 현실은 훨씬 복잡하다. (포스트)모던 세계에서 관습의 윤리를 실제로 결정하는 효과적인 신화는 우리가 보다 많은 종류의 '성격'들로서 우리 자신과 이웃들을 해석하도록 하기 때문이다. 선한 어머니, 나쁜 어머니, 무례한 전문직 여성, 우아한(멍청한) 금발여성, 평범한 가정주부, 형편 없는 여자, 배지를 잔뜩 단 미친 레즈비언 페미니스트 …. 신문을 읽거나 TV를 보는 사람이라면 위 목록은 더 계속할 수 있을 것이다.

인간의 정체성에 대한 '이야기식' 모델을 위와 같이 침울하게 만들어가는 것이 합당한가 의문이 생긴다. 진보적 목표를 향하여 파괴의 정신으로 유용한 역할을 만들고, 사람들에게 이것을 부여해야만 하지 않을까? 20세기 후반의 정치문화는 비판적 정신을 가진 사람들(지칠 줄 모르는 활동가 등)에게 새로운 대안적 이야기를 제공할 만큼 충분히 다채롭지 않은가?

---

53) MacIntyre, *After Virtue*, p.201.

그러나 매킨타이어는 이러한 움직임을 미리 이해한 듯하다. 비록 그가 '항의자'를 '근대사회 드라마에서의 평범한 인물'로 언급하고 있지만,[54] 그는 이 유형을 ('심미주의자'와 '관료'와 함께) 자아를 환상 속에 두는 사람들로 분류한다. 이러한 확실히 근대적인 사회적 역할은 모두 계몽주의가 낳은 도덕적 픽션에 의존하는 것이므로 그것을 수행하는 사람들에게 유사-정체성을 줄 수 있을 뿐이다. '항의자'와 관련된 픽션은 자연권에 관한 것이다.[55] 매킨타이어는 자연권을 수호하는 것은 명백히 반대의 정치를 구성하게 된다고 보고 있다. '항의'가 개인의 덕에 관한 실질적인 관념을 불러일으키고 포스트모던 생활유형을 만들 것이라는 생각은 따라서 포기되어야 한다.

의심할 바 없이 페미니즘이 그것의 뿌리인 문화와 대체로 부정적 관계를 맺고 있다고 보는 것은 맞는 말이다. 매킨타이어의 표현을 빌자면, 어떠한 페미니스트도 현재 여성들에게 나타나고 있는 '생활경험'에 만족할 수 없다. 반대로 우리가 신화적 주장에서 눈을 돌린다 해도 이것은 우리가 어떤 네오아리스토텔레스적인 '도덕성과 정중함'의 영역을 열망해야만 한다는 것을 의미하고 있지 않다(사실상 이 '도덕성과 정중함'이라는 말은 사회를 파괴하고자 하는 막연한 욕구에 불을 붙인다).[56]

그러나 우리는 '항의'를 통한 급진적 정치의 진부한 성격을 꼭 받아들여야 할 의무는 없다. 우리는 그 대신에 페미니즘이 다른 자유주의 운동과 공유하고 있는 적극적 목표를 지적할 수 있다. 이 목표는 이러한 운동들을 역설적이게도 매킨타이어 자신보다 더욱 아리스토텔레스적으로 만들고 있는 것이다. 그것들은 모두 인간에게 가치 있는 삶을 만들고 전문화시키는 데 관여하고 있기 때문이다. 아리스토텔레스는 개인의 '선한 삶'까지를 포함시켜 가치 있는 삶의 문제를 다루고 있다.[57]

흥미롭게도 매킨타이어는 이 문제를 다루고 있지 않다. 어떻게 보면 집단의 일을 이해하기 위한 자원으로 개인의 일을 취급함으로 해서 아리스

---

54) Ibid., p.238.

55) Ibid., pp.68-69.

56) Ibid., p.244.

57) Aristotle, *Nicomachean Ethics* 1, 2(ethics is a branch of politics).

토텔레스와 반대방향으로 도덕적 인식론을 세우고 있다. "'개인의 삶의 합일성은 어디에 존재하는가?' 그 합일성은 하나의 삶을 이야기하는 데 있어서의 합일성이라는 것이 그 답이다. '나에게 좋은 것은 무엇인가?'라고 묻는 것은 얼마나 잘 내가 그 합일성에 따라 살고 그것을 완성하는가라고 묻는 것이다. '인간에게 좋은 것은 무엇인가?'라고 묻는 것은 이 질문에 대한 모든 대답들이 어떤 공통점을 지녀야 하는가를 묻는 것이다."[58]

이러한 반대의 인식론은 정치적 이론으로의 길을 막고, 영감에 찬 이론가들을 이데올로기적으로 물든 '신화'의 영역으로 되돌려 놓는 효과를 나타낸다. 즉 이론가들이 기존의 사회에서 이루어진 다양한 이야기의 틀 가운데서 어떤 것을 선택하도록 하는 것이다. 매킨타이어는 니체가 자유분방한 개인주의의 위험 속에 있다고 말하고 있지만 그의 동기 자체는 니체의 동기와 크게 다르지 않다. 매킨타이어가 '근대주의 관념들의 잘못된 점'을 생각할 때와 같이 비교적 비형이상학적인 지점에 있을 때 그 점이 두드러진다.[59]

### '기호(inclination)의 다원주의'

마지막으로 포스트모더니즘의 세 번째 주제인 '기호의 다원주의'를 생각해 보자. 나는 앞에서 적극적 자유와 완전히 통합된 인간주체의 합리적

58) MacIntyre, *After Virtue*, p.203.

59) Nietzsche, *Beyond Good and Evil*, chap.239. 다른 적절한 문구는 *The Gay Science*, chap.356과 *Twilight of the Idols*, "Expedition…," chap.39 등을 참조하라. 매킨타이어는 물론 그가 니체를 계몽주의자로 묘사하여 논쟁을 불러일으키고 있다는 것을 의식하면서도 세속 그 입상을 밀고 나가고 있다(MacIntyre, *After Virtue*, p.241). 그러나 니체는 자신의 저작을 칸트의 '이성의 비판'의 논리적 발전으로 명확히 인식하고 있다. 나는 매킨타이어가 이러한 니체의 텍스트에 대한 자의식에서 어떠한 결점이라도 찾아내는 데 성공했는지 의문이다. 앞서의 논의에 부치는 추신으로서 나는 벤하비브(Benhabib)와 코르넬(Cornell)의 다음의 견해를 제시한다. '페미니스트와 공동체주의자는 자아의 자유주의적 관념에 대한 비판에 있어서 많은 공통점을 가지고 있음에도 불구하고, 다음의 다른 견해를 보이고 있다. 페미니스트도 그러한 위치지어진 자아로부터 시작하면서도, 우리의 정신적-성적 정체성들의 재타협과 개개인의 자율적인 재조직을 여성의 그리고 인간의 해방에 있어서 기본적인 것으로 본다.'

이상에 대한 반작용의 부정적 측면을 지적했다. 이제 '기호의 다원주의'에서 나는 그 반작용의 긍정적 성격을 부각시키고자 한다(다소 임시변통적으로 이 용어를 사용하고 있기는 하다). 주관성을 '분권적인' 또는 '과정으로서' 묘사하는 주장들을 모두 검토하는 것은 이 논문의 범위를 벗어나는 것이다. 이 주장들은 언어학자, 문학자, 문화이론가들에 의해 영어권의 독자들에게는 명확히 설명되어 있다.[60] 나는 또한 '욕망의 철학'을 (정치적, 사회적 통제의 주체에 저항하도록 한다는 점에서) 역사적 유물론의 전통을 계승할 수 있는 것으로 칭찬하는 일은 하지 않겠다. 그러나 우리는 이러한 반계몽주의 사상의 흐름이 이미 영국의 페미니스트와 사회주의자들의 문화비평에서 뚜렷이 나타나고 있다는 사실을 알고 있다.[61]

페미니즘은 개인적 선택과 기호의 정치를 매우 중요하게 여겨왔다. 그리고 지난 수년간 이 운동은 그 문제를 다루는 데 있어서 당시의 반합리주의 분위기에 많은 것을 양보했다. 아마도 가장 중요한 경향은 허위의식이라는 관념에 대한 믿음을 잃는 것으로 보인다. 다시 말해서 우리의 자발적인 심미적, 감정적 대응은 성적 관계에 대한 페미니즘의 분석으로부터의 비평을 필요로 한다고 하는 생각에 대한 믿음을 잃은 것이다. '허위의식'을 거부하는 것은 계몽주의적 근대주의의 정치를 포기하는 것을 의미하기도 한다. 왜냐하면 그것은 개인적 자율성이 이전의 덜 적합한 인식구조를 발전적으로 극복해 나감으로써, 우리의 경우에는 남성의 권력행사에 대해 이루어진 적합치 못한 수준의 통찰을 극복함으로써 달성된다고

60) 예컨대 Deborah Cameron, *Feminism and Linguistic Theory*, London, 1985, ch.7; Toril Moi, *Sexual/Textual Politics: Feminism Literary Theory*, London, 1985, p.99 이하; Jacqueline Rose, *Sexuality in the Field of Vision,* Verso, London, 1986, 서문; Chris Weedon, *Feminist Practice and Poststructuralist Theory*, Oxford, 1987, chs.4-5.

61) 기호의 영역에서 정치의 정확성에 반대할 경우에 대한 비페미니스트의 언급에 대해서는 Robert Elms, *New Socialist*, May 1986을 참조하라. 흥미롭게도 엘름스(Elms)가 이 논문에서 주장하는 '사회주의 음모자(designer socialist)'의 어떤 부분은 매우 플라톤적인 경향을 보인다('… 형식과 내용은 분리되지 않는다. 그들은 서로를 반영하는 것이다. 좋은 것은 보기에도 좋게 보인다'). 그러나 엘름스는 '플라톤주의' 전통에 서 있으면서도, 좋아보이는 것은 좋은 것보다 알기 쉬운 것이라고, 즉 사실상 정치적 가치판단을 하는 데 있어서 이론보다 표상이 중요하다고 생각한다는 점에서, 합리주의의 의미를 갖는 것과는 거리가 멀다.

하는 견해를 거부한다는 것을 의미하기 때문이다.

요즈음 페미니스트 저술가들은, 우리가 계몽주의에서 벗어나면 개인적 생활의 정치에 대해서 보다 잘 생각할 수 있는 것이라고 주장하고 있는 것 같다. 엘리자베드 윌슨(Elizabeth Wilson)의 책 『꿈 속에서의 장식: 패션과 근대성(*Adorned in Dreams: Fashion and Modernity*)』(1985)이 이 분야에서 영향력이 있어 왔는데, 이 책에서 윌슨은 페미니즘내의 '합리주의적 옷입기' 경향을 한탄하고, '유행'은 표현의 (잠재적인) 반대수단이라고 주장한다. 윌슨은 다음과 같이 말한다. '우리는 사회적으로 결정되는 점이 많다. 그러나 우리는 우리에게 자유의 계기를 열어주는 문화의 틈새를 끊임없이 찾는다. 유행은 어느 수준에서 게임인 것이 확실하지만, … 즐거움을 위해 게임을 하는 것이다.'[62] 비슷한 주제를 저널리스트인 수잔 무어(Suzanne Moore)도 다루고 있다. 그녀는 여성의 유행(glossy) 잡지를 방어하는 글을 써왔다. '우리는 열정, 쾌락 및 스타일의 중요성에 주의를 기울여야 한다. 그리고 여성을 제외하는 정치는 결코 진실로 각광을 받지는 못하리라는 점을 깨달아야 한다. … 우리는 정치적 의도만으로 즐거움을 올바른 이데올로기적 영역으로 끌어내릴 수 없다. 우리가 그럴 수 있다고 생각한다면, 그것은 좌익에 확산되어 있고, 알지 못하는 사이에 페미니즘에 스며 있는 도덕적 엘리트주의의 분위기에서 이루어진 생각이다.'[63] 그리고 보다 최근에 브렌다 폴란(Brenda Polan)은 ≪보호자(*The Guardian*)≫에서 여성은 이래야 한다고 하는 고정관념을 거부하는 페미니스트를 더욱 공격했다. '내가 가장 싫어하는 사람은 청교도주의적인 사람들로써 꾸밈이 없는 것을 덕으로 믿는 독선적인 사람이다. 꾸밈에 대한 공격적인 거부는 남을 즐겁게 하고 자신을 매력적으로, 아름답게 보이는 것에 대한 거부를 선언하는 것이다. 그것은 정말 거만한 것이다. 그것은 개선이 필요

62) Elizabeth Wilson, *Adorned in Dreams*, p.244. 윌슨은 「페미니즘과 유행」의 장(章)에서 청교도주의를 비판하는 데 그치지 않고, 다음과 같이 말하고 있다. '진보적인 작업은 실용적 옷의 형태로서의 심미적 쾌락을 추구하는 것이 아니다. 왜냐하면 그것은 표현수단을 포기하는 것이기 때문이다. 그보다 우리는 용감한 야망을 표현하고 추구할 옷을 사용해야만 한다'(p.247).

63) Suzanne Moore, "Permitted Pleasures," *Women's Review*, August 1986.

없다고 선언하는 것이고, 심미적인 합의는 잘못된 것이고, 그것에 동의한 사람은 바보라고 말하는 것이다.'[64]

이러한 텍스트들에서 즐거움이라는 관념이 가장 중요하게 취급되고 있다. 여기서 즐거움이란 우리 자신의 즐거움 또는 폴란이 보다 거칠게 표현한 바와 같은 우리가 타인에게 주는 즐거움(그리하여 우리 자신의 존재를 합법화하고, 전통적으로 여성에게 허용되었던 나르시시즘적인 만족을 얻을 수 있게 하는)을 말한다. '즐거움'이란 단어는 항상 마치 이전에는 의심스럽게 보였던 것에서 진보적이거나 창의적인 가능성을 만들 수 있을 것처럼, 다소 과장되게 쓰이는 경향이 있다. 페미니스트들은 화장이나, 주름잡힌 반바지 등에 대한 쓸데없는 금욕주의를 주장함으로써, 자신의 입지를 약화시키고, 사람들로부터 경원시 당했다는 것이다. 그러한 금욕주의는 반대의견을 불러일으킨다. 즉 전통적인 여성성은 매우 비천한 것일지라도 여성에게 즐거움을 줄 수 없다고, 누가 주장할 수 있을까?[65] 만약에 내가 새옷을 사서 무료함을 달래고 슬픔에서 벗어날 수 있다고 한다면, 그것은 쇼핑을 옹호하기 위한 주장이 아니고, 다른 곳에서는 만족되지 않은 나의 욕구에 대한 성찰의 출발점이라는 사실은, 얼마 전까지만 해도 자명한 것으로 받아들여졌다. 만약 이러한 생각이 페미니스트들 사이에 더이상 공유되지 못한다면, 그 변화는 지혜나 인간성의 진보의 표시라기보다는, 무력한 사람들에 대한 위로, 또는 반대로 그들의 일상생활의 과정에 필요 이상의 구매력을 가진 사람들에 대한 위로로, 사고가 퇴보한 것으로 볼 수 있다.

물론 자신이 했건, (또는 더욱 나쁘게는) 남들이 주장했건 간에 '이데올로기적 건전성'을 지나치게 강조하는 것에 대한 포스트모더니즘의 경고는 일면 옳은 점이 있다. 확실히 거기엔 함정이 있다. 거만과 자기 기만이 확실히 드러나는 것이다. 따라서 현재 우리가 실제의 생활에서 누릴 수 있는 것과는 너무나도 거리가 먼 것으로 즐거움을 정의하고, 그 논리적 근

---

64) *The Guardian,* 1988. 8. 25.

65) 맥키논((Catherine A. MacKinnon)이 성차별 주의를 '성적으로 불평등하게 향유되고 있는 정치적 불평등'이라고 묘사한 것을 참조하라(*Feminism Unmodified: Discourses on Life and Law*, Cambridge, Mass., 1987, p.7).

거에 순응하려고 하는 것에는 미래가 없다고 주장하는 것은 일리가 있다. 그러나 우리가 현실 속에서 변화들이 가능하다는 것을 받아들인다면—우리가 여성으로서 적극적인 태도를 취함으로서 우리가 받은 상처를 치유할 수 있다는 전망을 받아들인다면—우리는 이미 삶을 즐길 수 있는 여성의 힘에 관한 생각은 정치적 평가의 문제라고 하는 관념을 갖게 되는 것이다. 그리고 그 경우, 급진적 운동의 편의주의적 도덕주의나 '도덕적 엘리트주의'는 근본적으로 방향이 잘못되었음을 나타내는 것이 아니라, 지나침에서 연유한 잘못으로 이해되어야 할 것이다. 환언하면 위험은 우리의 (느껴지고 실제로 일어나는) 욕망을 우리의 합리적 이해의 문맥으로 끌어내려고 하는 데 있는 것이 아니라, 문제를 모멸과 반동을 불러일으키고 마는 형편 없는 방식으로 몰아가는 데 있다.

포스트모더니즘은 이따금 파괴된 정신의 질서 속에서의 즉흥적 느낌의 역할에 호소하는 책략을 쓰면서 즐거움을 칭송한다.[66] 주관성을 사회적으로 (또는 추론적으로) 만들어지는 것으로 보는, 따라서 본질적으로 유동적이고 일시적인 것으로 보는 생각은 가능성의 세계를 열어준다.[67] 그러나 만약 페미니즘이 '계몽'주의적 경향을 모두 거부한다면, 이러한 가능성을 현실화하려는 희망을 말하기가 난처해질 것이다. 주관성은 당신이 원하는 대로 유동적일 수 있지만, 그 통찰력은—여성을 위하여 감각을 재구성할

---

66) 무어는 '여성성은 우리에게 지울 수 없이 각인된 것이 아니라 끊임없이 자신을 재창조하는 과정에 있다'고 말한다. 그러나 그녀는 또한 다음과 같이 쓰고 있다. '70년대초에는 일부 여성들은 실제로 성을 흥분시키는 어떠한 것도 포함시키지 않는 그러한 종류의 성적 환상을 가지려고 절망적으로 노력하고 있었다.' 장난스럽게 말한다면 이 말들은 우리는 '성을 흥분시키는 것'이 무엇인지 알고 있다는 것을 명백히 의미하는 것이다. 그런데 정말 우리는 알고 있는가? 당신이 '성'에 관심이 있다면 당신은 알 수밖에 없다고 쉽게 말할 수 있다. 어느 면에서 그것은 의심할 바 없이 사실이다. 그러나 전략적으로 페미니스트에게 (그리고 다른 가부장제의 반대자들에게) 보다 유용한 원칙은 우리에게 아직 배울 것이 많다고 하는 것이다.

67) 이것들은 내가 '객관성을 향한 노력'이라는 퀸(Quine)의 관념으로 포착하고자 한 가능성들이다. 이 말이 의미하는 바는 우리는 기존의 방식과 다르게 나아갈 수 있다는 것이다. 즉 사회화의 과정에 대해 의식적, 정치적으로 동기화된 반항이 있을 수 있다는 것이다(Sabina Lovibond, *Realism and Ethics*, Oxford, 1983, pp.58 이하).

페미니스트의 야망과 분리되자마자—더이상 어떠한 특정의 정치적 관심이 되지 않는다. 그것의 정치적 중요성은 겉으로 나타난 것(젠더의 문화적 표현에 있어서의 악몽 같은 획일성, 즉 스타일에 있어서의 일상적 변형들)과는 반대로, 우리는 우리 자신을 보다 나은—보다 자율적이고 덜 감상적인—사람으로 만든다고 하는 의미 속에 있다. 여기서 더 낫다고 하는 것은 물론 우리 자신의 현재의 관점에서 말하는 것이지만, 그것은 단지 인지적 활동에의 참여를 위한 조건일 뿐이다. 페미니스트 이론이 성의 관점에서 볼 때 사물의 핵심에 있다고 볼 수 있는 신화의 모든 자취를 하룻밤 새 없애버릴 것을 누가 기대한단 말인가? 만약 그렇지 않다면 '즐거움'에 대한 현재의 열광의 물결은 진실로 무거운 비관주의의 징조이지 않을까?[68]

비관주의에 대한 대안으로, 나는 페미니스트가 단지 다양한 국소적 정치프로그램이 아니라, 궁극적으로 전지구적인 프로그램—성계급체제의 폐지, 그것에 수반된 내적 생활의 형태의 폐지—을 향한 노력에 대해 끊임없이 생각해야 한다는 점을 제안한다. '전지구적(global)'이라는 말은 이 프로그램이 세계의 구석구석까지 미쳐야 한다는 것일 뿐 아니라, 다른 모든 평등주의 또는 자유주의 운동과 궁극적으로 합치되어야 함을 의미하는 것이다(성 평등을 위해 일하는 것은, 우리가 인간사회가 불평등으로 인해 이렇게 해체되었다고 믿지 않는 한, 임의적인 것이 될 것이다).

이것이 페미니즘의 확실하고 전반적인 특징이라고 한다면, 이 운동은 자신을 계몽주의적 근대주의의 한 부분 또는 지류로 간주해야만 한다. 포스트모던의 사회적 풍경에서 하나의 보다 '자극적인' 모습(또는 모습들의 무리)으로 생각해서는 안된다. 여성운동—세계적 운동이든, 어느 한 나라의 운동이든—이 어떤 중앙의 권위(포스트모더니스트들이 과거의 냉전체제 수호자들과 마찬가지로 언급하기 좋아했던 '전체주의'의 유령)에 의해 움직여지는 것을 바람직하다고 보아서는 안된다. 예컨대 유럽과 북미의 페미니즘이 그들을 둘러싼 문화의 인종주의를 공유하고 있다고 흑인여성들은

68) 테리 이글톤(Terry Eagleton)의 '후기 구조주의의 비관주의와 도취의 특징적 배합'에 대한 언급은("Capitalism, Modernism and Postmodernism," *NLR* 152, p.64) '틈'과 '계기'의 정치학에 대한 논평을 지적하는 것 같다.

주장하고 있다. 그들의 불평은 새로운 정치의 장—진실로 '이질적인 공적 생활'을 목표로 하는 사람들의 새로운 장(場)—을 만들고 있는 것이다.[69] 그리고 이러한 종류의 발전은 (경험적으로 말해서) 확실히 과거보다 덜 획일적인 운동을 만들고 있다. 그러나 그것은 페미니즘의 이상적 통일을 비판하는 것은 아니다.[70] 오히려 페미니즘이 전통적인—남성지배적인—좌파와는 반대로 '보편적인 관점'의 공유자로서 자신의 이미지를 이상화하는 것이 부족하다고 하는 면에 주의를 모으고자 하는 것이다. 인종주의를 절박하게 단죄하는 것은 '자유주의의 죄'나 추상적 의식이 아니다. 그것은 (이해타산적인) 인지적 왜곡을 없애려는 페미니즘의 노력인 것이다.

---

69) Iris Marion Young, "Impartiality and the Civil Public," *Feminism as Critique* 참조.. 이제는 확실해졌겠지만 나는 '계몽주의의 이상을 부활시킴으로써 공적 생활을 새롭게 할 수는 없다(p.73)'고 한 영의 견해에 반대한다.

70) 성적 억압을 종식시키려는 하나의 목표로 만들어졌다고 해서 페미니스트들을 본질적으로 하나의 운동으로 보는 견해에 반대한다고 주장하는 것은 아니다.

제2부

# 페미니즘과 푸코

# 여성의 통제-미셸 푸코와 페미니스트 담론의 힘*

아이삭 발버스

이 논문에서 나는 미셸 푸코(Michel Foucault)의 계보학과 도로시 디너스타인(Dorothy Dinnerstein), 낸시 초도로우(Nancy Chodorow), 제인 플랙스(Jane Flax)와 나 자신의 페미니스트 정신분석이론을 대비시키고자 한다. 이러한 것을 시도하는 이유는-내가 아는 한에 있어서-이 이론적 입장 어느 한쪽도 상대방과의 교류를 시도한 적이 없기 때문이다. 페미니스트 정신분석이론가들은 아직껏 푸코의 담론을 모성의 힘을 부정하고 동시에 반동하는 남성중심의 담론으로서 비판적으로 제기하지 않고 있으며, 푸코나 그의 추종자들 역시 진리에 대한 불성실한 담론의 해체작업을 모성이론의 담론에까지 이끌어가지 않고 있는 것이다. 내가 이 둘을 대비시켜 보고자 하는 것은 비단 자의적인 것만은 아니다. 왜냐하면 모성이론은 푸코가 '통제적인 진실된 담론(disciplinary true discourse)'이라고 말한 패러다임의 예처럼 보이지만, 페미니스트 정신분석학의 입장에서 볼 때 진실된 담론의 푸코식 해체는 암암리에 모계근원으로부터 고전적인 남성의 도주로 특징지어질 수밖에 없는 가정을 노출하고 있기 때문이다. 만약 페미니즘이 이러한 모계적 근원을 수용해야 한다면 푸코적 페미니즘은 그 자체가 모순이 된다.

* Issac D. Balbus, "Disciplining Women: Michel Foucault and the Power of Feminist Discourse," in Jonathan Arac(ed.), *After Foucault: Humanistic Knowledge, Postmodern Challenges*, The State University of Rutgers, 1988, pp.138-160(originally in *Praxis International* 5, no.4, 1985, pp.466-483).

나는 여기에서 페미니즘과 푸코의 대립은 페미니즘에 유리하게-부분적으로는-푸코에 불리하게 해결될 수 있다고 주장하고자 한다. 이러한 주장은 푸코 입장에 내재하는 비일관성의 문제가 이 입장에 대한 재구성을 통해서 해결될 수 있다는 논증을 포함하게 될 것이다. 이러한 재구성은 다음과 같은 것을 요구한다. ① 해방론적 담론과 권위적 담론을 구분짓고, ② 페미니스트 모성이론을 후자가 아닌 전자의 범주에 위치시키는 것이다. 그러므로 푸코의 담론은-그 자신에 반하여-그것이 해체하고자 하는 바로 그 페미니스트 담론의 힘(power)을 인정할 수밖에 없게 되는 것이다.

## 푸코 대 페미니즘

우선 페미니즘과 푸코적 담론의 구성요소들에 대한 간략한 비교로부터 시작해 보기로 하자.

### 역사에 대한 푸코

푸코 계보학의 대상은 다양한 '진실된 담론들'인데 이러한 담론을 통해 서구사회에서 권력에의 의지가 표현되는 동시에 부정되어 왔다.[1] 표현되어 온 것은, 진실된 담론이 진리란 명분하에 요구하는 자기 희생과 그러한 진리를 주장하는 자에 부여되는 지위에 힘입어 '권력의 일상적 효과를 야기시키는' '진리의 정권'으로서 기능한다는 것이다.[2] 부정되어 온 것은, 진실된 담론은 진리와 권력간의 대립성을 강조하기 때문에 그 담론 자체가 생성시키는 권력을 인식하기가 거의 불가능하거나 매우 어렵다는 것이다. "그 형태적 본질상 권력으로부터 자유로운 진실된 담론은 그 속에 침투되어 있는 진리에의 의지를 인식할 수 없다. 그리고 진리에의 의지는 우리에게 오랫동안 부과되어 온 까닭에 그것이 드러내고자 추구하는 진

---

1) Michel Foucault, *Power/Knowledge: Selected Interviews and Other Writings 1972～1977*, New York: Pantheon, 1980, p.131; Charles C. Lemert and Garth Gillan, *Michel Foucault: Social Theory and Transgression*, New York: Columbia University Press, 1980, p.90.

2) Foucault, *Power/Knowledge*, p.131.

리는 진리에의 의지를 결코 드러낼 수 없게 된다."[3] 계보학의 과제는 또 다른 진실된 담론을 생산해 내는 것이 아니라 모든 형태의 진실된 담론들로부터 그들의 존재조건들과 정치적 효과를 규명해 내어 그 허울을 벗겨 내는 것이다.

18세기 이래 서구에서 보편화되어 온 진실된 담론은 푸코가 '인류학' 또는 연속적 역사라고 칭한 담론이다. 연속적 역사의 실천자들-전통적 역사학자들-은 현재의 진리를 과거의 기원으로부터 규명하고자 한다. 그들은 역사가 인간이 지닌 본질적 요소들의 발현이라는 가정의 전제가 되는 역사적 연속성의 생각을 받아들인다. 간단히 말하자면, 인간은 역사의 주체가 되는 만큼 역사의 객체가 될 수 있다. 이러한 역사의 연속성에 대한 그들의 신념은 과거의 전통에 대하여 현재를 희생시키는 동시에 현재를, 과거를 확실히 알 수 있는 시점으로 특권화시킨다. 그리하여 역사에 대한 종합적인 시각의 구성 및 과거를 끈질긴 발전으로서 추적하기 위한 전통적인 방법들은 체계적으로 해체되야 하는 것이다.[4]

연속적 역사가 근거하는 인간을 역사의 주체이자 동시에 객체시 하는 가정을 해체하고자 하는 푸코의 의도는 여기에 근거한다. '객체로서의 인간' 및 '주체로서의 인간'의 존재를 위한 효과적인 물리적 조건은 (육체를 순종적이고 자발적으로 만드는) 통제적 기술인데, 이것은 18세기 이래 서구사회에 만연되어 온 (주체가 스스로에 대해 진리를 말하도록 강요하는) '자아에 대한 기술'들이다. 그리하여 권력은-육체와 정신에 동시에 행사되는-연속적 역사의 담론을 가능하게 하는 유형의 지식을 위한 존재조건이 된다. 이러한 유형의 지식은 대신 객체화 및 주체화의 기술들을 강화하고 쇄신시키는 기능을 하게 되는데 그 기술을 통해 이런 권력이 생성된다.

현재에 대한 해체적 역사는 현재와 과거간의 불연속성을 드러내 보임

---

3) Foucault, *The Archaeology of Knowledge and the Discourse on Language*, New York: Harper and Row, 1972, p.219.

4) Foucault, *Language, Counter-Memory, and Practice: Selected Essays and Interviews*, Donald F. Bouchard(ed.), Ithaca, New York.: Cornell University Press, 1977, p.153.

으로써 연속적 역사의 담론이 현재와 과거간에 세워놓은 관계에 의해 현재에 부여된 친숙성과 특권을 박탈한다. 불연속성을 보여주는 것이 계보학의 과제이다. 즉 "진리나 존재는 우리의 인식과 존재의 뿌리에 위치하는 것이 아니라, 사건들의 외피에 있다는 것을 발견하고 … 역사 속에 가동되는 유형들은 운명이나 규제적 기제들에 의해 통제되는 것이 아니라 우연적인 갈등들에 대한 반응이다."[5] 단적으로 역사란 어떤 의미도 지니고 있지 않다.[6]

### 역사에 대한 페미니즘

페미니스트 정신분석이론가들은 다른 페미니스트들과 마찬가지로-지금까지의 모든 역사를 남성에 의한, 또한 남성에 대한, 여성 종속의 역사로 이해한다. 여성은 항상 남성에 의해 '위험스러운 성'으로 의식되어 왔으며 남성들은 여성을 가정 밖에서의 권위적 위치로부터 배제시킴으로써 이러한 위험을 역전시키려 하였다.[7] 그리하여 외양적으로 다른, 정반대적이기조차 한 문화와 정치, 문화와 정치질서들은 여성혐오증과 가부장제라는 공통의 압도적 주제의 단순화된 다양성에 불과하다. 변화하는 역사적 유형들의 외양적인 불연속성의 저변에는 남성지배의 도도한 연속성이 깔려 있다. '역사들'이 아닌 '역사'라고 말할 수 있는 것은 정확하게는 바로 이 연속성을 지칭하는 것이다.[8]

서구의 철학적 담론들은 이러한 역사의 정당화와 부정 사이에서 동요하곤 한다. (가정 밖의 권위로부터 여성배제를 합리화하기 위하여) 남성의 여성에 대한 우월성을 명시적으로 정의하기도 하고, 또는 여성과 남성 모두를 성중립적인 '인간'이라는 같은 부류에-그러나 실제에 있어서는 남성적 특징들이 큰 비중을 지니는-포함시키기도 하였다. 이에 따라 성간

5) Ibid., p.146, 154.

6) Lemert and Gillan, *Michel Foucault*, p.91.

7) H. R. Hays, *The Dangerous Sex*, New York: G. P. Putnam's Sons, 1984.

8) Dorothy Dinnerstein, *The Mermaid and the Minotaur: Sexual Arrangements and Human Malaise*, New York: Harper and Row, 1976; Isaac Balbus, *Marxism and Domination: A Neo-Hegelian, Feminist Psychoanalytic Theory of Sexual, Political, and Technological Liberation*, Princeton: Princeton University Press, 1982.

의 차이는 위계적 대립으로 전환되거나 또는 아예 존재하지 않는 것으로 동질화되었다. 그러나 그 어느 경우에 있어서도 성간의 차이는 남성과 여성간의 비위계적, 동등한 관계와 같은 것으로 이해되지는 않았다. 그리하여 다양한 외형들간의 크나큰 차이에도 불구하고 서구의-가부장적인-역사를 논할 수 있는 것이다.[9]

지금까지 문화적으로 보편적인 가부장제 현상은 초기 자녀양육에 대한 여성만의 전적인 책임이라는 보편적인 사실에 뿌리를 두고 재생산되어 왔다. 모든 문화에서 영아의 만족이나 중요한 욕구 좌절의 근원은 여성-생모이든 대리모이든-이다. 여성은 아이가 최초로 동일시하는 대상이면서, 동시에 결국 부분적일 수밖에 없는 이러한 동일시로부터 그 자신을 강제로 분리해 내야 하는 존재이다. 이러한 고통스러운 분리로 인하여 어머니는 남아나 여아 모두에게 축적되는 무의식적 적대의 대상이 된다. 사랑의 대상이 되는 어머니는 또한 필연적으로 증오의 대상이 될 수밖에 없는 것이다.

이러한 문화적으로 보편적인 여성에 대한 두려움과 혐오는 바로 어머니에 대한 이러한 증오가 어머니를 의미하는 모두, 즉 모든 여성에게 투사되는 것에서 비롯되고 있다. 그리고 가정 밖의 모든 권위직으로부터 여성의 배제는 모권에의 굴욕적 종속을 또다시 겪을 것에 대한 두려움을 반영한다(『맑스주의와 지배』에서 나는 이러한 배제의 완고성은 이러한 굴종의 고통과 직접적으로 비례하고 있음을 입증하였다). 이런 의미에서 어머니중심으로 이루어진 자녀양육이 가부장제의 근원으로 이해되야 하는 것이다. 역사는 의미를 지니고 있으며, 그 의미란 어머니로부터의 도피이자 거부이다.

영아와 어린 자녀의 충족과 좌절의 복합에서 비롯되는 적대심이 더이상 여성에게만 국한되어 투사되지 않도록 하기 위해서는 여성과 남성 모두가 동등하게 이러한 역할을 담당해야 한다. 그리고 한쪽 성에만 일방적

9) Jane Flax, "Political Philosophy and the Patriarchal Unconscious: A Psychoanalytic Perspective on Epistemology and Metaphysics," in Sandra Harding and Merrill B. Hintikka(eds.), *Discovering Reality*, Boston: D. Reidel, 1983, pp.245-281; Balbus, *Marxism and Domination.*

으로 부과되는 이러한 증오를 사람들이 감당해 내고 극복해 낼 수 있기 위해서는 남성이, 이러한 운명적인 복합에 연루된 만큼 더이상 결백하고 지나치게 이상화된 모권으로부터의 도피처로 간주되어서는 안되는 것이다. 그리하여 공동양육은 가부장제와 그 표현인 정서적 미성숙을 극복하는 데 필수적인 조건이다.

총체성에 대한 푸코

총체적 역사적 의미에 대한 담론을 수반하는 권력에의 의지는 그 각 부분에 현존하는 총체성으로의 사실에 대한 담론을 제시한다. 사회 전체를 파악하려는 이론적 주장은 '어떠한 어두움도 … 무질서의 부분도 … 더이상 존재하지 않는' '투명한 사회'에의 신념을 드러내는 것이다.[10] 총체성의 범주에 대한 인식론적 집착은 필연적으로 전체주의에 대한 정치적 집착을 내포한다.[11]

이러한 인식론적 총체주의는 이론적 전위대에게 이러한 총체적 상을, 영원히는 아니더라도 현재 보지 못하는 다른 모든 사람들에게 제시할 특권을 허용하기 때문에, 사회의 직접적인 운영은 아니라도 이러한 형태의 사회로 전환하는 데 있어서 이들 이론적 전위대들의 필수불가결성을 신성화하게 된다.[12] 이러한 두 이유 때문에 푸코는 '총체적 담론의 전횡'을 비난하고, "'사회의 총체'란 정확히 해체시켜 버릴 이외의 다른 아무것도 아닌 것이다"라고 경고하고, 전체주의를 반대하는 정치사상가들은 총체적 이론과 모든 형태의 보편적 담론들을 거부해야 한다고 강조한다.[13]

총체화이론에 대한 거부는 비판적으로 사회를 이해하기 위해 모든 것을 포괄하는 논리로써 사회에 대한 대안을 기획하고자 하는 이론가들의 노력들에까지 이어진다. 이상론적 사상은 그것이 기필코 제거하고자 하는 전체주의의 또 다른 형태일 뿐이며, 그들이 표면적으로 타파하기 위해 헌신하는 모든 권위주의적 정치 경향들을 재생시킬 뿐이다. 그리하여 푸코

10) Foucault, *Power/Knowledge*, p.152.
11) Ibid., p.80.
12) Ibid., p.83.
13) Foucault, *Language, Counter-Memory, and Practice*, p.231, 233.

의 확고한 결론은 "또 다른 체제를 상상하는 것은 기존체제 속에 우리의 참여를 심화시킬 뿐이다."[14]

체제에 대한 이러한 지적인 저항은 보편적 담론을 요하는 것이 아니라 그 담론을 반박하는 무수한 구체적 권력기술들의 분석을 요구한다. 보편성이 아닌 구체성의 주장은 연속성이 아닌 불연속성을 주장하는 계보학적 주장과 사회학적 평행을 이룬다. 이러한 것은 푸코의 저술 속에서 '각각의 역사, 궤적 및 기술들을 지니는 권력의 구체적 기제'에 대한 주의깊은 관심에서 명백히 드러난다.[15] 그리하여 푸코는 그의 한 저서에서 의학적 '시각'의 권력에 대해 논하고(『병원의 탄생』), 다른 저서에서는 '감시'의 권력에 대하여 논하고(『통제와 처벌』), 또 다른 저서에서는 '성에 대한 담론'의 권력에 대해 논하고 있다(『성의 역사』 제1권). 그리하여 "나는 다원주의자다"라는 자칫 어긋나 보이는 주장이 이해되는 것이다.[16]

권력의 다원성은 저항의 다원성을 유발시킨다. 푸코는 저항의 무수한 근원들을 강조하고, 어떤 것이 다른 어느 것보다 보편적이라거나 혁명적이라는 식으로 특권화시키기를 거부한다. 그는 이러한 저항들이 궁극적으로 합해져 권력의 (비통제적인) 새로운 형태[17]와 진리의 새로운 정치[18]를 창출해 낼 가능성을 배제하지 않으나--사실은 그것을 고대해마지 않으면서도--그의 이론에 대한 원칙적인 과묵성(소극성)으로 이러한 새로운 형태의 권력/지식의 명명조차도 허용하지 않는다. 지식인의--보편적이 아닌 구체적 지식인의--보다 온건하고도 덜 위험스러운 과제는 각자의 분야에서 일어나는 권력에 대항하여 투쟁을 벌이는 것이다.

---

14) Ibid., p.230.

15) Foucault, *Power/Knowledge,* p.99, 145.

16) Foucault, "History, Discourse, and Discontinuity," *Salmagundi*, no.20, Summer-Fall 1972, pp.225-248.

17) Foucault, *Power/Knowledge*, p.133. 또한 다음을 보라. Hubert Dreyfus and Paul Rabinow, *Michel Foucault: Beyond Structuralism and Hermeneutics*, Chicago: University of Chicago Press, 1983, p.223.

18) Jacqueline Zinner, "Michel Foucault, La Volonté de Savoir," *Telos*, no.36, Summer 1978, p.224에서 인용.

총체성에 대한 페미니즘

가부장제의 극복은 전면적인 문화적 전환을 요구한다. 가부장제는 인간사회의 고립된 일부분이 아니라 그 속에 널리 침투되어 있는 존재이다.

어머니는 단순히 우리가 맞게 되는 최초의 여성일 뿐 아니라 우리가 맞게 되는 세계의 최초 표상이다. 지금까지 여성을 대지로 상징하는 문화적으로 보편적인 상징화는 바로 이러한 우리와 어머니의 관계와, 우리와 자연과의 관계간의 연계를 드러낸다. 요컨대 양육하는 자는 어머니인 까닭에 자연은 어머니로서의 자연(Mother Nature)이다. 이러한 양육의 어떤 조건하에서는—이에 대해서는 내가 『맑스주의와 지배』에서 자세히 논했듯이—양육의 중단에 따르는 적대가 어머니로 표상되는 본질로의 적대로 발전된다. 우리가 자연을 그것에 의해 파괴되지 않기 위해서 길들여야 할 절대적이자 위험스러운 타자로 상징하는 것은, 우리의 사랑을 배반한 때문에 징계되야 하는 타자로서의 어머니에 대한 아동기의 무의식적인 상징화에 뿌리를 두고 있다. 자연의 지배가 어머니의 지배라면, 덜 적대적이면서 보다 협력적인 (비인간인) 자연과의 관계는 덜 고통스러우면서 정서적으로 충만한 어머니와의 관계를 필요로 할 것이다. 앞으로 살펴보겠지만 이것은 바로 공동양육에 의해 가능하다.

어머니는 또한 아동의 의지를 누르는 최초의 압도적인 상대이며, 동시에 아동이 겪는 최초의 권위의 표상이다.[19] 그러므로 가정 안에서 어머니와의 관계는 그후 가정 밖에서 우리가 당면하게 되는 다양한 권위들과의 관계에 있어서 정서적 장을 형성하게 된다. 견디기 힘든 모권의 행사로 야기되는 여성에 대한 두려움과 혐오는 처음에는 부권에 대한, 나아가서는 남성 일반의 권위에 대한 묵종뿐만 아니라 심지어는 그것을 긍정하는 무의식적인 근거가 된다. 어머니에 의해 전담된 자녀양육의 조건하에서는 남성의 권위는 여성의 권위로부터의 적합한 도피처인 듯이 보이게 마련이다.[20] 정치적 지배에 대항한 투쟁은 이러한 어머니중심의 자녀양육이 여성과 남성이 동등하게 공유하는 공동양육으로 대치될 것을 요구한다.

---

19) Dinnerstein, *The Mermaid and the Minotaur*, p.166.

20) Ibid., p.175.

그러므로 공동양육은 단순히 남성지배의 극복을 위해서뿐만 아니라, 정치적, 기술적 지배의 타도를 위해서도 필수적이다. 이러한 의미에서 가부장제에 대한 투쟁은 지배가 없는, 전혀 새로운 문명을 위한 투쟁으로 이해되어야 하는 것이다.

주체성에 대한 푸코

우리는 앞에서 푸코가 개인을 역사의 주체로 파악하는 인류학적 담론이 권력/지식의 장치 및 자아에 대한 기술, 이러한 기술에 의해 유지되는 담론들의 산물일 뿐이라는 주장을 하고 있음을 지적하였다. 주체는 권력의 대상이 아니라 이의 가장 으뜸가는 효과의 하나인 까닭에,[21] 개개인이 갖는 주체성의 본질은 동시에 그의 종속의 본질이다.[22]

창조적 주체(founding subject)라는 주제는 이러한 권력효과의 현실을 묵과하도록 한다.[23] 우리로 하여금 개개의 주체를 생성해 내는 권력/지식의 바로 그 복합체가 그들 자신에 의해 생성되는 것으로 믿도록 하여, 주체의 문제를 설명되어야 할 객체로 구성하는 것조차도 불가능하게 한다.[24] 그리하여 계보학자는 자아에 대한 다양한 기술들과 주체를 역사적으로 구성하는 관련 담론의 분석을 위해서는 창조적 주체를 없이 하여야 하며 … 주체 자체를 제거해야 한다고 주장하는 것이다.[25]

푸코는 정신분석학을 현대사회의 대표적인 자아에 대한 담론/기술로서 밝히고 있다.[26] 이것은 서구문명을 오랫동안 특징지어 왔던 고백적 기제를—개인의 내부에 감춰진 진실을 고백하도록 하는 절차들—좀더 최근의 19세기 후반 이래 나타난 개개 주체의 진리는 그의 성욕이라는 것을 확인하기 위한 성논리의 전개와 결합시켰다. 주체가 될 자는 이러한 진리에 대해 알지 못할 뿐만 아니라 저항까지 하므로, 주체가 되기 위해서는 진

21) Foucault, *Power/Knowledge,* p.98.

22) Ibid., p.97; Foucault, *Discipline and Punish: The Birth of the Prison*, New York: Pantheon, 1977, pp.27-28, 192-194.

23) Foucault, *The Archaeology of Knowledge and the Discourse on Language*, p.227.

24) Lemert and Gillan, *Michel Foucault*, p.101.

25) Foucault, *Power/Knowledge,* p.117.

26) Ibid., p.216.

리에 대한 특권적 접근을 지니는 위대한 해석가의 권력에의 복종을 요구한다.[27] 그리고 이러한 해석적 과정은 주체의 명확한 성정체성의 주장에서 절정을 이루기 때문에 이러한 과정은 개인을 분류하고, 그의 개성으로 특정화하고, 정체성을 부착시키고, 그 스스로 인식하고 다른 사람들 역시 그 속에서 인식하는 진리의 법칙을 그에게 부과한다. 이러한 것의 결과는 통제와 의존에 의해 다른 사람에게 종속되고, 의식이나 자기 지식에 의해 그 자신의 정체성에 속박된 이중의 철저하게 종속된 주체이다.[28]

푸코의 이러한 주목할 만한 발언은 개개인의 성적 정체성을 제거시킬 뿐만 아니라 개인의 정체성 전체를 말소시키는 것이다. 자신이 인식하고 또한 남들에 의해 인식되는 정체성에의 고착은 특정 형태의 사회적 상호작용에 의한 필연적 결과가 아니라, 현대의 통제적 사회에 만연된 자아에 대한 기술들의 독특한 형태가 지닌 상호작용의 결과이다. 그러한 사회에서 어쨌거나 실현되지 못하고 왜곡되어 버린 개인의 정체성에 대한 찬사는 권력에 도전조차 못하고 오히려 정당한 것으로 받아 들인다. 계보학자는 이러한 책략을 거부하고 대신 "인간의 아무것도-심지어 그의 육체까지도-자기 인식이나 타인을 이해하는 근거로서 충분히 고정적이지 못하다"는 것을 인식한다.[29] 따라서 통제적 사회에 대한 투쟁은 성, 또는 특정 형태의 정체성을 위해서가 아닌, 그것에 반하여 행해져야 한다. 그리하여 푸코의 『성의 역사』 제1권의 불가해한 결론이 나오는 것이다. "성욕의 전개에 대한 반격의 집결지는 성적욕망이 아니라 육체와 쾌락들이다."[30]

### 주체성에 대한 페미니즘

남녀 아동에 있어서 정체성의 발달은 영아기의 절실한 욕구에 대한 양육적인 반응들과 그후의 분리로부터 바로 이러한 욕구에 대한 어머니 자신의 욕구좌절에 의해서 강행되는, 어머니와의 최초의 동일시-공생적 결합-의 시기에 달려 있다. 그러나 그러한 균형은 여기에서 끝나 버린다.

---

27) Dreyfus and Rabinow, *Michel Foucault*, p.180.

28) Ibid, p.212.

29) Foucault, *Language, Counter-Memory, and Practice*, p.153.

30) Foucault, *History of Sexuality*, New York: Pantheon, 1978, I:157.

여아나 어머니가 모두 여성인 까닭에, 여아가 그 어머니와 형성하는 강한 동일시는 그의 여성적 정체성과 일치하거나 그 근거가 된다. 이것은 "여아나 여성에게 있어서 여성적 정체성의 문제는 그 어머니로부터의 성공적인 분리에 의존하지 않는다"는 것을 의미한다.[31] 그러므로 이러한 분리에도 불구하고, 어머니는 지속적으로 여아가 연결되는 대상이자 그의 자아발달이 의존하는 타자로서 상징화된다.

따라서 전형적으로 여성은 다른 사람들을 그들의 정체성 실현에 위협스럽게 보지 않을 뿐만 아니라 오히려 필수적인 것으로 수용하는 관계적 지향성을 지니게 된다. 낸시 초도로우에 의하면, '여성은 그들을 외부의 대상세계와 연속적이고, 관계적으로 의식하게 되고, 다른 사람의 욕구를 자기 자신의 욕구로 경험할 수 있는 강력한 토대를 갖게 된다.'[32] 이것은 여성이 무의식적으로 이미 다른 사람의 욕구를 충족시키고자 하는-다른 사람에 대하여 힘을 행사하기보다는 힘을 부여하는-지향을 지니고 있어 남에게 베풀고 구체적으로는 그들이 지금까지 일방적으로 부담해 온 모성에 대하여 정서적으로 준비가 되어 있다는 것을 의미한다.

남아에게는 그렇지 않다. 어머니와의 최초의 동일시가 여아의 여성이라는 인식의 근원이 되는 반면, 이러한 여성적 동일시는 남아가 남성이 되기 위해서 극복하여야 할 장애물이다. 그리하여 그의 남성성의 발달은 남아가 어머니와의 동일시나 밀착을 거부하고 그 자신 속의 여성성을 억압할 것을 요구한다. 남성이 되기 위해서 그는 최초의, 가장 중요한 타자를 그와는 어떠한 연결이나 결합이 이루어질 수 없는 절대적으로 분리된 외부의 대상으로 상징화하는 것을 터득해야 한다.

어머니에 대한 객체로서의 무의식적 상징화는 그후 남아가 당면하는 전체 세계에 대하여 일반화시킨 객관화의 시각을 위한 발판이 된다. 남성성이 어머니와의 분리를 통해 형성되는 때문에 여성이 그의 성정체성의 형성과정에서 필수적으로 받아들이는 바로 그 관계가 남성 정체성에게는

---

31) Carol Gilligan, *In a Different Voice*, Cambridge, Mass.: Harvard University Press, 1982, p.8.

32) Nancy Chodorow, *The Reproduction of Mothering: Psychoanalysis and the Sociology of Gender*, Berkeley and Los Angeles: University of California Press, 1978.

위협적인 것으로 경험된다.[33] 남성들은 이러한 위협으로부터의 자기 방어를 위해 타자와의 밀접한 관계를 회피하거나, 또는 다른 사람을 지배하거나, 일정한 거리를 유지하여 자아의 강건함을 확립할 수 있는 관계로 전환시키려 한다. 그리하여 남성은 그들이 마주치는 다양한 사람들에 대하여 권력을 행사할 수 있는 각양각색의 방법들—폭력적이든 비폭력적이든—에 대하여 정서적으로 대비가 되어 있다.[34]

서구의 철학적 담론은 전적으로 이러한 남성적 지평의 한계 속에서 이루어졌다. 인간의 정서적 지향—욕구나 욕망—은 최선에는 이기주의적이고, 최악에는 반사회적이라는 가정으로 변형되었다. 서구 철학자들은 단지 인간이 이러한 욕망을 극복하는 것이 가능한 것인가 또는 바람직한 것인가에 대한 답을 놓고 갈라져 왔던 것이다. 플라톤에서 칸트, 하버마스에 이르는 유심론자들은 이성의 능력이 인간으로 하여금 인간의 욕망을 극복하여 사회정의를 이룰 수 있으며, 사회적 책임의 보편적 법칙을 발견하고 고양시킬 수 있다고 주장하였다—즉 이성은 욕망을 극복할 수 있다는 것이다. 티라시마츄스(Thrasymachus)에서 홉스, 니체에 이르는 유물론자들은 사회제약이라는 보편적 원칙에 대한 외양적으로 합리적인 구성은 그 자체가 다른 사람에 대해 권력을 행사하고자 벌이는 탐욕스러운 투쟁의 한 부분이고, 정의라는 것은 단지 이러한 투쟁의 결과에게 주어지는 이름일 뿐이라고 주장한다—즉 이성이란 영원히 욕망의 노예이다. 이기주의적 유물론과 냉정하고도 육체와 분리된 합리주의간의 남성적인 동요는 최근 로렌스 콜버그(Lawrence Kohlberg)에 의해 유물론으로부터 합리주의로의 흐름은 도덕적 발전의 변함 없는 진행으로 개념화될 수 있다는 진화론으로 변형되었다. 캐롤 길리간(Carol Gilligan)이 지적하듯이, 콜버그가 간과하고 있는 것은 (또한 그의 이론이 종합시키고자 하는 전체 서구의 철학적 전통에서 간과하고 있는 것은) 정확히 욕망이 사회적이자 또는 사

33) Gilligan, *A Different Voice*, p.8.
34) 사람들이 타자에 대해 권력을 행사하는 다양한 방법들을 그들의 다양한 양육방식과 관련시키는 시도로서는 다음 글을 볼 것. Balbus, *Marxism*, pp.327-333; "Habermas and Feminism: (Male) Communication and the Evolution of (Patriarchal) Society," *New Political Science*, no.13, Winter 1984, pp.27-47.

회적인 것으로 될 수 있다는 가정과 사회적 상호작용이 이기적 욕망이나 추상적이고 합리적 책임보다는 지금까지 여성만의 독특한 성향으로 간주되어 온 남을 돌보고 베푸는 방식으로 될 수 있다는 것이다.

이러한 가능성의 실현은 여아와 남아간의 프리외디푸스 경험에 있어서 존재하는 불균형의 제거를 요한다. 일단 아버지가 어머니와 함께 남아의 초기 양육자로서 참여하게 된다면, 아이는 그와 동일한 성의 부모에게 최초의 동일시를 경험하게 될 것이다. 그러므로 그의 남성 정체성의 형성은 더이상 최초의 사랑의 대상에 대해 전적으로 적대적인 시각을 가정하거나, 동일시의 억압을 요하지 않는다. 이러한 조건하에서 남아는 어머니가 전담하는 자녀양육하에서보다 더 관계적 지향성을 발전시키게 될 것이라고 기대할 수 있다. 그가 정서적으로 더이상 다른 사람에 대하여 권력을 행하지 않고, 다른 사람들의 능력을 탈취하려 하기보다는 힘을 부여하는 쪽으로 지향될 것이라는 것을 쉽게 기대할 수 있다. 부모의 공동양육은 지금까지 가정에 국한되었던 양육과 보호가 인간 상호작용의 전부문으로 확산되는 사회의 가능성을 제시하는 열쇠인 것이다.

이제 푸코론자와 페미니스트 정신분석 담론간의 대립이 분명할 것이다. 이들은 각각 상대 입장을 그들이 치유하고자 하는 문제의 일부로 보고 있다. 푸코론자는 정신분석이론이 현대의 진실된 담론의 상호 연관된 세 가지 요소, 즉 연속적 역사, 총체성의 개념 및 창조적 주체의 주제에 의존하고 있음을 비난한다. 어머니가 전담하는 자녀양육에 뿌리를 둔 보편적 가부장제의 사고는 현대의 통제적 사회의 괴이성들을 가려버리고 특정 형태의 투쟁을, 즉 공동양육을 위한 투쟁을 다른 모든 형태의 저항에 대하여 특권화시키는 것이다. 가부장제의 악몽은—우리가 일하고, 결정하고, 생각하고, 느끼는 모든 과정에서 항상 존재하는—삶의 이러한 부분들이 철저히 재구성될 것이라는 포스트가부장적 사회의 전망과 함께 그 자신의 존재 조건들을 객관화할 수 있다고 믿는 이성의 총체주의적인 주장을 드러내는 것이다. 이렇듯 이전부터 존재하는 성의 주체성의 감추어진 근원을 밝히기 위해 정신분석학에 의존하는 것은 이러한 주체성의 구성에 기여하고 이러한 구성적 과정을 베일 속에 가려버리는 것이다. 그리하여 푸코적 관점에서 보면 디너스타인, 초도로우 그리고 플랙스는 통제적인 여성들이다. 즉 그들은 푸코가 반대하는 통제적 사회의 원인이자 결과들인 진실된 담론의 한 형태에 몰두하고 있는 것이다.

페미니스트 정신분석학적 관점에서 보면, 푸코의 통제적 담론/실천의 해체는 모든 남성적 근원의 징후들을 드러내는 것이다. 연속적 역사에 대한 배제는 여성으로 하여금 그들이 고통받고 투쟁을 벌여 온 역사적으로 보편적인 여성혐오에 대하여 논할 수조차 없게 하며, 가부장제의 영속성을 너무나 당연시하여 그것을 인지조차 못하는 남성의 맹목성을 반영하는 것으로 보일 수도 있다. 그의 (다른 사람들에 대한) 진실된 담론과 그것이 연합한 기술들을 드러내는 권력에의 의지에 대한 성중립적 가정은 실제로는 그의 편파적인 남성중심성을 보편적인 인간중심성으로 변형시키고 남성적 권력이 형성되고 저항하는 맥락 속에서 양육과정에서의 여성의 힘을 말살해 버리는 것이다. 총체화의 이성에 대한 그의 비판은 여성이 그렇게도 힘들여 획득해 낸 남성지배의 철저성에 대한 바로 그 의식을 전체주의적이라 비난하고, 정체성을 남성이 자율성과 (어머니와) 타자에 대한 동일화의 사이에서 경험하는 무의식적인 대립에 대한 의식적인 변화인 자유의 상실과 같은 것으로 한정한다. 마지막으로, 모든 정신분석을 자아에 대한 기술로 해체시켜 버림으로써 우리가 부분적이나마 가부장적 대항들을 말소시킬 수 있게 해주는 특정 형태의 정신분석조차도 진지하게 수용하는 것을 방해한다. 단적으로 푸코 계보학은 여성들로부터 그들의 보편적인 종속을 이해하고 극복할 수 있는 개념적 무기들을 탈취함으로써 여성을 통제하는 것이다.

## 푸코적 진실된 담론

여성의 통제인가, 또는 통제하는 여성인가? 이러한 대립된 주장들을 어떻게 판단할 수 있을 것인가? 판단이라는 말에 오해될 필요는 없다. 나는 중립적 관찰자로서가 아니라 페미니스트 정신분석이론의 열렬한 지지자로서, 그의 진리와 헌신적인 실천자로서 이 글을 쓰는 것이다. 그러므로 나의 목적은 푸코론자들이 페미니스트 정신분석이론을 진지하게 받아들이도록 설득하는 것이다. 그러나 이것은 분명 푸코론자들이 받아들이지 않을 것이다. 왜냐하면 모든 진실된 담론들이 필연적으로 갖고 있는 권위주의적 효과에 대항하는 유일한 방법은 그들이 제시하는 진리에 대한 매력적인 호소를 완강하게 거부하는 것이기 때문이다. 푸코론자들이 페미니스트 정신분석이론을 진지하게 받아들일 수 없는 것은 모든 진실된 담론에 항상 권위주의적 효과가 있다는 그의 믿음이라고 보기 때문에, 나의 일차적 과제는 그들을 그러한 믿음으로부터 깨우치게 하는 것이다. 나는 페미니스트 정신분석이론의 열성적 신봉자로서가 아니라 푸코론자의 권위주의적 효과들에 대한 혐오(그리고 진실된 담론과 권위주의간의 등치를 폐지하려는 노력이 단지 전략적이 아닌 원칙인)를 공유하는 사람으로서 이러한 과제를 위한 대화가 이루어질 수 있는 공동의 장을 마련하기 위해 이 문제에 접근하고자 한다.

나는 우선 푸코론자가 명백하게 거부하는 바로 그 진실된 담론에 그들이 암암리에 얽매여 있음을 보여주고자 한다. 푸코의 담론은 표면적으로는 연속적 역사, 총체성 및 창조적 주체들을 부정하지만, 그의 저술 속에서 이러한 서로 연관된 주제들이 뚜렷한 자리를 점하는 잠재적 담론을 추적하는 것은 어렵지 않다.

우선 그의 연속적 역사에 대한 비판을 고찰해 보자. 푸코에 의하면, 역사적 연속성이란 인간을 역사의 주체이자 객체로 정의하는 인류학적 담론, 즉 결코 역사적으로 연속적인 것이 아니라 단지 그것의 비교적 최근의 통제적 기술들과 자아에 대한 기술들의 출현과 동시대적인 담론 효과들에 불과하다. 연속적 역사의 개념이 감추고 있는, 계보학자들이 밝혀 내야 하는 것이 바로 불연속성—즉 통제적 권력/지식의 복합체의 특징—이다. 그의 불연속성에의 호소는, 결코 통제적 시대만이 권력과 지식이 불가분하게 결합된 유일한 시대는 아니며 이러한 부당한 결합이 서양문명 그 자체만큼이나 오랜 것이라는 가정에 의해 붕괴된다.[35] 푸코는 서구 역사는 여러 권력/지식복합체들과 여러 진리의 지배들의 연속일 뿐이라고 주

---

35) Foucault, *The Archaeology of Knowledge and the Discourse on Language*, p.218.

장한다.[36] 그래서 푸코의 역사에서 연속적 대상이란 '인간'이 아니라 인간을 창조하고 변형시키는 권력/지식에의 의지임에도 불구하고, 우리는 다시 역사적 연속성의 개념으로 되돌아가는 것이다. 허버트 드뤼푸스(Hubert Dreyfus)와 폴 레비노(Paul Rabinow)가 주목했듯이 지식과 권력간의 부정한 관계를 담론의 대상으로 하는 것은 이들 관계에 대한 진리를 끌어냄으로써 이러한 권력관계를 타도하고자 하는 것이다.[37] 그러므로 푸코는 그가 반대하는 권력과 지식의 바로 그 대립성 안에 남아 있게 된다. 다시 말하여 진실된 담론 안에 머무르고 있는 것이다.

푸코가 통렬히 비난하는 총체화의 이성 역시 그의 글 속에 존재한다. 그의 표면적인 '보편적 담론의 모든 유형'에 대한 거부와 그의 '권력기제의 특정성'의 강조에도 불구하고, 그는 '통합된 체제'로서의 통제적 권력, (통제적 기제들의) 전사회적 확산, '원형감시제의 무한히 보편화된 기제,' 정상성의 판단과 통제의 편재성, 그리고 소위 통제적 사회의 형성에 대하여 논하고 있다.[38] 여기에서 우리는 다원론적 푸코와 크게 거리를 두고 있다. 프랭크 렌트리치아(Frank Lentricchia)가 지적하듯이, 통제적 사회의 개념은 '사회에 대한 총체화이론의 산물이 아니라면 아무것도 아닌 것이다.'[39] 실로 우리는 그 반대의 것을 거의 기대할 수가 없다. 푸코처럼 객체이자 주체로서의 근대인의 바로 그 특성은 통제적 기술들의 결과라고 주장하는 것은 결국 그것에 대해 총체화의 이론만이 명명할 수 있는 전체적 권력을 부여하는 것이다. 그리고 만약 이러한 기술들이 총체화의 권력을 결여하고 있다면—만약 그것들이 결정적이지만 총체성이나 위험성이 덜할 경우—푸코의 진실된 담론을 해부하는 면밀한 노력들을 지탱해 주는 것은 무엇인가? 계보학자가 투쟁하는 대상의 단순한 규명조차도 계보학자가 명백히 비난하는 바로 그 총체성의 개념을 필요로 하고 있는 것이다.[40]

36) Lemert and Gillan, *Michel Foucault*, p.90.
37) Dreyfus and Rabinow, *Michel Foucault*, p.132.
38) Foucault, *Discipline and Punish*, p.176, 209, 216, 304.
39) Frank Lentricchia, "Reading Foucault," *Raritan I*, no.4, Spring 1982, pp.5-32.
40) 최근 마크 포스터(Mark Poster)가 제기했듯이 사르트르는 "모든 지각은 총체화

마지막으로 통제적 대상에 대한 투쟁의 개념화 역시 계보학자의 창조적 주체의 추방이라는 그들의 주장을 철회할 것을 요구한다. 푸코는 주체란 통제적 권력/지식의 효과일 뿐이며 이러한 형태의 권력/지식을 타도하고자 하는 이론가들은 주체라는 개념을 없애야 한다고 주장하였다. 그러나 이론가 그 자신이 없앨 수 없는 주체이다. 해체의 대상으로서 권력/지식의 복합체를 규명하고자 하는 바로 그 의도는 주체성을 이러한 복합체의 결과로서가 아닌 해체적 담론의 고무적인 근원으로서 전제하는 것이다. 그리고 문제는 단지 푸코가 창조적 주체의 추방이라는 주장을 철회하지 않고서는 그 자신의 저항을 논할 수 없다는 데 그치지 않는다. 그는 통제의 결과와는 다른, 그 이상의 주체성에의 언급이 없이는 어떠한 비반동적인 저항—그가 전념하는 새로운 형태의 권력/지식의 새로운 형태에 예기되는 저항—에 대하여도 논할 수 없게 된다는 것이다. 그리하여 레머트(Lemert)와 길란(Gillan)은 "푸코 속에는 우리가 무심코 읽을 때보다 훨씬 주체성이 있다"고 정확하게 지적하고 있으며,[41] 푸코 스스로도 한 인터뷰에서 "주체성이 역사 속에 그 모습을 나타내고 역사에 생기를 주는 것은 반란을 통해서이다"고 말할 때 이것을 인정하고 있는 듯이 보인다.[42] 난점은 이러한 해체적인 주체성은 주체성과 종속의 상관적인 용어의 담론적 틀로는 설명될 수 없다는 것이다. 역사에 생기를 불어넣는 주체성—즉 고무적 근원—을 이야기함으로써, 푸코는 그가 폐기해야 한다고 주장하는 바로 그 창조적 주체의 주제를 채택하고 있는 것이다.

나는 모든 유형의 진실된 담론들의 치명적인 효과를 강조하는 푸코에 반해 특정의 진실된 담론의 형태에 전념하는 또 다른 푸코가 있음을 보여주었다. 이러한 대립성을 해결하는 데는 두 개의 방법이 가능하다. 후자의

---

를 요하는 만큼 관찰자 개개인은 설사 그것을 의식하지 못하더라도 흩어진 행위들을 조합하여 역사적 장에서 총체화를 구성하게 되는 경향이 있다"고 한 바 있다(*Foucault, Marxism, and History,* Oxford: Polity Press, 1984, p.21). Jean-Paul Sartre, *Search for a Method*, New York: Knopf, 1963, pp.85-166를 보라. 게슈탈트 심리학자들도 지각에 내재한 '총체화적 이성'의 명제를 지지하고 있다.

41) Lemert and Gillan, *Michel Foucault*, p.106.

42) Foucault, "On Revolution," *Philosophy and Social Criticism* 8, no.1, Spring 1981, p.8.

푸코 입장을 받아들이게 되면, 우리는 전자의 푸코가 내세우는 범역사적 지배, 통제적 사회 그리고 그것의 타도 가능성들을 거부해야 한다. 또는 우리가 진리에 대한 총체적 주장을 받아들이게 되면, 우리는 그러한 주장들이 필연적으로 권위주의적 효과를 지니게 될 것이라는 주장을 거부해야 할 것이다. 나는 급진적이고, 정치적으로 의식적인 푸코론자라면 지배의 초월적 가능성뿐 아니라 침투성도 말할 수 있기를 바라며, 따라서 이러한 것이 지배의 근대적 재생산에 기여할 수밖에 없다는 푸코의 주장을 거부할 것이라고 본다. 다시 말하여 모든 진실된 담론이 필연적으로 권위적 효과를 지닌다는 주장은 어떤 진실된 담론은 권위적 효과를 지니는 한편, 어떤 것은 해방적 효과를 지닌다는 주장으로 대치되어야 한다.

그 필요성을 인식한 푸코론자들은 이러한 구분을 어떻게 지을 것인가? 나는 푸코가 이미 암암리에 이러한 구분을 위한 기준을 세워왔다고 본다. 우리는 단지 하나의 푸코가 개입하고 있는 특정 형태의 진실된 담론과 또 하나의 푸코가 그릇되게도 모든 형태의 진실된 담론에 부과시키고 있는 권위적 정치적 효과를 실제로 야기시키는 특정 형태의 진실된 담론을 대비시켜 이러한 기준을 명시적으로 보여주기만 하면 되는 것이다.

우선, 연속적 역사에 대한 계보학적 처방을 보자. "과거를 지속적이고 연속적인 진보로서 추적하기 위한 전통적 고안들은 체계적으로 해체되어야 한다"(강조는 필자). 진화적 발전으로 이해되는 역사적 연속성이 계보학자들이 투쟁해야 할 진정한 위험이라는 것을 시사한다. 합리적 진보로서의 역사적 연속성의 개념화는 현재를 그러한 진보의 필연적 정점으로 특권시하며, 현재를 특권시하기보다는 격하시키고자 하는 자들은 이러한 개념화를 약화시키려고 애쓴다. 그러나 역사적 연속성이 발전이나 진보로서 개념화될 필요는 없으며, 앞서 살펴보았듯이 역사란 지배-복종의 일시적 표현인 권력/지식의 다양한 장치들의 흐름일 뿐이라 생각한 푸코 역시 그렇게 개념화하지 않았다.[43] 역사적 연속성의 개념에도 불구하고—또는 아마도 이 때문에—푸코가 현대의 지배-복종의 관계들의 통제적 형태에

---

43) Barry Smart, *Foucault, Marxism, and Critique*, London: Routledge and Kegan Paul, 1983, p.76.

대한 강력한 비판을 전개시킬 수 있다는 것은 이 개념이 현재를 특권시하는 데 아무 상관도 없다는 것을 보여준다. 현재를 과거에 연결시킴으로써 현재를 좀더 친숙하게 하였으나, 바로 이러한 친숙함에서 경시하는 경향이 나타난다.

푸코가 소위 '총체화의 이성'이라고 일컫는 것에 대한 그의 비판을 다시 한 번 살펴보자. 총체성의 인식론과 전체주의의 정치 사이에 푸코가 세운 등식은, 전체를 알고자 하는—즉 다양한 부분들 속에서의 이의 존재를 보고자 하는—충동은 사회의 대표자임을 자임하는 자들의 감시로부터 개개인들이 어떠한 숨을 곳이 전혀 허용되지 않는 사회에의 신념을 암시한다는 것에 근거한다. 이러한 주장이 그럴듯하게 보이는 것은 전적으로 주장만 될 뿐 증명되지 않은, 보는 것과 감시하는 것을 동일시하는 생각 때문이다. 푸코가 이해하듯이 감시는 개개인을 권력기제의 비교적 상호교환 가능한 부분들로서 인식한다. 이것은 개개인들로부터 사회 전체로서의 재생산에 기능적이지 않은 어떠한 개성도 제거해 버린다. 단적으로 그와 다른 사람간의 어떠한 차이도 말살시켜 모든 개인들로부터 어떠한 자율성도 말살해 버리는 타자를 보는 양식이다. 그러나 이것만이 타자를 인식하는 유일한 방식은 아니다. 타자는 우리가 관계를 공유하고, 우리가 동일시하면서도 서로 다른 타자로서 인식될 수 있다. 그러므로 전체를 보고자 하는 욕구는 공동체와 동일화의 맥락 속에서 이질성과 자율성의 지속을 인식하고자—그리고 알리고자—하는 욕구가 될 수 있다.

그의 총체성으로부터 전체주의로의 비약에서 푸코는 동질적인 총체성과 이질적인 총체성간의 중대한 차이점을 간과하고 있다. 그러나 그 자신의 통제적 사회에 대한 총체적 비판은 후자에의 신념을 암시한다: 만약 그가 인식론적 총체주의자가 아니라면, 그러한 사회를 개념화하는 것이 불가능할 것이다. 그러나 만약 그의 총체주의가 동질화의 부류라면, 그는 이질성을 말살하고자 하는 그러한 사회의 충동을 비난할 아무런 근거가 없게 된다(푸코가 경험적 총체주의자며 동시에 규범적 다원주의자라고 주장—궁극적으로 옹호될 수 없는 기술과 평가의 분리를 야기하는 주장—하지 않는다면). 그가 통제적 사회에 대하여 무수한 저항의 원천들을 주장한다는 것에 오도되어선 안된다. 왜냐하면 그는 다양한 저항의 원천들을 가진 사람들간의 제휴의(전술의 부족으로 단명하지만) 필요성과, 이러한 제휴의 가능성에는 이질적인 행위자들의 공유가 전제된다는 것을 인식하고 있는 것이다.[44] 그리하여 푸코는 그 자신도 모르게, '이질적 총체성'의 인식론을 추종하는 사상가는 전체주의적 유혹에 굴복하기보다 저항할 것이라는 것을 보여준다.

우리는 주체를 소멸시키고자 하는 푸코가 주체성을 역사의 생동적 근원으로서 채택하는 푸코와 정반대에 위치한다는 것을 보여주었다. 그는 이러한 주체성의 본질이 무엇인가에 대하여는 침묵하고 있지만, 변혁적 저항 속에서 모습을 드러내는 주체성이 육체적 토대를 갖고 있음은 그가 '성욕의 전개에 대항하여 반격을 가할 집결지'로 '육체와 쾌락'을 언급한 것에서 유추가 가능하다. 이러한 저항을 설명하기 위하여 푸코는 권력의 결과라기보다는 그 근원인 육체화된 주체성, 즉 통제적 기술의 영향을 받는 결과 이상의 신체라는 개념에 의존한 듯이 보인다. 이것은 '그것에 영향을 주는 통제적 기술의 단순한 결과 이상의 살아 있는 육체이다.'[45] 그러나 육체화된 주체성 또는 살아 있는 육체라는 개념은 그 육체가 자기인식이나 다른 사람의 이해의 토대로서 충분히 고정된, 즉 푸코가 배격하는 육체적 통합성이나 정체의 개념을 필수적으로 내포하고 있다.[46]

---

44) Foucault, *Language, Counter-Memory, and Practice*, p.216-217.

45) Dreyfus and Rabinow, *Michel Foucault*, p.167.

46) 신체적 정체성이 동시에 성적 정체성을 의미하는지는 성적 정체성이 무엇을 의미하는지에 달려 있다. 모성이론 페미니스트들이 의지하는 정신분석이론의 대상관계(object) 모형은 '성적 욕구 또는 리비도를 대상을 추구하는 … 타인을 향하는 것'으로서 개념화하기보다는 몰사회적 내지는 반사회적으로 보는 정통 프로이트 개념을 부정한다(Jessica Benjamin, "The End of Internalization: Adorno's Social Psychology," *Telos*, no.32, Summer 1977, p.47). 따라서 모성이론가들은 사회적 힘에 의해서만 억제할 수 있는 근본적인, 전사회적 성의 개념에 대한 푸코의 비판을 공유하고 있다(이러한 억압가설에 대한 푸코의 비판은 *The History of Sexuality*의 제1권 1장을 볼 것). 또한 그들은—비록 암묵적이나마—이성이 체화된 정체성이 형성되는 과정을 통한 정상적인 결과라는 정통 프로이트적 가정 역시 부정하므로, 그들은 푸코의 개인의 정체성을 구체적으로 이성적 정체성으로 구성하는 정신분석학과 기타 자아의 기술에 대한 비판에도 동의할 수밖에 없는 것이다. 반면에 우리의 육체란 성적 육체인 까닭에—그리고 어떠한 가능한 조건

푸코가 개개인의 정체성—성적 또는 기타의—을 개인의 종속과 동일시하는 것은 육체화된 정체성과 육체에서 분리된 주체의 정체성을 혼동하고 있는 것이다. 전자가 아닌, 후자가 푸코적 해체의 적절한 대상이다. 육체를 그 자신과 분리되거나, 통제되어야 할 대상으로서 경험하고—순종적이며 동시에 생성적인 육체를 지닌—통제적 기술과 자아에 대한 기술들에 의해 형성된 주체성을 지닌 것은 바로 개인이며, 또한 경험주의든 유심론이든 전통적인 인식론적 의미에서의 주체—인식의 대상으로부터 구분되는 주체—이러한 기술들을 재생산하고 또한 이들에 의해 재생산되는 육체를 지닌 것은 바로 개인인 것이다. 육체에서 분리된 창조적 주체에 의존하는 어떠한 진실된 담론도 실제로는 그러한 주체가 (적어도 부분적이나마) 형성되어 가는 권위적 과정을 감추고 정당화하고 있는 것이다. 그러나 육체화된 창조적 주체를 긍정적으로 가정하는 진실된 담론은 바로 이러한 과정에 대항하는 어떠한 물리적 호소에 있어서도 필수조건이다.

## 결론: 해방론적 진실된 담론으로서의 페미니스트 정신분석이론

나는 이상에서 우리의 푸코적 대담자가 구성요소로 ① 연속적이나 비발전적 역사의 개념, ② 이질적 총체성의 개념, ③ 육체화된 주체성의 개념을 지닌 진실된 담론은 비권위주의적, 잠재적으로 해방론적인 진실된 담론의 기준을 충족시킨다는 것에 대하여 동의할 수밖에 없음을 입증했다고 믿는다. 마지막으로 나는 페미니스트 정신분석이론이 이러한 세 기준을 충족시키므로 푸코론자는 이것을 진지하게 수용할 것을 논증하고자

---

하에서도 (유전학적으로 유도된 변형이 아니라면) 인간은 그들의 해부학적 남성과 여성에 대하여 문화적 의식을 구성하는 까닭에—모성이론가들의 체화된 정체성에의 관심은 필연적으로 특정의 성정체성에의 관심으로 이어질 수밖에 없다. 그리하여 공동양육에서는 양성성이 정상적인 성으로 선호된다 하더라도, 모성이론의 가정은 양성적 인간들과 여전히 남성이나 여성으로 그들을 정의하게 될 것이며 이러한 성적 정의는 여전히 그들의 정체의식이나 자아의식의 중요한 차원으로 남아 있게 될 것이다. 체화된 정체성이 필연적으로 성적 정체성을 의미하게 될 것이며, 따라서 푸코의 체화된 정체성에의 관심은 그의 명백한 성적 정체성의 부정과 모순을 이루고 있다는 것은 바로 이러한 제한된 의미에서 성립된다.

한다.

페미니스트 정신분석이론은 명백히 첫째 기준을 충족시킨다. 그것이 대상으로 삼는 역사적 연속성은 발전이 아닌 지배, 이성의 승리 행진이 아닌 가부장제의 유해한 욕망이 깊이 스며든 특정 형태의 이성의 지배이다. 그리하여 페미니스트이론은 현재를 특권시하는 것이 아니라, 현재로부터 근본적인 결별을 요구하는데, 이것은 새로운 형태의 이성과 새로운 형태의 권력의 구성을 포함한다. 이런 점에서 페미니스트 이론은 푸코적 기획과 하나가 되는 것이다.

페미니스트 정신분석이론은 이질적 총체성의 개념에 대하여도 입장을 분명히 한다. 이것은 자아의 발달은 타자와의 동일화에 의존하므로, 공동체와 자율성은 양립될 뿐 아니라, 실제로는 상호구성적이라는 가정에 근거한다. 이것은 최초의 중요한 타자가 여성인 경우, 남자는 진실로 자율적인 자아에 필수적인 바로 그 동일시를 자아에 대한 위협으로 경험하게 되고, 이의 필연적인 결과로서 손상된 자아와 손상된 공동체라는 것을 보여준다. 이것은 우리의 최초의 타자들이 자아의 진정한 의식의 장애물이 아니라, 필수적인 근원으로서 경험될 수 있는 조건－소위 공동양육－을 이루어내어 이러한 손상을 막고자 하는 욕구로 충전되어 있다. 페미니스트적 모성 담론은 푸코론자가 이질적 총체성을 암암리에 수행하는 것을 명시화하고 이러한 수행이 실현될 수 있는 조건들을 구체화시킨다. 그러므로 이것은 푸코의 사상과 마찬가지로 강력하게 (그리고 아마도 보다 현실적으로) 반전체주의적인 것이다.

마지막으로, 모성담론이 수행하는 자아는 명백히 육체화된 자아이다. 우리의 가장 초기의 기본적인 욕구들이 충족되는 것은 모체와의 가깝고도 지속적이며 양육적인 접촉을 통해서이다. 그러므로 이러한 욕구들의 충족에서 비롯되는 어머니와의 동일시는 모체와의 동일시인 것이다. 자아의 형성이 애초에 모체와의 동일시에 의존하기 때문에, 자아는 육체화된 자아일 수밖에 없는 것이다. 따라서 우리의 육체적 자아의식은 우리 속에 있는 우리의 어머니의 육체와의 (무의식적인) 관계에 달려 있다. 어머니 전담의 자녀양육하에서 남아가 남성이 되기 위해서 그 속의 어머니를 억압해야 한다면, 이것은 그의 육체까지 억압해야 하는 것을 의미한다. 남아가 자신과 성이 같은 양육자의 육체를 내면화할 때에—공동양육하에서만—더이상 육체에 대한 억압적 거부가 남성성과 연관되지 않을 것이다.

그러므로 페미니스트 정신분석이론은 육체화된 주체성이 수용되는 조건들에 기여하기 위하여 이것이 부정되는 조건들에 대한 설명을 시도하고 육체화된 주체성의 형성에 관한 설명을 제공한다. 이러한 이론에서 비롯되는 치료를 자아에 대한 기술이라고 고집한다면, 우리는 푸코가 암암리에 지지하듯, 육체화된 주체성을 파괴하기보다는, 강화시키는 자아에 대한 기술들이 있다는 것을 인정해야만 하는 것이다.

결론적으로 나는 페미니스트 정신분석이론이 비권위주의적이며, 잠재적으로 해방론적인 모든 진실된 담론을 위해 푸코가 제기한 세 가지 기준을 충족함을 보여주었으며, 따라서 이것이 진실이라는 주장을 거부할 어떠한 푸코식 이유도 설득력이 없다고 믿는다. 그러나 물론, 이렇게 노골적으로 전복적이고, 지극히 교란적인 담론을 경청하지 않으려는 데에는 아마도 푸코적인 것보다도 더욱 근본적인 다른 이유들이 존재할 것이다.

# 페미니즘과 푸코담론의 힘*

재나 사위키

푸코적 페미니즘이라는 용어는 그 자체가 모순인가. 나는 그렇게 생각하지 않는다. 푸코와 페미니스트는 양자가 모두 궁극적으로 정치적 투쟁의 중심으로서 성에 초점을 맞추고 있으며, 사적 영역과 관련된 사회적 지배방식을 포함하도록 정치의 영역을 확장시켰다. 양자가 모두 생물학적 결정론이나 인간중심적 입장에 비판을 가하고 있다. 또한 양자가 인문과학에 대해 그것이 현대적 형태의 지배에 관계되는 한 회의적 태도를 취한다. 즉 지식의 성장을 진보와 연결시키기보다는 양자가 모두 특정 형태의 지식 발전이—예를 들어 의학, 정신치료학, 사회학, 심리학 등—어떻게 사회통제라는 은밀한 기제의 출현, 그리고 여타의 지식과 경험의 쇠퇴와 연결되는지를 기술하고 있다.[1)]

그러나 푸코가 주목했던 지식과 권력의 영역 속에서 신체적으로 통제될 뿐 아니라 온순하게 길들여지고 만들어진 주체의 대부분이 여성이었음에도 불구하고 푸코는 한 번도 남성지배 그 자체에 대하여는 언급하고 있지 않다. 단지 권력이 모든 사람을 똑같이 종속시키는 것처럼 논하고 있는 것이다. 푸코에 동조적인 페미니스트 비판자 샌드라 바르트키(Sandra

---

* Jana Sawicki, "Feminism and the Power of Foucaldian Discourse," in Jonathan Arac(ed.), *After Foucault: Humanistic Knowledge, Postmodern Challenges*, The State University of Rutgers, 1988, pp.161-178.

1) Barbara Ehrenreich and Deirdre English, *For Her Own Good: 150 Years of the Experts' Advice to Women,* New York: Anchor Press, 1978.

Bartky)는 다음과 같이 정확히 지적하고 있다: "여성의 육체를 형성시키는 종속의 유형을 간과한다는 것은 이러한 통제들이 가해졌던 사람들의 침묵과 무력함을 영속시키는 것이다."2)

남성중심성에 대한 이같은 비판에도 불구하고 바르트키와 나 자신을 비롯해 많은 페미니스트들은 푸코의 이론과 방법이 페미니스트 비판에 유용하다고 보고 있다.3) 더구나 『성의 역사』 제1권에서 푸코는 통제기술이 분석되어야 할 두 개의 핵심부문으로 여성 신체의 히스테리화와 출산행위의 사회화를 분리해 내고 있다. 아마도 그는 그가 내세우는 '특정한 지식인'의 옹호자로서 페미니스트 연구는 페미니스트 투쟁 당사자에게 맡기는 것이 가장 타당하다고 생각했던 것 같다. 여하튼 그는 처음으로 계보학자 자체에 대한 계보학이 가능함을 인정하였다. 현실참여적 비판가로서의 계보학자는 권력관계를 초월할 수 없는 것이다. 실로 권력중립적 이론이라는 것에 대하여 푸코의 계보학은 끊임없이 의문시하고 있다.

그리하여 「여성의 통제-미셸 푸코와 페미니스트 담론의 힘」에서 아이삭 발버스(Isaac Balbus)가 푸코와 페미니스트 모성이론을 대비시키면서 푸코의 계보학을 푸코 자신이 끊임없이 의문시해 온 해방론적 이론의 바

---

2) Sandra Bartky, "Foucault, Femininity and the Modernization of Patriarchal Power," Paper read at the meeting of the American Philosophical Association, 1986. 5, p.4.

3) 예를 들어 다음의 논문들을 보라. Jana Sawicki, "Foucault and Feminism: Toward a Politics of Difference," *Hypatia: A Journal of Feminist Philosophy I*, no.2, Fall 1986, pp.23-36; "Identity Politics and Sexual Freedom: Foucault and Feminism," in Irene Diamond and Lee Quinby(eds.), *Foucault and Feminism: Paths of Resistance*(forthcoming); Meaghan Morris, "The Pirate's Fiancée," in Meaghan Morris and Paul Patton(eds.), *Michel Foucault: Power, Truth, and Strategy,* Sydney: Feral Publications, 1979; Biddy Martin, "Feminism, Criticism and Foucault," *New German Critique*, no.27, 1982, pp.3-30; Judith Butler, "Variations on Sex and Gender: Beauvoir, Wittig, and Foucault," *Praxis International* 5, no.4, January 1986, pp.505-516; Nancy Fraser and Linda Nicholson, "Social Criticism without Philosophy: An Encounter between Feminism and Postmodernism," Paper read at the meeting of the American Philosophical Association, 1986. 12; Ruth Bleir, *Science and Gender: A Critique of Biology and Its Theories on Women*, New York: Pergamon Press, 1984; Teresa De Lauretis, *Alice Doesn't: Feminism, Semiotics, Cinema,* Bloomington: Indiana University Press, 1984; Donna Haraway, "A Manifesto for Cyborgs: Science, Technology, and Socialist Feminism in the 1980's," *Socialist Review*, no.80, 1985.

로 한 유형으로 해석하고 있음은 모순이다. 푸코론자는 모성이론이 통제적 진실된 이론의 패러다임의 한 사례로 받아들여진다는 가정에서 발버스는 푸코적 페미니즘은 그 자체 모순이라고 결론짓고 있다(본서 207쪽을 보라). 이와 같은 모순을 해결하기 위해서 발버스는 푸코적 입장을 재구성하여 두 개의 푸코, 즉 모성이론을 부정하는 푸코와 모성이론을 해방이론으로 인정하고 있는 또 하나의 푸코를 제시하고 있다.

발버스의 후자의 주장은 푸코 자신이 명백하게 거부하고 있는 소위, 연속적 역사성, 사회의 총체성, 창조적 주체들의 범주들에 암암리에 의존하고 있는 잠재적 이론을 푸코의 글 속에서 밝혀내었다는 데 근거한다. 발버스에 의하면, 이러한 범주들은 페미니스트 이론에서 절대적인 요소들이다. 보다 더 중요한 것은 발버스는 계보학이 사회비판으로서 효과적이기 위해서는 그 기술 대상인 통제권력으로부터 완전히 독립된 진리에 호소함에 토대해야 한다고 믿고 있다. 발버스는 푸코의 이론이 자의적이고 비효과적이라는 비판을 면하기 위해서는 푸코 자신이 그가 밝히고자 하는 지식/권력의 형태로부터 자유로워야 할 것이라고 주장한다. 그리고 일단 푸코론자가 해방론적 이론과 권위주의적 진실된 이론의 구분을 인정한다면, 원칙적으로 그들에겐 페미니스트 정신분석이론의 해방론적 주장을 부정할 아무런 이유가 없다는 것이다.

발버스의 논문에 대한 나 자신의 일차적 반응은 도대체 이 두 개의 이론이 조화될 필요 자체가 있는가 하는 점이다. 푸코론자가 모성이론을 그렇게 간단히 부정해 버릴 것인가. 총체성(역사적이든 사회적이든)이나, 역사의 연속적 주체에의 의존이 페미니스트 이론에 필수적인가? 페미니스트 이론가들은 모든 가부장적 유형이 모계적 근원을 갖는다는 것을 수용해야만 하는가? 마지막 질문에 대한 답은 명백히 부정적이다. 많은 페미니스트들은 정신분석학적 이론을 비푸코적 이유에서 거부하였다. 더욱 중요한 것은 페미니즘은 단일론이 아니라 많은 상이한 이론적 전략들이다.

그러나 우리가 실제 페미니즘을 정신분석학적 해석과 동일시한다고 가정해 보자. 그렇다면 푸코론자는 페미니즘을 단연코 거부할 것인가? 이 경우에도 나는 아니라고 생각한다. 발버스 역시 나와 의견이 같지만, 그 이유는 다를 것이다. 그에 의하면 우리는 푸코를, 남성지배를 이론화하고 극복하기 위해 필요한 개념적 도구를 여성들로부터 박탈함으로써 여성을 통제하는 반페미니스트로 해석하거나, 또는 권력에 대한 재판관적 담론(juridico-discursive) 모델을 받아들이고, 준생물적이고 보편적인 실행, 즉 모성을 설명적 기초로 인정하는 인간주의적 페미니즘의 옹호자로서 해석해야 한다.

다음에서 나는 발버스가 제시한 대안이 잘못된 것임을 주장하고자 한다. 푸코의 계보학은 본질적으로 반페미니스트도 아니거니와 또한 그것이 도전하는 담론을 가장한 것도 아니라는 해석은 자칫 딜레마에 빠질 수도 있다. 푸코에 대한 발버스의 모순적 독해를 대치시키는 한편 나는 계보학의 급진적이고 혁신적인 특성들을 보존하면서 모성이론에 대안적인 푸코적 반응의 개요를 제시하고자 한다.

## 계보학: 거대 이론 또는 반이론

지식/권력에 대한 푸코의 계보학의 주요 대상은 현대 서구에서 출현한 사회, 역사 및 정치에 대한 거대이론들이다. 이 중에서도 가장 두드러진 것은 물론 자유주의적 인간주의와 맑스주의(이의 프로이트적 수정을 포함한)이다. 여기서 거대이론이란 어떤 기획이나 실천을 진보적이라거나 해방론적이라고 정당화하기 위해 역사나 사회의 총체성에 대한 보편적 또는 체계적인 이론을 구성하려는 일반적인 시도를 말한다.

푸코의 독창적인 시도는 줄곧 대립적으로만 비교되어 온 이 두 이론적 전통의 유사점들을 도출해 내고 있는 점이다. 그리하여 그는 자유주의이든 맑스주의이든 다음과 같은 기본 가정을 지닌 권력의 재판관적 이론모델로서 작용한다고 주장한다. ① 권력은 전사회적 개인, 계급, 또는 민족에 의해 소유된다. ② 권력은 법, 경제 또는 국가에 의해 집중된다. ③ 권력은 대체로 억압적이다. 푸코는 자신의 분석에서 권력은 소유된다기보다는 행사되는, 위로 집중된다기보다는 분산되어 있는, 강압적이라기보다는 생성적인 것으로서 제시하고 있다. 이러한 권력의 모델로써, 푸코는 관련

주체들이 아닌 권력관계 자체에 주목하고, 이론적 보편성을 출발점으로 하지 않으면서도 사회의 미시적 수준에서의 권력관계가 어떻게 계급이나 가부장적 권력 등의 전체적 지배효과를 가져오는지를 보여주고 있으며, 또한 주체가 어떻게 권력관계에 의해 형성되는지에 대해 설명하고 있다. 푸코의 권력에 대한 모델은 이론들 자체의 권력효과, 권력에 대한 전통적인 이론들에 가려져 있던 권력효과의 추적을 가능하게 하고 있다.

푸코는 자유주의나 맑스주의 이론들이 본질론, 인간의 총체적 이론, 역사, 경제, 성적 충동의 경제 등에 입각하는 한에 있어서 이들 이론의 해방론적 주장에 대하여 회의적 태도를 취한다.[4] 그의 계보학은 전통적 의미에서의 권력이나 역사에 대한 이론이 아니라 오히려 반이론이다. 그러므로 그것은 우리에게 무엇를 해야 한다고 말해 주거나 더 좋은 사회에 대한 어떠한 전망을 제시하지도 않는다. 대신 계보학자들은 기존의 이론들을 보는 관점의 제안 내지는 권력효과라는 측면에서의 분석방법을 제공해준다. 푸코의 계보학은 우리의 사고와 행동의 어떤 측면이 우리를 지배하게 되었는지를 기술한다. 즉 그의 표현에 따르면, "사람들은 진리의 창출과정을 통해 … 그 자신을 지배한다."[5] 그들은 실제를 설명하기보다는 실제를 파악하려는 여타의 시도들을, 특히 이러한 시도들이 환원론적, 본질론적 또는 현재주의자(presentist)인 경우를 비판하는 데 사용한다. 그러므로 기존 이론의 입증을 위하여 계보학을 의존하는 것은 잘못된 발상이다.

발버스는, 계보학을 권력의 본질에 대한 설명으로서 기술할 때, 지식/권력제도의 연속으로서 하나의 역사이론을 푸코가 제공했다고 가정할 때, 또는 해방론적 이론과 권위적 진실된 이론을 구분하기 위해 몰역사적 기준을 푸코가 수용해야 한다고 요구할 때, 푸코의 명목론을 무시하고 있다. 지식/권력은 분석의 틀이지, 권력이나 역사의 이론은 아닌 것이다.[6] 그런

---

4) Michel Foucault, "Two Lectures," in Colin Gordon et al.(trans.), Colin Gordon (ed.), *Power/Knowledge: Selected Interviews and Other Writings, 1972~1977*, New York: Pantheon, 1980, p.83.

5) Foucault, "Questions of Method: An Interview with Michel Foucault," in Kenneth Baynes, James Bohman, and Thomas McCarthy(eds.), *After Philosophy: End or Transformation?,* Cambridge, Mass.: MIT Press, 1987, p.108.

6) David Couzens Hoy, "Power, Repression, Progress," *Foucault: A Critical Reader,*

점에서 푸코의 권력에 대한 담론은 다른 담론들을 대치하려는 시도라기보다 그것들을 권력효과를 지닌 구체적인 현상으로서 보이게 하는 것이다.

만약 푸코의 계보학이 이론이라기보다는 이론들을 비판하기 위한 도구라는 나의 주장이 정확하다면, 발버스가 드러내고자 했던 푸코의 잠재적 측면의 대안적 해석을 위한 근거가 성립된다. 발버스는 푸코론자들이 일단 다음의 요소를 인정한다면 발버스 자신의 인간주의적 해방론적 이론을 인정할 수 있을 것이라고 주장한다. ① 계보학은 암암리에 '해방론적 담론'과 '권위주의적 진실된 담론'의 구분에 관계하고 있다. ② 모성이론에서 제시되는 총체성은 동질적이라기보다는 이질적이다. 그리고, ③ 모성이론이 호소하는 창조적 주체는 푸코가 명백히 공격하는 자유주의의 비육체화된 주체가 아니라 육체화된 주체이다.

다음에서 나는 푸코와 페미니스트의 담론을 조화시키려는 발버스의 시도가 권력에 대한 푸코의 분석이 지닌 급진성을 희석시켜 버리고, 또한 그가 제기했던 대부분의 중요한 문제들을 간과하고 있음을 주장하고자 한다.

## 해방론적 담론 대 권위적 진실된 담론?

발버스는 푸코가 그 자신의 비판 속에 있는 해방론적 효과를 인정한다면 그 자신이 은연중에 계보학이 반대하는 지식과 권력의 대립 속에 머무르는 것이라고 주장한다. 권력이 개입되지 않은 진리에 호소하지 않는 한, 계보학은 그 근거가 없다.

여기에서 발버스는 어떠한 담론에 대하여도 절대적인 근거를 제시할 가능성에 대하여 푸코가 제기했던 문제를 회피하고 있다. 데이비드 힐리(David Hiley)가 주장하듯이, 계보학은 자의적이라는 비난을 면하기 위하여 통시적인 근거에 호소할 필요는 없다. 왜냐하면 자의적이라거나 근거가 있다거나 하는 것은 푸코 저작의 틀 속에서만 의미를 갖기 때문이다.[7] 힐리는 또 다음과 같이 주장한다. 그의 분석의 놀라운 치밀성과 힘은 어

---

Oxford: Basil Blackwell, 1986, p.129를 보라.

7) David Hiley, "Foucault and the Analysis of Power: Political Engagement without Liberal Hope or Comfort," *Praxis International* 4, no.2, July 1984, pp.198-199.

떠한 거대이론이나 또는 그의 해석에 대한 별도의 뒷받침 없이도 근대성에 대한 그 자신의 혐오를 드러내고 있다. 자의적이라는 비난은 문제를 회피하는 것이다. 푸코가 그의 탐구를 뒷받침해야 하거나, 또는 규범적 기준을 수립해야 한다는 딜레마를 밝히는 사람들보다는 그와 반대적 시각에서 논쟁을 일으키기 위해 그의 분석을 반대하는 사람들에게 논쟁의 책임이 있다. 푸코는 규범화의 위험에 대한 그의 해석의 정확성에 대한 의문들에 대하여 정확성의 기준을 만들어냄으로써가 아니라 증명의 부담을 상대방에게 넘김으로써 정당하게 응수할 수 있을 것이다.[8)]

푸코는 해방론적 담론과 권위적 담론을 구분하는 기준을 세우기를 거부했는데 이는 그가 모든 진실된 담론이 필연적으로 권위적이라는 것 때문이 아니라(발버스는 여기에서 가공의 인물을 등장시키고 있다), 어떤 이론적 담론의 해방론적 지위의 결정은 역사적 탐구의 문제이지 이론적 선언의 문제가 아니기 때문이다. 푸코적 입장에서 보면 어떠한 담론도 본래적으로 해방론적이거나 억압적인 것은 아니다. 여기에는 물론 정신분석학 담론도 포함된다.

정신과 의사와 정치제도 사이의 연루를 비판적으로 보았다는 점에서 정신분석학이 정신치료와 관련하여 해방론적 역할을 했다고 보는 푸코의 입장은 앞의 주장에 대한 충분한 근거가 된다.[9)] 같은 시기의 또 다른 강의에서 그는 정신분석학과 맑시즘은 국지적 연구에 유용한 도구를 제공하였다고 시사하였다.[10)] 물론, 푸코는 총체적 이론으로서의 정신분석학이 연구를 저해하고 사회통제와 규범화의 형태에 기여하였다고 주장한다. 그러나 우리가 이 모든 주장들을 종합적으로 고려해 보면, 푸코에 있어서 정신분석이론의 지위는 모호하며, 일반적인 기준에 의해서보다는 단지 구체적인 사례를 통해서만 판단이 가능하다.

---

8) Ibid., p.199.

9) Foucault, "Body Power," in Colin Gordon et al.(trans.), Colin Gordon(ed.), *Power/Knowledge: Selected Interviews and Other Writings 1972~1977*, New York: Pantheon, 1980, pp.60-61.

10) Foucault, "Two Lectures," pp.80-81.

> 나의 요지는 모든 것이 나쁘다는 것이 아니라, 모든 것이 위험스럽다는 것이다.[11]

그러므로 페미니스트 정신분석이론을 정당화하기보다는 푸코론자는 이의 위험들, 규범화의 경향, 이것이 주창자의 의도에도 불구하고 어떻게 연구를 저해하고 지배의 도구로 되는지를 주목한다. 페미니스트 정신분석이론이 지배의 도구로 이용되는가 또는 해방에 이용되는가는 이것의 진위의 평가와 전혀 관계없는 일이다. 푸코 계보학은 유일한 해방론적 진리는 권력으로부터 자유롭고 역사에 오염되지 않은 것이라는 생각을 문제시한다. 푸코는 권력이 진리를 가능하게 한다는 니체의 가설을 사용한다. 맑스주의적 이데올로기 비판과는 달리 이것은 권력에 의해 조건지어진 모든 지식의 주장들이 허위의식이라고까지는 하지 않는다. 실제로, 푸코는 통제적 지식의 진리 자체를 진리와 허위의 구분을 위한 특정한 방법들만큼 문제시하지는 않는다.[12] 그는 현실의 어떤 표현들, 목표들, 범주들에 의해 어떤 종류의 언명들이 진리나 허위의 후보로서 등장하는가, 또한 어떤 종류의 문제와 이에 대한 답들이 중요하게 받아들여져야 할지를 결정하는 역사적 조건들을 기술하였다. 이러한 조건들은 단지 제약적이기만 한 것이 아니라 가능성을 부여하는 것이다. 이것들은 지배의 가능성과 마찬가지로 해방의 가능성도 지니고 있다. 어떤 논자가 주목했듯이, "우리가 역사로부터 피할 수 없다면-그리고 왜 우리가 그러기를 희망해야 하는가?-이것은 현존하는 정치적 조건의 구속만을 의미하지는 않는다. 왜냐하면 역사는 열린 미래를 제공하는 분화와 그 반대도 포함하기 때문이다."[13]

예를 들면, 푸코가 발굴하여 편집한 전기의 주인공인 양성의 허큘린 바빈(Herculine Barbin)에게 가해졌던 통제적 지식은 그것이 부정확했다는 것이 아니라 그녀를 남성이나 여성 어느 하나로만 분류하여, 양성공존이

---

11) Hubert Dreyfus and Paul Rabinow, *Michel Foucault: Beyond Structuralism and Hermeneutics*, Chicago: University of Chicago Press, 1982, p.232.

12) Foucault, "Questions of Methoid," pp.111-112.

13) Stephen David Ross, "Foucault's Radical Politics," *Praxis International* 5, no.2, July 1985, p.134.

라는 성정체의 행복한 중간단계로부터 억지로 빼내었다는 점이다(그녀의 운명을 결정하는 것은 그녀 자신에 대한 진실보다는 그녀를 보는 특정한 인식양식, 즉 특정한 진리의 제도인 것이다).[14]

특정한 인식유형을 통해, 또 그녀의 운명을 결정짓는 특정의 진리제도를 통해 그녀를 보는 것과 마찬가지로 그것 역시 그녀에 관한 진실이 아니다.

쥬디스 버틀러(Judith Butler)가 논하듯이 "문제를 야기하는 것은 그녀의 신체구조가 아니라 그 신체구조가 '규정되는(invested)' 방식들이다."[15]

발버스가 간과했던 것은 계보학이 권력과 억압의 동일화를 유보하고 있다는 점이다. 푸코는 권력관계가 정지된 곳에서만 해방론적 지식이 가능하다는 생각을 거부한다. 그는 다음과 같이 관찰하였다. "권력이 있는 곳에는 저항이 있다. 그러나 더 정확히 말하자면 그 결과 저항은 권력과의 관계에서 그 외부에 있는 것이 결코 아니다."[16] 그리하여 푸코는 특정 유형의 개인으로서 동성애자를 규명해 내는 지식은 동성애자에 대한 의료적 또는 법적 권력의 형태를 가능하게도 하지만, 또한 동성애자들이 스스로의 정체성을 받아들이고 그들의 성에 대한 권리를 요구할 저항의 유형도 가능하게 하는 것을 주목한다. "지식의 칼은 양날의 것이다."

달리 말하면, 권력관계는 해방과 지배의 가능성을 동시에 포함하는 갈등과 투쟁의 역사적 장 속에서 형성된 것이다. 푸코는 그 자신의 담론이 해방적 효과를 가질 수 있다는 가능성에 대하여 포기하지 않지만, 그의 담론은 권력관계가 배제되어 있다는 것을 부정한다. 이것은 전체적 변형이나 권력의 초월로서의 해방이 아니라, 우리 자신과 타인을 이해하고, 해방의 조건을 이론화하는 일반적 도식이 필요하고, 자명하며, 권력효과가 배제되어 있다는 가정, 그 자체에서 자유롭게 되는 것이다.

---

14) *Herculine Barbin, Being the Recently Discovered Memoirs of a Nineteenth Century Hermaphrodite*, Richard McDougall(trans.), New York: Pantheon, 1980.

15) Butler, "Variations on Sex and Gender," p.515.

16) Foucault, *The History of Sexuality*, Robert Hurley(trans.), New York: Pantheon, 1980, I:95.

## 총체성의 문제

발버스가 지적하듯 푸코는 총체성의 개념을 비판한다. 역사의 불연속성에 대한 그의 강조는 역사과정을 단선적, 누적적, 진보적으로 제시하는 전체 역사관에 대한 그의 회의에서 비롯되는 것이다. 그럼에도 불구하고 진보의 목적론적 역사를 거부하면서도, 푸코가 연속성의 개념 전체를 거부한 것은 아니다. 결국 계보학은 불연속성의 규명도 포함하지만 생성적 과정의 재구성도 포함하는 것이다. 물론 그가 기술한 과정들은 필연적이지도 반드시 진보적이지도 않다.

발버스는 계보학의 목적이 불연속성을 드러내는 것이라는 그릇된 가정을 한다. 그의 가정과는 반대로 불연속성의 분리는 계보학의 출발점이지 그 목적이 아니다. 예를 들어 통제와 처벌에서 푸코는 처벌행위에 있어서의 전근대와 근대 사이의 불연속성을 찾아낸다. 그는 질문한다. "과거의 형법개혁론자들에 의해 줄곧 배척되어 온 수감의 관행이 어떻게 형벌의 일반적 형태로 받아들여지게 되었는가?" 그리하여 불연속성의 규명은 역사적 문제를 제기하게 된다. 푸코는 오늘날 행해지는 수감의 가치와 기능을 의문시하기 때문에 이 특정 문제에 관심을 갖는 것이다. 역사적 조건들을 밝혀냄으로써 그는 수감을 하나의 당연한 관행으로 받아들이는 현재의 경향에 제동을 걸고자 하는 것이다.

연속적 역사는 현재의 관행들을 비판하기보다는 정당화하는 경향이 있을 뿐만 아니라 역사상의 갈등이나 투쟁을 덮어 버리기도 한다. 채택되지 않은 길, 실현되지 않은 가능성, 전체 역사의 기능주의적 도식에 맞지 않는 사건들에 주목함으로써 푸코는 억압된 지식을 부활시키고자 하는 것이다.[17)]

'억압된 지식'은 기능주의 역사에서 가려진 역사적 내용들만을 가리키는 것이 아니라 과학성의 기준 밑에 사장되어 버린 모든 형태의 경험들도 가리킨다. 후자의 내용들은 예를 들어 정신질환자, 히스테리 환자, 산파, 가정주부들이 지닌 열등하게 평가되는 지식들이다. 이렇듯 사장된 지식들은 저항의 경험에서 생성되는 것이기 때문에 이들의 부활은 비판적 기능

---

17) Foucault, "Two Lectures," p.81.

을 하게 된다. 억압된 지식들을 들추어 냄으로써 저항과 투쟁의 역사적 지식을 축적하게 되는 것이다.

또한 사회적 총체성의 문제가 있다. 발버스는 '통제와 처벌(Discipline and Punish)'을 통제적으로 그린 근대사회의 전체 초상화로 받아들이고 있다. 푸코의 기획에 대한 이러한 표현은 수긍될 수도 있으나－실제 푸코는 이 책에서 총체주의적 문체를 구사하고 있다－이러한 표현을 부정할 만한 충분한 이유들이 있다. 첫째, 휘그파 역사가들의 진보라는 총체주의적 수사를 반격하기 위해서 총체적으로 쇠퇴의 수사를 택했다고 주장할 수 있다. 둘째, 그 책에 대한 푸코 자신의 논평에서 이것은 전체 사회의 그림으로서가 아니라 완벽하게 관리되는 사회체계의 이상형의 출현에 대한 계보학이라고 시사한 점이다. 벤담의 원형감옥을 원용한 것에 대해 푸코는 다음과 같이 언급하고 있다.

> 내가 감옥의 실제 생활을 기술하고자 했다면, 나는 벤담까지 갈 필요가 없었다. 그러나 실제 생활이 이론적 도식과 같지 않다고 하여 이러한 도식들이 이상론적이라거나, 상상적이라고 할 수는 없는 … 만일 그렇다면 그것은 실제에 대한 매우 빈약한 개념 파악이 될 것이다.[18]

벤담의 원형감옥은 근대사회에 대한 은유가 아니라 푸코가 그것의 효과의 측면에서 분석했던 하나의 사건, 실제의 편린인 것이다.

발버스의 생각과는 달리 푸코는 총체주의자가 아니라 개별주의자이다. 그는 사회의 모든 부분이 체계적으로 연관되어 있다고 가정하지 않는다. 오히려 그 자신이 회의적으로 전제된 가치의 현재 특정의 관행에서 시작하여 니체의 방법으로 그 전승의 흐름을 추적한다. 이러한 추적이 현재의 시점에는 푸코가 규명해 내는 권력의 악의적 기술로 인도한다는 점에서 이러한 역사는 스펭글러식의 역사쇠퇴론과 같이 보일 수도 있다.

총체성의 범주에 대한 푸코의 회의를 고려할 때, 푸코론자가 이질적인 사회 전체에 대한 모성이론의 호소력을 받아들일 것이라는 발버스의 주

---

18) Foucault, "Questions of Method," p.110.

장을 평가할 수 있다. 총체성의 문제는 발버스의 푸코 비판의 핵심이 되는 것이며 푸코적 입장에서 발버스가 특징짓는 모성이론과의 주요 난점을 이루는 원인이 된다.

발버스에 의하면, 연속적 역사 및 사회적 총체성에의 호소는, 사회 정치적 구성상의 변동들을 통해 지속적으로 존재했고 지금까지 존재했던 모든 사회에 깊숙히 침투되어 있는 '남성지배의 거대한 연속성'을 명명할 수 있기 위해서는, 페미니즘 이론에 필수불가결한 요소이다(본서 210쪽). 모성이론은 가부장제의 근원을 깊이 있게 또한 철저하게 설명할 수 있다. 발버스는 주장하기를 "역사는 의미를 지니는데, 그 의미란 어머니로부터의 도피이자 거부이다. 이 도피는 어머니에 의해 독점적으로 행해진 자녀양육의 보편적 관행에서 비롯된 것으로 주장된다. 그러므로 남성지배를 (그리고 그와 관련된 합리성의 도구적 유형도 함께) 말소시키기 위해서 필요한 조건은 부모의 공동양육이다." 그는 이어 다음과 같이 결론짓는다. "그리하여 공동양육은 남성지배를 극복하는 데 필수적일 뿐만 아니라 정치적 기술적 지배를 극복하는 데에도 필수적이다. 이러한 의미에서 가부장제에 대한 투쟁은 전혀 새로운 문명, 즉 지배가 없는 문명을 위한 투쟁인 것이다"(본서 214-215쪽).

발버스의 모성이론은 푸코의 계보학이 비판하는 전통적인 해방론적 이론의 많은 특징들을 고스란히 지니고 있다. 그는 역사를 두 개 집단간의 투쟁과정으로 그리며, 남성지배의 근원을 모성이라는 핵심제도에서 찾으며, 이러한 환원론적 설명에 근거하여 소위 공동양육이라는 특정의 진보적 자녀교육을 제안하고 정당화시킨다. 발버스는 다음과 같이 주장한다. "공동양육이야말로 가정의 영역에 국한되어 있던 양육과 보호가 인간 상호작용의 전 영역으로 확산되는 사회의 가능성을 여는 열쇠인 것이다"(본서 219쪽).

발버스가 모성이론이 비발전적 연속적인 역사와 이질적 총체성에 호소하기 때문에 푸코론자들이 모성이론을 해방적 담론으로 받아들일 수 있고 또 그래야만 한다고 주장하면서, 그는 푸코 계보학의 핵심을 놓치고 있다. 푸코론자가 반대하였을 것은 남성지배가 거의 모든 사회에서 가부장제라는 이름으로 존재하였다는 경험적 주장이 아니라, 이것을 일반이론으로부터 연역해 내어 저항의 유일한 부문으로 특권화시키려는 시도들이다. 푸코론자에 있어서, 가부장제는 사회의 미시적 수준에서 전개되는 수많은 권력관계에 의해 만들어진 지배의 전체적 효과를 칭하는 것이다. 푸코론자는 환원론을 피하면서, 개개인이 수용하는 성의 육체화, 모성의 실행, 성에 의해 야기되는 권력관계의 이질적 형태를 조명하고자 한다. 모성이론을 부정하지 않으면서 계보학자들은 그것에 대해, 특히 역사적 내용들을 모호하게 만드는 총체주의적 환원론에 대하여 비판적인 태도를 취하는 것이다.

푸코론자는 모성이론의 전략과 범주들에 대하여 어떻게 반응할 것인가? 첫째, 모성이 단일의 현상을 나타낸다고 보기보다는, 계보학자는 관행과 이데올로기간의 불연속성과 문화간의 관행을 탐구한다. 이러한 탐구는 다음과 같은 수많은 문제들로부터 촉발될 수 있다. 언제부터 정서적 양육자로서의 어머니라는 개념이 출현하기 시작했는가? 언제부터 재생산자로서의 여성의 지위에 대한 개념이 일반화되기 시작하였는가?

진 그림쇼우(Jean Grimshaw)가 『철학과 페미니스트 사고(*Philosophy and Feminist Thinking*)』에서 관찰했듯이 그리이스인들에게는 여성이 남성의 정서적 양육자라는 생각이 매우 생소했다.[19] 다른 페미니스트인, 루스 블레어(Ruth Bleir)도 그의 문화 비교에서 '역사를 통해 여성의 지위라는 단일한 실체가 있다'는 생각에 의문을 갖는다.[20] 여성의 일과 남성의 일은 여러 다른 사회에서 매우 다양하게 나타났다. 블레어는 어떤 사회에서는 여성의 생산적 활동들과 사회관계들이 재생산의 관계를 조건화하는 것을 보여준 카렌 삭스(Karen Sacks)의 인류학적 자료를 인용한다. 예를 들어 칼라하리 사막에 거주하는 수렵채취족인 쿵족의 여성은 자녀양육의 일정을 그들의 생산활동의 요구에 맞추기 위해 출산간격을 통제하여 자녀에 대한 수유를 3년 동안 한다는 것이다. 여성의 지위를 이해하기 위한 설명의 기초로 재생산을 보는 것에 반대하는 시각은 "생물학적 결정론의 근본

---

19) Jean Grimshaw, *Philosophy and Feminist Thinking*, Minneapolis: University of Minnesota Press, 1986, p.63.

20) Bleir, *Science and Gender*, p.140.

가정을 받아들이고 여타의 대안적 해석에 대한 우리의 민족중심적 맹목성을 반영한다"고 주장한다.[21] 마지막으로 푸코의 삶 관리적인 생권력(bio-power)의 등장에 대한 역사들은, 개인의 감정을 탐색하는 것이 행복한 삶의 열쇠라는 생각이 최근에야 비로소 나타났으며, 이의 출현은 사회통제의 새로운 기제와 연결된다는 것을 시사하고 있다. 그리하여 푸코론자는 모성이론이 감정, 양육, 보호의 가치에 대한 역사적 태도를 수용하지 못했다고 비판한다. 결국 푸코는 그의 기획을 근대 도덕에 대한 계보학으로 기술한다.

결국 어머니 중심적으로 이루어진 자녀양육을 단일의 근본적이고 불변의 현상으로 생각하는 발버스의 경향은 준생물학적인 전제로 되어 버린다. 계보학적 충동은 모성이론의 역사적 한계를 드러내기 위하여 모성이론의 생성조건의 탐색을 요구한다. 외양적으로 가치이질성을 표방하는 것과는 달리 모성이론은 역사적 내용과 계급, 인종, 종족, 기타 다른 문화적 차이와 관련된 경험적 차이를 명료하게 구분하지 않는다. 발버스는 이질적 사회에 가치를 두었으나 이러한 다양성을 드러낼 수 있는 방법론적 조건들을 다루는 데는 실패한 것이다.

지배 없는 사회에 대한 발버스의 언급은 그와 푸코간의 또 다른 논쟁을 불러일으키는 부분이다. 푸코에 있어서 담론들은 그들의 효과에 있어서 급진적인 것이지 현상의 근저에 대한 그들의 약속이나 주장에 있어서 그러한 것이 아니다. 앞서 나의 주장과 같이, 가능한 효과의 측면에서 고려할 때, 모성이론은 차이를 명료히 하기보다는 모호하게 한다. 더구나 푸코론자라면 발버스의 권력 없는 사회에의 호소에 반대할 것이다. 발버스가 어머니에 의해 전담된 자녀양육하에서 어머니의 권력이 남성의 여성성(그들의 대인관계적 자질)을 억압하고, 여성의 남성성(그들의 자율적 능력)을 억압하는 기능을 한다고 주장하는 한 그는 억압가설에 의존하고 있다. 공동양육을 통한 이러한 권력관계의 해소가 진정한 의미에서의 통합된 인간성에 나아갈 것이라는 주장은 철저하게 이론적 인간주의를 표방하는 것이다.

---

21) Ibid., p.146.

이와 반대로 푸코론자는 모성이론의 생산적 권력, 사회부문에서의 야기시킬 여러 가능성들과 함께 규범화의 경향을 모색한다. 예를 들어 이미 일부 페미니스트들이 관찰하고 있듯이 모성이론은 그들이 알지 못하는 사이에 이성적 규범을 강화시킬 수도 있다. 더구나 발버스 스스로도 인정하듯이 (낸시 초도로우와는 반대로) "모성이론자들의 육체화된 정체성에의 집착은 특정 성정체성에 대한 집착을 필연적으로 수반한다." 그가 단지 두 개의 성을 염두에 두었다는 것은 명백하다. 그러나 쥬디스 버틀러가 지적하듯이, 푸코적 담론은 성이 단일의 일차적이라는 생각을 거부하는 만큼 성차가 환원불가하다는 가정을 부정한다. 육체의 물리성은 이것이 역사적으로 특정한 방법으로 논의될 때만 의미 있는 것이다.[22] 그러므로 모성이론은 육체적 정체성을 결정적 요소로 보는 한에 있어서 성의 이분화를 더욱 강화시키게 되는 것이다.[23]

마지막으로 발버스가 집착하는 전체적인 해방의 모델은 푸코론자의 자유와 저항에 대한 이해와 양립될 수 없다. 푸코는 권력관계를 초월하고자 희망한 것이 아니라 권력관계가 취하는 많은 형태에 대한 저항의 형태를 증대시키고자 하는 것이다. 이를 위해서는 권력의 생성적 모델을 활용하여 무한한 형태에 주목해야 하는 것이다. 그리하여 푸코론자는 총체주의적 이론의 구속적 효과와 권력이 작동되는 재판관적 담론을 배격하여 저항과 자기 창조의 공간을 더욱 확장하고자 한다.

모성이론의 문제는 그 자체로 가치 있는 목적일 수 있는 공동양육을 강조함에 있는 것이 아니라 성에 대한 준본질론적인 과학의 근거하에 공동양육을 특권화하고 정당화시키는 데 있다. 이러한 전략은 그 속에서 성과 어머니를 구성하는 권력의 수많은 관계뿐 아니라 심층적인 성정체의 사고에 호소하는 기타의 수많은 논리들을 간과하기 때문에 지지될 수 없다.

---

22) Butler, "Variations on Sex and Gender," pp.514-516.

23) 페이예(Marilyn Feye)는 성별 두 형태는 성차별주의의 필요조건의 하나로서 문화적으로 강제된 현상이라고 주장한다. 그녀는 신체구조적 수준에서의 나타나는 2차 성징의 표현은 경직된 이분법에서가 아닌 연속선상에서 나타난다고 시사한다. 그리하여 그녀는 두 개 이상의 성(gender)의 가능성도 제시하고 있다. 그녀의 다음 논문을 보라. "Sexism," *The Politics of Reality: Essays in Feminist Theory*, New York: Crossing Press, 1983, pp.17-40.

## 푸코적 페미니즘의 주제

이것은 우리를 정체성의 문제로 인도한다. 포스트모던 페미니스트인 낸시 프레이저(Nancy Fraser)와 린다 니콜슨(Linda Nicholson)은 모성이론이 프로이트의 주장, "아동에게 부모와의 상호작용에 의해 아동발달 초기에 형성되는 원초적인 자아의식이 존재한다"는 것을 전제하고 또한 인종, 계급, 민족을 망라하여 이러한 성정체의 심층적 자아가 성인의 삶에 지속된다고 가정한다는 점에서 이 이론을 비판한다.[24] 푸코론자는 모성의 이론적 범주에 대한 몰역사적 호소를 거부하는 것과 같은 이유로 심층자아의 개념도 거부한다. 이것은 문화적, 역사적 구체성을 모호하게 한다. 더구나 모성이론은 남성지배를 심리학적으로 근거한 남성 정체성과 동일시하는 만큼 남성지배의 부분이 됨에 틀림없는 제도적 조정의 복합성을 간과하고 있다. 이와 반대로 푸코적 페미니스트는 남성지배의 효과가 생성되고 성정체성이 구성되는 여러 다양한 방법들을 강조한다.

발버스의 물리적, 육체화된 주체에 관한 페미니스트 담론은 앞에서 내가 주장했듯이 푸코론자가 혐오하는 동질론의 이론적 경향을 탈피하기에는 충분하지 못하다. 육체화된 창조적 주체에 대한 호소력을 지니지 못하는 까닭에 푸코론자는 아무런 창조적 주체가 없다고 할 것인가? 그렇게 가정하는 것은 인간주의를 거부하는 푸코의 이유를 제대로 간파하지 못한 것이다. 실로 푸코가 인간주의적 가정을 유보한 것은 개개인들이 통제적 기술에 의해 어떻게 형성되는가를 설명하기 위해서이다. 그는 주체를 현실이나 역사의 중심에 놓는 인간주의적 담론은 사회의 장에서 주체가 파편화되고 주변화되는 정도를 파악하지 못한다고 믿는다. 그러나 개개인이 특정한 근대의 정체성에 고정됨으로써 지배받아 온 방식들을 기술하는 것이 정체성을 전체적으로 부정해 버리는 것과 같은 것은 아니다. 이안 핵킹(Ian Hacking)이 주목하듯이 "푸코는 인간이라는 개념이 허위라고 말하지만, 너와 내가 아무것도 아니라고 말하는 것은 아니다."[25] 푸코가

---

24) Fraser and Nicholson, "Social Criticism without Philosophy," pp.20-21.

25) Ian Hacking, "The Archaeology of Foucault," in David Couzens Hoy(ed.), *Foucault: A Critical Reader*, London: Basil Blackwell, 1986, p.39.

갈하듯이 인간이 사회적, 역사적 구성물이라고 하는 것은 우리 스스로를 이해하려는 모든 시도를 부정하는 것이 아니라, 단지 보편적이라는 주장이나 사회를 움직일 수 있는 아르키메데스의 지렛점이라고 주장하는 시도들에 대한 부정이다.

더구나 정신분석학적 정체성이론에 대하여 푸코가 반대하는 부분은 그것이 지닌 개인의 정체성을 고정되고 통합된 현상으로 나타내는 경향이다. 역설적이지만 모성이론과 마찬가지로 푸코는 정체성의 관계적 모델을 적용하고 있다. 어떤 특정의 관계가—예를 들어 초기의 모자·모녀 관계—정체성 형성의 핵심적인 양 특권화시키기보다는 그는 개개인이 형성되는데 관련되는 수많은 관계들을 부각시키고자 한다. 그러므로 푸코론자는 모성이론을 완전히 배제하는 것이 아니라 그것이 내세우는 이론상의 특권을 부정하는 것이다.

푸코가 개개인을 형성하는 권력에 대하여 논할 때 개별주의적 수사의 생성만을 가리킨다고 발버스는 시사했지만, 통제된 육체와 구체화의 여러 형태의 생성도 가리킨다. 푸코는 나날의 요법과 시간표, 공간적으로 사람들을 분산하고 조직하는 방법, 훈련, 수련운동, 시험 및 감독기술 등등의 많은 기술에 대하여 면밀하고도 광범한 참고를 하고 있다. 실제로 통제기술에 의해서 정신과 육체가 형성되는 것이다.

근대인이 형성되는 방법에 대한 푸코의 상세한 기술에 고취되어 산드라 바르트키는 구체적으로 여성의 육체화의 형태들, 예를 들어 다이어트와 몸매 가꾸는 법, 걷기, 말하기, 옷입기, 헤어스타일, 화장법 등에 대한 전문가의 조언 등을 놀라울 정도로 자세히 묘사하고 있다. 바르트키는 권력에 대한 푸코의 모델을 이용하여 이러한 기술들이 단순히 권력을 박탈하는 것이 아니라 유능성을 개발시켜 가면서 지배하는 것을 보여준다. 그는 그러한 기술들이 그토록 효과적인 이유를 그것들이 여성 정체성의 중심적 요소, 즉 성적 매력과 관계되는 기술의 획득이기 때문이라고 설명한다. 이러한 통제는 주체를 종속시키면서 동시에 주체의 권력을 증대시킨다. 그러므로 여성들은 그것에 집착하고 여성미학에 대한 페미니스트 비판을 위협으로 간주하게 된다는 것이다.

그럼에도 불구하고 바르트키는 이러한 기술의 양면성을 인식하고 있다. 그것은 저항의 가능성도 유발한다. 예를 들어 여자들이 강한 남성적 신체를 계발하면서, 여성에 대한 새로운 이미지들이 창조되게 된다. 그리고 여성 바디빌더들이 그들의 신체를 전통적인 기준 이상으로 만들어 여성미학의 논리들을 부정하면서 여성의 육체적 정체성을 불안정하게 하여 성을 혼란시킨다는 것이다.

"권력이 있는 곳엔 저항이 있다." 푸코론자는 사회적인 것과 개인적인 것의 관계를 하나의 결정론적인 것으로 보지 않고 갈등과 모호성으로 본다. 개개인은 권력의 행위자이자 대상이다—발버스가 푸코의 설명에서 빠뜨리고 있는 요소이다. 푸코의 정체성에 대한 관계의 시각에서 보는 정체성은 파편화되고 끊임없이 변화하는 것이다. 흑인이자, 레즈비언이자, 페미니스트이자, 어머니, 그리고 시인인 오드르 로드(Audre Lorde)는 다음과 같은 말로 이 갈등을 명확히 나타내고 있다. "나는 끊임없이 나 자신 속의 어떤 부분들을 억누르고 어떤 부분을 가장 의미 있는 전체로서 표출하도록 항상 독려당하고 있음을 느낀다."[26] 중심적 정체성의 개념을 피하여, 계보학자들은 개개인을 구성하는 많은 방법에서 가능한 수많은 저항의 근원들을 동원하고자 한다.

총체적 차원을 제거한다면, 모성이론은 남성중심의 정신분석이론에 대한 저항의 도구가 될 수 있을 것이다. 모성이론은 남성지배에 대한 저항의 다양한 전략들 중 하나로 포함될 수 있으나, 발버스가 요구하듯 이론적 특권을 지닐 수 있는 것은 아니다.

## 결론

푸코가 페미니스트로부터 그들의 비판에 절대적인 개념적 도구들을 박탈했다고 주장하면서 발버스는 푸코의 글에서 제기된 가장 핵심적인 문제들, 소위 급진이론과 실천의 본질에 관한 문제에 대해 답하지 못하고 있다. 푸코는 총체적 이론의 가치, 권력으로부터 자유로운 사회라는 개념,

---

26) Audre Lourde, *Sister Outsider*, New York: Crossing Press, 1984, p.120.

역사에 있어서의 보편적 주체라는 개념에 대해 일관된 의문을 가진다. 앞에서 보여주듯 발버스의 페미니스트 담론은 이 세 가지 요소를 모두 지니고 있다. 푸코가 암암리에 이러한 형태의 해방론적 이론을 받아들이고 있다는 주장은 푸코 기획의 제한된, 그러나 급진적인 본질을 제대로 파악하지 못한 것이다.

푸코의 기획이 사회, 역사, 또는 전통적 의미에서의 권력에 대한 이론이 아니라는 한계는 있지만, 대신 우리의 이론을 보는 방식에 대해 시사하는 점이 있다. 푸코는 이러한 이론들이 야기하는 권력의 효과를 탐구하도록 요구한다. 푸코의 담론은 지배의 핵심을 파악한다는 점에서 급진적인 것이 아니라 급진적 사회변혁에 대한 우리의 사고를 끊임없이 지배하고 우리 자신을 이해하는 일반적인 방법들에 대하여 급진적으로 새로운 질문과 문제들을 제시한다는 점에서 급진적인 것이다. 푸코는 또 하나의 대안적 해방이론을 제시하는 것이 아니라 기존의 사고방식에의 무비판적 집착으로부터 우리를 자유롭게 할 수 있는 도구를 제공한다. 궁극적으로 푸코담론의 급진적 본질은 다른 것과 마찬가지로 이것이 산출해 내는 효과에 근거하여 판단될 필요가 있다.

나는 푸코적 담론이 남성지배적 과학의 권위에 근거하여 이루어지는 지적 주장의 억압적 차원, 다른 억압들에 비하여 특정 형태의 억압에 특권성을 부여함으로써 페미니스트 투쟁을 격하시켜 온 급진적 사회이론들의 억제적 효과들, 그리고 일상생활의 미시적 행위들 속에서 발견되는 수많은 사회통제의 미세한 유형들을 겪어 온 페미니스트에게 효과적인 비판의 도구가 될 수 있음을 주장해 왔다. 푸코에 대한 발버스의 분석 중 왜곡된 요소들을 밝히는 가운데, 우리가 둘 중 어느 것도 버릴 필요 없이 푸코와 페미니스트 담론간에 대안적인 교류의 길을 닦고자 한 것이다.

푸코적 페미니즘이 그 자체 모순적인가 하는 질문에 대하여, 푸코적 페미니스트는 "아니다, 모순이 아니라 끊임없는 논쟁이다"라고 답할 것이다. 자기 비판적이고 역사적으로 경직되지 않은 페미니즘이라면 푸코적 계보학이 절대적으로 필요하다고 생각할 것이다.

# 제3부

# 포스트모더니즘의 발전

# 포스트모더니즘의 궤적*

안드레아스 후이센

포스트모더니즘은 미국에서 일어난 최근의 논쟁에서 신보수주의자들과 문화적 좌익에 의해 재차 평가절하되고 웃음거리로 되어 왔다. 이러한 웃음거리가 포스트모더니즘에 대해서 말할 수 있는 전부라면(포스트모더니즘에 대해 똑같이 말해지는 칭찬은 별도로 한다. 이것 역시 나의 흥미를 끌지는 못한다), 그것은 논의의 주제로 삼을 만한 하등의 가치도 없을 것이다. 나는 더이상 논의할 것 없이 바로 1960년대 이래 예술의 질적 저하를 한탄하고 예술의 몰락을 선언하는 사람들의 대열에 합류할 것이다. 그러나 나의 주장은 다르다. 최근의 미디어가 건축과 미술에서 나타나는 포스트모더니즘에 대하여 열을 올림으로써 그러한 예술 현상에 사람들의 이목을 집중시켜 왔지만, 반면 그같은 미디어의 태도는 포스트모더니즘의 길고 복잡한 역사를 모호하게 만들어온 경향이 있다. 다음에 말할 나의 주장의 대부분은 다음과 같은 전제에 근거한 것이다. 최신의 유행, 과도한 선전 및 허울만 좋은 볼거리들과 같은 것에서 나타나는 현상은, 서구사회에서 서서히 출현하고 있는 문화의 변화, 즉 포스트모더니즘이라는 용어로 적어도 현재에는 적절하게 표현될 수 있는 감각의 변화의 한 부분이라는 전제이다. 그 변화의 성격과 깊이에 대해서는 여러 가지 논쟁이 있지만, 그것은 확실한 변화이다. 나는 문화적, 사회적 그리고 경제적 질서에

* Andreas Huyssen, "Mapping the Postmodern," in Linda J. Nicholson(ed.), *Feminism/Postmodernism*, Routledge, Chapman & Hall, Inc., pp.234-277(originally in *New German Critique*, vol.33, Fall 1984, pp.5-52).

있어서의 전체적 패러다임이 변화하고 있다고 주장하는 것으로 오해받고 싶지는 않다.[1] 그러한 종류의 주장들은 명백히 배격될 것이다. 그러나 우리 문화의 중요한 영역에서 감성, 실천 및 담론형성에 있어서의 괄목할 만한 변화가 일어나고 있다. 여기서 우리는 이전의 것들과는 확실히 구별되는 포스트모던의 가정, 경험 및 명제들을 볼 수 있다. 우리는 이 변화가 여러 예술분야에서 정말로 새로운 미학의 유형을 생성시킬 것인지, 아니면 단지 모더니즘 자체의 기술과 전략을 재생해서 변화된 문화적 맥락에 그것을 적용시켜 버릴 것인지에 관해 보다 면밀한 고찰을 해야만 한다. 포스트모던한 것을 진지하게 받아들이고자 하는 어떠한 시도들도 많은 반대에 부딪히고 있는 것에는 그럴 만한 이유들이 있다. 최근에 포스트모더니즘을 주장하는 많은 시도들은, 화가들이 그림을 그리는 속도보다 더 빠르게 명성을 만들고 또 사라지게 하는 뉴욕 미술시장이 속기 쉬운 대중들에게 행하는 사기라고 무시되기 십상이다. 새로운 인상파들의 열정적인 작품을 보라. 또한 한때 매우 활발한 듯했던 현대의 많은 종합예술(inter-arts), 혼합매체(mixed-media), 그리고 퍼포먼스 문화들이 지금은 겨우 명맥만을 유지하고 있다고 주장하기도 쉽다. 여러 가지 이유로, 우리는 사이버버그(Syberberg)나 로버트 윌슨(Robert Wilson)에서의 포스트모던한 화면에서 바그너의 총체예술(Gesamt Kunstwerk)이 부활했다고 하는 데에 회의를 가질 것이다. 현대의 바그너 숭배는 모더니즘의 가장자리에서 이루어진 포스트모더니즘과 전근대의 과대망상증의 행복한 공모의 한 징조라고 볼 수 있다. 성배(聖杯)를 찾는 모험은 아직 계속되고 있는 듯하다.

그러나 현재 뉴욕의 예술영화나 다큐멘타 7(Documenta 7)의 포스트모더니즘을 비웃기는 너무나 쉽다. 이렇게 포스트모더니즘을 완전히 거부해 버리는 것은 우리가 이것이 지닌 비판적인 잠재력—무엇인지 명확히 파악할 수는 없지만 확실히 존재한다고 생각되는—을 볼 수 없도록 한다.[2]

---

1) 이 문제에 관해선 Fredric Jameson, "Postmoderinsm or the Cultural Logic of Capitalism," *New Left Review*, vol.146, July-August 1984, pp.53-92를 보라. 그가 포스트모더니즘을 자본의 발전논리에 있어서 새로운 단계로 규정한 것은 사태를 과장한 것처럼 느껴진다.

2) 비판적 포스트모더니즘과 긍정적 포스트모더니즘에 대해서는 Hal Foster, *The*

예술작업을 비평으로 생각하는 관념은 포스트모더니즘을 더욱 경멸하도록 한다. 그것은 포스트모더니즘이 모더니즘의 특징이었던 비판적 입장을 포기했다고 지적한다. 그러나 비판적 예술을 구성하는 익숙한 관념들[당파성과 전위주의, 참여예술(L'art engagé), 비판적 리얼리즘 또는 부정의 미학, 표현의 거부, 추상, 숙고]은 근래 20년간 그들의 생명력과 규범적 힘을 많이 잃어왔다. 이것은 확실히 포스트모던 시기에 있어서 예술의 딜레마이다. 그럼에도 불구하고, 나는 비판적 예술의 관념 전부를 무용지물로 볼 이유는 없다고 생각한다. 비판적 예술을 무용지물로 보려는 시도는 비단 오늘날 새롭게 일어난 것은 아니다. 그것은 낭만주의에서 자본주의 문화에 이르기까지 엄청나게 큰 힘으로 존재했다. 만약 우리의 포스트모더니티 때문에 예술을 비평으로 보는 과거의 관념이 계속 유지되기 힘들다면, 우리의 과제는 비평의 가능성을 망각 속으로 버리기보다는 포스트모던한 용어로 재규정해야 하는 것이다. 포스트모더니즘이 스타일로서만이 아니라 역사적 조건으로써 논의된다면, 포스트모더니즘 자체에서 중요한 계기를 열고, 그 중요성을 더욱 예리하게 하는 것-처음에는 아무리 그것이 무디어 보일지라도-은 가능해지고 정말로 중요해질 것이다. 포스트모더니즘 전체를 싸잡아 칭찬하든가, 아니면 웃음거리로 만드는 일은 더이상 없을 것이다. 포스트모던한 것은 그것의 옹호자로부터, 그리고 비난자로부터 모두 벗어나야 한다. 이 과제에 기여하고자 나는 이 글을 쓰는 것이다.

대부분의 포스트모더니즘 논쟁에서는, 매우 전통적인 사고유형이 그대로 나타나고 있다. 포스트모더니즘은 모더니즘과 연속적인 것인가 아니면 모더니즘과 근본적으로 구별되는 것인가의 문제에 대한 논쟁이 있다. 전자의 경우에서, 모더니즘과 포스트모더니즘의 대비는 그저 피상적인 것으로 간주되며, 후자에서는 양자 사이의 분리가 긍정적인 또는 부정적인 용어로 평가되고 있다. 그러나 역사적 연속성과 단절성은 이와 같은 이분법적 용어로는 적절히 논의될 수 없다. 그러한 이분법적 사고유형의 유효성

---

*Anti-Aesthetic*, Port Townsend, Washington: Bay Press, 1984의 서문을 보라. 포스터는 새로운 논문에서 포스트모더니즘의 비판적 잠재력을 인정하는 식으로 마음을 바꾸었다.

에 의문을 제기하는 것은 물론 데리다의 해체가 이룬 주요 업적 중의 하나이다. 그러나 후기구조주의의 끝없는 텍스트성(textuality)의 관념은 궁극적으로 플라톤에서 하이데거에 이르는 형이상학의 긴 흐름보다 짧은, 또는 19세기 중반에서 현재에 이르는 근대성(modernité)의 확산 기간보다 짧은 시간의 단위들에 대한 어떠한 의미 있는 역사적 성찰도 불가능하게 하고 있다. 이러한 역사의 거시적 구도는, 포스트모더니즘과 관련하여 개별 현상들을 초점의 대상이 되지 못하게 만든다는 문제점을 가지고 있다.

그래서 나는 다른 방식을 택하려 한다. 나는 여기서 포스트모더니즘이 무엇인가를 규정하려고 시도하지는 않을 것이다. 포스트모더니즘이라는 용어 자체가 우리를 그러한 접근방식에 반대하도록 할 것이다. 왜냐하면 그것은 현상들을 관계적으로 놓기 때문이다. 포스트모더니즘이 벗어나려 하는 모더니즘은, 모더니즘으로부터 우리의 거리감을 묘사하는 바로 그 어휘에 명백히 남아 있다. 이와 같이 나는 포스트모더니즘의 관계적인 성격을 염두에 두면서, 60년대 이래로 여러 담론들을 만들어온 포스트모더니즘의 자기 이해로부터 논의를 시작할 것이다. 이 글에서 나는 여러 영역들을 포괄하는 포스트모더니즘의 대규모 지도 같은 것을 제공하고자 한다. 거기서 다양하고 포스트모던한 예술적이며 비판적인 실천이 그것들의 미학적, 정치적인 위치를 발견할 수 있을 것이다. 미국의 포스트모더니즘 궤적에서 나는 몇 개의 단계와 방향을 구별해 낼 것이다. 내 일차적 목적은 최근의 미학적이고 문화적인 논쟁을 이루어왔으나 비판이론에서는 무시되거나 체계적으로 제외되어 온 일단의 역사적 우연성과 압력을 강조하는 것이다. 나는 건축, 문학 및 미술에 있어서의 발전을 논의하면서도, 우선적으로 포스트모더니즘－근대주의, 전위주의, 신보수주의 및 후기구조주의와 관련을 갖는 포스트모더니즘－에 대한 비판적 담론에 초점을 맞출 것이다. 이 각각의 포스트모더니즘 경향은 포스트모더니즘에서 각기 다른 층을 형성하고 있는 것으로, 나는 그것들의 위치에 대하여 논의하려 한다. 그리고 마지막으로 후발성(Begriffsgeshichte)라는 용어의 중심요소를 근대주의, 근대성 및 역사적 전위주의 등에 대한 최근의 논쟁에서 생겨나는 광범위한 질문들과 관련하여 논의하고자 한다.[3] 나의 주요 질문은 근대주의와 대항문화라는 형태로서의 전위주의가 그럼에도 불구하고 근대화의 두 쌍생아인 자본주의적 근대화와 또는 공산주의 전위주의와 개념적으로, 그리고 실천적으로 어느 정도로 연결되어 있는가에 대한 것이다. 이 글에서 나는 포스트모더니즘의 비판적 차원은, 근대주의와 전위주의를 근대화의 중심과 연결시키고 있는 전제들이 만들어내는 급진적인 질문들 안에 정확히 존재한다는 것이다. 이 글에서 나는 이 점을 보이고 싶다.

## 모더니즘 운동의 쇠퇴

포스트모더니즘이라는 용어의 궤적과 흐름에 대한 간단한 설명으로 논의를 시작하겠다. 문학비평에서 포스트모더니즘은 1950년대말에 어빙 하우(Irving Howe)와 해리 레빈(Harry Levin)이 근대주의운동의 질적 저하를 한탄하면서 사용하기 시작했다. 하우와 레빈은 풍요했던 것처럼 보이는 과거를 향수에 젖어 회상하였다. 포스트모더니즘이 처음으로 명확하게 사용된 것은 60년대 레슬리 피들러(Leslie Fiedler)와 이합 하산(Ihab Hassan) 등

3) 문학에서 포스트모더니즘의 후발성을 정립하려는 초기의 시도에 대해서는 *Amerikastudien*, 22:1, 1977, pp.9-46에 실린 여러 논문을 보라. 또 Ihab Hassan, "Postface 1982: Toward a Concept of Postmoderinsm," *The Dismemberment of Orpheus*, second edition, Madison: University of Wisconsin Press, 1982, pp.259-271도 참조하라. 역사학과 사회과학에서 근대성과 근대화에 대한 논쟁은 너무 광범위해서 여기에 다 쓸 수는 없다. 문학에 대한 탁월한 조사에 대해서는 Hans-Ulrich Wehlder, *Modernisierungstheorie und Geschichte*, Göttingen: Vandenhoeck & Ruprecht, 1975를 보라. 근대성의 문제와 예술의 문제에 관해서는 Matei Calinescu, *Faces of Modernity*, Bloomington: Indiana University Press, 1977; Marshal Berman, *All That is Solid Melts into Air: The Experience of Modernity*, New York: Simon and Schuster, 1982; Eugene Lunn, *Marxism and Modernism*, Berkeley and L.A.: University of California Press, 1982; Peter Bürger, *Theory of the Avantgarde*, Minneapolis: University of Minnesota Press, 1984를 보라. 특수한 도시와 그들의 문화에 대한 문화사가들의 최근 저작, 예컨대 칼 쇼르스케(Carl Schorske)와 로버트 바이센버거(Robert Waissenberger)의 세기말의 비엔나(fin-de-siècle)에 관한 저작과 피터 게이 존(Peter Gay John)과 윌레트(Willett)의 바이마르(Weimar) 공화국 저작도 이 논쟁에 있어서 중요하다. T. J. Jackson Lears, *No Place of Grace*, New York: Pantheon, 1981.

과 같은 문학비평가들에 의해서이다. 이들은 포스트모던 문학이 무엇인가에 대해 매우 다양한 시각을 보여주었다. 70년대초와 중반에 이르러 포스트모더니즘의 용어는 건축을 시발로 하여 무용, 연극, 회화, 영화 그리고 음악 등에 광범위하게 사용되기 시작했다. 건축과 시각예술에서 포스트모더니즘과 고전적 모더니즘의 구분이 비교적 명확히 보이는 데 비해, 문학에서는 그것을 확인하는 것이 매우 힘들다. 70년대말 어느 시점에서 포스트 모더니즘은 미국의 자극에 어느 정도 힘입어 파리와 프랑스를 거쳐 유럽으로 이동했다. 프랑스에서는 크리스티바(Kristeva)와 료타르(Lyotard)가, 독일에서는 하버마스(Habermas)가 그것을 발전시켰다. 그러는 동안 미국에서는 포스트모더니즘이 독특한 미국식 적응방식 속에서 프랑스 후기구조주의와 교차되는 것에 대해 논의하기 시작했다. 그러한 논의는 종종 이론에서의 전위주의는 어쨌든, 문학과 예술에서의 전위주의와 합치되어야 한다고 하는 전제에 단순히 근거하는 것이었다. 70년대에 예술에서의 전위주의가 주장한 바가 과연 실현될 것인지에 대해 회의론이 일었으나, 그러한 많은 부정적 시각에도 불구하고 이론의 생명력이 심각하게 회의되지는 않는 듯했다. 확실히 60년대의 예술운동을 꽃피웠던 문화적 에너지가, 70년대에는 예술적 작업이 고급화되고 무미건조해지는 것을 방치한 채 이론의 영역으로 흘러갔다고 보는 사람도 있다. 그러나 그러한 관찰은 기껏해야 인상주의적 가치가 있을 뿐 예술에 대해 그다지 공정하지는 못한 것이다. 반면, 포스트모더니즘이 굉장한 충격을 이루며 폭발했다는 점은 돌이킬 수 없는 사실이지만, 그 포스트모던의 불꽃은 한층 더 불가해지고 있다고 생각하는 것은 일리가 있다. 80년대초에 이르러 예술에 있어서 모더니즘/포스트모더니즘의 자리매김과 사회이론에서의 모더니티/포스트모더니티의 위치설정은 서구사회의 지적 장에서 가장 논쟁적인 영역 중의 하나가 되었다. 그 영역에는 새로운 예술의 형태가 존재하느냐 그렇지 않느냐의 문제 이상의 것들이 포함되었고, 또한 하나의 '올바른' 이론적 흐름에 놓여 있는 것인가의 문제 이상의 것들이 걸려 있다는 바로 그 이유 때문에 그것은 논쟁적이 되었다.

미국의 건축에서 근대주의와 포스트모더니즘의 구분은 가장 명확하다.

건물 정면에서 모든 역사적 시기에 유행했던 양식이 무차별적으로 사용되고 있는 포스트모더니즘의 건축은 너무도 명확히 미즈 반 더 로에(Mies Van der Rohe)의 기능주의적 유리커텐 벽으로부터 구별된다. 예를 들면, 필립 존슨(Philip Johnson)의 AT & T 고층건물은 신고전주의적 건축법에다가, 거리와 면한 곳에서는 로마식 콜로네이드, 그리고 지붕은 치펜데일(Chippendale) 기법을 적절히 배합한 것이다. 확실히 지난 시기의 다양한 삶의 형태에 대한 강한 향수가 70년대와 80년대의 문화에 강한 기류를 이룬 듯하다. 건축에서뿐 아니라 근래의 미술, 영화, 문학 및 대중문화 전반에서 나타나는 이러한 역사적 절충주의는 좋았던 옛시절에 대한 신보수주의적 향수의 문화적 등치물이라든가, 후기자본주의에 있어서의 창의력 저하의 징조로 여겨져 무시되기 쉽다. 이러한 문화적 현상이 과연 과거에 대한 향수인가, 이용 가능한 전통에 대한 열광적이고 탐험적인 탐색인가, 전근대와 원시적 문화에 대한 더욱 강렬해진 열광인가, 아니면 이 모든 것이 단지 구경거리와 쓸데없는 장식에 대한 문화적 제도들의 끊임없는 욕구에서 비롯되는 것인가, 그래서 단지 체제유지에 불과한 것인가? 그렇지 않으면 그것은 또한 모더니티에 대한, 그리고 예술은 끊임없이 근대화한다고 하는 무조건적 믿음에 대한, 어떤 진지하고 정당한 불만의 표현인가? 만약 후자의 경우라면—나는 그렇게 믿는다—어떻게 전통이라는 개념 바로 그 자체에 대해 매우 완강한 거부감을 나타내는 그러한 보수주의의 압력에 굴복하지 않고, 문화적으로 효과적인 대안적 전통—새로 출현한 것이든 예전의 것이 남아 있는 것이든—을 찾으려는 시도를 할 수 있을까? 나는 여기서 과거를 회복시키고자 하는 포스트모더니즘의 선언이 어느 정도 시대정신(Zeitgeist)과 화합한다고 하여, 모두 환영할 만하다고 주장하는 것은 아니다. 또한 수준높은 모더니즘 미학이라고 하는 포스트모더니즘의 멋진 명성과, 맑스와 프로이트, 피카소와 브레히트, 카프카와 조이스(Joyce), 쉔버그(Schönberg)와 스트라빈스키(Stravinsky)의 명제에 포스트모더니즘이 권태를 느낀다는 점이 어느 정도 주요한 문화적 진보의 증거라고 주장하고 있다는 오해도 받기 싫다. 포스트모더니즘이 단순히 모더니즘을 버린다면, 그것은 포스트모더니즘이 근본적으로 다르다는 것을 합리화하는 문화적 장치를 필요로하게 되며, 모더니즘이 그 자신의 시대에 직면했던 속물적 편견을 포스트모더니즘이 다시 재현하는 것이 된다.

그러나 포스트모더니즘 자체의 명제가 설득력이 없어 보인다 해도—예컨대 필립 존슨, 마이클 그레이브즈(Michael Graves) 등의 건물에서 나타나고 있는 대로—그것이 곧 이전의 모더니즘의 명제를 고수할 때보다 더 매력적인 건물이나 예술의 업적을 만들 것이라고 주장하는 것은 아니다. 모더니즘을 잘 다듬어 20세기 문화를 가치 있는 유일한 진리로서 다시 살리고자 하는 최근의 신보수주의가 하고 있는 시도는—예컨대 1984년에 베를린에서 있었던 비크만(Beekmann)의 전시와 힐튼 크레이머(Hilton Kramer)의 『새로운 기준』에서 씌여진 여러 논문들에서 주장되고 있는—60년대 이래 근거를 확보해 온 어떤 형태의 모더니즘에 대한 정치적, 미학적 비평을 묻어버리고자 하는 전략이다. 그러나 모더니즘에 있어서 문제점은 그것이 예술에 대한 보수주의 이데올로기에 통합될 수 있다고 하는 단지 그 사실만은 아니다. 결국 그러한 상황은 50년대에 이미 본격적으로 일어났다.[4] 오늘날 우리가 보다 큰 문제라고 인식하는 것은, 자본주의에서도 공산주의에서도 근대화과정에서 이루어졌던 모더니즘의 다양한 형태가 서로 매우 유사하다는 점이다. 물론 모더니즘이 하나의 획일적 현상은 아니었다. 그것은 미래주의, 구성주의 및 신즉물주의(Neue Sachlichkeit)의 근대화 도취증과 동시에, '낭만적 반자본주의'의 다양한 근대적 형태에서 보인 근대화에 대한 완고한 비판도 포함하고 있었다.[5] 이 글에서 나는 모더니즘이 실제로 어떠했는가가 아니라, 그것이 어떻게 인식되었는가, 어떠한 지배적 가치와 지식을 가졌는가, 그리고 그것이 2차대전 후 이데올로기적으로 그리고 문화적으로 어떻게 가능했는가를 논의하고자 한다. 포스트모더니즘을 둘러싸고 분쟁의 씨가 되어 왔던 것은 모더니즘의 특수한 이미지이다.

---

4) 1950년대 근대주의의 이데올로기적, 정치적 기능에 대해서는 Jost Hermand, "Modernism Restored: West German Painting in the 1950s," *NGC*, 32, Spring/Summer 1984; Serge Guilbaut, *How New York Stole the Idea of Modern Art*, Chicago: Chicago University Press, 1983를 참조하라.

5) 이 개념에 대한 철저한 논의에 대해서는 Robert Sayre and Michel Löwy, "Figures of Romantic Anti-Capitalism," *NGC*, 32, Spring/Summer 1984를 보라.

그리고 만약 우리가 포스트모더니즘의 모더니즘적 전통과의 복잡한 관계와 그 차이에 대해 이해하고자 한다면, 그 이미지는 재구축되어야만 한다.

건축은 이러한 이슈를 가장 잘 드러낼 예를 제공한다. 미즈(Mies), 그로피우스(Gropius)와 르 코르뷔지에(Le Corbusier)의 바우하우스 건축 프로그램에 포함된 모더니즘의 유토피아는, 1차대전과 러시아혁명으로 파괴된 유럽을 새로운 이미지로 재건하고, 건축물을 사회재건의 한 중요한 부분으로 만들려는 영웅적인 시도였다. 새로운 계몽주의는 합리적 사회를 위한 합리적 계획을 요구했으나, 새로운 합리성은 결국 신화－근대화의 신화－로 방향이 틀어진 유토피아적 열정으로 도금되고 말았다. 과거에 대한 무모한 거부는 근대운동의 핵심적 요소로서 표준화와 합리화를 통한 근대화를 요구하게 했다. 모더니즘의 유토피아가 어떻게 그 자체의 내부적 모순에 부딪혀, 그리고 보다 중요하게 정치와 역사에 부딪혀 파선되었는가는 잘 알려져 있다.[6] 그로피우스, 미즈 등은 망명을 강요당했으며, 알버트 스피어(Albert Speer)는 독일에 자리잡았다. 1945년 이후 모더니즘 건축은 대부분 사회적 전망을 잃고, 점차 권력과 대리표현의 건축이 되었다. 모더니즘 건축기획은 새로운 생활의 징표나 약속이 되기보다, 소외와 비인간화의 상징이 되었다. 모더니즘 기획은, 20년대에 레닌주의자와 포드주의자가 다함께 넘치는 열정으로 받아들였던, 새로운 것의 또 다른 대리인이었던 어셈블리 라인과 운명을 같이했다.

모더니즘의 고뇌를 잘 기록한 유명한 인기학자 중 하나이며, 포스트모던 건축의 대변인인 찰스 젠크스(Charles Jencks)는 근대 건축의 상징적 기일은 1972년 7월 15일 오후 3시 32분이라고 말한다. 그 시간에 세인트 루이스의 프뤼트 이고우(Pruitt-Igoe) 주택[50년대에 미노루 야마사키(Minoru Yamasaki)에 의해 건축된]의 집 몇 채가 폭파되었고, 그 붕괴는 저녁 뉴스에 극적으로 보도되었다. 르 코르뷔지에가 기술도취증에 걸려 20년대의 전형적인 것이라고 말했던 생활을 위한 근대적 기계는 불필요한 것으로

---

6) 바이마르 공화국에서 건축의 정치에 관한 탁월한 논의에 대해서는 *Wem gehört die Welt: Kunst und Gesellschaft in der Weimarer Republik*, Berlin: Neue Gesellschaft für bildende Kunst, 1977, pp.38-157를 보라. Robert Hughes, "Trouble in Utopia," *The Shock of the New*, New York: Alfred A. Knopf, 1981, pp.164-211도 참조하라.

되었고, 모더니즘의 실험은 쓸모없게 보였다. 젠크스는 모더니즘 운동의 초기의 비전을, 후에 그것의 이름으로 저질러진 죄와 구별하고 있다. 그러나 그는 다른 한편 60년대부터 모더니즘이 은밀하게, 기계에의 비유과 생산 패러다임에 의존하고 있는 점과 공장을 모든 건물에 있어서 최상의 모델로 선택하고 있는 점에 반대해온 사람들과 의견을 같이한다. 포스트모더니스트들은 다원자가(多原子價)의 상징적 차원을 건축에 도입하는 것, 규칙을 혼합하는 것, 지방 사투리나 지역적 전통을 사용하는 것을 대부분 선호하게 되었다.[7] 젠크스는 건축이 동시에 다음의 두 방향으로 가고 있다고 말한다. "느리게 변화하는 전통적인 규칙을 지향하고 이웃의 특정한 인종적 의미를 인식하는 방향과, 건축의 유행과 전문적 기질의 빠르게 변화하는 규칙을 향한 변동이 그것이다."[8] 이러한 분열증의 증후가 건축에 있어 포스트모던 시기에 나타난다고 젠크스는 주장한다. 그러한 경향이 현대문화 전반에서도 나타나고 있는지는 의문이다. 현대문화는 모더니즘에 뛰어난 이론가인 아도르노가 예술적 자료에서 가장 진보된 상태(der fortgeschrittenste Materialstand der Kunst)라고 묘사한 것만을 선호하기보다는 블로흐(Bloch)가 비동시성(Ungleichzeitikeiten)[9]이라고 부르는 것에 점점 더 호감을 갖는 듯하다. 이러한 포스트모더니즘 분열증이 어느 곳에서는 야심적이고 성공적인 건축물을 만들게 하는 창조적 긴장으로 존재하고, 반대로 어느 곳에서는 비응집적이고 임의적인 혼합으로 나아가는가 하는 문제는 논쟁의 여지로 남을 것이다. 부호의 혼합, 지역적 전통의 사용과 기계 대신 상징적 차원을 사용하는 것 등이 국제적 양식의 건축가들에게 전혀 알려지지 않은 것은 아니었다는 사실을 우리는 잊어서는 안된다. 젠크스는 그의 포스트모더니즘에 도달하기 위해서 그가 한결같이 공격하고 있는 모더니즘 건축의 시각, 바로 그것의 화를 돋워야 했다.

---

7) 그러한 전략이 정치적으로 다른 길을 막을 수 있다는 사실을 Kenneth Frampton, "Towards a Critical Regionalism," *The Anti-Aesthetic*, pp.23-38는 보여주고 있다.

8) Charles A. Jencks, *The Language of Postmodern Architecture*, New York: Rizzoli, 1977, p.97.

9) 블로흐의 비동시성(Ungleichzeitigkeit)의 개념에 대해서는 Ernst Bloch, "Non-Synchronism and the Obligation to its Dialectics"; Anson Rabinbach, "Ernst Bloch's Hertage of our Times and Facism," *NGC*, 11 Spring 1977, pp.5-38 보라.

포스트모더니즘과 모더니즘의 도그마를 분리시킨 가장 중요한 저서 중의 하나는 로버트 벤투리(Robert Venturi), 데니스 스코트-브라운(Denise Scott-Brown)과 스티븐 아이제누어(Steven Izenour)의 공저 『라스베이거스로부터의 학습(*Learning From Las Vegas*)』이다. 이 책과 60년대의 벤투리의 저작들을 다시 읽으면,[10] 벤투리의 전략과 해결방안이 그 당시의 대중적 감각과 매우 유사하다는 점에 놀라게 된다. 이들 저자는 수준높은 모더니즘 회화의 엄격한 법칙에서 분리된 대중예술과, 소비문화의 상업적 용어를 무비판적으로 사용하는 대중가요를 그들의 작품을 위한 영감으로 사용하고 있다. 매디슨 가(Madison Avenue)는 앤디 와홀(Andy Warhol)에게, 희극과 서부영화는 피들러에게, 라스베이거스의 풍경은 벤투리와 그 그룹들에게 사용되었다. 『라스베이거스로부터의 학습』의 레토릭은 빌보드 스트립(billboard strip)과 카지노 문화의 아무런 쓸데없는 것을 찬양하는 것이다. 케네스 프램프톤(Kenneth Frampton)은 반어법적 묘사로 『라스베이거스…』의 내용을 '대중적 환상의 진정한 분출'이라고 말했다.[11] 나는 오늘의 문화적 대중주의에 대한 이러한 다소 묘한 관념을 비웃을 필요는 없다고 생각한다. 그러한 가정들에는 명백히 어리석은 점들이 있으나, 우리는 그들이 모더니즘의 물상화된 도그마를 폭파시키기 위해, 그리고 40년대와 50년대에 모더니즘의 복음 때문에 봉쇄되었던 일련의 질문들—건축에 있어서의 장식과 은유, 회화에서의 비유적 표현과 현실주의, 문학에 있어서의 이야기와 표현, 음악과 연극에서의 육체에 관한 질문들—을 다시 제기하기 위해, 최근의 문화적 대중주의의 관념들에 의해 집결된 힘을 인정해야만 한다. 포스트모더니즘이란 관념이 처음으로 형성된 맥락은 넓은 의미로 대중적인 것이었다. 그리고 처음부터 오늘날까지 포스트모더니즘 내에서 가장 중요한 경향은 대중문화에 대한 모더니즘의 무자비한 증오에 도전하는 것이었다.

---

10) Robert Venturi, Denise Scott Brown, and Steven Izenour, *Learning from Las Vegas*, Cambridge: MIT Press, 1972; Venturi, *Complexity and Contradiction in Architecture*, N.Y.: Museum of Modern Art, 1966도 참조하라.

11) Kenneth Frampton, *Modern Architecture: A Critical History*, New York & Toronto: Oxford University Press, 1980, p.290.

## 1960년대의 포스트모더니즘—미국의 전위(?)

나는 60년대와 70년대, 그리고 80년대초의 포스트모더니즘에 역사적 구분을 제시하고자 한다. 나의 주장은 대체로 다음과 같다. 60년대와 70년대의 포스트모더니즘은 모두 모더니즘의 어떤 특정한 형태를 배격하고 비판했다. 60년대의 포스트모더니즘은 40~50년대에 구성된 고급 모더니즘에 반대해서, 유럽의 전위적 유산을 재활성화하고, 거기에 미국식 형태를 부여하려는 시도를 했다. 그것을 우리는 뒤샹-케이지-와홀(Duchamp-Cage-Warhol) 축으로 줄여서 부를 수 있다. 70년대에 이르러 60년대의 전위주의 포스트모더니즘은 그 양상의 한 부분이 다음 시기로 계속되긴 했지만, 대체로 그 잠재력은 탕진되었다. 한편으로 70년대에 새로 형성된 것은 절충주의 문화, 즉 비판, 일탈 또는 거부에 대한 어떤 주장도 하지 않는 대체로 긍정적인 포스트모더니즘의 출현이다. 다른 한편으로는 현상유지에 대한 저항, 비판 및 거부가 비모더니즘의 용어와 비전위주의 용어들, 즉 현대문화에서 정치적 발전에 모더니즘 이전의 이론보다 더욱 효과적으로 상응되는 용어들로 재규정된 대안적 포스트모더니즘도 출현했다.

60년대의 포스트모더니즘은 어떠한 함의를 지니고 있었는가? 대개 50년대 중반 이후 문학과 미술에서는 추상적 인상주의, 연속음악 그리고 고전적인 모더니즘 문학의 지배에 대항하여 라우션버그(Rauschenberg), 야스퍼 존스(Jasper Johns), 케루악(Kerouac), 긴즈버그(Ginsberg)와 비트파(the Beats), 버로우즈(Burroughs), 바셀름(Barthelme) 등 새세대의 반란이 일어났다.[12] 예술가들의 반란에 곧 수잔 손탁(Susan Sontag), 피들러, 하산과 같은 비평가들이 가담했다. 이들은 매우 다른 방식으로 그리고 다른 정도로 강력하게 포스트모더니즘을 주장했다. 손탁은 캠프와 새로운 감각을 옹호했고, 피들러는 대중문학과 성적인 것에 대한 계몽(genital enlight-

---

12) 내가 여기서 주로 관심을 갖는 것은 예술가들의 자기 이해이다. 그들의 저작이 진실로 모더니즘을 극복한 것인지, 아니면 단지 정치적으로 '진보적'인 것인지에 대한 문제를 논의하려는 것이 아니다. 비트파의 반란의 정치에 대해서는 Barbara Ehrenreich, *The Hearts of Men*, New York: Doubleday, 1984, pp.52-67을 보라.

enment)을 찬양하여 노래했고, 하산—다른 사람보다 모더니즘에 가까운—은 '새로운 것의 전통'과 전후 문학적 발전 사이를 중개하고자 침묵의 문학을 옹호했다. 그때까지 모더니즘은 학교, 박물관 및 화랑이라는 연줄망내에서 규범으로써 안전하게 구축되어 왔다. 이러한 규범 속에서 추상적 인상파인 뉴욕학파는 1850년대와 1860년대에 파리에서 시작하여 뉴욕으로 이어진—2차대전의 승리 후 이어진 문화에 있어서의 미국의 승리—모더니즘의 긴 궤적을 개략적으로 나타내었다. 60년대에 이르기까지는 예술가와 비평가들은 모두 근본적으로 새로운 상황에 대한 감각을 공유했다. 과거와 포스트모던한 것으로 보이는 것의 단절은 하나의 상실로 느껴졌다. 진리와 인간적 가치에 대한 예술과 문학의 주장은 고갈된 듯했고, 근대적 상상력을 구성하는 힘에 대한 믿음은 단지 또 다른 망상인 듯이 보였다. 다른 한편 그러한 단절은 맥루한(Mcluhanacy)의 지구촌으로, 여러 형태의 주장들이 안주하는 새로운 에덴(Eden), 생무대(Living Theater)의 무대 위에서 선언된 바와 같은 『지금 파라다이스로(*Paradise Now*)』에서 볼 수 있는 대로, 본능과 의식의 궁극적인 자유를 향한 약진으로 느껴졌다. 제랄드 그라프(Gerald Graff)와 같은 포스트모더니즘 비평가들은 60년대의 포스트모더니즘 문화의 두 흐름, 즉 묵시의 절망적 흐름과 전망 있고 축하할 만한 흐름을 정확히 밝혀내고, 이 두 흐름이 모두 이미 모더니즘 내에 존재하고 있었다고 주장한다.[13] 이러한 주장은 확실히 옳기는 하나, 중요한 점을 놓치고 있다. 포스트모더니스트들의 분노는 그러한 흐름의 내용을 지닌 모더니즘을 향한 것이 아니라, 신비평과 모더니즘 문화의 다른 집단에서 발전된 고급 모더니즘이 갖고 있는 어떤 특정한 근엄한 이미지에 대항한 것이었다. 연속이냐 단절이냐 둘 중에 하나를 고르는 잘못된 이분법을 피하는 이러한 견해는 존 바르트(John Barth)의 회고적 논문에서도 주장되고 있다. 바르트는 1980년에 ≪애틀랜틱(*The Atlantic*)≫에 발표한 논문, 「보충의 문학(The Literature of Replenishment)」에서, 당시의 묵시적 흐름을 적절히 요약한 듯한, 자신의 1968년에 나온 논문 「소모의

13) Gerald Graff, "The Myth of the Postmodern Breakthrough," *Literature Against Itself*, Chicago: Chicago University Press, 1979, pp.31-62.

문학(The Literature of Exhaustion)』을 비판했다. 지금 바르트는 자신의 이전 논문이 정말로 말하고자 한 것은 "언어나 문학의 효과적 소모가 아니라 고급 모더니즘 미학의 효과적 고갈이었다"고 말한다.14) 그는 이어서 베케트(Beckett)의 『무를 위한 이야기와 텍스트(*Stories and Texts for Nothing*)』와 나보코프(Nabokov)의 『창백한 불꽃(*Pale Fire*)』을 이탈로 칼비노(Italo Calvino)와 가브리엘 마르케스(Gabriel Marquez)와 같은 포스트모더니즘 작가들과 구별되는 후기모더니즘의 탁월한 작품으로 묘사한다. 다른 한편, 다니엘 벨(Daniel Bell)과 같은 문화비평가들은 단순히 60년대의 포스트모더니즘은 모더니스트 의도의 논리적 절정이었다고 주장하기도 한다.15) 이러한 견해는 라이오널 트릴링(Lionel Trilling)이 60년대의 포스트모더니스트들은 거리에서 모더니즘을 실천하고 있었다고 하는 절망적인 관찰에서도 나타난다. 그러나 여기서 나의 초점은, 고급 모더니즘은 우선 거리에 있는 것이 적절해 보인 적이 없다는 것, 그것의 초기의 부정할 수 없는 대항자로서의 역할은 60년대에 거리에서, 그리고 예술작품 속에서 나타나는 매우 다른 형태의 대결문화에 의해 대체되었다는 것, 그리고 이 대결문화는 모더니즘이 그때까지 굴복해 온 스타일, 형태 및 창의력의 전통적인 이데올로기적 관념, 예술적 자율성 및 상상력을 변화시켜 버렸다는 것이다. 벨과 그라프 같은 비평가들은 50년대말과 60년대의 반란을 모더니즘 초기의 허무주의적이고 무정부주의적 흐름으로부터 연속적인 것으로 본다. 그들은 그것을 고전적 모더니즘에 대항한 포스트모더니즘의 반란으로 보지 않고 모더니즘이 매일의 생활에 가한 엄청난 충격이라고 해석한다. 어떤 의미에서 모더니즘의 이 성공이 모더니즘이 어떻게 인식되는가의 방식을 근본적으로 바꾸었다고 한 점을 제외하고, 그들은 절대적으로 옳았다. 다시 한번, 여기서 나의 주장은 60년대의 반란은 모더니즘 그 자체에 대한 거부가 아니라 모더니즘의 특정한 형태, 즉 50년대에 성장하여 당시의 여론에 관여했고 냉전 반공주의 문화적, 정치적 병기고 안에서 선

---

14) John Barth, "The Literature of Replenishment: Postmodernist Fiction," *Atlantic Monthly*, 245: 1, January 1980, pp.65-71.

15) Daniel Bell, *The Cultural Contradictions of Capitalism*, New York: Basic Books, 1976, p.51.

전용 무기로 변한 모더니즘의 형태에 대항한 반란이었다는 점이다. 예술가들이 반대한 모더니즘은 더이상 대항문화로 여겨지지 않았다. 그것은 더이상 지배계급과 그들의 세계관에 반대하지 않았고, 문화산업으로부터의 오염에서 순수함을 유지하지도 않았다. 환언하면 반란은 모더니즘의 성공으로부터, 즉 서독과 프랑스에서처럼 미국에서도 모더니즘이 긍정의 문화형태로 타락했다는 사실로부터 일어난 것이다.

나는 계속해서 60년대를 마네(Manet)와 보들레르(Baudelaire)로부터 시작되어－낭만주의로부터는 아니더라도－현재까지 이어지는 근대운동의 부분으로 보는 거시적 시각은 포스트모더니즘의 특별히 미국적인 특성을 설명할 수 없다고 주장하고자 한다. 결국 포스트모더니즘의 용어가 강한 의미를 갖게 된 것은 미국에서이다. 나는 그것이 당시 유럽에서는 만들어질 수 없었다고 주장한다. 여러 가지 이유로, 유럽에서는 그것이 의미를 가질 수 없었다. 서독은 제3제국 때에 불타버리고 추방당한 그 자신의 모더니티를 회복시키기에 바빴다. 만약 무엇인가 있었다면 서독의 60년대에는 근대적인 것의 한 형태에서 다른 형태로 평가의 관심이 이동했을 뿐이다. 벤(Benn), 카프카, 토마스 만(Thomas Mann)으로부터 브레히트, 좌파적 표현 그리고 20년대의 정치적 작가들로, 하이데거와 야스퍼스로부터 아도르노와 벤자민(Benjamin)으로, 쇤버그와 베버른(Webern)으로부터 아이슬러(Eisler)로, 키르흐너(Kirchner)와 베크만(Beckmann)으로부터 그로스(Grosz)와 하트필드(Heartfield)로. 그것은 모더니티내에서의 대안적 문화전통의 탐색이었고, 이와 같이 비정치화된 형태의 모더니즘 정치에 반대하는 방향을 취했다. 이러한 것들은 아데나워(Adenauer) 재건을 위한 문화적 정당성에 필요한 많은 것을 제공하게 되었다. 50년대에 '황금의 20년대' 신화, '보수주의적 혁명,' 편재하는 실존주의적 회의와 같은 모든 것이 파시즘의 과거 사실의 노출을 봉쇄하고 억압하는 데 일조를 가했다. 야만주의의 심연과 도시의 폐허들로부터, 서독은 문명화된 모더니티를 회복하고 문화적 정체성을 찾으려고 노력하고 있었다. 그것은 다른 나라들이 근대세계에서의 약탈자와 부랑자로서의 독일의 과거를 잊도록 하는 국제적 모더니즘인 것이다. 이러한 맥락 속에서, 50년대의 어떠한 모더니즘의 형태도, 그리고 대안적 민주주의와 사회주의적 문화전통을 위한 60년대의 투쟁도, 포스트모던한 것으로 해석될 수 없었다. 포스트모더니즘의 관념은 독일에서 70년대말에야 비로소 출현하기 시작했다. 그리고 그것은 60년대 문화와의 관련 속에서 이루어진 것이 아니라, 좁은 의미로는 최근의 건축발달과 관련해서 아마도 보다 중요하게는 새로운 사회운동과 그것의 모더니티에 대한 급진적 비판과 관련해서 이루어진 것이다.[16)]

프랑스에서도 60년대는 독일에서와는 다른 이유지만, 모더니즘을 넘어서기보다, 모더니즘으로 돌아가는 상황이었다. 나는 이 점에 대해 후기구조주의를 논의할 때 다시 언급할 것이다. 프랑스의 지적 삶의 맥락에서, 포스트모더니즘이라는 용어는 60년대에는 나타나지 않았다. 오늘날에도 그것은 미국에서처럼 모더니즘과의 중요한 단절을 의미하는 것은 아닌 것으로 보인다.

나는 지금 포스트모더니즘의 초기단계, 즉 포스트모더니즘이 모더니즘의 세계적 전통과 연속성은 보이지만—나의 견해로는—하나의 독자적인 운동으로서의 미국의 포스트모더니즘이 형성되었던 그러한 시기[17)]에 보이는 네 가지 중요한 특징을 검토하고자 한다.

첫째, 60년대의 포스트모더니즘은 미래와 새로운 지평, 파멸과 단절, 위기와 세대간의 갈등에 대한 강한 느낌을 나타내는 시대적 상상력, 즉 고급 모더니즘보다는 다다(Dada)와 초현실주의 같은 전시대의 대륙의 전

16) 독일의 평화운동과 반핵운동, 그리고 녹색당에 있어서 포스트모더니티의 관념이 갖는 특별한 의미는 여기서 논의하지 않을 것이다. 이 논문은 우선적으로 미국내의 논쟁을 다루려고 한다. 독일의 피터 슐로터딕(Peter Sloterdijk)의 작품은 그가 비록 '포스트모던' 용어를 사용하지는 않았지만, 이 이슈에 잘 들어맞는 것이다. Peter Sloterdijk, *Critique of Cynical Reason*, Minn.: University of Minnesota Press, 1987. 프랑스의 이론, 특히 푸코, 보들리아르, 료타르 등에 대한 독일학자들의 해석도 매우 적절하다. *Der Tod der Moderne, Eine Diskussion*, Tübingen: Konkursbuchverlag, 1983. 독일에서 포스트모더니즘의 그림자에 대해서는 Ulrich Horstmann, *Das Untier, Konturen einer Philosophie der Menschenflucht*, Wien-Berlin: Medusa, 1983을 보라.

17) 다음에 이어질 논의는 내 초기의 논문인 "The Search for Tradition: Avantgarde and Postmodernism in the 1970s," *NGC*, 22, Winter 1981, pp.23-40, in Huyssen, *After the Great Divide*, Bloomington: Indiana University Press, 1986에서는 아직 충분히 발전되지 않은 주장들을 제기할 것이다.

위주의 운동을 기억나게 하는 상상력을 특징으로 한다. 여기서 60년대 포스트모더니즘의 대부로 마르셀 뒤샹(Marcel Duchamp)을 되살리는 것은 역사적 우연이 아니다. 그러나 60년대의 포스트모더니즘이 자신을 설명한 [피그스만사건(Bay of Pigs)과 민권운동으로부터 학생운동, 반전운동, 대항문화에 이르는] 역사적 위치 설정에서는 이 전위들이-그것의 미학적 형태와 기술에 관한 용어가 근본적으로 새롭지 않은 것에서조차-미국적 특징을 가진 것으로 설명되고 있다.

둘째로, 초기단계의 포스트모더니즘은 피터 뷔르거(Peter Bürger)가 이론적으로 '제도예술'로서 파악하고자 한 것에 구습타파적 공격을 가했다. 뷔르거는 '제도예술'이라는 용어로 무엇보다도 먼저 사회에서 예술의 역할이 인식되고 규정되는 방식을 지칭하고, 둘째로는 예술이 생산되고, 팔리고, 분배되고, 소비되는 방식을 말하고 있다. 뷔르거는 그의 책『전위의 이론(*Theory of The Avantgarde*)』에서 이전에 존재했던 유럽의 전위(다다, 초기 현실주의, 혁명 후 러시아의 전위)[18]의 주요 목적은 단지 예술과 문학의 표현양식을 바꾸는 것이 아니라, 부르주아 제도예술과 그것의 자율 이데올로기를 평가절하하고, 공격하고, 변화시키는 것이었다. 부르주아사회에서의 제도로서의 예술을 둘러싼 문제에 대한 설명에서 뷔르거는 모더니즘과 전위를 구분할 것을 제안하고 있다. 그는 이러한 구분은 60년대 미국의 전위를 적절히 이해하도록 도울 것이라는 점을 길게 설명하고 있다. 뷔르거의 설명에서 유럽의 전위는 우선적으로 고급예술의 고급성에 대해 공격하고, 예술이 19세기 심미주의로부터 발전됨으로써 일상생활에서 분리되고 있는 점과, 예술이 현실주의를 배격하는 점 등을 공격하고 있다. 전위는 예술과 삶을 통합하고, 헤겔주의-맑스주의 개념을 사용하며, 예술을 생활에 접목시키고자 했다고 뷔르거는 주장한다. 그리고 그는 이 재통합의 시도를 19세기 후반의 심미주의 전통으로부터의 중요한 결별로

---

18) Peter Bürger, *Theory of the Avantgarde*, Minneapolis: University of Minnesota Press, 1984. 뷔르거가 브레히트와 벤자민으로부터 아도르노에 이르는 20세기 독일 미학사상의 전통에만 논의를 국한시키고 있다는 것을 이해하지 못한다면, 그가 주로 이 세 가지 운동만을 전위로 부른 사실은 미국의 독자들에게는 매우 특이하거나 필요 없이 제한적인 것으로 보일 것이다.

보고 있다. 나는 이러한 그의 견해가 옳다고 생각된다. 현대 미국에서의 논쟁에 대한 뷔르거의 설명은, 그것이 우리를 모더니즘의 궤적내에서 몇 개의 다른 단계와 다른 시도를 분별하도록 하고 있다는 데 가치가 있다. 전위와 모더니즘을 같은 것으로 보던 통상의 견해는, 확실히 더이상 지속될 수 없다. 예술과 생활을 통합시키려는 전위의 의도와는 반대로, 모더니즘은 항상 자율적인 예술작업에 대한 보다 전통적인 관념, 형태와 의미(이 의미가 아무리 어색하고 모호하며 혼돈되고 불명확하더라도)의 구축, 그리고 미학의 특수화된 지위 등과 긴밀하게 연관되어 있었다.[19] 60년대에 관한 나의 주장에 대해 뷔르거가 한 논평에서 다음과 같은 정치적으로 중요한 점이 지적되었다. 문화제도와 전통적 표현양식에 대해 이전 시기의 전위가 가한 구습타파적 공격은, 헤게모니를 정당화하는 데 있어서, 또는 그것을 보다 중립적 용어로 만드는 데 있어서, 그리고 문화적 성취와 심미적 지식에 대한 그것의 주장을 지지하는 데 있어서 고급예술이 핵심적 역할을 수행한, 그러한 사회를 전제한 것이었다. 유럽사회에서 고급예술의 정당화를 위한 담론을 비신화화하고 평가절하한 것은 역사적 전위의 업적이었다. 다른 한편 20세기의 다양한 모더니즘은 여러 형태의 고급문화를 유지시키고 재생시켰다. 그것은 예술과 생활을 재통합시키고자 한 역사적 전위의 궁극적인, 아마도 피할 수 없는 실패로 인해 확실히 촉진되었다. 그러나 60년대 미국 포스트모더니스트들의 에너지와 영감의 근원은, 주도적 담론으로 고급예술의 제도화에 반대한 특수한 급진주의 형태의 전위라고 나는 생각한다. 고급예술의 전통과 그것의 주도적 역할로 여겨진 것에 대항한 전위주의자의 반란이 정치적 의미를 갖게 된 것은 아마도 미국에서 처음이었을 것이다. 고급예술은 확실히 50년대에 생겨나기

19) 모더니즘과 전위주의간의 차이는 1930년대에 벤자민과 아도르노가 의견의 일치를 보지 못한 중요한 지점이다. 이 논쟁에서 뷔르거는 많은 것을 배우고 있다. 파시즘하의 독일에서 미학, 정치 및 일상생활의 성공적인 혼합을 보며 아도르노는 예술과 삶을 섞으려는 전위주의의 의도를 경멸하고, 극히 모더니즘식으로 예술의 자율성을 주장했다. 벤자민은 반대로 파리, 모스코바, 베를린 등에서 1920년대에 이루어진 급진적 실험을 돌이켜 보면서 전위주의, 특히 초현실주의에서 메시아적 약속을 발견했다. 그것은 미국에서 벤자민이 이상하게(내가 생각하기에는 잘못되게) 전위문학의 포스트모던 비평가로 불리는 사실을 설명해 준다.

시작한 박물관, 화랑, 음악회, 레코드판, 페이퍼백 문화에서 제도화되었다. 모더니즘 그 자체는 대량생산과 문화산업을 통해 중심 흐름에 들어갔던 것이다. 백악관에서 로버트 프로스트(Robert Frost)와 파블로 카잘스(Pablo Casals), 말로(Malraux)와 스트라빈스키를 볼 수 있는 바와 같이 케네디 시기에 고급문화는 정치적 표현기능을 띠기 시작했다. 이 모든 것의 모순은 처음으로 미국이 뚜렷한 유럽적 의미에서의 '제도예술'과 비슷한 어떤 것을 갖게 되었던 바, 그것은 항상 제도화에 저항하려는 목적을 가진 그런 종류의 예술, 즉 모더니즘 그 자체였다는 것이다. 해프닝, 대중언어, 싸이키 예술, 자극적인 록, 대안적 거리극장의 형태로, 60년대의 포스트모더니즘은 대항적 에토스를 장악하기 시작했는데, 그 에토스는 이전 시기에는 근대적 예술을 함양시킨 것이었으나 이제는 유지될 수 없는 그런 것이었다. 물론 대중적 전위는 처음에는 광고로부터 '성공'하기 시작했고, 곧 많은 이윤을 얻게 되자, 전에 유럽의 전위가 대항해야 했던 것보다 더욱 높은 정도로 발달한 문화산업으로 흡수되어 버린 것이다. 그러나 이러한 상품화를 통한 전략에도 불구하고, 대중적 전위는 60년대의 대항문화와 유사한 어떤 측면을 가지고 있었다.[20] 제도예술에 대한 공격은, 그것이 얼마나 효과적인가에 관계없이 언제나 주도적 사회제도에 대한 공격이었다. 대중예술이 합법적인 예술인가 아닌가를 둘러싼 60년대의 치열한 논쟁은 그 점을 증명한다.

셋째, 포스트모더니즘의 초기 주창자들은 20년대 전위의 기술적 낙관론을 공유했다. 베르토프(Ventov)와 트레티야코프(Tretyakov), 브레히트, 하트필드와 벤자민이 당시에 사진과 영화에 대해 가졌던 관념은 60년대 기술미학의 주창자들이 텔레비전, 비디오, 컴퓨터에 대해 가졌던 관념과 유사했다. 맥루한의 인공두뇌 및 테크노크라시 미디어의 종말론과 하산의 '끝없이 발전하는 기술,' '미디어에 의한 끝없는 분산,' '의식 대용물로서의 컴퓨터'에 대한 칭송—이 모든 것은 후기 산업사회의 도취적인 전망과 쉽게 결합했다. 20년대에도 비슷하게 기술적 낙관주의가 범람했지만 60

20) 내 논문 "The Cultural Politics of Pop," *New German Critique* 4, Winter 1975, pp.77-97, in Huyssen, *After the Great Divide*를 참조하라.

년대에 보수주의, 자유주의 및 좌파들이 얼마나 모두 쉽게 미디어 기술과 인공두뇌 패러다임과 무비판적으로 결합했는가를 돌이켜보면 충격적이다.[21]

새로운 미디어에 대한 열광은 초기 포스트모더니즘의 네 번째 경향을 이끌고 있다. 대중문화를 고급예술, 모더니즘 및 전통주의의 규범에 대한 하나의 도전으로 인정하려는 정력적인 그러나 대체로 무비판적인 시도가 그것이다. 60년대의 '대중주의' 경향은 로큰롤과 포크뮤직, 일상생활의 허상, 그리고 다양한 형태의 대중문학을 찬양했으며, 대항문화의 문맥에서, 그리고 근대 대중문화를 비판하는 초기의 미국 전통을 거의 전적으로 포기함으로 인해서, 강한 에너지를 얻을 수 있었다. 피들러가 그의 논문 「새로운 돌연변이체(The New Mutants)」에서 말한 접두어 '포스트(post)'에 대한 설명은 당시에 신선한 효과를 주었다.[22] 포스트모더니즘은 'post-white,' 'post-male,' 'post-humanist,' 'post Puritan' 세계에 대한 전망을 약속했다. 피들러의 형용사들이 모더니즘 도그마와 서구문명 속에서 이루어진 문화적 기득권의 관념을 겨냥하고 있다는 것은 쉽게 알 수 있다. 수잔 손탁의 캠프미학도 그와 마찬가지의 시도를 한 것이다. 그것이 덜 대중주의적이라고 해도, 그것은 확실히 고급 근대화에 대해 마찬가지로 적대적이었다. 이 모든 것에 흥미 있는 모순이 있다. 즉 피들러의 대중주의는 고급예술과 대중문화간의 적대적 관계를 정확히 되풀이하고 있다는 것이다. 그것은 클라멘트 그린버그(Clement Greenberg)와 아도르노의 설명에 의하면, 피들러가 비판하기 시작한 모더니즘 도그마의 중요한 특징 중 하나이

---

21) 좌파들이 미디어에 열광한 것은 미국에서보다 독일에서 더 심했다. 그 당시에는 브레히트의 라디오이론과 벤자민의 "The Work of Art in the Age of Mechanical Reproduction"가 거의 성경과 같은 텍스트가 되었다. 예컨대, Hans Magnus Enzensberger, "Baukasten zu einer Theorie der Medien," *Kursbuch*, 20, March 1970, pp.159-186, Reprinted in H.M.E., *Palaver*, Frankfurt am Main: Suhrkamp, 1974를 보라. 미디어의 민주주의화를 위한 잠재력에 대한 이전의 믿음은 Lyotard, *The Postmodern Condition*에서도 논의되고 있다. 그러나 그 믿음은 라디오, 영화, TV 등과 관련해서가 아니라 컴퓨터와 관련해서 생겨난 것이다.

22) Leslie Fiedler, "The New Mutants"(1965), *A Fiedler Reader*, N.Y.: Stein and Day, 1977, pp.189-210.

다. 피들러는 그린버그와 아도르노와 정반대 입장을 취하여 대중적인 것을 평가하고 '엘리트주의'를 비판한다. 그러나 고급예술과 대중문화간의 경계를 넘어 그 차이를 좁혀야 한다는 피들러의 주장과, 후에 '유럽중심주의'와 '논리중심주의'라고 불린 것에 대한 그의 정치적 비판은 포스트모더니즘의 계속적인 발전을 위해 중요한 표적으로 제공될 수 있다. 고급예술과 어떤 유형의 대중문화간의 새로운 창조적 관계는, 고급모더니즘과 유럽과 미국에서 70년대와 80년대 출현한 미술과 문학간의 차이의 중요한 징표 중 하나라고 생각된다. 고급문화와 저급문화는 별도로 범주화되어야 한다고 하는 모더니즘의 믿음에 대한 비판은, 소수집단 문화가 최근 자기 주장을 하게 된 것과, 그것이 대중의식에 자리잡게 된 것에서 확실히 비롯되었다. 그같은 완강한 구분은, 지배적 고급문화의 그림자 속에서만 존재해 온 현재의 소수집단 문화내에서는 아무런 설득력이 없는 것이다.

결론적으로, 60년대 미국의 전반적 정치상황은, 전위주의와 전위정치간에 약하고 짧은 동안의 동맹이 이루어졌던 20년대초 베를린과 모스크바와의 상황과는 전혀 다르지만, 나는 미국인의 관점에서, 60년대의 포스트모더니즘은 진정한 전위주의 운동의 산물이었다고 말하고 싶다. 여러 역사적 이유로 인하여, 구습타파로서의 예술적 전위주의의 에토스, 즉 근대사회에서의 예술의 존재론적 지위에 대한 면밀한 검토로서의, 그리고 또 다른 삶을 구축하려는 시도로서의 예술적 전위주의의 에토스는 60년대에 유럽에서는 이미 고갈된 데 비해, 미국에서는 같은 시기에 아직 문화적으로 고갈되지 않았다. 따라서 유럽의 시각에서는 그것은 그것이 주장하는 새로운 지평에로의 약진이라기보다는 역사적 전위의 마지막 게임같이 보인다. 여기서 내가 강조하고자 하는 것은 60년대의 미국의 포스트모더니즘은 미국의 전위이면서 동시에 국제적 전위주의의 마지막 게임이기도 했다는 점이다. 나는 계속해서, 문화사가들에게 있어서 모더니티내의 이러한 비동시성을 분석하는 것과 그것들을 민족적, 지역적 문화와 역사의 특수한 위치와 문맥에 연결시키는 일이 정말로 중요하다고 주장한다. 모더니티의 문화는 근본적으로 국제주의적이라고 하는 견해—주도권이 19세기말과 20세기초의 파리에서 20년대의 모스크바와 베를린으로, 그리고

40년대의 뉴욕으로 시간과 장소가 옮겨지는 것과 함께—는 근대화의 이데올로기가 은밀히 깔려 있는 근대예술의 목적론과 결부되어 있는 견해인 것이다. 현재의 포스트모던 위기에 있어서 점점 더 문제시되고 있는 것은 이러한 근대화의 목적론과 이데올로기이다. 문제는 그 목적론과 이데올로기가 갖는 묘사적 힘(과거의 사건들을 연결하는)에 있는 것이 아니라 그것의 규범적 주장에 있는 것이다.

## 1970년대와 1980년대의 포스트모더니즘

어떤 의미에서 지금까지 내가 서술한 것은 실상은 포스트모더니즘의 전사(前史)라고 말할 수 있다. 결국 포스트모더니즘이란 용어는 70년대에 비로소 광범위하게 사용되게 된 것이다. 60년대의 미술, 건축, 문학을 묘사한 용어들은 대부분 아직은 전위주의의 레토릭에서 그리고 근대화의 이데올로기에서 끌어온 것이었다—그리고 그것은 그럴듯 했다. 그러나 70년대 문화의 발전은 그와는 달리 별개의 것으로 묘사되기에 충분할 정도로 달라졌다. 중요한 차이의 하나는 70년대에 전위주의의 레토릭은 빠르게 쇠퇴해서, 이제는 단지 포스트모던 그리고 포스트-전위문화에 대해서만 말할 수 있을 정도가 되었다. 미래의 문화사가들이, 면밀히 검토한 결과로, 이 용어를 70년대의 것으로 정리하게 된다 하더라도, 나는 여전히 포스트모더니즘의 관념에서 대항적이고 비판적인 요소를 명확히 파악하기 위해서는 50년대말을 포스트모던의 시작점으로 잡아야 한다고 주장할 것이다. 우리가 만약 70년대에만 초점을 맞춘다면, 60년대와 70년대 사이의 단층선 어느 곳인가에 존재하는 포스트모더니즘 궤적내의 변이 때문에, 포스트모더니즘의 대항적 성격이 형성된 계기를 찾는 것이 훨씬 더 힘들게 될 것이다.

70년대 중반에 이르러 지난 20년간의 기본 가정들은 사라졌거나 변화되었다. '미래주의의 반란'(피들러)이란 감각은 사라졌다. 대중적인 것의 구습타파적 몸짓, 록음악 그리고 성(sex)의 전위들은, 그것들의 상품화 경향이 전위주의의 지위를 빼앗아갔기 때문에, 이제는 고갈된 듯 보였다. 기술, 미디어 및 대중문화에 대한 초기의 낙관주의는 보다 진지하고 비판적인 평가로 바뀌었다. 예컨대 텔레비전을 만병통치약으로 보는 것이 아니라 타락으로 보게 된 것이다. 워터게이트와 베트남전쟁의 긴 고통, 석유파동, 그리고 로마클럽의 비참한 예측이 일어나는 가운데, 60년대의 믿음과 풍요는 정말로 유지하기 힘들었다. 대항문화, 신좌파, 그리고 반전운동은 더욱 자주 미국역사의 유아적인 탈선으로 비난받았다. 60년대가 끝났다는 것은 쉽게 알 수 있었다. 그러나 60년대의 문화보다 더욱 비정형적이고 분산된 것처럼 보이는 문화가 출현하는 장면을 묘사하는 것은 보다 힘들다. 어떤 사람은 60년대에 행한 고급 모더니즘의 규범적 압력에 대항한 싸움은 성공적이었다—어떤 사람은 너무나 성공적이었다고 주장할 것이다—는 말로 시작할 것이다. 60년대가 아직도 여러 양식들의 논리적 연관이라는 용어로(pop, op, kinetic, minimal, concept), 또는 그와 똑같이 예술 대 반(反)예술, 비예술과 같은 모더니즘의 용어로 논의될 수 있었던 데 비해, 70년대에는 그러한 특징들이 점차 기반을 잃어갔다.

70년대의 상황은 오히려, 모더니즘 건축물의 파멸로부터 이루어지는 예술적 실천의 확산과 전파로서 특징지어진다. 아이디어를 얻기 위해 모더니즘의 건축물을 파괴하고, 그것들의 어휘를 바꾸어 현대 대중문화와 전근대 및 비근대문화로부터 마구 선택한 이미지와 동기들로 그것을 보충하는 그러한 예술적 실천들이 확산된 것이다. 모더니즘 양식들은 실은 폐지된 것이 아니라, 한 예술비평가가 최근에 관찰한 바와 같이, 대중문화—예컨대 광고, 레코드 겉면 디자인, 가구, 살림도구, 공상과학소설, 만화, 진열장 배치 등—에서 계속 '일종의 반쪽 삶을 즐기고'[23] 있는 것이다. 그러나 그것을 다른 방향에서 말하면, 모든 모더니스트와 전위주의자의 기술, 형태, 이미지들은 우리 문화의 전산화된 메모리은행에 저장되어 있고 필요시에 불러내도록 되어 있다. 그러나 이 동일한 메모리는 또한 대중문화 세계와 근대 대중문화 세계의 장르, 규칙 및 이미지뿐 아니라 전(前)모더니즘 예술 모두를 저장하고 있다. 이렇게 정보저장, 처리과정 및 불러내

23) Edward Lucie-Smith, *Art in the Seventies*, Ithaca: Cornell University Press, 1980, p.11.

기에 있어 엄청나게 확장된 용량이 얼마나 정확하게 예술가와 그들의 작품에 영향을 미쳐왔는가는 추후 분석과제로 남아 있다. 그러나 한 가지 점은 명백한 것으로 보인다. 고급 모더니즘을 대중문화와 분리시킨, 그리고 모더니즘의 다양한 고전적 설명에서 명확하게 표현된, 거대한 분리는 포스트모던 예술의 감각이나 비판적 감각에는 더이상 적합한 것 같지 않아 보인다.

높고 낮은 것을 비타협적으로 분리하여 범주화할 것을 주장하는 것은 설득력이 거의 없으므로 우리가 무엇보다 먼저 그러한 설명을 만들어낸 정치적 압력과 역사적 조건을 이해하는 것이 훨씬 쉬울 수도 있다. 나는 내가 거대한 분리(great divide)라고 부른 그러한 분리가 처음 일어난 시기가 스탈린과 히틀러 시기였다고 말하고 싶다. 그때에는 모든 문화에 대한 전체주의 통치의 위협이, 단지 모더니즘뿐 아니라 고급문화 전반을 보호하려고 하는 다양한 방어전략을 배태했다. 오르테가 가세트(Ortega Y. Gasset)와 같은 보수적인 문화비평가는 고급문화가 '대중의 발판'으로부터 보호되어야 할 필요가 있다고 주장했다. 아도르노와 같은 좌파비평가는 진정한 예술은 자본주의 문화사업에 협력할 것을 거부해야 한다고 주장했다. 그는 이 자본주의 문화산업을 문화에 대한 위로부터의 전체적 관리라고 규정했다. 모더니즘에 대한 탁월한 좌파 비평가인 루카치(Lukacs)까지도, 사회주의적 리얼리즘의 자네비즘적인(Zhdanovist) 도그마와 협력을 하면서가 아니라, 그것과 적대적인 가운데 심한 검열을 수용하면서, 고급 부르주아 리얼리즘 이론을 발전시켰다.

서구에서 모더니즘을 20세기의 규범으로 규정하게 된 것이 냉전 전과 냉전중인 40년대와 50년대에 이루어진 것은 우연의 일치가 아니다. 나는 위대한 모더니즘의 작품들을 냉전의 문화적 전략을 위한 작업으로 축소하는 그같은 단순한 이데올로기 비판을 하는 것은 아니다. 그러나 나는 히틀러, 스탈린 그리고 냉전의 시기가 그린버그와 아도르노가 한 것과 같은 모더니즘에 대한 독특한 설명[24]을 산출했다고 주장하는 것이다. 그들

24) 그린버그의 역사적 맥락에서의 근대예술에 대한 이론에 관한 탁월한 논의에 대해서는 T. J. Clark, "Clement Greenberg's Theory of Art," *Critical Inquiry*, 9: 1, September 1982, pp.139-156를 보라. 그린버그의 다른 시각에 대해서는 Inge-

의 미학적 범주는 그 시기의 압력으로부터 전적으로 벗어나 있을 수는 없었던 것이다. 이러한 의미에서 그들 비평가들에 의해 옹호된 모더니즘의 논리가 보다 진전된 예술적 풍요와 비판적인 평가를 위한 확고한 이정표를 세우는 데 있어서는 막다른 골목에 부딪히고 말았다고 주장하고 싶다. 그러한 도그마에 대항해서 포스트모더니즘은 진정으로 새로운 방향과 새로운 전망을 열어놓았다. 데탕트의 시기에 '나쁜' 사회주의적 현실주의와 '좋은' 자유세계의 예술이 만남으로써 이데올로기적 타성은 없어지기 시작했다. 그리고 모더니즘과 대중문화간의 총체적 관계와 현실주의의 문제는 덜 물상화된 용어로 재평가될 수 있게 되었다. 이러한 이슈는 60년대에 대중예술과 다큐멘터리 문학의 다양한 형태 등에서 이미 제기되었지만, 예술가들이 모더니즘이나 전위주의 전략을 표방하면서 점점 더 대중문화의 형태와 장르에 빠져들어간 것은 70년대였다. 그러한 경향을 대표하는 작품은 '뉴 저먼 시네마(New German Cinema)'와 특히 라이너 워너 파스빈더(Rainer Werner Fassbinder)의 회사 등에서 만들어졌다. 미국에서 이들의 성공은 바로 그러한 예술의 경향 때문이라고 할 수 있다. 대중문화의 다양성이, 대중문화는 모두 속물적이고 정신적으로 퇴화되고 정신을 파괴하는 것이라고 하는 근대주의 도그마로부터 벗어나기 시작한 비평가들에 의해 인정되고 분석된 것도 우연의 일치는 아니다. 대중문화와 모더니즘을 접합하고 혼합하는 실험의 가능성은 전망이 좋아보였으며, 그것은 70년대의 가장 성공적이고 야심적인 예술과 문학을 생산했다. 말할 것도 없이 그것은 미학적인 실패와 실수도 낳았지만, 그 시기에 모더니즘 자체도 대작만을 산출하지는 않았다.

특히 미술, 문학, 영화제작, 여성과 소수민족집단 예술가의 비평들이 묻

---

borg Hoesterey, "Die Moderne am Ende? Zu den ästhetischen Positionen von Jürgen Habermas and Clement Greenberg," *Zeitschrift für Ästhetik und allgemeine Kunstwissenschaft*, 29: 2, 1984를 보라. 아도르노의 모더니즘 이론에 대해서는 Eugene Lunn, *Marxism and Modernism*, Berkeley and L.A.: University of California Press, 1982; Peter Bürger, *Vermittlung-Rezeption-Funktion*, Frankfurt am Main: Suhrkamp, 1980. 또한 나의 논문 "Adorno in Reverse: From Hollywood to Richard Wagner", *NGC*, 29, Spring-Summer 1983, pp.8-38, in Huyssen, *After the Great Divide*를 보라.

혀지고 단절되었던 전통을 회복시킨 점, 미학적 생산과 경험에 있어서 성에 기초한, 그리고 인종에 기초한 주체성의 형태를 탐구해야 할 것을 강조한 점, 그리고 하나의 규격에 제한되는 것을 거부한 점은 고급 모더니즘에 대한 비평과 대안적 형태의 문화 출현에 총체적으로 새로운 차원을 발전시켰다. 이렇게 해서 우리는 모더니즘이 아프리카와 동양의 예술과 창조적인 관계를 맺는 것을 깊은 문제의식을 가지고 볼 수 있게 되었다. 단지 파리에서 기술을 배운 사람들만을 높이 평가하는 식으로 현대 남미 작가들을 다루지는 않을 것이다. 여성의 비평은 다양한 서로 다른 페미니스트의 관점을 가지고 규범 자체에 새로운 시사점을 던진다. 페미니스트의 작업 중에 문제성이 많은 여성적 근본주의 같은 것에만 굴복하지 않으면 된다. 페미니스트 비평의 비판적 응시가 없었다면, 남성적 결정론과 이탈리아 미래주의의 망령, 소용돌이파, 러시아의 구성주의, 신즉물주의 또는 초현실주의와 같은 것들은 아직도 우리 시야를 막고 있을 것이다. 그리고 마리 루이스 플라이서(Marie Luise Fleisser)와 잉게보르그 바흐만(Ingeborg Bachmann)의 저작과 프리다 칼로(Frida Kahlo)의 그림은 아직도 소수의 전문가들에게만 알려져 있었을 것이다. 물론 그러한 새로운 통찰은 여러 가지 방식으로 해석될 수 있으며, 성과 성성에 관한 논쟁, 문학과 회화에서의 남성작가와 여성작가 및 독자 또는 관람자에 대한 논쟁은 아직도 계속되고 있다. 그리고 모더니즘의 새로운 이미지에 대한 논의도 아직 완전히 발전되지 않았다.

이러한 발전에 비추어볼 때 페미니스트 비평이 포스트모더니즘 논쟁에서 매우 동떨어져 있다는 사실은 다소 불가해하다. 그것은 포스트모더니즘 논쟁이 적절한 페미니스트 관심사가 되지 않는다고 여겨진 때문이다. 그러나 지금까지 남성 비평가들만이 모더니티/포스트모더니티의 문제를 다루었다는 사실은, 그 문제가 여성을 고려하지 않고 있다는 것을 의미하지는 않는다. 나는 여성의 회화, 문학, 비평이 70년대와 80년대의 포스트모던 문화의 중요한 부분이며, 확실히 그 문화에 활력과 에너지를 불어넣었다고 주장하고 싶다—이 점에서 나는 크레이그 오웬(Craig Owens)[25]에

---

25) Craig Owens, "The Discourse of Others," in Hal Foster(ed.), *The Anti-Aesthetic*,

완전히 동의한다. 실제로 지난 몇 년간 보수적 성향에로의 선회는, 문화영역에 있어서 다양한 형태의 '타자성(otherness)'이라는 사회학적 형태가 출현한 점과 확실히 관계가 있는 것 같다. 그러한 모든 타자성의 형태는 규범과 전통의 안정성과 존엄성에 대한 위협으로 인식되었던 것이다. 80년대에 다시 50년대의 고급 모더니즘의 형태를 부활시키고자 한 시도들은 확실히 그러한 경향에서 일어났다. 그리고 그러한 맥락 속에서 신보수주의의 문제는 포스트모더니즘에 대한 논쟁에서 정치적으로 중심적 위치를 점하게 되었다.

## 하버마스와 신보수주의의 문제

60년대 말엽 유럽과 미국에서 신보수주의가 득세하였으며, 곧이어 소위 포스트모더니즘과 신보수주의로 특징지어지는 새로운 흐름이 전개되었다. 이 둘의 관계에 대하여는 명백히 밝혀진 바는 없지만 좌파에서 보기에 이들은 서로 양립적이거나 거의 동일하였다. 특히 포스트모더니즘은 정치 또는 문화적 신보수주의와 공존하는 긍정적인 예술의 형태이다. 최근까지도 포스트모던의 문제는 모더니즘의 출현 이후 어떤 새롭고 가치있는 것도 없다고 보는 학계나 박물관의 전통주의자들은 말할 필요도 없고 좌파에서조차도[26] 진지하게 고려되지 않았다. 포스트모더니즘에 대한 좌파의 비아냥거림은 60년대의 반문화적 충동에 대한 좌파의 도도하고도 독단적인 비판의 한 부분이기도 하였다. 좌파에게 있어서는 결국 70년대의 대부분은 60년대에 대한 공격이 큰 소일거리였으며, 다니엘 벨이 말하는 유행이기도 하였다.

이제 의심할 여지 없이 70년대 포스트모더니즘의 기치하에 이루어진 많은 것이 그 성격에 있어서 비판적이라기보다는 긍정적이며, 특히 문학에서는 그것이 배격하고자 하는 모더니즘의 성향과 놀라울 정도로 유사한 것으로 드러나고 있다. 그러나 모든 것이 다 그렇지는 않다. 포스트모

---

pp.65-90.

26) 이러한 것이 제임슨(Fredric Jameson)과 포스터의 최근 저서 *The Anti-Aesthetic*에서부터 많이 변화되기 시작하였다.

더니즘을 쇠퇴하는 자본주의문화의 한 징후로서 간단히 몰아버리는 것은 지나치게 단순하고도, 몰역사적일 뿐만 아니라, 30년대에 루카치가 모더니즘에 가했던 공격을 상기시킬 뿐이다. 실로 칼로 긋듯이 모더니즘을 오늘날 20세기의 '현실주의'의 유일 정당한 형태의 근대적 조건에 적합한 예술로 보면서, 즉 과거의 낡은 수식어들—열등하고, 퇴폐적이고, 병리적인—을 포스트모더니즘으로 돌리는 규정짓기가 가능할까?[27] 더군다나 이러한 구분을 내세우는 많은 비평가들이 모더니즘은 그 속에 이미 모두 갖추고 있으며 포스트모더니즘에는 아무 새로울 것도 없다고 강조한다는 것은 아이러니가 아닌가?

'좋은' 모더니즘에 대하여 '나쁜' 포스트모더니즘을 대비시킴으로써 포스트모더니즘에 대해 루카치가 되는 것을 피하기 위해서, 우리는 포스트모더니즘을 신보수주의와의 완전한 합작품에서 가능한 한 분리할 필요가 있다. 그리고 포스트모더니즘내의 생산적인 모순, 그리고 나아가 비판적이고 저항적인 잠재력을 모색해 볼 필요가 있다. 만약 포스트모더니즘이 실제의 역사 문화적 조건이라면(과도적이고 초기적이나마) 저항문화 실천과 전략은 적절히 '진보적'이거나 또는 정확히 '미학적'인 예술의 외곽이 아닌 포스트모더니즘내에, 빛나는 정면에는 아닐지라도, 위치지어져야 할 것이다. 맑스가 근대성의 문화를 진보와 파괴의 양면성을 부각시키면서 변증법적으로 분석하였듯이,[28] 포스트모더니티의 문화 역시 이를 통해 얻는 것과 잃는 것, 즉 이것이 제공하는 희망과 좌절이 동시적으로 파악되어야 한다. 오늘날 전통성과 근대성간의 문화적 형태에 있어서 진보와 파괴의 관계는 과거 맑스가 근대문화의 여명기에 이해한 방식으로는 더이상 이해될 수 없는 것이다.

---

27) 물론 이러한 입장을 견지하는 자들은 전통적으로 '성찰' '표상'과 투명한 실재 등의 사고와의 밀접한 연관에 의해 오염되버린 '현실주의'라는 용어를 쓰고자 하지 않을 것이다. 그러나 모더니스트 교의의 설득력은 그 저변에 깔린 모더니스트 예술과 문학만이 우리시대에 적합하다는 생각에 크게 의존하고 있다.

28) 맑스적 모더니티의 사고의 궤도에 있으면서 1960년대 미국의 정치, 문화적 욕구와 밀착된 작품을 보려면 Marshall Berman, *All That Is Solid Melts into Air: the Experience of Modernity*, New York: Simon and Schuster, 1982를 보라. 이에 대한 비판은 데이비드 바트릭(David Bathrick)이 쓴 논평을 보라.

신보수주의와 포스트모더니즘의 관계라는 문제를 이론적으로나 역사적으로 복합적인 방식으로 처음 제기한 것은 하버마스이다. 그러나 아이러니컬하게도, 포스트모더니즘을 보수주의의 다양한 형태와 동일시하는 하버마스의 주장은 좌파 문화적 전형에 도전하기보다는 그것을 강화시키는 효과를 가져왔다. 이러한 문제가 토론의 핵심이었던 그의 1980년의 아도르노 상 수상강연[29]에서 하버마스는 보수주의(구, 신 및 청년)와 함께 포스트모더니즘을 후기자본주의의 문화적 요구나 또는 모더니즘 자체의 성패와 절충되지 못한다는 이유로 비판하였다. 의미심장하게도 하버마스의 근대성이－그가 지속적으로 완결되기를 희망했던－모더니즘의 허무주의적이고 무정부적인 요소를 제거하고자 했던 반면, 료타르[30] 같은 하버마스 반대자들의 미학적 (포스트)모더니즘은 하버마스가 근대문화 사고의 토대로 본 18세기 계몽적 근대성의 흔적을 남김 없이 제거시키고자 했던 것이다. 하버마스와 료타르간의 이론적 차이에 대해 재론하기보다－이러한 작업은 마틴 제이(Martin Jay)가 그의 논문「하버마스와 모더니즘」[31]에서 탁월하게 수행하였으므로－나는 미국내의 토론과정에서 쉽게 잊혀져버린 하버마스가 주장하는 독일 맥락의 성찰을 짚어보고자 한다.

하버마스의 포스트모던 보수주의에 대한 공격은 몇몇 서구 국가에 밀어닥친 보수적 반발로 인한 70년대 중반의 정치적인 대전환(Tendenzwende)에 뒤이어 일어났다. 신보수주의의 문화적 주도권을 장악하고 정치문화적 세계에서 60년대의 영향을 일소시키고자 하는 전략이 기본적으로 FRG와 매우 유사하다는 점을 거론하지 않더라도 하버마스는 미국 신보수주의의 분석을 예증할 수 있을 것이다. 그러나 하버마스 주장의 독일 내부의 상황 역시 간과할 수 없는 부분이다. 그의 분석은 70년대 어느 순간엔가 실패하여 1968～69년의 이상주의적 희망과 실천적 약속 모두에 대

29) Harbermas, "Modernity versus Postmodernity," *NGC*, 22, Winter 1981, pp.3-14.

30) Lyotard, "Answering the Question: What is Postmodernism?," *The Postmodern Condition*, Minneapolis: University of Minnesota Press, 1984, pp.71-82.

31) Martin Jay, "Habermas and Modernism," *Praxis International*, 4: 1, April 1984, pp.1-14. 같은 호의 Richard Rorty, "Habermas and Lyotard on Postmodernity," pp.32-44를 보라.

해 강도 높은 환멸을 야기한 독일의 문화정치적 삶의 근대화에 대한 주요 공격이 거의 끝나갈 무렵에 시작되고 있다. 피터 슬로터딕(Peter Sloterdijk)의 퀴니크학파의 이성비판 또는 냉소적 이성비판(Kritik der zynischen Vernunft)에서 '계화된 허위의식'으로서 예리하게 진단되고 비판되었던 냉소주의의 증대에 대항하여,[32] 하버마스는 그에게 있어서는 정치적 민주주의의 필요조건이 되는 계몽이성의 해방적 잠재력을 구제하고자 시도하였다. 하버마스는 이성을 지배와 같은 것으로 보고 이성을 폐기시킴으로써 지배로부터 자유로워질 수 있다고 믿는 사람들에 대항하여, 의사소통합리성을 옹호하였다. 물론 하버마스의 비판사회이론의 전체적 기획은 계몽적 근대성의 옹호에 여전히 맴돌고 있으며, 이는 문학비평이나 예술사가의 미학적 모더니즘과 동일한 것은 아니다. 이것은 미학적 정치적 (신 또는 구)보수주의와 또 한편으로는 그가 아도르노와 마찬가지로 초현실주의와 나아가 많은 현대 프랑스이론이 지닌 후기니체적 심미주의의 문화적 비합리성으로 보는 것들에 향한 것이다. 독일에서 계몽주의의 옹호는 우파로부터의 도전을 받아넘기는 시도이며 그렇게 존재하고 있다.

70년대에 이르러 하버마스는 어떻게 독일의 예술, 문학이 독일에서 '제2의 계몽'시대로 일컬어지는 60년대의 노골적인 정치참여를 포기하는지를 목격하였다. 즉 어떻게 지나간 시대의 산문이나 드라마에서 자전소설 및 견문서가 다큐멘터리 실험을 대치하는지를, 어떻게 정치적 시나 예술이 새로운 주체, 새로운 낭만주의, 새로운 신화로 나아가는지, 그리고 어떻게 이론에 대하여 염증을 내는 신진 학도와 젊은 지성들이 정치학이나 사회과학을 떠나 민속학이나 신화의 묵시하로 몰려드는지를 목도하였다. 하버마스는 70년대의 예술이나 문학에 대하여－피터 바이스(Peter Weiss)의 유작을 예외로 하면－직접적으로 논하고 있지는 않다. 그가 이러한 문화적 변동을 정치적 대전환의 시각에서 해석했다고 보는 것은 지나친 가

32) Peter Sloterdijk, *Critique of Cynical Reason*. 슬로터딕 자신도 하버마스와는 근본적으로 다른 방법으로, 실로 포스트모던이라고 칭해질 만한 방식으로 이성의 해방적 잠재력을 구원해 내고자 하였다. 이에 대한 짧으나마 신랄한 비판은 Leslie Adelson의 "Against the Enlightenment: A Theory with Teeth for the 1980s," *German Quarterly*, 57: 4, Fall 1984, pp.625-631의 글 참조.

정이다. 그가 푸코나 데리다를 청년 보수주의자라고 부른 것은 프랑스이론가들에게 대한 그 자신의 반응일 뿐만 아니라 독일의 문화적 전개에 대한 반응이기도 하다. 이것은 70년대 말엽부터 프랑크푸르트나 베를린의 하위문화에서, 또 독일에서 형성된 비판이론에 등을 돌린 젊은 세대 사이에서, 특정 형태의 프랑스이론이 큰 영향력을 미쳤다는 점에서 더욱 그럴듯한 추측이다.

그렇다면 하버마스가 포스트모던, 포스트 전위예술이 보수주의의 다양한 형태와 잘 부합되고, 근대성의 해방적 기획을 포기하였다고 결론내린 것은 매우 간단한 일인 것이다. 그러나 내가 보기에는 70년대의 이러한 측면은—때로 지나친 자기도취, 나르시시즘 그리고 그릇된 즉시성에도 불구하고—60년대의 해방적 욕구에 대한 심도 있는 건설적인 대치로서 보여질 수 있는 것이 아닌가 하는 것이다. 그러나 그렇다고 해서 근대성과 모더니즘에 대한 하버마스의 입장에 공감하고 그가 근대성과 탈근대성에 대한 진부한 변명이나 빈약한 논쟁을 피하면서 당면한 가장 큰 문제를 제기하였다고 받아들일 이유는 없다.

그의 문제는 이런 것이다. 포스트모더니즘이 모더니즘에 어떻게 관련되는가? 현대의 서구 문화에서 정치 보수주의, 문화 절충주의, 다원주의, 전통, 근대성, 반근대성이 어떻게 상호관련을 지니는가? 70년대 문화, 사회적 구성의 어느 정도가 포스트모던이라고 특징지어질 수 있는가? 그리고 나아가 어느 정도나 포스트모더니즘이 이성과 계몽에 대한 반발이며, 어떤 점에서 그러한 반발이 반동적인가—이는 최근의 독일 역사에서 큰 비중을 차지하는 문제이기도 하다. 이와 비교했을 때, 포스트모더니즘에 대한 미국에서의 표준적인 설명은 미학적 스타일이나 시의 문제에 전적으로 접속되어 있었다. 간간히 나타나는 후기산업사회에 대한 관심 역시 맑스주의나 신맑스주의 사고의 어느 것도 단순히 시대착오적이라는 것을 일깨우고자 하는 의도에서 비롯되고 있다. 이러한 미국내 논쟁은 크게 세 가지 입장으로 구분된다. 50년대의 대표적 사고는 포스트모더니즘을 전적으로 잘못된 것으로 부정하고 모더니즘을 보편적 진리로서 높이 내세우는 입장이다. 60년대의 사고는 모더니즘을 엘리트적이라 비난하고 포스트모더니즘을 다원주의로서 찬양하는 입장이다. 마지막으로 70년대의 '아무거나 좋다'라는 입장으로 이것은 '아무것도 되지 않는다'는 것에 대한 소비자 자본주의의 냉소적 표현이기도 하지만 다른 한편으로는 적어도 과거의 이분법이 더이상 적용될 수 없다는 자각을 드러내는 것이기도 하다. 말할 나위없이 이중의 어느 것도 하버마스의 연구 수준에는 미치지 못하고 있다.

그러나 하버마스가 제기한 문제들보다는 그가 시사하는 답에 문제가 있다. 그리하여 그가 푸코와 데리다를 청년보수주의자라고 공격하자 후기구조주의자들로부터 즉각적인 반격이 나왔으며, 그들은 하버마스를 보수주의자라고 몰아치고 있다. 이쯤에서 논쟁은 매우 어리석은 질문으로 낙착되고 있다. '거울아, 벽의 거울아, 우리들 중에 누가 가장 덜 보수주의자이냐?' 그럼에도 레이너 나겔(Rainer Nagele)이 표현하듯 '소세지와 감자튀김(프랑크푸르트학파와 프랑스학파)'간의 논쟁이 그런대로 유익했던 것은 이것이 두 개의 근본적으로 서로 다른 근대성의 시각을 드러내주었다는 것이다. 근대성에 대한 프랑스의 전망은 니체(Nietzsche)나 말라르메(Mallarmé)로부터 비롯되고 있으며 문학평론가들이 모더니즘이라고 묘사하는 것과 매우 유사하다. 프랑스학자들에 있어서 모더니즘은 기본적으로 ―전부는 아닐지라도―언어나 다른 표현형태를 의도적으로 파괴함으로써 발산되는 에너지와 관련되는 미학적 질문들이다. 반면에 하버마스에 있어서 근대성은 계몽주의의 가장 바람직한 전통으로서, 그는 이러한 요소를 가려내어 현대의 철학적 담론 속에 새로운 형태로써 새로이 심고자 하는 것이다. 이런 점에서 하버마스는 '계몽의 변증법'에서 하버마스보다는 현대의 프랑스이론에 더욱 의미가 가까운 근대성의 전망을 피력한 아도르노나 호르크하이머(Horkheimer) 같은 초기 비판이론가와는 근본적으로 다르다. 그러나 계몽주의에 대한 아도르노나 호르크하이머의 평가가 하버마스의 것보다는 매우 비관적이었다 하더라도,[33] 그들은 프랑스이론이 포기해

33) Habermas, "The Entwinement of Myth and Enlightenment Rereading Dialectic of Enlightenment," *NGC*, 26, Spring-Summer 1982, pp.13-30를 보라. 또한 그의 다음 저서도 보라. *The Philosophical Discourse of Modernity*, Cambridge: MIT Press, 1987.

버린 이성이나 주체성에 대한 생각을 상당부분 견지하였다. 프랑스 담론의 맥락에서는 계몽주의란 단순히 자코뱅으로부터 헤겔, 맑스를 거쳐 소련의 굴라크 수용소로 이어지는 공포와 유폐의 역사일 뿐인 듯하다. 나는 하버마스가 이들의 이러한 생각을 지나치게 제한적이고 정치적으로 위험한 것으로 거부했던 것은 옳았다고 생각한다. 아우슈비츠 개스실은—완벽하게 합리화된 죽음의 공장으로 조직되었던 것이긴 하지만—지나치게 계화된 이성으로부터 비롯된 것이 아니라 맹렬한 반계몽적, 반근대적 정서로부터 비롯되어 이의 목적을 위해 근대성을 악랄하게 착취하였을 뿐이다. 동시에 하버마스가 근대성에 대한 프랑스 후기 니체적 전망을 단순히 반근대적 또는 포스트모던이라고 반대한 것 역시 근대성의 설명으로는 적어도 미학적 근대성에 관한한, 지나치게 제한적이다.

하버마스의 프랑스 후기구조주의에 대한 공격의 와중에서 미국과 유럽의 신보수주의자들은 잊혀져 버렸으나, 나는 적어도 문화적 신보수주의가 포스트모더니즘에 대하여 어떻게 논했는지에 대해서는 이해해 둘 필요가 있다고 생각한다. 그 답은 매우 간단하며 직설적이다. 문화적 신보수주의자들은 포스트모더니즘을 거부하였으며 또한 위험하다고 보았다. 두 개의 예만 들어보자. 후기산업사회에 대한 그의 저술이 포스트모더니즘의 옹호자 사이에 사회학적 근거로서 널리 인용되는 다니엘 벨은 실제로는 포스트모더니즘을 모더니즘 미학의 위험스러운 대중화로서 거부하였다. 벨이 생각하는 모더니즘은 모두 쾌락주의와 무정부주의를 부추키는 심미적 쾌락, 즉시적 보상, 경험의 강렬성만을 추구하는 것이다. 이렇듯 모더니즘에 대한 왜곡된 시각이 그 '지독한' 60년대의 주술과 같은 시대적 상황 아래서 어떠했으며, 또 어떻게 카프카(Kafka)나, 쇤버그(Schönberg) 또는 엘리엇(Eliot)류의 좀더 엄격한 고차원적 모더니즘과 타협될 수 없었던가를 쉽게 알 수 있다. 여하튼 벨은 모더니즘을 60년대 들어 문화의 큰 흐름에 흘러들어 중심부까지 오염시키는 이전 사회의 화학폐기물 정도로 보고 있다. 궁극적으로, 벨은 그의 『자본주의의 문화적 모순(*The Cultural Contradictions of Capitalism*)』에서 모더니즘과 포스트모더니즘 모두가 현대자본주의의 위기에 책임 있는 것으로 주장하고 있다.[34] 벨, 그는 포스트모던주의자인가? 미학적 의미에서는 결코 그렇지 않은 것이, 그 역시 모더니스트/포스트모더니스트내의 허무주의적이고 심미주의 성향에 대한 하버마스의 거부를 공유하고 있다. 그러나 광의의 정치적 의미에서는 하버마스가 옳았을지 모른다. 왜냐하면 현대자본주의 문화에 대한 벨의 비판은 일상생활의 가치나 규범이 더이상 심미적 모더니즘에 의해 영향받지 않는 사회, 즉 벨의 틀 안에서는 포스트모던이라고 볼 수 있는 사회에 대한 전망으로 충전되어 있기 때문이다. 그러나 반자유주의, 반진보적 포스트모더니티의 한 형태로서의 신보수주의에 대한 그러한 성찰은 초점을 빗나간 것이다. 포스트모더니즘이라는 용어 속의 미학적 장이 주어진다면, 오늘날 어떠한 신보수주의자도 신보수주의 기획을 포스트모던과 동일시하는 것은 생각조차 할 수 없을 것이다.

반대로 문화적 신보수주의는 때때로 모더니즘 최후의 옹호자이자 승리자인 듯이 보인다. *The New Criterion* 창간호의 편집서문과 그 잡지에 수록된 논문 "Postmodern: Art and Culture in the 1980s"에서 힐튼 크레이머는 포스트모던을 거부하고, 그것을 수준(quality)의 근대적 기준을 복원하고자 하는 향수적 소명과 대비시키고 있다.[35] 벨과 크레이머의 모더니즘에 대한 생각은 다르지만 포스트모더니즘에 대한 그들의 평가는 같다. 70년대 문화에서 그들이 본 것은 수준의 저하, 상상력의 와해, 기준과 가치의 쇠퇴, 그리고 허무주의의 승리일 뿐이다. 그러나 그들의 관심은 예술이 아니다. 그들의 관심은 정치적이다. 벨은 포스트모더니즘이 사회구조를 지탱하는 동기화나 심리적 보상체계를 공격함으로써 사회구조 자체를 훼손시킨다고 주장한다.[36] 크레이머는 70년대가 60년대로부터 이어받은 '정신에 대한 무자비한 공격'인 문화의 정치화를 공격하였다. 루디 푹스(Rudi Fuchs)나 1982년 다큐멘타(Documenta)와 마찬가지로 그는 예술을

---

34) 물론 그 책 다른 부분에서는 자본주의 문화의 위기를 경제발전에 연결시키려는 주장도 있지만, 벨의 논쟁적 입장을 표현하는 데는 위의 기술이 타당하다고 생각된다.

35) "A Note on the New Criterion," *The New Criterion*, 1: 1, September 1982, pp.1-5; Hilton Kramer, "Postmodern: Art and Culture in the 1980s," *The New Criterion*, pp.36-42.

36) Bell, *The Cultural Contradictions of Capitalism*, p.54.

진리의 새로운 기준을 지지하는 자율성과 고차원의 진지함에까지 끌어올리고 있다. 크레이머, 그는 포스트모더니스트인가? 그렇지 않다. 단적으로 말해 하버마스가 포스트모더니즘을 신보수주의와 연결시킨 것은 잘못된 것이었다. 그러나 상황은 이보다 훨씬 복잡하다. 하버마스에게 있어서 근대성은 비판, 계몽, 인간해방을 의미하며, 특히 그는 이런 정치적 욕구의 포기를 꺼려했는데, 왜냐하면 그것은 바로 좌파정치를 단번에 끝장내는 것이기 때문이다. 하버마스와는 반대로 신보수주의는 비판과 변화에서 벗어난 기준과 가치의 제도화된 전통에 의존하였다. 하버마스에게 있어서는 그의 반대자의 우위를 배제시킨 모더니즘에 대한 크레이머의 신보수주의 방어조차도 적어도 반근대적이라는 의미에서는 포스트모던인 듯하다. 이 모든 문제가 모더니즘의 고전들이 위대한 예술작품이 아니라는 것은 결코 아니다. 바보들만이 이것을 부정할 것이다. 그러나 그들의 위대함이 결코 극복할 수 없는 모델로서 이용되고 현대의 예술적 생산을 질식시키기 위해 적용된다면 문제가 커진다. 그렇게 되면 모더니즘 그 자체도, 고전과 근대의 논쟁(querelle des anciens et des modernes)의 기나긴 역사의 담론인 반근대적 혐오로 귀결되어 버릴 것이다.

그러나 하버마스가 신보수주의자로부터 찬사를 기대할 수 있는 유일한 부분은 푸코와 데리다에 대한 그의 공격에서일 것이다. 그러한 찬사는 푸코나 데리다 둘 중의 어느 누구도 보수주의와 관련되지 않는다는 것을 의미한다. 그럼에도 불구하고 하버마스가 문제가 되는 포스트모더니즘을 후기구조주의와 연결시킨 것은 옳았다. 대략 70년대 후반 이래 미국에서의 미학적 포스트모더니즘과 후기구조주의 비판에 대한 논쟁이 교차되어 왔다. 후기구조주의와 포스트모더니즘에 대한 신보수주의의 맹렬한 적대성 자체가 직접적으로 뒷받침하는 것은 아니지만, 분명히 그것을 시사하고 있다. 그리하여 *The New Criterion*의 1984년 2월호에는 그 전년 12월 뉴욕에서 개최된 현대언어학회 1백주년 기념학회에 대한 힐튼 크레이머의 보고서로 논쟁적인 제목이 붙여진 「현대언어학회의 1백주년 멍텅구리들」이 게재되고 있다. 이러한 논쟁의 주요 대상은 정확히 프랑스 후기구조주의와 이들의 미국내 추종자들이다. 그러나 요지는 그 학회에서 나온 특정

발표문들의 이론적 및 질적 수준에 대한 문제가 아니다. 실제의 쟁점은 여전히 정치적이란 점이다. 해체주의, 페미니스트적 비판, 맑스주의적 비판, 이 모든 것들이 학계를 통해 미국의 지적 생활을 전복시키고자 하는 바람직스럽지 못한 외래로 치부된 것이다. 크레이머를 읽다 보면 문화적 종말이 가까와 곧바로 *The New Criterion*이 외국이론에 대한 수입할당제를 요구한다 해도 놀랍지 않을 듯한 생각까지 드는 것이다.

그렇다면 70년대와 80년대의 포스트모더니즘을 그리는 데 있어서 이러한 이념적 충돌들에서 어떠한 결론이 나올 수 있는가? 첫째, 쟁점이 심미적, 즉 쾌락주의적 모더니스트 및 포스트모더니스트를 전복시킨다는 생각을 벗어나 다만 포스트모던 사회에 대한 신보수주의적 정치적 전망인가, 또는 쟁점이 미학적 포스트모더니즘인가에 따라 하버마스가 보수주의와 포스트모더니즘을 연계시킨 것은 옳기도 하고 틀리기도 하다. 둘째, 하버마스와 신보수주의가 포스트모더니즘이 스타일의 문제가 아닌 광의의 정치와 문화에 관한 문제라고 주장했던 것은 옳다. 이런 점에서 60년대 이후 문화의 정치화에 대한 신보수주의의 개탄은 그들 자신도 문화에 대한 철저한 정치적 사고라는 상황에서 매우 역설적인 것이다. 셋째, 신보수주의가 60년대 저항문화와 70년대 저항문화 사이에는 연속성이 있는 것으로 시사한 점은 옳다. 그러나 시야를 그들이 역사에서 추방시키고자 했던 60년대로 고정시킴으로써 70년대 문화전개에서 나타나는 다른 새로운 것을 보지 못하고 있다. 마지막으로 하버마스와 미국 신보수주의자들의 후기구조주의에 대한 공격은 프랑스에서보다는 미국에서 훨씬 관련 있는 현상, 즉 후기구조주의와 포스트모더니즘에 서로 흥미롭게 얽혀 있는 문제를 제기한다. 바로 이것이 내가 70년대와 80년대 미국의 포스트모더니즘의 비판적 담론에 대한 논의에서 살펴보고자 하는 문제이다.

## 후기구조주의: 모던 또는 포스트모던

이 둘에 대한 신보수주의 적대만으로는 후기구조주의와 포스트모더니즘간의 실질적인 연계를 성립하기에 충분하지 않다. 그리고 그러한 연계는 생각하는 것보다 훨씬 어렵다. 분명히 미국에서는 70년대 이래 포스트모더니즘이 예술에 있어서 현대적 '전위주의'를 나타낸다면 후기구조주의는 비판이론에서 그에 상응하는 것이라는 공감대가 형성되기 시작하여 왔다.[37] 그러한 병행화는 문학과 비평간의 경계를 모호하게 하는 비평이나 비평간(textuality or inter-textuality)의 이론과 실천에서 선호되며 그리하여 우리시대 프랑스의 최고지성의 이름들이 포스트모더니즘의 담론에서 매우 규칙적으로 거론되는 것이다.[38] 피상적으로는, 이러한 병행이 명확한 듯이 보인다. 우리시대에서 포스트모던 예술과 문학이 이전의 모더니즘의 자리를 대신하듯이 후기구조주의적 비판은 새로운 비판으로서 이전의 주요 주장들을 극복하고 있는 것이다. 새로운 비평이 모더니즘을 극복하듯이, 이야기가 전개되면서 후기구조주의는—70년대의 지적 활동에 큰 활력이 되고 있는—우리시대의 예술, 문학, 즉 포스트모더니즘과 어떤 방식으로든 연결되어야 하는 것이다.[39] 실제로, 그러한 생각이 항상 노골적으로 드러나지는 않지만 이것은 미국에서의 포스트모더니즘이 여전히 모더니즘의 그림자에 머무르고 있다는 것을 나타내는 것이다. 왜냐하면

37) 여기에서는 비판이론을 최근의 인문학분야에서 이론 및 학제간의 다양한 노력을 포괄하는 용어에 따르겠다. 원래 좁은 의미에서의 비판이론은 1930년대 이래 프랑크푸르트학파에 의해 발전된 이론을 칭하는 용어이다. 그러나 오늘날 프랑크푸르트학파 비판이론은 크게 확장된 비판이론의 단지 부분일 뿐이며, 이것은 궁극적으로 (원래의) 비판이론에게도 현대의 비판적 담론 속에 이것을 재등록시키는 이점이 있을 것이다.

38) 그러나 그 역의 관계가 항상 성립하는 것은 아니다. 미국의 해체주의 실행자들은 포스트모던의 문제를 제기하는 데 있어서 그다지 열성적이지 않다. 실제로 미국의 고 폴 드 맨(Paul De Man) 같은 학자에 의해 보여지듯이 미국의 해체주의는 모던과 포스트모던의 구분 자체를 별로 달가와 하지 않는다. 드 맨이 그의 독창적 논문인 "Literary History and Literary Modernity"(*Blindness and Insight*)에서 모더니티의 문제를 직접적으로 제기하면서 그는 모더니즘의 특성과 통찰들을 궁극적으로 모든 문학이 어떤 의미에 있어서 본질적으로는 모더니스트적으로 되도록 과거 속으로 되돌려 투영하고 있다.

39) 이 점에 대해서는 주의할 필요가 있다. 후기구조주의라는 용어는 지금에 있어서는 포스트모더니즘과 같이 무정형이면서, 여러 다른 이론적 시도에 따라 다양한 것을 포괄하고 있다. 나의 논의의 취지에서는 여러 다른 후기구조주의 기획들간의 일정한 유사성에 도달하기 위해서 그러한 차이들은 잠정적으로 유보시키고자 한다.

고도의 모더니즘과 새로운 비평의 동시성을 규범이나 독단으로 발전시킬 어떠한 이론적 또는 역사적 이유도 없기 때문이다. 비평적 담론형성과 예술적 담론형성의 동시성 그 자체는 담론형성이 후기구조주의 담론뿐 아니라 모더니스트와 포스트모더니스트 문학에도 있기 때문에 담론형성들 사이의 경계를 굳이 없애지 않는다면 그들이 중복됨을 의미하지는 않는다.

그럼에도 아무리 미국에서 포스트모더니즘과 후기구조주의가 중복되고 혼합되어 있다 하더라도 이 둘을 결코 동일하거나 상응하는 것으로 볼 수 없다. 여기에서 70년대의 이론적 담론이 유럽이나 미국에 있는 수많은 예술가들의 활동에 심대한 영향을 끼쳤다는 것은 문제삼지 않겠다. 내가 문제삼고자 하는 것은 미국내에서 이러한 영향이 자동적으로 포스트모던으로 평가되고 급진적 폭발이나 불연속성을 강조하는 비판적 담론류로 흡수되었다는 점이다. 실제로 프랑스나 미국의 후기구조주의는 포스트모더니즘의 옹호자가 생각하는 것보다는 모더니즘에 더욱 가깝다. 신비평주의와 후기구조주의의 비판적 담론(프랑스에서보다는 미국에서만 합당한 무리)간의 거리는 모더니즘과 포스트모더니즘간의 거리와 동일한 것이 아니다. 나는 후기구조주의가 기본적으로 모더니즘의 그리고 모더니즘에 대한 담론이라고 보며,[40] 후기구조주의에 포스트모더니즘을 위치시키기 위해서는 다양한 형태의 후기구조주의가 모더니즘에서 새로운 문제성을 들추어내는 방식과 모더니즘을 우리시대의 담론형성 속에 되새기는 방식에서 찾아져야 할 것이라고 주장하고자 한다.

후기구조주의는 상당부분 모더니즘의 이론이라는 나의 생각을 좀더 자세히 풀도록 하겠다. 여기에서 나는 60년대와 70년대의 모더니즘/포스트모더니즘 집단에 대한 앞서 내가 한 논의와 관계되는 몇몇 요점에만 국한시키기로 하겠다. 즉 심미주의, 대중문화, 주체성 및 성의 문제들이다.

만약 포스트모더니티가 그것을 모더니티와는 명백히 다른 독특한 것으

40) 논쟁의 이 부분은 존 레이취맨(John Rajchman)의 푸코에 대한 논문 "Foucault, or the Ends of Modernism"(*October*, 24, Spring 1983, pp.37-62)과 뷔르거(Perter Bürger)의 *Theory of the Avantgarde*에서 데리다를 모더니즘 이론가로서 논한 조헨 슐트-사즈(Jochen Schulte-Sasse)의 서론에서 끌어온 것이다.

로 만드는 역사적 조건이라면, 후기구조주의 비판 담론이—글(écriture)과 저술, 비유와 수사, 그리고 혁명과 정치를 미학으로 대치시키는—적어도 미국적 시각에서는 이들이 극복하고자 하는 바로 이러한 모더니스트 전통에 자리잡고 있는 것이다. 우리가 새삼 발견하는 것은 미국의 후기구조주의 작가들이나 비평가들은 미학적 혁신과 실험을 뚜렷이 특권화시키고 있다는 점이다. 그리하여 그들은 저자-주체의 자아성찰성이 아닌 텍스트의 자아성찰성을 요구한다. 그리고 그들은 그들의 예술활동과 이에 대한 평가에서 삶, 현실, 역사, 사회들을 몰아내고 원문 그대로(textuality)의 순수한 사고에 토대를 둔 새로운 자율성을 구성하여, 모든 참여가 실패로 판명되고 결국 유일하게 가능한 듯이 보이는 예술 그 자체를 위한 예술을 구성하고자 한다. 주체가 언어로 구성되어 있다는 통찰, 텍스트의 외부에는 아무것도 없다는 생각은 심미주의가 최고의 주장으로 정당화시켜 온 미학과 언어의 특권으로 이끈다. "더이상 가능하지 않다"(현실주의, 초현실주의, 주체성, 역사 등등)의 목록들은 이들이 모더니즘에 속해 왔던 것과 마찬가지로 후기구조주의에 속하며, 이것은 실로 매우 유사한 것이다.

최근의 많은 연구들은 프랑스 후기구조주의의 미국화에 대하여 반발하였다.[41] 그러나 프랑스이론이 미국으로 건너가면서 이의 정치적 측면을 잃었다는 것만으로는 충분하지 못하다. 프랑스에서도 후기구조주의가 지닌 특정 형태의 정치적 함의는 대단한 논쟁거리이며 의문시되고 있다.[42] 미국 문학비평의 제도적 압력만으로 프랑스이론이 비정치화된 것은 아니다. 후기구조주의 자체내의 심미적 성향이 미국의 독특한 수용을 강화시킨 것이다. 그러므로 프랑스 글 중에서도 푸코나 초기 보딜리아르, 크리스티바나 료타르같이 정치적 성향을 띤 글에 비하여 정치성이 적은 학자들이(데리다와 바르트같이) 미국 문학계에서 특권적으로 받아들여진 것은 단순한 우연이 아니다. 그러나 프랑스에서도 정치적으로 좀더 의식적이고 자기인식적인 이론적 글에조차 모더니스트 심미주의 전통이—니체를 매우 선별적으로 읽음으로써 중재된—너무 뚜렷하게 남아 있어 모던과 포스트모

---

41) Jonathan Arac, Wlad Godzich, Wallace Martin(eds.), *The Yale Critics; Deconstruction in America*, Minneapolis: University of Minnesota Press, 1983.

42) Nancy Fraser의 *New German Critique*(No.33, 1984)에 실린 논문을 보라.

던간의 급진적 결렬이라는 생각은 별 의미가 없게 된다. 더욱 충격적인 것은 다양한 후기구조주의 기획들간의 상당한 차이에도 불구하고 이들 중 어느 하나도 포스트모더니스트 예술작품에 의해 실질적으로 형상화되지 않았다는 것이다. 또한 그렇다 하더라도 그들은 포스트모더니스트의 작품으로서 다루어진 적이 거의 없다. 이 자체로서 그 이론의 힘이 약화되는 것은 아니다. 그러나 후기구조주의 언어가 포스트모던 신체의 입술과 동작에 일치하지 않는 때문에 일종의 재녹음과정이 필요해진다. 비판이론의 중심무대를 고전적 모더니스트가 차지하고 있다는 것은 의심의 여지가 없다. 바르트 속의 플로베르(Flaubert), 프로스트(Proust)와 바테이유(Bataille), 데리다 속의 니체, 하이데거, 말라르메, 아르토, 푸코 속의 니체, 마르리트(Margritte), 크리스티바 속의 말라르메, 로트레아몽(Lautréamont), 조이스와 아르토(Artaud), 라캉 속의 프로이트, 알튀세르와 마쉐리(Macherey) 속의 브레이트 등등. 적들은 여전히 현실주의와 표현주의, 대중문화 및 표준화, 원리, 의사소통과 현대국가의 초강력 동질화의 압력들이다.

나는 프랑스이론이 포스트모더니티의 이론을 개진하고 현대문화의 분석을 발전시켰다기보다는 모더니즘의 소진기에 모더니티의 고고학, 즉 모더니즘에 대한 이론을 제공하였다는 생각을 염두에 둘 필요가 있다고 본다. 이것은 후기구조주의 문헌 속에서 모더니즘의 창의력이 이론으로 전화되고 완전한 자기의식으로 되고 있는 것과 같다―미네르바의 올빼미는 어둠이 깔린 뒤에야 그 날개를 펼친다. 후기구조주의는 정신분석적이고 역사적인 의미에서 사후적으로(Nachtraglichkeit) 특징지어지는 모더니즘의 이론을 제공한다. 이것은 모더니스트 심미주의의 전통에 연결되어 있음에도 불구하고 새로운 비판이나 아도르노, 또는 그린버그 등이 제공한 것과는 질적으로 다른 모더니즘을 제공한다. 이것은 더이상 '고뇌시대'의 모더니즘, 카프카류의 금욕적이고 고통스러운 모더니즘, 부정성과 소외의 모더니즘, 모호성과 추상성의 모더니즘, 폐쇄되고 완결된 예술로서의 모더니즘이 아니다. 오히려 이것은 장난스러운 위반, 무한히 짜여지는 텍스튜얼리티(textuality)의 모더니즘, 표현과 현실의 거부, 주체의 부정, 역사의 부정, 그리고 역사주체의 부정에 대하여 확신적인 모더니즘이다. 즉 독단적이기까지 한 존재의 거부, 불안보다는 롤랑 바르트가 말하는 즐거움, 희열(jouissance, bliss)을 야기하는 유예 및 자취, 결핍과 무에 대한 끝없는 칭송으로 이어지는 모더니즘이다.[43)]

그러나 후기구조주의가 이론의 형태로 복귀한 모더니즘의 망령이라면 그것은 바로 포스트모던을 생성시킨 바로 그것이다. 모더니즘의 부정으로서보다는 오히려 모더니즘의 한계와 좌절된 정치적 야망을 충분히 숙지한 반성적 독해로서 포스트모더니즘이 형성된 것이다. 모더니즘의 딜레마는 그것이 지닌 선의의 의도에도 불구하고 부르주아 근대성과 근대화에 대한 효과적인 비판을 제기할 능력이 결여되어 있다는 점이다. 특히 역사적 전위주의의 운명은 근대예술이 예술을 위해 예술 이상의 것으로 나아가고자 시도했음에도 불구하고 결국은 어떻게 미학의 영역으로 되돌아올 수밖에 없었는가를 보여주고 있다. 그리하여 후기구조주의의 제스처는 언어유희를 넘어, 인식론과 미학을 넘어설 만한 비판에 대해 모든 가식을 포기하는 한에는 논리적이고 설득력이 있다. 그 제스처는 분명히 예술과 문학을, 역사적 전위주의가 표류했고 또한 프랑스에서 샤르트르와 같은 인물로 구체화된 50, 60년대에 걸쳐 남아 있던—삶을 변화시키고, 사회를 변화시키고, 세계를 변화시키고자 하는—과중한 책임들로부터 해방시켜 주는 것이다. 이렇게 보았을 때 후기구조주의는, 비록 미학적 영역에 국한되기는 하였으나, 문화를 통해 현대생활을 구원할 것이라는 전망을 높이 내세웠던 근대적 기획의 운명을 결정짓는다. 포스트모던의 조건에서는 그러한 전망들이 더이상 가능하지 않으며, 이것은 궁극적으로 20세기말에 있어서 미학적 모더니즘을 구원하고자 하는 후기구조주의의 시도를 무력하게 할 것이다. 여하튼 미국 작품 속에서 빈번히 그랬듯이 후기구조주의 비평은 과거의 '전위주의'와 마찬가지로, 후기구조주의가 그토록 비판해 마지 않았던 목적론적인 입장의 하나인, 제도적 자명성(Selbstverstandnis)을 나타내면서 거짓 소리를 만들어내기 시작하는 것이다.

그러나 학문적 전위주의의 그러한 가장이 문제가 되지 않는 경우에도,

---

43) 'Bliss'라는 영어 표현은 사실 불어의 'jouissance'에 포함된 육체적이고 쾌락적인 의미가 결여되어 있다.

이론적으로 지지되는 언어와 텍스튜얼리티에서의 자기 제약성이 지나친 대가가 아닌가 하는 점을 의심해볼 필요가 있다. 바로 이러한 자기 제약성이 (그리고 그에 내포된 모든 것들이) 후기구조주의 모더니즘을 이전 심미주의의 혁신적 변형이라기보다는 과거로의 후퇴인 듯이 보이게 하는 것이 아닌가? 나는 여기에서 후퇴라고 표현하는데, 이는 19세기말 유럽의 심미주의도 그들이 보기에 일상적인 부르주아 삶의 속물성, 공식적 정치에 철저하게 적대적인 인위적 천국, 독일에서의 주전론주의에 대항하여 미의 새로운 영역을 구축하고자 희망했기 때문이다. 그러나 심미주의의 그러한 저항기능은 자본 자체가 스타일링, 광고, 포장 등의 형태로 상품 속에 미학적 요소를 직접 투입하게 되면서 유지되기 어려워졌다. 상품미학의 시대에는 심미주의 자체가 저항으로서나 도피전략으로서나 문제시되게 된다. 매순간마다 길들여진 전위주의와 모더니스트 전략으로 광고가 빽빽히 들어차는 시대에 글과 언어부호 파괴의 저항기능을 강조하는 것은 이전의 모더니스트시대의 표적이었던 바로 예술의 사회변혁기능의 과대평가에 빠져 버리는 것이다. 물론 글이 일반인들이 실재라고 칭하는 영역으로부터의 행복스런, 체념한, 또는 냉소적 고립 속에서 행해지는 단순히 유리알 유희가 아니라면 말이다.

후기 롤랑 바르트를 살펴보자.[44] 이미 20여 년 전에 수잔 손탁이 학문적 해석의 케케묵은 질식시키는 기획을 대치시키고자 예술의 에로틱스를 주장했던 것조차 기억하고 싶지 않은 많은 미국의 비평가들에게 바르트의 『텍스트의 쾌락(*The Pleasure of Text*)』은 거의 포스트모던의 경전처럼 되어 왔다. 바르트의 '희열'과 손탁의 '에로틱스'의 차이점이 각각 무엇이든 간에, (신비평과 구조주의의 엄격성에 대적하는) 그 당시의 손탁의 제스처는 존재, 문화적 조형물의 육감적인 경험을 강조했다는 점에서 비교적 급진적인 것이었다. 또한 객관성, 거리감, 냉정성, 풍자들이 최고의 가치였던 사회적으로 성역화된 규범들을 정당화하기보다는 이들을 공격했다는 점에서 그러했다. 그리고 고급문화의 높은 지평으로부터 팝과 캠프

44) 나의 의도는 바르트를 그의 후기 작품에서 취한 입장으로 단순화시키고자 하는 것은 아니다. 이 작품의 미국적 성공은, 이것을 하나의 징후 내지는 '신화'로 다루는 것을 허용하는 것이다.

의 지하세계로의 도피를 인정했다는 점에서 그러했다.

반면에, 바르트는 그 자신을 반지성적 쾌락과 반지성주의의 쾌락을 옹호하는 우익 반동주의자들이나 지식, 참여, 투쟁을 즐겨하고 쾌락주의를 혐오하는 지리한 좌파로부터 등거리를 유지하면서, 고급문화와 모더니스트 규범의 안전지대에 위치시키고 있다. 좌익주의자들은, 바르트가 주장하듯이 맑스와 브레히트의 권련을 망각하였다.[45] 그러나 권련이 헤도니즘의 분명한 상징이라 해도, 바르트는 분명 브레히트가 지녔던 대중문화에 대한 지속적이고도 의도적인 탐닉을 망각하였다. 바르트의 매우 비브레히트적인 쾌락(plaisir)과 희열(jouissance)의 구분—그가 동시에 구분하기도 하고, 안하기도 한[46]—은 모더니스트 미학과 광의의 부르주아 문화에서 가장 빈번하게 시도된 주제를 반복하는 것이다. 즉 대중을 위한 저급 쾌락, 즉 대중문화가 존재하고, 텍스트의 쾌락, 희열에 대한 새로운 도식(nouvelle cuisine)이 존재한다. 의식적인 은둔자로서 바르트는 희열을 '고관의 실행'[47]이라고 표현했던 반면, 가장 단순한 표현으로서의 근대 대중문화를 프티부르주아적이라고 묘사했다. 희열에 대한 그의 찬양은 그가 그리도 강하게 거부하는 우익과 좌익이 수십 년간 공유했던 대중문화에 대한 전통적인 시각의 수용에 의존하고 있는 것이다.

이러한 것은 「텍스트의 쾌락("The Pleasure of the Text")」을 읽을 때 더욱 분명해진다. "대중문화의 형태는 굴욕적인 반복, 피상적 형태는 다양하나 만족, 이념적 도식, 모순의 모호성이 계속 반복된다. 항상 새로운 책, 새로운 프로그램, 새로운 영화, 새로운 항목들이지만 언제나 같은 의미이다."[48] 이러한 문장은 그 단어 하나하나마다 40년대 아도르노에 의해서도 쓰였음직한 것이다. 그러나 그때는 모두들 아도르노의 글이 포스트모더니즘이 아닌, 모더니즘의 이론으로 인식했다. 또는 그랬었는가? 포스트모더

---

45) Roland Barthes, *The Pleasure of the Text*, New York: Hill and Wang, 1975, p.22.

46) Tania Modleski, "The Terror of Pleasure: The Contemporary Horror Film and Postmodern Theory," in Modleski(ed.), *Studies in Entertainment*, Bloomignton: Indiana University Press, 1986, pp.155-166를 볼 것.

47) Barthes, op. cit., p.38.

48) Ibid., p.41-42.

니즘의 게걸스러운 절충주의는 최근들어서는 포스트모더니스트의 범주 속에 아도르노나 벤자민까지도 포함시키는 것이 유행이 되고 있는 것에서도 명백히 드러난다—실로 어떠한 역사적 의식의 방해도 없이 비판적 문헌을 쓰고 있는 경우이다. 그럼에도 모더니스트 미학에 가까운 일부 바르트의 기본 명제들은 그러한 비난을 정당한 것으로 만든다. 그러나 그렇게 되면 포스트모더니즘에 대한 논의 자체를 전면 중지하고, 바르트의 글을 있는 그대로 받아들이고 싶어질 것이다—즉 1968년 이후의 정치적 환멸의 쓰레기를 미학적 희열의 순금으로 바꾼 모더니즘의 이론. 비판이론의 음울한 과학은 기적적으로 새로운 '동성애학'으로 탈바꿈하였으나, 그럼에도 이는 여전히 기본적으로 모더니스트 문학의 이론인 것이다.

바르트와 그의 미국의 팬들은 부정의 모더니스트 사고를 거부하고, 이것을 놀이, 희열, 즉 긍정의 핵심적 형태로 대치시켰다. 그러나 모더니스트가 주는 희열 '저자의 문헌'과 도취감을 충족시키고,[49] 채우고, 보장하는 문헌에 의해 제공되는 단순한 쾌락간의 구분은 고전적 모더니즘을 구성하였던 똑같은 류의 고급문화/저급문화의 구분 및 똑같은 류의 평가를 뒷문으로 복귀시키는 것이다. 아도르노 미학의 부정성은 근대 대중문화의 정신적 및 육감적 요소의 결핍에 대한 그의 의식 및 그러한 결핍의 끊임없는 재생산을 요하는 사회에 대한 그의 강렬한 적대심에 근거한다. 바르트의 희열을 미국식으로 도취되어 인용하는 것은 그러한 문제를 무시하고, 1984년의 여피와 다르지 않게 저술의 감상주의와 원문 그대로의 고상함을 즐기는 데서 근거하고 있다. 이것이 실로 왜 바르트가 레이건 재임시의 미국학계에서 인기를 누리고, 초기의 급진성을 내던지고 좀더 고상한 인생의 쾌락, 면제부, 텍스트들을 받아들이게 되었는지의 이유이다.[50] 그러나 부정성의 과거 모더니즘이 갖고 있는 문제들이 불안과 소외로부터 육감적인 희열로 반전시킨다고 해서 해결되는 것은 아니다. 그러한 비

49) Ibid., p.14.

50) 그리하여 바르트에 의한 쾌락의 운명이 1983년 MLA의 한 포럼에서 집중적으로 논의된 지 한 시간 후의 문학비평의 미래에 대한 분과토의에서는 여러 논자들이 새로운 역사적 비평의 출현을 격찬하고 있다. 내가 보기에 이것은 미국에서의 오늘날의 문학비평 속의 갈등과 긴장의 중요한 흐름을 나타내는 듯이 여겨진다.

약은 모더니스트 예술 및 문학에 뚜렷이 내재한 모더니티의 고통스러운 경험들을 감소시킨다. 이것은 여전히 단순한 반전에 의한 모더니스트의 패러다임에 속하는 것이다. 그리고 이러한 것은 포스트모던의 문제를 명료화시키는 데도 거의 도움이 되지 못한다.

쾌락과 희열, 독해와 저술의 텍스트(readerly and writerly text)간의 이론적 구분이 모더니스트 미학의 궤도에 머무르듯이, 저작성(authorship)과 주체성에 대한 후기구조주의의 사고도 모더니즘 자체로부터 익히 알려진 명제들을 되풀이하는 것이다. 약간의 짧막한 언급으로 충분할 것이다.

플로베르와 저술, 즉 모더니스트의 텍스트를 논하면서 바르트는 다음과 같이 쓰고 있다. "그는(플로베르는) 부호의 유희를 중단하지 않는다(또는 단지 부분적으로만 중단한다). 그리고 이것이 명백히 저술의 증거다. 자신이 쓰는 것에 대하여 그가 책임이 있는지를 결코 알지 못한다(그의 언어 이면에 주체가 있다면). 왜냐하면 저술이란(저술을 구성하는 노동의 의미) 것은 '누가 말하고 있는가'란 질문에 대한 답을 가로막고 있기 때문이다."[51] 이와 유사한 저자의 주체성에 대한 규정적인 부정은 푸코의 담론 분석에 깔려 있다. 그리하여 푸코는 그의 영향력 있는 논문인 "Who is an Author?"를 "누가 말하든 무슨 문제가 되는가?"라는 웅변적인 질문으로 끝맺는 것이다. 푸코의 '무관심의 중얼거림'[52]은 글을 쓰고 말하는 주체 모두에게 영향을 미치며 그러한 주장은 구조주의로부터 이어지는, '주체의 소멸'이라는 훨씬 더 넓은 반인간주의 명제로의 논쟁력을 십분 인정하는 것이다. 그러나 이들 어느 것도 저자성과 신빙성, 독창성과 의도성, 자기중심적 주체성 및 개인의 정체성을 중시하는 낭만적 사고와 전통적 이상주의자에 대한 모더니스트 비판을 좀더 세련화시킨 것 이상은 아니다. 보다 중요하게는 나 자신 모더니스트 정죄를 거친 포스트모던으로서 나는 다른 질문을 제기하고자 한다. '주체/저자의 죽음'이라는 입장은 상업적 목적에서건 또는 단순히 확신이나 습관에 의해서건 예술가를 변함없이 천재로 성화시키는 바로 그 이데올로기에 대한 단순한 반전에 의해

---

51) Roland Barthes, *S/Z*, New York: Hill and Wang, 1974, p.140.

52) Michel Foucault, "What Is an Author?" *Language, Counter-Memory, Practice*, Ithaca: Cornell University Press, 1977, p.138.

구속되는게 아닌가? 자본주의 근대화 그 자체가 부르주아 주체성과 저술성을 부수고 해체시키고, 그리하여 다소 몽상적인 그런 사고를 공격하는 것은 아닌가? 그리고 마지막으로, 후기구조주의가 주체를 전면적으로 부정하면서 주체성에 대해 다른 대안적인 생각을 발전시켜 주체의 이데올로기에(남성으로서, 백인으로서, 또는 중산층으로서) 도전할 수 있는 기회 자체를 없애버리는 것은 아닌가?

1984년에 있어서 '누가 쓰는가? 또는 누가 말하는가?'라는 질문의 타당성을 거부하는 것은 더이상 급진적 입장이 아니다. 이것은 교환관계 제도로서의 자본주의가 모든 일상생활에서 편향적으로 초래한 것을 미학과 이론의 차원에서 단순 반복하는 것뿐이다. 바로 구성과정에서 주체성을 부정하는 것이다. 후기구조주의는 그러므로 자본주의적 문화의 외양-광범위의 개인주의-을 공격하나, 이의 본질을 놓치고 있다. 모더니즘과 마찬가지로 후기구조주의는 항상 근대화의 실제과정에 저항적이기보다는 상응하고 있는 것이다.

포스트모더니스트들은 이러한 딜레마를 인식하고 있다. 포스트모더니스트는 주체의 죽음이라는 모더니스트의 주장을 (말하고, 쓰고, 행동하는 주체들에 대한 새로운 이론과 실행들로써) 반박한다.[53] 부호, 문헌, 이미지 및 다른 문화적 산물이 어떻게 주체성을 구성하는가 하는 문제가 이미 항상 있었던 역사적인 문제로서 점점 더 제기되고 있다. 그리고 주체성의 문제를 제기한다고 해서 더이상 부르주아나 프티부르주아적 함정에 빠졌다는 류의 낙인이 따르지 않는다. 주체성의 담론은 부르주아 개인주의의 속박에서 벗어난 것이다. 주체성과 저술성의 문제가 포스트모던 문헌에서

---

53) 주체성의 문제로 되돌리는 관심의 전환은 실제 좀더 최근의 후기구조주의, 예를 들어 크리스티바의 상징과 기호에 대한 저술 및 푸코의 성(sexuality)에 대한 저술과 같은 문헌에서도 나타나고 있다. 푸코에 대해서는 Biddy Martin, "Feminism, Criticism, and Foucault," *NCG*, 27, Fall 1982, pp.3-30을 볼 것. 크리스티바의 미국적 상황에서의 관련성에 대해서는 Alice Jardine, "Theories of the Feminime," *Enclitic*, 4: 2, Fall 1980, pp.5-15; "Pre-Texts for the Transatlantic Feminist," *Yale French Studies*, 62, 1981, pp.222-236를 보라. 또한 Teresa de Lauretis, *Alice Doesn't: Feminism, Semiotics, Cinema*, Bloomington: Indiana University Press, 1984 중에서 특히 6장의 "Semiotics and Experience"를 보라.

끈질기게도 재연되고 있는 것은 우연이 아니다. 결국 누가 말하고 쓰는가가 문제인 것이다.

요컨대 우리는 60년대 이래 프랑스에서 발전된 모더니즘과 근대성에 대한 이론의 주요 부분은 미국에서는 이론상으로 포스트모던의 구현으로 보여왔다는 역설에 마주한다. 어떤 의미에서 이러한 발전은 완벽하게 논리적이다. 모더니즘에 대한 후기구조주의의 독해는 이전에 인식되어 온 모더니즘을 어쨌거나 넘어섰다고 할 수 있을 만큼 새롭고 흥미로운 것이다. 이러한 방식으로 미국에서의 후기구조주의 비판은 포스트모던의 바로 그 압력에 무너지고 있다. 그러나 포스트모던과 후기구조주의의 외면상의 융합에 반해, 우리는 이 두 현상의 근본적인 이질성을 강조할 필요가 있다. 미국에서도 역시, 후기구조주의는 포스트모더니즘이 아닌 모더니즘의 이론을 제공하고 있는 것이다.

프랑스이론가에 대하여 논하자면, 그들은 포스트모던에 대하여 거의 언급하지 않는다. 료타르의 『포스트모던의 조건』은 오히려 예외적인 것이다.[54] 프랑스학자들이 분석하고 반추하고 있는 것은 분명 모던의 텍스트와 모더니티이다. 료타르와 크리스티바의 경우처럼,[55] 그들이 포스트모던에 대하여 논할 때는 그 문제들은 미국 동료들에 의해 제기된 듯한 것들이며, 논의는 변함 없이 곧바로 모더니스트 미학의 문제로 회귀해 버리곤 한다. 크리스티바에게 있어서는 포스트모더니즘의 문제는 어떻게 20세기에 무엇이든 쓰일 수 있었으며, 어떻게 우리가 이런 글에 대해 말할 수 있는가의 문제이다. 나아가 그녀는 포스트모더니즘이 의미할 만한 것, 즉 인간의 영역을 확장시키고자 하는 의식적인 의도로써 스스로를 쓴 문학이라고 주장한다.[56] 한계의 경험으로서의 저술이라는 바테이유의 공식으로 크리스티바는 말라르메, 조이스, 아르토, 버로우(Burroughs) 이래의 주요

---

54) J. Lyotard, *La Condition Postmoderne*, Paris: Minuit, 1979. 영역본은 *The Postmodern Condition*, Minneapolis: University of Minnesota Press, 1984.

55) *La Condition Postmoderne*의 영역본에는 미학적 논쟁에서 중요한 논문인, "Answering the Question: What is Postmodernism?"이 들어 있다. 포스트모더니즘에 대한 크리스티바의 진술은 다음 논문을 보라. "Postmodernism.?," *Bucknell Review*, 25: 11, 1980, pp.136-141.

56) Kristeva, "Postmodernism?," p.137.

글들을 '전형적인 상상적 관계, 즉 어머니에 대한 관계를 이러한 관계의 가장 급진적이고 문제성 있는 측면인, 언어를 통해 탐색하는 것'으로 보고 있다.[57] 크리스티바의 이러한 도식은 모더니스트 문학이 갖는 문제에 대해 흥미롭고 새로운 접근이며, 그 자체를 정치적 개입으로 인식하고 있는 것이다. 그러나 크리스티바의 도식은 모더니티와 포스트모더니티간의 차이를 모색하는 데 별 도움이 되지 못한다. 그러므로 크리스티바가 주장하는 모든 기호체계를 집단화시키고 결국 단일화로 나가려는 현대사회의 일반적 경향을 강화시키는 기능을 갖는 미디어에 대한 반감을 바르트나 모더니즘의 고전적인 이론가들과 공유하고 있다는 것은 전혀 놀라운 바가 아니다.

크리스티바와는 동류이지만 해체주의자와는 구분되는 정치이론가인 료타르는 그의 글, 「질문에 답하며: 포스트모더니즘은 무엇인가?」에서 포스트모던을 모던 자체내에서 반복되는 무대로서 정의하고 있다. 그는 근대 예술과 문학에 본질적인 비표상적인 것에 대한 이론을 위해 칸트의 숭고성(sublime)에 의존하고 있다. 탁월한 것은 그의 테러와 전체주의에 연결되는 표상의 거부에 대한 관심과 예술에서의 급진적 실험에 대한 그의 요구이다. 처음에는 칸트로의 전향이 칸트의 자율미학과 '냉철한 쾌락(disinterested pleasure)'에 대한 사고가, 모더니스트 미학의 출발점, 즉 베버로부터 하버마스로 이어지는 사회사상에서 매우 중요하게 여겨져온 영역분화의 핵심적인 연결점에 있다는 점에서 매우 타당한 듯이 보인다. 그러나 칸트의 숭고성으로의 전향은 18세기의 우주의 숭고성에 대한 열광이 정확히 료타르가 그렇게도 혐오하고 그가 하버마스의 글 속에서 끊임없이 비판하는 총체성과 표상에 대한 바로 그 욕구라는 것을 망각하고 있다.[58] 아마도 료타르의 텍스트는 의미하고자 하는 것보다 더 많이 여기에서 말하는지도 모른다. 만약 역사적으로 숭고성의 사고 속에 총체성에의 비밀스런 욕구가 숨어 있다면, 료타르의 숭고성은 미학의 영역을 생활의 다른 모든 영역과 혼합시킴으로써 미학의 영역을 총체화하고, 결과적으로

---

57) Ibid., p.139 각주.

58) 사실상 『포스트 모던의 조건』은 하버마스의 저술 속에 내재한 계몽주의의 지적, 정치적 전통에 대한 료타르의 지속적인 공격이다.

칸트가 주장했던 미학의 영역과 생활세계간의 분화를 말소시키는 것으로 읽혀질 수 있다. 아무튼 독일에서의 최초의 모더니스트인 예나의 낭만주의가 그들의 미학적 전략을 정확히, 그들에게는 절대주의 문화에 대한 부르주아 적응의 위선적 표시인 숭고성의 거부에 토대를 두고 있는 것은 우연이라고 할 수 없다. 오늘날에 있어서도, 료타르에서 보면, 이러한 숭고성은 그것이 반대하는 테러와의 고리를 끊지 않고 있다. 왜냐하면 핵폭탄 자체가 궁극적인 절대의 상징이 되는 한에서, 핵학살보다 더 절대적이고 상상할 수 없는 것이 무엇이 있겠는가. 그러나 그러한 숭고성이 현대예술이나 문학을 이론화하는 데 적절한 미학적 범주가 될 수 있는가의 여부는 차치하고라도, 료타르의 글 속에서 미학적 현상으로서의 포스트모던은 모더니즘과 구분되지 않는 것은 명백하다. 료타르가 그의 『포스트모던의 조건』에서 제시하고 있는 핵심적인 역사적 구분은(계몽적 근대성의 프랑스 전통으로서의) 한편으로는 해방의 거대설화(독일의 헤겔/맑스 전통의), 총체성의 거대설화와, 다른 한편으로는 언어게임의 모더니스트 실험적 담론과의 구분이다. 계몽적 근대성과 이에 뒤이을 것으로 생각되는 결과들은 미학적 모더니즘과 적대적이다. 이 모든 것의 역설은, 프레드릭 제임슨이 논하듯이, 료타르의 급진적 실험에의 참여는 정치적으로 '하버마스가 프랑크푸르트학파로부터 충실히 계승한 고급 모더니즘이 지닌 혁명적 본질이라는 개념에 매우 가깝게 연관되어 있다'는 것이다.[59)]

물론 포스트모던의 문제가 20세기말의 역사적 문제라는 것을 순순히 받아들일 수 없는 프랑스 나름대로의 역사적인, 논리적인 이유들이 있다. 동시에 프랑스에서의 정통 모더니즘의 새로운 독해의 물결은 그 자체 60년대와 70년대의 시대적 압력에 의해 형성되었기 때문에 우리시대 문화와 관련된 많은 핵심적 문제들을 시사하고 있다. 그러나 이것은 여전히 새로이 출현하는 포스트모던 문화를 조명하는 방향으로 진행하지 않으며, 오늘날 가장 유망한 많은 예술적 작업에 대하여도 거의 모르고 있거나 무관심하다. 60년대와 70년대의 프랑스이론은 모더니즘의 궤적에 있는 핵심적인 부분들을 조명하는 상쾌한 불꽃놀이를 제공하고 있으나, 불꽃놀이

---

59) Fredric Jameson, "Foreword," in Lyotard, *The Postmodern Condition*, p.XVI.

가 늘 그렇듯, 어둠이 깔린 다음에야 제공하고 있는 것이다. 이러한 시각은 70년대말에 언어와 인식론에 대한 자신의 과거 열광을 지난 10년간의 제한된 기획이었다고 스스로 비판한 푸코에 의해 나오고 있다.[60] 실로 모더니즘 최후의 노래인 것이다. 그러나 바로 그런 점에서 이미 포스트모더니즘의 순간이 도래한 것이다. 나에겐 푸코가 60년대의 지적 운동을 최후의 노래라고 본 것은 70년대 들어 미국에서 그러한 운동을 최근의 전위주의라고 평한 것보다는 훨씬 사실에 가까운 듯하다.

## 쇠퇴하는 포스트모더니즘(?)

70년대의 문화적 역사는 아직도 쓰여야 하며 예술, 문학, 무용, 연극, 건축, 영화, 비디오와 음악에 있어서의 다양한 포스트모더니즘은 개별적으로 상세히 논의되어야 할 것이다. 여기에서 나는 최근의 문화적·정치적 변동, 즉 '모더니즘/전위주의'의 개념적 네트워크 밖에서 이미 일어났음에도 여지껏 포스트모더니즘의 논쟁 안에는 포용되지 못하고 있는 변화들을 포스트모더니즘과 연결시키는 데 있어서의 기본틀을 제공하고자 한다.[61]

나는 현대 예술은—가장 광의의 의미에서 그들이 자칭 포스트모더니즘이라고 하든, 아니면 그러한 호칭을 거부하든 간에—파리에서 1850년대와 1860년대에 시작되어 1960년대에 이르기까지 문화적 진보와 전위의 사조를 유지한 모더니즘과 전위주의의 연속선상에서의 단지 또 다른 단계로서 더이상 간주될 수 없다는 것을 주장하고자 한다. 이러한 차원에서 포스트모더니즘은 단순히 모더니즘의 연속이라고, 즉 모더니즘의 그 자체에 대한 끊임없는 반란의 가장 최근의 단계로서 간주될 수 없는 것이다. 우리시대에 대한 포스트모더니즘의 민감성은 이것이 가장 근본적인 방법으로 정확히 문화적 전통과 보존의 문제를 미학적이고 정치적인 문제로 제기하였다는 점에서 모더니즘이나 전위주의와는 구분된다. 포스트모던

60) Michel Foucault, "Truth and Power," *Power/Knowledge*, New York: Pantheon, 1980, p.127.

61) 예외적으로 Craig Owens, "The Discourse of Others," in Hal Foster(ed.), *The Anti-Aesthetic*, pp.65-98.

은 그런 것을 항상 성공적으로 제기하지는 못하였으며, 때로는 매우 초보적으로 하였다. 그러나 오늘날의 포스트모더니즘에 대한 나의 주요지는 포스트모더니즘이 전통과 혁신, 보존과 갱신, 대중문화와 고급예술 사이에 있는—여기에서 후자가 더이상 전자에 대해 자동적으로 특권을 누리지 못하는—긴장된 분야에서 작동되고 있다는 것이다. 즉 진보 대 반동, 좌익 대 우익, 현재 대 과거, 모더니즘 대 현실주의, 추상 대 표상, 전위주의 대 키치(kitsch)와 같은 범주들로 더이상 파악될 수 없는 긴장의 장인 것이다. 결국 모더니즘의 고전적인 설명에서 중추적이었던 그러한 이분법들이 무너졌다는 사실은 다음 글에서와 같이 변화의 한 부분인 것이다. 모더니즘과 전위주의는 사회적이고 산업적인 근대화와 항상 가깝게 밀착되었다. 모더니즘과 전위주의는 근대화에 저항적 문화로서 관련된 것은 사실이지만, 포(Poe)의 『군중의 인간(*Man of the Crowd*)』과 마찬가지로, 그들의 힘을 근대화와 진보가 초래한 위기에 다가가서 끌어내었다. 근대화—그러한 단어가 존재하지 않았을 때조차도 그것은 널리 받아들여진 믿음—는 거쳐야 하는 것이었다. 다른 편에서 출현되어 나오는 전망이 있었다. 생 시몽이 이미 1825년에 묘사하고 있듯이, 근대는 그의 신화적 근대인을 주연으로 하고 근대예술을 추진력으로 하여 유럽과 미국의 무대에서 펼쳐진 세계적 규모의 드라마였던 것이다. 사회변동력으로서 근대성과 예술에 대한 그같은 영웅적 전망(또는 그것 때문에 바람직스럽지 못한 변동에 대한 저항)은 과거의 것이며 확실히 경탄스러우나, 아마도 근대적 영웅주의의 이면에서 나타나는 묵시적 민감성을 제외하고는 더이상 오늘날의 민감성들과는 조응하지 못하는 것이다.

이러한 시각으로 볼 때, 가장 심층적 차원에서 포스트모더니즘은 모더니스트 문화의 궤적을 특징지어 온 호황과 불황, 소진과 갱신의 영속적 주기 안의 단지 또 다른 위기를 나타내는 것이 아니다. 이것은 오히려 모더니스트 문화 자체가 갖는 새로운 종류의 위기를 나타내는 것이다. 물론 이러한 주장은 과거에도 있었으며, 파시즘은 모더니스트 문화의 실로 가공할 만한 위기였다. 그러나 파시즘은 그것이 스스로 가장했듯이 근대성에 대한 대안이 결코 아니었으며, 오늘날의 상황은 그 고민에 있어서 바이마르 공화국의 상황과는 다르다. 모더니즘, 근대성, 그리고 근대화의 역사적 한계가 뚜렷해진 것은 오직 70년대에 들어서였다. 모더니티의 기획을 완성할 필요도 없으며(하버마스의 표현에서의) 그렇다고 반드시 비합리성이나 계시적 열광에 빠질 필요는 없다는 생각, 추상, 비표상 및 숭고성의 어떤 텔로스(목표)가 더이상 예술만이 독점적으로 추구하는 것이 아니라는 생각이 증대되고 있는데, 이러한 모든 것들이 오늘날 창조적 작업의 수많은 가능성을 열고 있는 것이다. 그리고 어떤 측면에서 이것은 우리의 모더니즘 자체에 대한 견해를 변화시키고 있다. 오히려 모더니즘을 어떤 상상의 목표를 향한 논리적인 전개로 해석하는, 그리하여 전면적인 배제의 연속에 토대를 둔 모더니즘의 일방적 역사관에 국한시키기보다는 우리는 그것의 모순, 우연성, 긴장 그리고 그 자체의 '전향적' 움직임에 대한 내적 저항을 탐색하기 시작해야 한다. 포스트모더니즘이 결코 모더니즘을 무용하게 하는 것은 아니다. 포스트모더니즘은 모더니즘에 대한 새로운 시각을 제공하고 모더니즘으로부터 미학적 전략 및 기술들을 선별해 내어 새로운 질서에 삽입시켜 작동될 수 있도록 하는 것이다. 그러나 더이상 쓸모없는 것은 아무리 잠재적이라 하더라도 비판적 담론 속에서 진보와 근대화라는 목적론에 토대를 두고 모더니즘을 명료화시킨 것들이다. 역설적이게도 이러한 규범적이고 때로는 환원적인 명료화가 포스트모던의 이름으로 이루어진 모더니즘을 거부하는 근거가 되고 있다. 이런 저런 소설이 서술기법에 있어서 최근의 것에 따르지 못하느니, 퇴행적이라느니, 시대에 뒤떨어져서 재미없다고 주장하는 비평가들을 보면, 포스트모더니스트들이 모더니즘을 거부하는 것은 타당하다. 그러나 그러한 거부는 모더니즘 자체보다는 모더니즘내에서도 협소한 독단으로 치닿는 그 경향에 대하여서만 유효한 것이다. 어떤 점에서 모더니즘과 포스트모더니즘의 이야기는 철조망과 토끼의 이야기와 같다. 철조망은 하나만 있지 않기 때문에 토끼는 결코 이길 수 없다. 그러나 토끼는 여전히 잘 달리는 선수인 것이다.

모더니즘의 위기는 모더니즘을 근대화란 이데올로기에 묶는 모더니즘 속의 이러한 경향들이 지니는 위기 이상의 것이다. 후기자본주의시대에서 이것은 예술의 사회에 대한 관계에서도 새로운 위기이다. 그들의 가장 뚜렷한 점은 모더니즘과 전위주의가 사회변동과정에서 예술에 대하여 특권적 위치를 부여하였다는 것이다. 미학자들의 사회변동에 대한 무관심조차도 기존 체제의 부정 및 절묘한 아름다움으로 된 인위적 낙원 건설로 인하여 사회변동에 여전히 구속되고 있다. 사회변동이 이해가 안된다거나 또는 바람직스럽지 못하게 나아갈 때, 예술은 여전히, 그러한 개입을 피하려고 하는 경우에까지도 비판과 저항의 진정한 소리로서 특권시되었다. 고급 모더니즘에 대한 고전적인 설명이 그러한 사실을 증명한다. 이러한 것들이 영웅적 망상—아마도 자본주의사회에서 위엄을 지키려고 하는 예술이 갖는 투쟁 속에서 필요하기까지 한 망상—이었다는 것을 인정한다고 해서 사회생활에서 예술의 중요성을 부정하는 것은 아니다.

그러나 전위주의가 고급예술을 문화적 지배권의 유지체계라고 공격하는 것과 마찬가지로 모더니즘의 대중사회 및 대중문화와의 지속적인 불화는 항상 고급예술을 지탱해 온 바로 그 주춧돌에서부터 일어났다. 그리고 분명히 그 전위주의가 실패한 연후인 20년대에 사회생활에서 예술을 위해 더 넓은 여지를 만들어주려고 전위주의가 자리잡아온 곳도 바로 그 곳이다. 오늘날 고급예술이 그 기반에서 다른 장소로(그것이 어디든 간에) 자리하기를 지속적으로 요구하는 것은 구태의연한 용어로써 문제를 제기하는 것이다. 고급예술이나 고급문화의 주춧돌은 그 주춧돌에 기념비를 건립했던 계급의 견고성이 과거의 일이 듯이, 더이상 이것이 누렸던 특권적 공간을 점하고 있지 않다. 여러 서구국가들에서 플라톤에서부터 아담스미스를 거쳐 고급 모더니스트들에 이르기까지 서양문명의 고전들이 지니는 위엄을 복원시키고, 학생들을 그러한 원전으로 되돌려 보내고자 하는 근래의 보수주의적 시도는 바로 이 점을 증명한다. 여기에서 나는 고급예술의 주춧돌이 더이상 존재하지 않는다고 말하고자 하는 것은 아니다. 물론 그것은 여전히 존재한다. 단지 과거와 같지 않다는 것이다. 60년대 이래 예술적 활동은 더욱더 널리 분산되어 안전한 범주나 학계, 박물관, 심지어는 화랑의 네트워크 같은 안정된 제도 안에 포용하는 것이 점점 어려워지고 있다. 어떤 사람에게는 문화적이고 예술적인 실행과 활동들의 이러한 확산이 상실감과 무지향적 느낌에 빠지게 하고, 또 어떤 사람들에게는 새로운 자유, 문화적 해방으로서 경험될 것이다. 어느 입장도 전적으로 틀린 것은 아니지만, 우리는 모더니즘에 대한 일가적이고, 독점적이고 전체적인 평가들로부터 그들의 주도적 역할을 박탈한 것은 단지 근래의 이론이나 비평이 아니라는 점을 인식해야 한다. 우리를 모더니즘에 대한 협소한 시각에서 벗어나게 하고 우리에게 모더니즘 자체에 대해 새로운 기회를 부여한 것은 예술가, 작가, 영화제작가, 건축가 및 연기자들의 활동들이다.

정치적 용어로 모더니즘/근대성/전위주의라는 삼중 도그마의 붕괴는 '타자'라는 문제성의 출현과 맥락적으로 연결될 수 있는데, 이것은 문화적 영역에서만큼이나 사회·정치적 영역에서 강조되어 왔다. 나는 여기에서 주체성, 성칭과 성별, 인종과 계급, 시간적인 비동시성과 공간적인 지리상의 위치와 이탈의 차이에서 생성되어 나오는 타자의 다양하고 다중적인 형태에 대해 논의할 수는 없다. 그러나 내 생각에 앞으로도 한동안 포스트모던 문화의 요소로 남게 될 것으로 여겨지는 적어도 네 개의 최근 동향에 대하여 언급하고자 한다.

근대성의 모든 숭고한 포부나 성취에도 불구하고, 계몽적 근대주의 문화는 결코 유일하지는 않지만 항상 내면적이고 외면적인 제국주의의 한 문화이기도 해왔다는 것을 인식해야 하며 이는 40년대 아도르노나 호르크하이머(Horkheimer)가 제기한 해석으로, 분망한 근대화에 대항하여 수많은 투쟁에 관여했던 우리의 선배들에게도 낯설지 않은 견해란 점을 인식해야 한다. 외적·내적으로, 미시 또는 거시 차원에서 영향을 끼치는 이 같은 제국주의는 정치적으로나, 경제적으로나, 또는 문화적으로 더이상 도전받지 않을 수 없게 되었다. 이러한 도전들이 좀더 살기 좋고, 덜 폭력적이고, 보다 민주적인 세상을 가져올 것인가는 두고 봐야 할 것이고, 이에 대해 회의적이 되기는 쉽다. 그러나 계화된 냉소주의는 평화와 자연에 대한 순진한 열광만큼이나 해답으로서는 불충분하다.

여성운동은 사회구조와 문화적 거동에서 최근의 남성주의의 괴이한 부활에도 불구하고 확실히 인정되고 있는 몇몇 의미 있는 변화를 선도해 오고 있다. 직접, 간접으로 여성운동은 예술, 문학, 영화 및 비평에 있어서 자기 확신적이고 창조적인 힘으로서의 여성 출현을 배양하고 있다. 우리가 성칭과 성별, 독해와 저술, 주체성과 공표, 소리와 실천에 대한 문제를 제기하는 방법들은, 비록 이러한 활동의 많은 부분이 여성운동의 주변이나 심지어는 그 외곽에서 이루어지지만, 페미니즘의 영향이 없었다면 생각조차 못할 일이다. 페미니스트 비판가들은 단순히 망각된 예술가들을 발굴해 냄으로써만이 아니라 새로운 방법으로 남성 모더니스트에게 접근함으로써 모더니즘의 역사를 수정하는 데 실질적인 기여를 해오고 있다. 미국식의 페미니즘과는 논쟁적 거리를 유지할 것을 강조함에도 불구하고, '새로운 프랑스 페미니스트들'과 그들의 모더니스트 저술 속에서 나타나는 여성에 대한 이론화에 있어서도 마찬가지이다.[62]

70년대에 생태학과 환경에 대한 문제들은 단일 쟁점의 정치로부터 모더니티와 근대화에 대한 광범위한 비판으로 심화되고 있는데 이러한 경향은 문화적으로나 정치적으로나 미국보다 서독에서 강하다. 새로운 생태적 민감성은 단순히 정치적이고 지역적인 하위문화, 대안적인 생활양식, 유럽에서의 새로운 사회운동에만 나타난 것이 아니라, 여러 다양한 방식으로 예술이나 문학에도 그 영향을 미쳤다. 조셉 보이스(Joseph Beuys)의 작품, 특정의 대지예술 기획들(land art projects), 크리스토(Christo)의 캘리포니아를 달리는 울타리(running fence), 새로운 자연시, 지역전통으로의 복귀, 변증법, 기타 등등. 특정 형태의 모더니즘과 기술적 근대화간의 연결이 중요하게 검토된 것은 특히 이러한 점증하는 생태적 민감성에서 비롯되었다.

다른 문화, 비유럽, 비서구의 문화는 폴 리쾨르(Paul Ricoeur)가 이미 20여 년 전에 말했듯이 정복, 지배와는 다른 방법으로 접근되야 하며, '동양'에 대한 에로틱하고 미학적인 열광은—모더니즘을 포함해 서양문화에서 현저하게 나타나는—지극히 문제성 있다는 자각이 점점 증대되고 있다.

62) Elaine Marks and Isabelle de Courtivon(eds.), *New French Feminisms*, Amherst: University of Massachusetts Press, 1980을 보라. 여성스러움에 대한 프랑스이론의 비판적 개괄은 Alice Jardine, "Gynesis," *Diacritics*, 12: 2, Summer 1982, pp. 54-65를 보라.

이러한 자각은 전형적으로 시대의 단면을 나타낸다는 그리고 타자를 대변할 수 있다는 확신을 갖고 말한 모더니스트 지식인과는 다른 유형의 지적 작업으로 해석해야 할 것이다. 푸코의 근대성의 '보편적' 지식인에 반대되는 것으로 지역적이고 특수한 지식인이라는 의견은 우리가 우리 자신의 문화와 전통에 갇혀 있으면서 동시에 그 한계를 인식하는 딜레마로부터 탈피할 길을 제공할 수도 있다.

결론적으로 이러한 정치적, 사회적 및 문화적 배열 속에서 출현한 포스트모니스트 문화는 '무엇이라도 좋다'는 류의 안이한 포스트모더니즘에 대한 저항을 포함해서, 저항의 포스트모더니즘이 되야 할 것으로 보기 쉽다. 저항은 항상 저항이 속한 문화적 장에서 구체적이으로 상응해야 할 것이다. 이것은 더이상 아도르노가 말하는 부정성 또는 비정체성에 의해 단순히 정의되는 것이 아니며, 또한 전체적인, 집합적인 기획에 대한 장황한 설명으로서 충족될 것도 아니다. 동시에 저항이라는 바로 그 개념도 긍정에 대한 단순한 반대란 면에서 문제가 있을 수도 있다. 결국, 저항의 긍정적 형태도 있고 긍정의 저항적 형태도 있는 것이다. 그러나 이러한 것은 실천의 문제보다는 의미상의 문제일 것이다. 이 때문에 우리가 판단을 못해서는 안된다. 어떻게 저항이 예술적 작업에서 정치적인 요구, 미학의 욕구, 생산자와 수혜자의 욕구를 충족시키는 방식으로 명료화될 수 있는지는 미리 처방을 내릴 수 있는 것이 아니며, 시행착오 및 토론에 맡겨야 할 것이다. 그러나 후기구조주의의 미학적 경향을 포함하여 너무나 오랜 동안 모더니즘의 설명양식을 지배하였던 정치와 미학의 경직된 이분법은 폐기할 때가 되었다. 정치와 미학, 역사와 텍스트, 현실참여와 예술의 사명 사이의 생산적인 긴장을 제거하자는 것이 핵심이 아니다. 그러한 긴장을 밝혀내고, 심지어는 재발견하여 비평에서와 같이 예술에서도 초점을 맞추어 보자는 것이 핵심인 것이다. 아무리 골칫거리라 해도 포스트모던의 풍경은 이미 우리를 둘러싸고 있다. 이것은 우리의 지평을 제약하기도 하며 동시에 열어주기도 한다. 이것은 우리의 문제이자 동시에 우리의 희망이다.

# 맑스주의와 포스트모더니즘*

프레드릭 제임슨

맑스주의와 포스트모더니즘, 사람들은 이 둘의 결합을 매우 특이하고 역설적인 그리고 어쨌거나 매우 불안정한 것으로 여기는 듯하다. 또한 어떤 사람들은 때로 내 경우에 포스트모더니스트가 된다는 것은 진정한 의미에서의 (또는 전형적인) 맑스주의자이기를 포기하는 것으로까지 간주한다. 왜냐하면 이 두 용어는 (만개한 포스트모더니즘 속에서) 제각각 대중적인 향수를 불러일으키기 때문이다. 맑스주의는 이제 레닌이나 소비에트 혁명의 누렇게 바랜 사진으로 변모하고 있는 반면, 포스트모더니즘은 번지르르한 새 호텔의 이미지를 드러낸다. 지나치게 조급스러운 무의식은 곧바로 분홍과 청색의 번쩍이는 새로운 건축물의 환상 속으로 숨어들고 마는 힘들여 재생된 향수어린 레스토랑의－작고 옛 사진들로 꾸며진, 그 속에서 구소련의 웨이터들이 느릿느릿 질나쁜 러시안 음식을 돌리는－이미지를 조립해 낸다. 개인적인 얘기를 들자면, 이전에 내가 기이하고도 우스꽝스럽게 연구대상이 된 적이 있었다. 즉 수년 전 내가 쓴 구조주의에 대한 저서에 보내온 편지 중 어떤 것은 나를 구조주의의 제일가는 대변가라고 추켜올렸던 반면, 어떤 것들은 그러한 운동의 탁월한 비평가이자 반대자로 보고 있었다. 기실 나 자신은 그 중 어느 편도 아니었다. 사실 나는 사람들이 파악하기엔 어려운 비교적 복잡다단하고도 특이한 방식으로

* Fredric Jameson, "Marxism and Postmodernism," *New Left Review*, no.176, July/August 1989, pp.31-45.

그 중 어느 한쪽도 아니었다고 봐야 할 것이다. 포스트모더니즘에 관한 한, 그리고 그 주제와 관련된 나의 주요 논문 속에서 학문적으로나 정치적으로 포스트모더니즘을 쉽사리 찬양하거나 또는 부정해 버린다는 것이 불가능하다는 것을 설명하는 것은 매우 어렵다. 그럼에도 불구하고, 아방가르드 예술 비평가들은 재빨리 나를 속류 맑스주의 비평가로 규정해 버린 반면, 나의 동료들은 내가 드디어 수많은 저명한 전임자들처럼 '포스트 맑스주의자'(즉 배교자이자 변절자인)의 극단으로 치달았다고 결론내리고 있는 것이다.

그렇기 때문에 나는 더그 켈러(Doug-Keller)의 사려깊은 서론에서 이 새로운 주제가 이전의 나의 작업에 새로운 것이 아니라 오히려 '생산양식'의 개념에 의거하여 나 자신이 다시 시도하는 논리적 귀결로서 보고, 포스트모더니즘에 대한 나의 분석이 기여하고자 하는 것을 드러내 보여준 점에 특히 고맙게 생각한다. 그러나 이 모든 것에 대한 나의 해석이—(이에 대해서는 아마도 충분히 언급되지는 않았지만) 분명히 보들리아르와 나아가 보들리아르가 빚진 이론가들(마르쿠제, 맥루한, 르페브르, 상황론자들, 살린스 등등)에 빚지고 있는—비교적 복잡한 결합의 형태를 지니고 있음은 인식할 필요가 있다. 나를 일상적인 '교조적 나태'로부터 일깨워준 것은 비단 새로운 종류의 예술 생산의 (특히 건축분야에서 나타난) 경험만이 아니다. '포스트모더니즘'은, 내가 쓰는 이 용어에 대해서는 나중에 설명하겠지만, 비단 미학이나 스타일상의 용어에 국한되는 것이 아니다. 그 결합은 맑스주의 전통에서의 전통적인 경제 도식에 대한 오랜 혐오인, 진실로 자주적인 지식인들만이 그의 소멸을 생각할 수 있는, 사회계급 분야가 아닌, 미디어 분야에 있는 우리들이 느끼는 불편함을 해소시킬 수 있는 기회를 제공한다. 미디어가 미친 서구에의 충격적인 파장은 그것을 보는 사람들이 1960년대 북미 사회의 점진적이면서도 자연스럽게 보이는 미디어로부터 다소간의 비판적이고도 인식상의 거리를 두는 것을 가능케 하였다.

## 자본주의의 제3단계

제국주의에 대한 레닌의 작업은 레닌과 미디어에 대등하지는 못한 듯하며, 그의 교훈은 점차 다른 방식으로 취할 수 있는 듯하다. 즉 레닌은 맑스 속에서 분명 예측되지 못했던 자본주의의 새로운 단계를 소위 독점 단계, 또는 고전적 제국주의 단계라는 것을 규명했다. 우리는 그것으로부터 새로운 변형이 단번에 구성되고 명명되었다고 생각할 수도 있고, 또는 어떤 조건하에서는 당연히 또다시 새로운 것이 창안될 수도 있다고 생각할 수 있을 것이다. 그러나 맑스주의자들은 후자의 대립적인 생각을 받아들이기를 매우 꺼리는데, 이는 새로운 미디어와 정보사회적 현상이 이데올로기의 종언이란 냉전 초기의 잠정적인 사고로부터 '후기산업사회'라는 만개한 개념이 나오는 일련의 영향력 있는 연구들 속에서, (우리와 관계없이) 우파에 의해 독점되어 왔기 때문이다. 이 모든 것이 어니스트 멘델(Ernest Mandel)의 『후기 자본주의』로 뒤바뀌었으며, 설득력 있는 맑스주의 관점에서 처음으로 자본주의 제3단계의 이론화가 나오게 된 것이다.[1) ]이것이 '포스트모더니즘'에 대한 나의 사고를 있게 했으며, 그렇기 때문에 포스트모더니즘에 대한 나의 사고는 또 다른 구체성과 괴리된 문화비평이나 시대정신의 진단으로서가 아니라, 제3단계의 문화생산의 구체적인 논리를 이론화하고자 하는 시도로서 이해될 필요가 있다.

누구라도 포스트모더니즘에 대한 나의 접근이 총체적인 것이라는 것은 간파했을 것이다. 그렇다면 이 순간 흥미로운 질문은 내가 왜 이러한 관점을 취하는가가 아닌, 왜 그 많은 사람들이 그 때문에 비난받는가 (또는 비난받는 것을 알게 되는가) 하는 것이다. 과거에 있어서 추상화는 분명 현상들로부터, 특히 역사적 현상들로부터 인식을 분리시키고 그것의 친숙성을 제거해 내는 전략적인 방식의 하나였다. 우리가 즉시적인 것들에 ― 매년 경험하는 문화와 정보 메시지, 일련의 사건들 그리고 눈앞의 우선순위들에 ― 침윤되어 있을 때 추상적 개념으로써 얻어지는 즉각적인 거리는 겉보기에 서로 독립적이면서도 무관한 듯한 영역들간의, 우리가 일반적으

1) Ernest Mandel, *Late Capitalism*, London: NLB/Verso, 1975.

로 따로 떼어 하나씩 기억하는 사물들의 리듬과 숨겨진 결과들간의 비밀스런 연계를 좀더 총체적으로 특징짓는 것을 가능하게 한다. 항상 바로 앞의 몇 년의 역사가 우리가 가장 보기 어려운 부분이기 때문에 이것은 매우 특별한 자원이다. 그렇다면 역사적 재구성, 총체적인 특정화와 가설의 제시, 당장의 '시끌벅적한 혼돈'으로부터의 추상화는, 바로 지금 여기에 대한 급진적인 개입이자 맹목적인 숙명에의 저항을 기약하는 것이다.

그러나 우리는 표현상의 문제를 '총체화에 대한 전쟁'에서 작동되고 있는 다른 동기들과 분리시킬 수 있다면 인정해야 할 것이다. 역사적 추상화－포스트모더니즘과 마찬가지로 생산양식, 자본주의－가 즉각적인 경험 속에서 주어지는 것이 아니라면, 이러한 개념과 사물 그 자체간의 잠재한 혼동, 그의 추상적인 표현을 실재로서, 사회나 계급과 같은 추상적 실체를 실질적인 존재로서 '믿게' 될 가능성에 대해 우려하는 것은 타당하다. 다른 사람의 오류에 대해 우려하는 것이 일반적으로 다른 지식인의 오류에 대한 우려라는 것에 대해 신경쓸 것은 없다. 길게 보면 어떠한 표현의 시각적인 망상이 영원히 전제될 수 있는 아주 확고한 표현을 가능케 하는 어떤 방법도, 유심론적 복귀에 대한 유물론적 사고의 저항을 확보하는 방법이나, 형이상학 용어의 해체적 구성의 독해를 피해갈 수 있는 방법이 없는 것과 마찬가지로 없을 것이다. 지적 생활이나 문화에서 영구혁명은 그러한 불가능성과 우리의 전통에서 소위 개념적 물화라는 것에 대한 유의를 끊임없이 창출할 필요가 있다는 것을 의미한다. 여기에서 포스트모더니즘 개념의 특별한 운명은 분명히 그것의 다소간의 우려나 의혹에 대해 우리들에게 책임을 전가하고자 하는 계산된 것이다. 그러나 우리에게 지금 필요한 것은 선을 긋고 과도함을 실토하는 것이(스탈린이 썼던 '성공의 환희'로서) 아니라, 역사적 분석 그 자체를 재생시키고, 오늘날 그것이 돌연 우리의 실제 모순에서 상상적인 해결책 속에서 담당하게 된 부분인, 그 개념의 정치적 이데올로기 기능을 간단 없이 재검증하고 진단하는 것이다.

그러나 현재에 있어서 포스트모더니즘이란 명칭을 지닌 시대분류적인 또는 총체적인 추상화에 의해 보다 심층적인 역설이 작동하고 있다. 이것은 분야를 통합시키고, 그 속에 관통하는 감추어진 정체성을 세우고자 하는 시도와 이 분야의 바로 그 추진력의 논리간에, 포스트모더니스트 이론이란 그 자체가 명시적으로 차이 또는 분화의 논리라고 특징짓는, 일면 모순된 듯이 보이는 것으로부터 비롯된다. 포스트모더니즘과 관련한 역사적 독특성이 모든 종류의 전혀 개별적이고도 제멋대로의 무관한 하위체계들의 출현으로만 인식된다면, 우선 그것을 하나의 통합된 체계로서 파악하고자 하는 노력은 뭔가 잘못됐다는 주장이 있게 되는 것이다. 그리고 그러한 노력들은 분명 포스트모더니즘 자체의 정신과도 부합되지 않는다는 것이다. 아마도 실제로는 포스트모더니즘이 '지배' 또는 '정복'하고자 하는 시도로서, 차이의 작동을 줄이거나 배제시키고, 또는 그것의 다원적인 주체에 또 다른 새로운 개념적 동조를 강제하는 것으로서 그 정체를 드러내게 될 것인가? 그럼에도 불구하고, 우리 모두 가능한 어떤 방법으로든 역사를 정복하고자 한다. 역사의 악몽으로부터의 도피, 사회 경제적 운명의 맹목적이고도 자연적인 법칙의 인간에 의한 정복은 어떤 언어로써 표현되든, 맑스주의 유산의 바꿀 수 없는 의지로 남아 있는 것이다. 그러므로 이것은 자신들의 운명을 통제하는 데 별 관심이 없는 사람들로부터는 어떠한 관심도 기대되기 어렵다.

### 체계와 분화

분화에 대한 통합적인 이론이 어딘지 잘못되고 모순됐다는 생각은 추상화의 수준들에 대한 혼동에서도 비롯된다. 구성적으로 차이를 생성시키는 체계는 여전히 체계로 존재한다. 마치 개라는 개념이 짖는 것이라거나, 설탕의 개념이 단맛이 아닌 것처럼, 체계에 대한 그러한 사고가 그것이 이론화하고자 하는 대상과 종류에 있어서 '동일한' 것은 아니다. 우리는 우리 이외의 다른 모두와 같다는 것을 알게 되면, 우리 속의 소중하고도 존재적으로 매우 독특하고 깨지기 쉬운 무엇인가가 돌이킬 수 없이 사라져 버리는 것처럼 느낀다. 만약 그렇다면 최악의 경우를 보기로 하자. 그러한 반대는 실존주의의 (그리고 현상학의) 으뜸가는 유형이며, 그러한 사물과 그러한 우려가 출현하는 것은 설명될 필요가 있다. 어떤 경우에도 이러한 의미에서의 총체적인 개념에 대한 포스트모더니즘의 반대는, 내게 있어서는 다른 용어로는 자본주의의 개념에 대한 고전적인 반대를 되풀이 하는 것으로 생각된다. 현재의 관점에서 보면 조금도 놀라울 바 없이, 포스트모더니즘을 자본주의 자체의 가장 최근의 변형과의 동일시를 일관성 있게 확인해 주는 것이다. 그러한 반대들은 본질적으로 다음 역설의 한 형태나 또 다른 형태를 맴돌고 있다. 즉 다양한 전자본주의 생산양식들이 다양한 형태의 유대나 집합적 결속들을 통해 재생산될 수 있었지만, 자본의 논리는 그 정반대로서 분산적이고 원자화된, '개인주의적'으로 사회적이라기보다는 반사회적이며, 그 자체의 재생산은커녕 그의 체계적 구조마저 미스테리이자 모순이다. 그 수수께끼의 해법('시장')을 제쳐두고라도, 말할 수 있는 것은 이러한 역설은 자본주의의 바로 그 독창성이라는 것과 우리가 필연적으로 당면하는 것은 우리가 그것을 정의하는 데 있어서 어구상의 모순적인 공식은 말들을 넘어서, 사물 그 자체를 지칭하게 되는 (또한 독특한 새로운 창안, 즉 변증을 가져오는) 것이다. 나중에 우리는 이러한 문제를 다시 다루게 될 것이다. 지금은 일단 분화라는 바로 그 개념[이의 가장 정교한 발전은 니클라스 류만(Niklas Luhmann)에 의해 제시되는] 자체가 체계적인 개념, 또는 더 바람직스럽게는 차이의 작용을 보다 추상적 수준에서(이것을 이해하기 위해서는 변증법적인 저항과 이러한 무작위적이고 분산적인 유형의 분화를 구분해야 할 필요가 있다) 새로운 종류의 정체성으로 전환시키는 것으로 이해될 필요가 있다.

호른(Horne)의 논문은 '총체성에 반대하는 전쟁'은 궁극적으로 정치적으로 동기화된다는 것을 드러내주는 이점을 지니고 있다.[2] 호른은 료타르를 따라, 유토피아에의 두려움은 이 경우에 있어서 우리의 오랜 친구인 '1984'이라는 것과 이상론적이고 혁명적인 정치는, 정확히 전체화와 그리고 전체성의 개념과 연관되는, 공포로 치닫기 때문에 피해야 한다는 것을 분명히 한다. 이러한 사고는 최소한 에드머드 버크(Edmund Burke)까지

---

2) Haynes Horne, "Jameson's Strategies of Containment," *Postmodernism/Jameson/Critique*, pp.268-300.

거슬러 올라가 스탈린시대에 수없이 거론되고, 캄보디아의 잔학성에 의해 유용하게 되살아난 개념이다. 이념적으로 1970년대의 프랑스의 포스트맑스주의화에서 시작된 냉전의 수사와 전형적인 형태의 이러한 부활은 괴이하게도 스탈린의 굴라크 수용소와 히틀러의 죽음의 수용소를 동일화시키는 방향으로 나가고 있다[그러한 '최후의 해법'과 히틀러의 반공산주의간의 본질적인 관계에 대한 분명한 논증을 위해서는 메이어(Mayer)의 탁월한 논문, 「왜 천국은 어두워지지 않았는가(Why Did the Heavens not Darken?)」을 보라[3]]. 이같은 무서운 악몽의 이미지들에 있어서 '포스트모던'이라고 할 만한 것은, 우리를 이끌고자 하는 탈정치화를 빼고는, 별로 뚜렷하지 않다. 문제의 혁명적 파동의 역사는 전혀 다른 교훈으로도 인용될 수 있는데, 즉 반혁명으로부터 비롯되는 폭력, 실로 반혁명의 가장 효과적인 형태는 정확히 혁명과정 그 자체 속에 폭력을 확산시키는 데 있는 것이다. 나는 과연 선진국가들의 연합 또는 미시정치의 현황이 그러한 염려나 환상들을 뒷받침하는지 의심스럽다. 내게는 적어도 그것은, 예를 들어 남아프리카의 잠재적 혁명에 대한 지지와 결속을 철회시킬 근거가 될 수 없다. 마지막으로 혁명적이고 이상론적이거나 또는 총체화의 욕구는 어쨌거나 시작에서부터 오염되었으며 그러한 사고, 바로 그 구조에 의해 궁극적으로 피로 진행하는 운명이라고 하는 이러한 일반적인 느낌은, 가장 최악의 종교적 의미에서의 원죄론의 재론이 아니더라도 이상론적이다. 나는 좀더 구체적인 정치적 쟁점들과 고려들은 이 논문의 끝부분에서 다시 다루고자 한다.

## 사고의 사회적 결정성

이제 나는 총체화의 사고의 문제를 다른 방식으로, 그것의 내용상의 진리나 정당성의 차원에서가 아니라 그것의 가능성의 역사적 조건을 캐는 방식으로써 접근하고자 한다. 이것은 더이상 엄밀한 의미에서 사고를 가

---

3) Arno J. Mayer, *Why the Heavens Did not Darken: the Final Solution' in History*, New York, 1988.

능하게 하고 또는 방해하는 사회적 결정성에 대한 질문을 제기하는 방식으로써 한걸음 물러서서 주어진 개념에(현대의 가장 발전된 사고는 우리가 총체성이나 시대분류의 개념들을 더이상 전개시키는 것을 허용하지 않는다) 대한 즉각적인 판단으로부터 분리해 내는 그러한 철학적으로 이론화하는 작업, 또는 징후적 수준에서의 철학적으로의 이론화가 아니다. 오늘의 총체성에 대해 금기시하는 것은 단순히 철학적 진보나 증대된 자아의식으로부터 비롯되는가? 이제 이론적 계몽과 개념적 정교화의 상태에 도달하여, 우리가 과거의 낡아빠진 사상가들이(가장 대표적으로 헤겔과 같은) 범했던 오류나 실수들을 피할 수 있게 된 때문인가? 그럴지도 모르지만, 그것은 보다 역사적인 설명을(분명 '유물론'의 창안이 개입됐을) 요구한다. 현재와 살아 있는 자가 빠지게 되는 이러한 오만은 문제를 약간 다른 방식으로 제기함으로써 피할 수 있다. 즉 '총체성의 개념'이 특정의 역사적 순간에는 피할 수 없이 필연적으로 여겨졌던 반면, 다른 시기에는 생각조차 할 수 없고 역겨운 것인가 하는 것이다. 이것은 그것을 돌려서 우리 자신의 사고의 외부, 그리고 우리가 더이상 (또는 아직) 생각할 수 없는 것에 근거하여 모색하는 것으로, 어떤 긍정적인 의미에서도 철학적일 수 없는 탐구이다(비록 아도르노는 『부정적 변증법』에서 그것을 새로운 종류의 순수한 철학으로 바꾸고자 시도했지만). 이것은 분명 우리의 시대가 (문화로부터 철학적 사고에 이르기까지) 여러 가지 의미에서 명목론의 시대라는 강렬한 느낌으로 이끌 것이다. 그러한 명목론은 아마도 몇몇의 선사들이나 중층결정들을 갖고 있는 것으로 드러나게 될 것이다. 예컨대 고립된 개인의 새로운 사회적 의미가(특히 사르트르에서와 같이 인구수나 다수에의 공포) 과거의 전통적인 '보편'들을 퇴색시키고 그것이 지닌 개념적 힘과 설득력을 유실시켜 버린 실존주의의 순간들, 마찬가지로 그러한 개념의 소멸로부터 역설적으로 '이론적'이고 과잉 지성적인 시대에 새로운 힘을 얻어 출현한 앵글로 아메리카의 오랜 경험주의, 물론 일면 '포스트모더니즘'의 슬로건이 이 모든 것을 의미한다는 느낌도 있다. 그러나 그렇게 되면 그것은 설명이 아니며 여전히 설명되어야 할 것으로 남게 된다.

현재 일반론의 또는 보편적인 개념들의 쇠퇴와 관련되는 이러한 종류의 추측이나 가설적 분석은 좀더 신뢰할 만한 작동의 유사성, 즉 그러한 개념성이 가능한 듯했던 과거 순간에 대한 분석이다. 실로 보편적인 개념의 출현이 관찰될 수 있었던 순간은 역사적으로 특권화된 순간인 듯하다. 총체성의 개념에 관한 한, 알튀세르의 구조의 개념과 관련하여 내가 언급했던 것을 말하고 싶은데, 즉 핵심적 요점은 이것이다. 만약 그러한 것의 단 하나라고 이해한다면, 우리는 그러한 개념의 존재를 인정할 수 있다—'생산양식'이라고 알려진 것 말고 다른 어떤 것. 알튀세르의 '구조'는 바로 그런 것이며 또는 적어도 내가 쓰는 의미에서 '총체성'이 그러한 개념의 하나로서, 총체화의 과정과 관련하여는, 여러 다양한 현상들을 연결시킨다는 그 이상 아무것도 의미하지 않는다. 그리하여 오늘날의 영향력 있는 예를 든다면, 스피박(Gayatri Spivak)은 변증법적 사고의 대안으로 '연속적 부호체인'의 개념을 제시했지만,[4] 내가 쓰는 바로는 그 개념 역시 총체화의 구체적인 (그리고 비변증법적인) 형태이다.

우리는 '생산양식'의 개념(후에 모르간과 맑스의 저술에서 개진되는)의 전사에서 미크(Ronald Meak)의 연구에 감사해야 할 것이다(이것은 18세기에 그가 '4단계이론'이라 칭한 형태를 지녔다[5]). 이 이론은 18세기 중반 프랑스와 스코틀랜드 계몽주의 속에서 같이 나타났는데, 인간문화는 역사적으로 그들의 물질적 또는 생산적 토대와 병행하여 변화해 왔다는 명제로서, 4개의 기본적인 변형을 제시하고 있다. 수렵채취, 유목, 농경 그리고 상업이다. 이러한 역사적 서술에 나타난 것은 무엇보다도 스미스의 사고와 작업 속에서 구체적으로 당대의 생산양식 또는 자본주의인 연구의 대상을 생산해 낸 후에는, 전자본주의 단계의 역사적 발판은 무너져 내렸으며, 스미스와 맑스의 자본주의 모델은 동시대적인 외양을 갖게 된 것이다. 그러나 미크는 자본주의를 하나의 체계로, 공시적이건 아니건, 생각하는 바로 그 가능성에 역사적 설화가 본질적이라는 것을 주장하고자 한다.[6] 그리고 그와 같은 것이 포스트모더니즘이라고 칭하는 듯한 것의 문

---

4) Gayatri Chakravorty Spivak, *In Other Worlds: Essays in Cultural Politics,* New York, 1987, p.198.

5) Ronald L. Meek, *Social Science and the Ignoble Savage,* Cambridge, 1976.

화적 논리를 투영하는 자본주의의 '단계' 또는 순간과 관련한 나 자신의 입장에도 깔려 있다.

나는 여기에서 기본적으로 '생산양식'의 개념의 가능성의 조건들, 즉 일차적으로 그러한 개념을 구성하고 정교화시키는 것을 가능하게 하는 역사적 및 사회상황의 특성들에 관심을 갖는다. 이러한 독특한 새로운 사고는(또는 과거의 사고들을 이러한 새로운 방식으로 결합시키는) 독특한 종류의 '불균등한' 발전, 즉 사상가 당사자의 생활세계에 개별적이고도 공존하는 생산양식이 동시에 등록되어야 한다는 것을 전제한다는 것을 일반적인 방식으로 제시할 것이다. 이것이 미크가 이러한 독특한 개념(이것의 4단계이론으로서의 원래의 형태)의 생산에 요구되는 전제조건들을 기술한 방식이다.

> 나 자신의 느낌은 경제기술 및 사회경제 관계의 발달을 가장 강조해 마지않는 우리가 고려하는 유형의 생각은 우선 당대의 경제발전의 속도, 두 번째로는 얼마나 용이하게 경제적으로 발전된 지역과 여전히 저발전 단계로 처진 지역들간의 차이가 관찰될 수 있는가 하는 것에 의해 영향을 받는다는 것이다. 1750~1760년대에는 글래스고우 같은 도시와 북부 프랑스같이 가장 발전된 지역에서는 지역사회의 모든 사회생활은 매우 빠르게 가시적으로 변화되고 있었으며, 이러한 것이 경제적 기술과 기본적인 사회경제관계들 속에서의 심대한 변화로부터 비롯되고 있다는 것이 상당히 분명하게 드러났다. 새로이 출현하고 있는 새로운 형태의 경제조직들은 스코틀랜드 고지대나 프랑스의 다른 지역, 또는 미국의 인디언 지역들과 매우 쉽게 비교되고 대비될 수 있었다. 현대사회의 발전에서 차지하는 생존 양식의 변화가 그렇게도 중요하고 '진보적인' 역할을 한다면, 과거 사회에 있어서도 그러했을 것이라는 것은 매우 그럴듯한 추측인 것이다.[7]

## 역사적 패러다임

처음으로 생산양식의 새로운 개념을 생각하는 이러한 가능성은 때로

---

6) Ibid., pp.219-221.

7) Ibid., pp.127-128.

역사의식, 또는 역사성의 새롭게 출현하는 형태의 하나로서 느슨하게 묘사된다. 이것은 반드시 의식의 철학적 담론에 의거할 필요는 없다. 왜냐하면 묘사되고 있는 것은 새로운 담론 패러다임으로도 칭해질 수 있으며, 지식인들에 있어서 개념적 출현에 대한 이러한 보다 현대적인 논의방식은, 이와 함께 출현하는 월터 스코트(Walter Scott)의 소설에서의 또 다른 새로운 역사적 패러다임에 의해 강화되고 있다(루카치가 『역사적 소설』에서 해석하듯이[8]). 프랑스 사상가들(튀르고, 또한 루소 자신 역시?)이 '생산양식'을 개념화하는 것을 가능케 했던 불균등성은 다른 어느 것에 못지않게 아마도 당시의 프랑스에서의 봉건적 형태들이 새로이 출현하고 있는 부르주아 문화와 계급의식에 비교하여 지닌 독특한 차이들이 그 어느 때보다도 선명히 드러났던 혁명 이전의 상황과 관련이 있을 것이다.

스코틀랜드는 많은 면에서 보다 복잡하고 흥미로운 경우인데, 왜냐하면 새로이 출현한 제1세계 국가들의 마지막이자, 또는 제3세계의 [톰 테른(Tom Tairn)의 『영국의 해체』라는 도발적인 사고를 빌린다면] 첫 번째로서 스코틀랜드 계몽주의는 무엇보다도 생산과 문화가 급격하게 분리되는 지역들이 공존하는 공간이었다. 산업 도약의 전야에서의 고지대의 고풍스러운 경제와 그들의 부족체계, 저지대에서의 새로운 농업착취, 그리고 변경지역에서의 잉글랜드 '파트너'의 상업상의 활기들.

에딘버러의 웅장함은 게일인의 자생적인 물질의 문제가 아니라, 오히려 스코틀랜드 메트로폴리스의 전략적이면서도 편심적인 위치와 스코틀랜드 계몽주의가 '생각'하고 개념화하는 독특한 과제가 된 독특한 생산양식들의 공시적 공존의 지식인들에 크게 빚지고 있는 것이다. 이것은 비단 경제적 문제만이 아니다. 그후의 포크너(Faulkner)처럼 스코틀랜드인은 사회역사적 원료, 격렬한 혁명과 시민, 종교전쟁들이 생산양식의 공존이 생동적인 설화형태로서 새겨진 대중기억을 계승하고 있는 것이다.

전혀 새로운 현실을 생각해 내고 그에 대한 새로운 패러다임을 구성하는 조건은 그러한 현실 속에 빠져 있는 사람들을 압도시키는 경향이 있는 새로운 현실로부터의 일정한 정도의 전략적 거리(과학적 발견에서의 잘

8) Georg Lukács, *The Historical Novel*, Nebraska: Lincoln, 1983.

알려진 제3자 원칙의 인식론적 변이와 같은 것으로)와 독특한 결합을 요구하는 듯하다.

이 모든 것들은 여기에서 우리에게 보다 의미 있는, 그리고 그러한 개념화의 점진적인 억압과 관련을 지니는 다른 2차적인 결과들을 내포한다. 고전자본주의의 보다 확대된 제3단계의 문화적 논리로서 포스트모던의 순간이 많은 면에서 이 마지막의 보다 순수하고 동질적인 표현이라면, 여기로부터 생존해 나오는 사회경제적 차이의 고립 집락들의 다수는 (상품의 형태로서 식민화되고 흡수됨으로써) 사라지고, 우리의 역사의식의 쇠퇴, 그리고 특히 생산양식 자체와 같은 전체화 또는 총체화의 개념들에 대한 저항은 정확히 그리고 자본주의의 보편화의 함수라는 것을 시사한다는 의미를 지니는 것이다. 모든 것이 다 체계적인데, 체계의 바로 그 사고는, 베버나 푸코 또는 1984년류의 사람들에 의해 가상적으로 그려진 '전체 체계'의 악몽 같은 형태 속에서, 더이상 존재 이유를 상실하고, '억압에의 복귀'를 통해서만 되돌아오고 있는 것이다.

그러나 생산양식은 용인될 수 없는 의미에서의 '총체적 체계'는 아니며, 그 속에 다양한 반대세력들과 새로운 경향들을, 새로 출현하는 세력들과 마찬가지로 '잔존의' 세력들을 포함하고 있으며, 이러한 것들을 관리·통제(그람시의 헤게모니의 개념인)해야 하는 것이다. 이러한 이질적인 세력들이 그들 스스로의 효력을 지니고 있지 못하다면, 헤게모니의 기획은 불필요할 것이다. 그리하여 차이들은 이것을 복잡하게 만드는 다른 특성, 즉 자본주의의 그 자체의 내적 논리의 기능에 의해 차이 또는 분화를 생성시키는 그 모델에서 전제된다. 마지막으로 표현에 대한 앞에서의 논의를 기억하자면, 개념과 그 사물간에는, 이러한 총체적이고 추상화된 모델과 우리 자신의 개인적 사회경험간에는, 차이가 있다는 것은 명백하다. 여기로부터 설명적인 차이를 기대하지만, '대치'는 거의 생각될 수 없는 것이다.

생산양식의 모델의 '적절한 사용'에 대해 여러 다른 조언(조심)들도 아마 합당할 것이다. 소위 '생산양식'이라고 하는 것은 생산자적 모델이 아니다. 이것은 항상 논할 필요가 있는 듯하다. 현재의 맥락에서, 또 논할 가치가 있는 것은 이러한 논의들이 무차별적인 언성의 게임으로 타락되지 않기 위해서는, 여러 수준들(또는 추상화의 수준)을 포함한다는 것을 유의해야 한다는 것이다. 나는『정치적 무의식』에서 그러한 수준들의 가장 일반적인 전망, 그리고 특히 광범위한 계급과 이데올로기적 갈등과 전통들의 환기인 역사적 사건들의 고찰과 몰인격적인 유형화의 체계(잘 알려진 물화와 상품화의 테마들이 대표적 예가 되는)들에 대한 관심간의 유의해야 할 차이들을 제시하였다. 자주 제기되는 행위자(agency)의 문제는 이러한 수준들에 거슬러서 추적되어야 하는 것이다.

## 문화생산의 장소

예를 들어 페더스톤(Featherstone)은, 내가 사용하는 '포스트모더니즘'은 특정적으로 문화적 범주라고 간주한다.[9] 비단 그런 것만은 아니며, 오히려 낫건 못하건 간에 문화적 생산이 구체적인 기능적 장소를 찾아내고, 그의 증후군들이 내 작업 속에서는 주로 문화(이것이 혼동의 근원인 것은 의심할 여지 없다)에서 도출되는 '생산양식'을 칭하기 위한 것이다. 그는 그리하여 내게 이러한 새로운 종류의 생산을 매개하고 지배하는 제도들에서와 마찬가지로 예술가들 자체와 그 소비자들에게 보다 세밀한 관심을 둘 것을 제안한다. 이러한 주제 어느 하나도 배제시켜야 할 이유는 없는데, 실로 그것들은 매우 흥미로운 문제들이다. 그러나 어떻게 그러한 수준에서의 사회학적 탐구가 설명에 도움이 되는지를 안다는 것은 쉽지 않다. 오히려 그가 관심을 두는 현상은 단번에 그 자체로 반자율적인 사회학적 수준으로 되어 버리는 경향이(그렇게 되면 그것은 즉시 통시적인 설화를 요구하게 되는) 나타난다. 오늘날 예술시장과 예술가 그리고 소비자들의 지위가 어떠한가 논하는 것은 이러한 전환이 있기 전에, 그리고 그러한 활동 밖에서의 대안적인 방식이(예를 들어 쿠바처럼 예술시장, 화랑이나 그림에 대한 투자가 없는 경우와 같이) 어떠했는지를 논하는 것을

9) Mike Featherstone, "Postmodernism Cultural Change and Social Practice," *Postmodernism/Jameson/Critique*, pp.117-138.

의미한다. 일단 그러한 설화, 일련의 국지적 변화를 기술하게 되면 전체 사물은 합해져서 포스트모던의 '위대한 전환'이 읽혀질 수 있는 그런 문헌으로 되어 버리는 것이다.

실로 페더스톤의 제안과 같이 구체적인 사회적 행위자(agents)들이 출현하는 듯해도(그렇게 되면 포스트모더니스트들은 예술가 또는 음악가들, 화랑 또는 박물관의 관리들 또는 음반회사의 중역들, 구체적인 부르주아, 또는 청년의 또는 노동계급의 소비자들이다) 여기에서도 추상의 분화되는 수준들에 대한 요건이 유지될 필요가 있다. 왜냐하면 사회기질이나 '생활양식'으로서의 포스트모더니즘이 위에서 열거된 집단들의 경계를 초월하는 전혀 새로운 계급분화 '의식'의 표현이라는 그럴듯한 주장이 가능하기 때문이다. 이 광범위하고 보다 추상적인 범주는 프티부르주아, 전문경영계급, 또는 보다 분명하게 여피라고 다양하게 칭해진다(이들 표현의 각각은 다소간의 구체적인 사회적 표상을 드러내고 있다).[10]

포스트모던 문화의 계급내용을 이렇게 규정한다고 해서 결코 여피가 새로운 지배계급 또는 '역사의 주체' 같은 것이 되었다는 것을 시사하는 것은 아니다. 단지 그들의 문화적 실행과 가치들, 이데올로기들이 자본의 이러한 단계에서의 유용한 지배 이데올로기적이며 문화적인 패러다임을 엮어내었다는 것뿐이다. 실제로는 특정의 시기에 유행하는 문화형태들은 문제의 사회구성체의 중심적인 행위자에(그들의 시대에 의심할 여지없이 잘하고 있거나, 또는 다른 유형의 심리적 또는 이데올로기적 추동력에 의해 이끌리는 사업가들) 의해 제공되진 않는 경우도 빈번했던 것이다. 본질적인 것은 문제의 문화이데올로기는 세계를 기능적으로 매우 유용한 방식으로, 또는 기능적으로 재전유될 수 있도록 하는 방식으로 결합시킨다는 것이다. 왜 특정의 계급집단이 이러한 이데올로기 결합을 제공해야 하는가 하는 것은 특유한 저술가나 또는 특별한 양식의 갑작스런 지배와 마찬가지로 매우 흥미 있는 역사적 문제이다. 이러한 역사적 처리에 있어서는 물론 미리 어떤 모델이나 공식이 있는 것은 아니다. 마찬가지로 분명한 것

10) Fred Pfeil, "'Makin' Flippy-Floppy: Postmodernim and the Baby-Boom PMC," *The Year Left 1*, London: Verso, 1985.

은 포스트모더니즘이라 불리는 것에 대해서도 우리는 이러한 것을 아직 수행하지 못했다는 것이다. 이제 그 주제와 관련한 나의 연구의 또 다른 한계가 분명해 졌는데, 즉 설명을 문화측면에 놓고자 하는 전략적 결정이 포스토모던 고유의 '이데올로기'의 어떠한 규명도 상대적으로 결여시키게 된다는 것이다.

실제로 나는 내가 어떤 새로운 '이론적 담론'이라고 칭한 형식적 문제들에 특히 관심을 두어왔고, 또한 내게 있어서는 전체적인 분권화와 소집단제도화의 역설적인 결합이 포스트모던 지향의 구조에 있어서의 중요한 특징으로 여겨지기 때문에, 나는 '후기구조주의' 그리고 '신사회운동'과 같은 지적인 사회적 현상을 주로 끄집어내는 듯하다. 그리하여 나 자신의 매우 확고한 정치적 신념에도 불구하고, 모든 '적들'은 여전히 좌파내에 있는 듯하며, 이러한 인상이 다음에서 내가 바로 잡고자 하는 부분이다.

포스트모더니즘의 계급적 기원에 대해 말했던 것들은 지금까지 열거된 것보다 좀더 상위의 (또는 좀더 추상적 내지는 전체적인) 종류의 행위자를 규정할 필요를 야기시킨다. 이것은 물론 다국적 자본 그 자체이다. 이것은 과정으로서 자본의 '몰인격'적인 논리라고 묘사될 수도 있으나, 그 자체의 수준에서 자체의 용어로써 그러한 언어의 그러한 종류의 기술의 적합성을 나는 계속 옹호하고자 한다. 비구체적인 듯이 보이는 세력 역시 특정의 방식으로 훈련받고, 인간 자유의 창조성에 의거하여 독자적인 국지적 전략과 실행을 창안해 내는 인간행위자의 집단이다. 다른 관점에서도 이것은 명백하다. 우리는 이것에 대해 자본의 행위자에게도 역시 "사람은 그들의 역사를 만드나, 그들 스스로의 선택한 상황에서가 아니다"라는 오랜 문귀는 들어맞는다는 것을 추가할 수 있는 것이다. 사람들이 '중요한 기회,' '그것을 향해 돌진하라'를 파악하고, 돈을 벌고, 새로운 방식으로 기업을 재조직하는 일들이 후기자본주의의 가능성 안에 있는 것이다(예술가나 일반론자, 이념가의 또는 화랑주와 마찬가지로).

내가 여기에서 보여주고자 하는 것은 포스트모더니즘에 대한 나의 설명이 일부 독자나 비평가들의 눈에는 '행위자'의 결여로 보일지라도, 이것은 그 속에서 모든 규모의 또한 모든 차원의 행위자들이 작동하고 있는 설화적 설명으로 전환될 수 있을 것이다. 대안적인 기술들간의—추상화의 개별적 수준에 초점을 맞추는—선택은 이론적이라기보다는 실용적인 선택이다. 이러한 행위자의 설명을 정신과 이데올로기적 '주체위치'의 또 다른 아주 풍부한 (정신분석학) 전통과 연결시키는 것도 바람직할 것이다. 위에서의 행위자의 묘사가 단지 상·하부구조 모델의 대안적 설명이기 때문에—한편으로는 포스트모더니즘의 경제적 토대의, 다른 한편으로는 이의 사회적 또는 계급적 토대로서—반대된다면, 우리가 '상·하부구조'는 실제로 모델이 아닌, 그 문화 자체뿐 아니라 동시에 그의 외부와의 관계, 내용, 맥락 그리고 개입과 효과성의 공간을 파악하기 위한 절대적 요건으로서 단지 비교조적인 출발점이자 문제점으로서 이해하는 한 반대될 것이다. 그러나 어떻게 그것을 할 것인가는 미리 주어지지 않는다. 그로스(Gross)의 후기자본주의의 잔상으로서의 포스트모더니즘[11]이라는 벤야민(Benjamin)의 탁월한 적용은 이러한 관계(그가 어디에선가 '하부구조'는 '토대'의 표현, 우리의 스테레오타이프를 급격히 수정하는 것이라고 말하고 있다)에 대한 그의 구성이 얼마나 융통성 있는가만을 상기시키는 것이 아니라, 새로운 형상이 열고 내포하는 탐색의 수많은 진로들을 상기시키는 것이다. 잔상은 신기루이자 병리적인 객관적인 현상이다. 그들은 시각적 과정에, 지각심리학에, 그리고 대상의 눈부시는 자질 등에 관심을 끌어들인다. 나는 포스트모더니즘의 '모델'을 제안했는데, 그것은 그 자체의 가치만큼 가치 있으며 그리고 이제는 독립적으로 그의 기회를 가져야 한다는 것이다. 그러나 궁극적으로 흥미로운 것은 바로 그러한 모델을 구성하는 것이다. 나는 내가 현재를 그 속에서 포착해 내는 것은 사람이 당면하는 가장 문제성 있는 과제인 때문에 대안적인 구성이 바람직스러우며 환영할 만하다고 말한다고 해서 '다원주의'의 판에 박힌 수긍으로서 받아들여지지 않기를 희망한다.

그러나 나에 대한 논평자나 비평가 대부분은 이러한 종류의 대안적 모델을 제시하지 않는다(그들의 입장이 무엇이든 간에 그들은 모더니즘/포

11) David Gross, "Marxism and Resistance: Fredric Jameson and the Moment of Postmodernism," *The Year Left 1*, London: Verso, 1985, pp.96-116.

스트모더니즘 구분을 당연한 것이자 의미 있는 범주로서 받아들이는 듯하다). 그러나 나의 구성을 실용적으로, 즉 이의 문화의 정치학에의 결과를 포함하는 정치적 결과에 의거하여 평가할 필요를 매우 적절하게 느끼고 있다. 그리하여 섬웨이(Shumway)는 (매우 고맙게 생각하는 바) 리쾨르(Ricoeur)에 대하여 내게 아주 도움이 되는 교훈을 주고 있지만,[12] (그의 섬세하고도 심오한 논문은) 사물에 대한 나의 틀 안에서 후기구조주의를 위치시키는 쪽으로 진행하고 있다. 그리하여 그는 헌(Huhn)이 그의 아도르노의 독해가 그가 생각하는 이상으로 내가 지지하는가를[13](그러나 여기에서 어긋나는 것은 아도르노는 비교적 제한되고도 지난 유행의 의미에서 쓰고 있으나, '이데올로기'는 이러한 문제에 있어서 우리가 어떤 언어를 쓰기로 하던 간에 나는 개방시켜서 이러한 문제에 있어서 현대적 사고의 상당부분에 일치시키는 방식으로 일반화시키고자 하는) 그가 알 수 있는 위치가 아니듯이(『진리와 방법』에 대한 나의 저술이 아직 출판되지 않고 있는 까닭에), 내가 가다머(Gadamer)에 의미를 두는 데 있어서 얼마나 그에 가까운지 그는 깨닫지 못하고 있다. 내가 현대이론이(그것은 분명 본질적으로 후기구조주의를 말하지만) 나의 다른 보다 문화적 전시와 동일한 부류의 유사성을 지니는 또 다른 포스트모던 현상으로서 파악되어야 할 것이라고 계속 주장한다면, 이것은 내가 '전통적 철학'이라고 부르는 언어와 텍스트 작용과는 전혀 다른 새로운 '이론적 담론'의 형식적 구조에 관심을 두기 때문이다. 오늘날 과거의 철학적 담론으로 회귀하는 것은 선택할 수 있다거나 간단한 문제가 아니다. 물론 '이론적 담론'은 새로운 형태에(그것은 그럴 수밖에 없는) 의해 결정되고 수정된다. 후기구조주의의 많은 것의 급진적인 정치적 용도에 대한 섬웨이의 주장을 부정할 생각은 꿈에도 없다(그러나 그렇게 되면 핵심적인 전략적 문제는 어떤 조건하에서 그리고 어떤 목적, 누구를 위하여일 것이다).

---

12) David Shumway, "Jameson/Hermeneutics/Postmodernism," *The Year Left 1*, London: Verso, 1985, pp.172-202.

13) Thomas Huhn, "The Postmodern Return, with a Vengeance of Subjectivity," *The Year Left 1*, London: Verso, 1985, pp.249-267.

## 새로운 무정부주의

나는 권력과 지배에의 강조가 정치, 경제체계, 생산양식의 구조 등의 착취에 대한 것과 같이 맑스주의의 독창성의 정치가 망각되어 가는 경향에서, 무언가 상실되는 것을 느끼게 된다. 다시 한번 권력과 지배의 문제는 그러한 체계적인 것들로부터 다른 수준에서 정교화된다. 그리고 보완적인 분석을 타협 불가능한 대립으로서 놓는 것은, 그 동기가 새로운 이데올로기를 생산하려는 것이—그 경우에는 다른 종류의 방침들이 도출되고 문제가 달리 주장되는—아닌 한(전통적으로는 이것은 유서깊은 무정부주의를 만들어내는) 진전되는 것은 아무것도 없다.

실제로 여기에서 나에 대한 가장 맹렬한 비판가들은 무정부적 내지는 다원주의 사고에 다소 경도된 사람들일 것이라 추측된다. 그리하여 페더스톤은 포스트모더니즘 속에서 보다 민주적이고 문화적으로 깨인 공중이 오늘날 세계 도처에서 출현하는 것에 대한 나의 '인식'을 주목하고 있다. 그러나 그는 내가 이러한 전개를 충분히 열광적으로 받아들이는지에 대해서는 미심쩍어하고 있으며, 그의 이러한 미심쩍음은 아마도 옳을 것이다. 새로운 실업에 대한 그 자신의 논평이 급격히 세력이 거세된 새로운 사람들간에 대중문화의 정치적 역할에 대한 다른 종류의 의혹을 야기했을 것이다. 골드스타인(Goldstein)은 내가 "단지 전통적인 기준과 문필연구의 한계를 수정 또는 확장시키기 위해 진보적 페미니스트, 아프로아메리칸, 노동계급, 그리고 제3세계의 투쟁을 '부정한다'고까지 주장한다.[14] 그 동사의 어리석음은 차치하더라도(그러한 것을 '부정하는' 것이 무엇을 의미하며, 그들을 '부정하거나' '인정하는' 나는 누구인가?) 골드스타인이 나의 마음을 읽고, 내게 내가 어떤 경우에도 '부정하는' 정치적 태도를 부과하는 것은 매우 주제넘은 것이다. 그가 열거한 기획들에 반대하기는 커녕, 나는 그 모든 것을 강력하게 지지한다[그는 아마도 나를 체니(Lynne Cheney)와 베네트(William Bennett)로 혼동하였던 듯하다]. 그러나 그는

---

14) Philip Goldstein, "The Politics of Fredric Jameson's Literary Theory: A Critique," *The Year Left 1*, London: Verso, 1985, pp.249-267.

친절하게도 그 다음 문장에서 그 비밀을 무심코 밝히고 있다. 참여적 인사이더로서, 페미니스트로서, 아프로아메리칸으로서, 노동계급으로서, 또는 제3세계 비판가들이 '진보적'이지만 이상론적이 아닌 방향으로 문학적 제도들을 변화시키고 개선하고자 한다. 개혁적 방식으로 그러한 학자들은 '이념적' 현재를 개량하고자 하며 이상적 미래를 인도하지 않는다. 그들은 현대시대 전체의 비합리성의 비판이 아닌, 그들 제도의 인종주의적, 남성우월주의, 또는 엘리트적 담론을 비판하는 것이다.

여기에서 골드스타인은 그릇되게도 내 입 속에 다른 사람의 말들을 쑤셔넣고 있다. 개혁과 혁명의 낡은 대립의 이러한 도식은 내게 거의 재앙적인 것으로 충격을 준다. 그러나 그것을 염두에 둘 필요는 없으며, 모택동은 '두 발로 걷는' 것에 대해 말하곤 했다. 국소적 투쟁과 쟁점들은 필수적일 뿐 아니라, 피할 수 없는 것이다. 그러나 내가 다른 어디에선가 말하고자 했듯이, 그것들은 보다 거대한 체계적 전환의 형상 또는 상징에 남아 있는 한에서만 효과적이다. 정치는 미시, 그리고 거시의 수준에서 동시적으로 작동한다. 체계내에서의 국소적 개혁으로서의 신중한 제약도 이유 있는 듯하지만, 때로 정치적으로 사기를 약화시키는 것이다.

라다크리쉬만(Radhakrishman)은[15] 연합정치에 있어서의 다른 종류의 교훈을 제공하고 있으나, 그의 레인보우(Rainbow) 연합의 예는 특히 부적절한데, 왜냐하면 잭슨(Jackson)의 힘과 설득력은 항상 총체화의 한 종류로서 생각될 수도 있는 중재적인 저항에 있기 때문이다. 실제로 나는 같은 노동계급으로서 공유하는 공통의 상황에 의한 다원적 '주체위치들'과 지지집단들을 단합시키고자 하지 않았던 어떤 잭슨 연설도 들어본 적이 없다. 그러므로 계급의 개념은 여전히 최근의 가장 유망한 북미 좌파 정치적 실험의 바로 심장부에 건재하고 있는 듯하다.

라다우(Saul Laudaw)는 우리의 현재의 상황에 대하여, 자본주의의 역사상 지금 최근의 순간처럼 더 큰 전략의 공간과 자유행동의 반경을 누린 순간이 없었다고 조망한다. 과거에 자본주의가 형성시킨 그 자신에 대항

15) R. Radhakrishman, "Poststructuralist Politics: Towards a Theory of Coalition," *The Year Left 1*, London: Verso, 1985, pp.301-332.

하는 위협적 세력들—노동운동과 저항세력, 대중 사회주의정당들, 심지어 사회주의국가들—까지도 오늘날 어떤 방식으로든 중립화되지 않았다면, 실로 난맥을 이루고 있는 것이다. 이 순간에 세계 자본은 전통적으로 지녔던 조심스러움 없이 그 자신의 본질과 지향을 따를 수 있는 듯하다. 여기서 우리는 포스트모더니즘의 또 다른, 무사안일론자들만이 비관론이라고 비난할 실로 유용한, '정의'를 지니게 된다. 지금은 자본주의의 두 단계간의 전환기로서 경제적인 초기의 형태들이 노동의 과거 형태, 그의 전통적인 조직제도들과 개념까지를 포함하여, 세계적 규모로 재구축되는 구성이다.

이러한 발작적인 격변으로부터의 그것에 대해서는 어떤 예측을 위해 어떤 예고도 필요치 않은 새로운 국제 프롤레타리아가(아직 우리가 상상할 수 없는 형태를 지닌) 새로이 출현할 것이다. 우리 자신은 여전히 골에 있지만, 우리가 얼마나 오래 거기에 머물게 될 것인가는 아무도 말해 줄 수 없다. 이러한 의미에서 바로 겉보기에 달라 보이는 현재 상황에 대한 나의 역사 논문들이(하나는 1960년대에 대한, 다른 하나는 포스트모더니즘에 대한) 실제로는 동일한 것이다. 첫 번째 논문에서 나는 여기에서 방금 제시했듯이 국제적 규모에서의 프롤레타리아화 과정을 예측했으며, 두 번째 논문에서는 새로운 국제적 유형의 '인식적 기술'이라는 일면 모호하게 불리는 것들을 요구하고 있는 것이다.

그러나 '인식적 기술'은 실제로는 '계급의식'의 부호단어일 뿐이다[스티븐 베스트(Steven Best)가 그의 빈틈 없는 광범위한 분석에서 주목했듯이[16)]. 그것은 단지 새롭고도, 미처 생각조차 못해 본 종류의 계급의식의 필요를 제안하면서, 포스트모던에 암암리에 깔린 그러한 새로운 공간성의 방향에 대한 설명에 변화를 주는 것이다[소자(Ed Soja)의 『포스트모던 지리학』이 유망하고도 시의적인 형태로서 제시하고 있는].

때때로 나는 다른 누구보다도 포스트모더니즘의 슬로건에 염증을 느끼곤 하지만, 내가 그것에 관계된 것을 후회하고 그것의 남용과 오명을 개

---

16) Steven Best, "Jameson, Totality and the Poststructuralist Critique," *The Year Left 1*, London: Verso, 1985, pp.333-368.

탄하고, 그것이 문제를 해결하기보다는 더 많은 문제를 야기했다는 내키지 않는 결론을 내리고픈 충동이 들 때도 나는 다른 어떤 개념이 문제를 그토록 효과적이고 경제적이고, 극적으로 표현해 낼 수 있겠는가 하는 생각이 드는 것이다.

'우리는 체계를 명명하여야 한다.' 이러한 1960년대의 정점이 포스트모더니즘 논쟁 속에서 생각지 않은 부활을 하고 있는 것이다.

■ 편역자 소개
이창순(李昌洵)
서울대학교 사회과학대학 심리학과 졸업
미국 캘리포니아 주립대학교(Hayward) 사회학 석사
미국 The University of Chicago 사회학 박사
현재 경희대학교 사회학과 부교수

정진성(鄭鎭星)
서울대학교 사회과학대학 사회학과 졸업
동 대학원 사회학 석사
미국 The University of Chicago 사회학 박사
현재 서울대학교 사회학과 부교수

한울아카데미 215
페미니즘과 포스트모더니즘의 만남

엮은이 | 이창순·정진성
펴낸이 | 김종수
펴낸곳 | 도서출판 한울

초판 1쇄 발행 | 1997년 4월 23일
초판 4쇄 발행 | 2016년 2월 15일

주소 | 10881 경기도 파주시 광인사길 153 한울시소빌딩 3층
전화 | 031-955-0655
팩스 | 031-955-0656
홈페이지 | www.hanulmplus.kr
등록번호 | 제406-2015-000143호

Printed in Korea.
ISBN 978-89-460-6128-6 94330

* 가격은 겉표지에 표시되어 있습니다.